AF878806

Ein Konzept zur Umsetzung der Ausgleichsfunktion bei der Bemessung des Schmerzensgeldes

Haftungs- und Versicherungsrecht

Rechtliche Probleme der vertraglichen und außervertraglichen Haftung sowie des Versicherungsrechts

Herausgegeben von
Erwin Deutsch, Hans-Peter Schwintowski
und Jochen Taupitz

Band 12

PL ACADEMIC RESEARCH

Mareike Keller

Ein Konzept zur Umsetzung der Ausgleichsfunktion bei der Bemessung des Schmerzensgeldes

PL ACADEMIC RESEARCH

Bibliografische Information der Deutschen Nationalbibliothek
Die Deutsche Nationalbibliothek verzeichnet diese Publikation in der Deutschen Nationalbibliografie; detaillierte bibliografische Daten sind im Internet über http://dnb.d-nb.de abrufbar.

Zugl.: Berlin, Humboldt-Univ., Diss., 2014

Gedruckt auf alterungsbeständigem, säurefreiem Papier.

11
ISSN 0945-3628
ISBN 978-3-631-65285-5 (Print)
E-ISBN 978-3-653-04400-3 (E-Book)
DOI 10.3726/978-3-653-04400-3

© Peter Lang GmbH
Internationaler Verlag der Wissenschaften
Frankfurt am Main 2014
Alle Rechte vorbehalten.
PL Academic Research ist ein Imprint der Peter Lang GmbH.

Peter Lang – Frankfurt am Main · Bern · Bruxelles · New York · Oxford · Warszawa · Wien

Das Werk einschließlich aller seiner Teile ist urheberrechtlich geschützt. Jede Verwertung außerhalb der engen Grenzen des Urheberrechtsgesetzes ist ohne Zustimmung des Verlages unzulässig und strafbar. Das gilt insbesondere für Vervielfältigungen, Übersetzungen, Mikroverfilmungen und die Einspeicherung und Verarbeitung in elektronischen Systemen.

Diese Publikation wurde begutachtet.

www.peterlang.com

Für Margareta

Vorwort

Die vorliegende Arbeit wurde im Sommersemester 2013 als Dissertation von der juristischen Fakultät der Humboldt-Universität zu Berlin angenommen.
Mein herzlicher Dank gilt meinem Doktorvater, Herrn Prof. Dr. Hans-Peter Schwintowski, für die Anregung des Themas dieser Arbeit und ihre umfassende Betreuung.
Prof. Dr. Paulus möchte ich für die Erstellung des Zweitgutachtens danken.
Mein tiefer Dank gilt meinen Eltern, die mir während dieser Zeit einmal mehr grenzenloses Vertrauen und liebevolle Unterstützung geschenkt haben.

Berlin, im April 2014 Mareike Keller

Inhaltsverzeichnis

Abkürzungsverzeichnis

ABl.	Amtsblatt der Europäischen Union
aaO	am angegebenen Ort
ABGB	Allgemeines Bürgerliches Gesetzbuch (Österreich)
Abs.	Absatz
AcP	Archiv für die civilistische Praxis
a.F.	alte Fassung
AFG	Arbeitsförderungsgesetz
AG	Amtsgericht
ALR	Allgemeines Landrecht für die Preußischen Staaten
AMG	Arzneimittelgesetz
Art.	Artikel
BAK	Blutalkoholkonzentration
BB	Der Betriebs-Berater
Bd.	Band
BeckRS	Beck-Rechtssachen
BG	Bundesgericht (Schweiz)
BGB	Bürgerliches Gesetzbuch
BGE	Entscheidungen des Bundesgerichts (Schweiz)
BGBl.	Bundesgesetzblatt
BGH	Bundesgerichtshof
BGHZ	Entscheidungen des Bundesgerichtshofes in Zivilsachen
BPolBG	Bundespolizeibeamtengesetz
BRD	Bundesrepublik Deutschland
bspw.	beispielsweise
BVerfG	Bundesverfassungsgericht
BVerfGE	Entscheidungen des Bundesverfassungsgerichts
bzgl.	bezüglich
bzw.	beziehungsweise
cm	Zentimeter
Cost.	Costituzione Della Repubblica Italiana
DAR	Deutsches Autorecht
ders	derselbe
d.h.	das heißt
DM	Deutsche Mark

DR	Deutsches Recht
EG	Europäische Gemeinschaft
EGBGB	Einführungsgesetz zum Bürgerlichen Gesetzbuche
EGMR	Europäischer Gerichtshof für Menschenrechte
EuGH	Europäischer Gerichtshof
EuGRZ	Europäische Grundrechte-Zeitschrift
EWG	Europäische Wirtschaftsgemeinschaft
f. oder ff.	folgende
Fn.	Fußnote
FS	Festschrift
GdS	Grad der Schädigungsfolgen
GenTG	Gesetzt zur Regelung der Gentechnik
GG	Grundgesetzt
GVG	Gerichtsverfassungsgesetz
HaftPflG	Haftpflichtgesetz
i.V.m.	in Verbindung mit
JöR	Jahrbuch des öffentlichen Rechts der Gegenwart
JR	Juristische Rundschau
JuS	Juristische Schulung
JW	Juristische Wochenschrift
JZ	Juristenzeitung
Kfz	Kraftfahrzeug
KG	Kammergericht
LG	Landgericht
LuftVG	Luftverkehrsgesetz
MDR	Monatsschrift für Deutsches Recht
MüKo	Münchner Kommentar
m.w.N.	mit weiterem Nachweis/weiteren Nachweisen
n.F.	neue Fassung
NJW	Neue Juristische Wochenschrift
NJW-RR	Neue Juristische Wochenschrift Rechtsprechungsreport
NK	Neue Kriminalpolitik
NK-BGB	Nomos Kommentar BGB
NVersZ	Neue Zeitschrift für Versicherung und Recht
NZV	Neue Zeitschrift für Verkehrsrecht
OGH	Oberster Gerichtshof (Österreich)
OLG	Oberlandesgericht
OR	Obligationenrecht (Schweiz)

PrALR	Preußisches Allgemeines Landrecht
ProdHaftG	Gesetz über die Haftung für fehlerhafte Produkte (Produkthaftungsgesetz)
RG	Reichsgericht
RGBl.	Reichsgesetzblatt
RGRK	Reichsgerichtsräte-Kommentar
RGZ	Entscheidungen des Reichsgerichts in Zivilsachen
RIW	Recht der internationalen Wirtschaft
Rn.	Randnummer
RR	Regierungsrat
r + s	Recht und Schaden
S.	Seite
SchadÄndG	Schadensänderungsgesetz
s.o.	siehe oben
sog.	sogenannt(e)
StVG	Straßenverkehrsgesetz
SVR	Straßenverkehrsrecht
u.a.	unter anderem
UmweltHG	Umwelthaftungsgesetz
Urt.	Urteil
USA	Vereinigte Staaten von Amerika
UVV	Verordnung über die Unfallversicherung der Schweiz
v.	von
VersRAI	Versicherungsrecht/Beilage Ausland
VersGB	Privatversicherungsgesetzbuch (Italien)
VersMedV	Versorgungsmedizin-Verordnung
VersR	Zeitschrift für Versicherungsrecht, Haftungs- und Schadensrecht
VG	Verwaltungsgericht
vgl.	vergleiche
VuR	Verbraucher und Recht
VW	Versicherungswirtschaft
z.B.	zum Beispiel
zfs	Zeitschrift für Schadensrecht
ZVR	Zeitschrift für Verkehrsrecht

Einleitung

„Überhaupt aber beruhen 9/10 unsers Glückes allein auf der Gesundheit. Mit ihr wird alles eine Quelle des Genusses: hingegen ist ohne sie kein äußeres Gut, welcher Art es auch sei, genießbar, und selbst die übrigen subjektiven Güter, die Eigenschaften des Geistes, Gemüthes, Temperaments, werden durch Kränklichkeit herabgestimmt und sehr verkümmert.“[1]

A. Ausgangspunkt

Was Arthur Schopenhauer Mitte des 19. Jahrhunderts in seinen Aphorismen zur Lebensweisheit niederschrieb, bestimmt heute unser gesellschaftliches Bewusstsein stärker denn je.[2] Maßgebend für das Wohlbefinden des Menschen ist vor allem seine Gesundheit.[3] Diese allgemeine Wertschätzung fand frühen Eingang in unsere Rechtsordnung. Das BGB sieht seit seinem Inkrafttreten am 1. Januar 1900 neben der Geldentschädigung wegen des materiellen auch eine Geldentschädigung wegen des immateriellen Körper- und Gesundheitsschadens vor.[4] Die Väter des Grundgesetzes stellten 1949 das Recht auf körperliche Unversehrtheit in Art. 1 Abs. 1 GG und Art. 2 Abs. 2 S. 1 GG an die Spitze der Grundrechte[5] und in Europa genießt

---

1 *Schopenhauer*, Aphorismen zur Lebensweisheit, S. 23.

2 Der BGH deutete diese Wertung bereits zu Beginn seiner Rechtsprechung an, vgl. BGHZ 7, 223 (227) und BGHZ 18, 149 (154); so auch *Lieberwirth* in den sechziger Jahren, der auf die Bedeutung der Gesundheit vor dem Hintergrund der Vergänglichkeit wirtschaftlicher Werte hinweist, *Lieberwirth*, Das Schmerzensgeld, 1965, S. 15 und 173; *Schneider*, JZ 1962, 277; *Dressler*, DAR 1996, 81 (81); *Schirmer*, FS für Baumann, 1999, 293 (304).

3 Daneben spielen „Geselligkeit, gesellschaftliche Verzahnung und Geld“ eine Rolle, *Brönstrup*, Der Tagesspiegel v. 21.09.2011, S. 15.

4 Bürgerliches Gesetzbuch vom 18.08.1896, Reichsgesetzblatt Nr. 21 vom 24.08.1896, S. 195–603. *Unterreitmeier* weist darauf hin, dass bereits in der spanischen Spätscholastik darüber gestritten wurde, ob Geldersatz und immaterieller Schaden nicht verschiedenen Ordnungen angehören, die miteinander unvereinbar sind. Der Geldersatz für immaterielle Schäden setzte sich aber im Ergebnis durch, *Unterreitmeier*, Der öffentlich-rechtliche Schmerzensgeldanspruch, S. 238 ff. und 253.

5 Das Recht auf Leben und das Recht auf körperliche Unversehrtheit wurden erstmals formuliert in Art. 3 der Allgemeinen Erklärung der Menschenrechte vom 10.12.1948, vgl.

es herausgehobenen Status durch Verankerung in Art. 3 Abs. 1 der Grundrechtscharta.[6] Der Gesundheit als immaterielles Gut immanent ist ihre Inkommensurabilität.[7] Die Gerichte begegnen den durch die Inkommensurabilität verursachten erheblichen praktischen Problemen bei der Festsetzung des Schmerzensgeldes mit der Heranziehung ausgeurteilter Schmerzensgeldentscheidungen. Eine geeignete Methode zur Bemessung des immateriellen Körper- und Gesundheitsschadens existiert hingegen bislang nicht.

B. Der Begriff des Schmerzensgeldes

Der Begriff „Schmerzensgeld" ist fester Bestandteil des Sprachschatzes in Rechtsprechung[8] und Schrifttum[9], obwohl das BGB in § 253 Abs. 2 BGB wegen der Verletzung des Körpers oder der Gesundheit eine „billige Entschädigung in Geld"

---

v. Mangoldt/Klein-*Starck*, GG, Art. 2 Rn. 189; siehe weiterführend den kurzen Überblick zur Entstehungsgeschichte bei *Hermes*, Das Grundrecht auf Schutz von Leben und Gesundheit, S. 190 ff. und *Müller-Terpitz*, Handbuch des Staatsrechts, § 147 S. 4 ff.

6 Meyer/*Borowsky*, Charta der Grundrechte der Europäischen Union, Artikel 3 Rn. 39. Gemäß Art. 3 Abs. 1 der Charta ist die körperliche und geistige Unversehrtheit geschützt. Der Schutz der Charta ist damit substantiell weiterreichend als der des Grundgesetzes. Maßgeblich erscheint ein vertieftes „Verständnis des Menschen als einer Einheit von Leib, Seele und Geist", das die Wechselwirkungen zwischen psychischen und physischen Gesundheitsstörungen in den Blick nimmt; vgl. Meyer/*Borowsky*, aaO, Rn. 36; siehe auch BVerfGE 56, 54 (74 f.).

7 Ständige Rechtsprechung des BGH, vgl. BGHZ 7, 223 (226); BGHZ 18, 149 (156); BGH VersR 1959, 458 (459); BGH VersR 1970, 134; VersR 1970, 443; VersR 1973, 1067; VersR 1976, 967 (968) und herrschende Ansicht in der Literatur, vgl. *Walter*, JW 1936, 2773 (2773); *Geigel*, NJW 1954, 706 (707); *Kiessling*, Das Problem der sicheren Bemessung des Schmerzensgeldes, S. 146, nach dem das Recht hier an seine Grenzen stoße; *Donaldson*, AcP 166, 462 (469, 472); für den immateriellen Schaden allgemein jüngst *Schubert*, Die Wiedergutmachung immaterieller Schäden im Privatrecht, S. 4; *Bydlinski*, Liber Amicorum Pierre Widmer, S. 27 (27); für Österreich siehe *Danzl*, DAR 2004, 181 (181).

8 Vgl. bereits RGZ 140, 392 (395); BGHZ 18, 149 (157); BVerfGE 34, 269. Der Große Zivilsenat des BGH setzte im Jahr 1955 das „Schmerzensgeld" teilweise noch in Anführungszeichen, das Bundesverfassungsgericht sprach 1973 in der Soraya-Entscheidung noch vom „*sog.* Schmerzensgeld".

9 Siehe u.a. *G. Müller*, VersR 1993, 909 (909); *Bloemertz*, Die Schmerzensgeldbegutachtung, S. 7; *Kötz/Wagner*, Deliktsrecht, Rn. 699; NK-BGB/*Huber*, § 253 Rn. 1; *Degenhart*, Die Genugtuungsfunktion, S. 8 m.w.N.

anordnet ohne den Begriff des Schmerzensgeldes zu beinhalten.[10] Da der Begriff des Schmerzensgeldes als Synonym zur billigen Entschädigung in Geld im Sinne des § 253 Abs. 2 BGB durchgängig verwendet wird und gleichermaßen etabliert ist,[11] soll dieser Diktion auch im Rahmen der vorliegenden Arbeit gefolgt werden.

C. Gegenstand der Untersuchung

Das Schmerzensgeld war in der Vergangenheit vielfach Gegenstand wissenschaftlicher Diskussion.[12] Die Frage, *wie* das Schmerzensgeld konkret zu bemessen ist, wurde dabei bisher nur mit größter Zurückhaltung angegangen,[13] meist sogar „resignativ als nicht weiter hinterfragbares Problem des richterlichen Innenlebens ausgeklammert"[14]. Diese Zurückhaltung verwundert, ist doch das Schmerzensgeld alltäglicher Gegenstand gerichtlicher und außergerichtlicher Auseinandersetzung.[15]

---

10 § 847 BGB a.F. hatte vom 01.1.2002 bis 31.07.2002 die Überschrift *„Schmerzensgeld"*, vgl. Art. 1 Abs. 2 S. 3 des Gesetzes zur Modernisierung des Schuldrechts vom 26.11.2001 i.V.m. der Anlage zu Art. 1 Abs. 2, BGBl. I Nr. 61 vom 29.11.2001, S. 3138. Am 01.08.2002 trat das 2. SchadÄndG in Kraft und § 847 BGB a.F. fiel weg, Art. 2 Nr. 7 des Zweiten Gesetzes zur Änderung schadensersatzrechtlicher Vorschriften vom 19.07.2002, BGBl. I Nr. 50 vom 25.07.2002, S. 2674. Davon abgesehen hatte der Begriff Schmerzensgeld bisher keine Grundlage im BGB; insoweit ungenau *Schramm*, nach der der Begriff „Schmerzensgeld" inzwischen Gesetz geworden ist, *Schramm*, Haftung für Tötung, S. 39, und ebenfalls ungenau *Degenhart*, nach dem der Begriff „Schmerzensgeld" nie gesetzlich festgehalten war, *Degenhart*, aaO, S. 7.

11 So auch jüngst *Schubert*, aaO, S. 13; siehe auch *Göbel*, Geldentschädigung und Schmerzensgeld, S. 9. Zum Begriff des Schmerzensgeldes siehe zudem die vertiefende Darstellung in § 8 dieser Untersuchung.

12 Vgl. u.a. zu den historischen Grundlagen des Schmerzensgeldes, *Walter*, Geschichte des Anspruchs auf Schmerzensgeld, und *Hofstetter*, Zur Geschichte des Schmerzensgeldes; zum Sonderfall der Verletzung des Allgemeinen Persönlichkeitsrechts, *Beuthien*, Persönlichkeitsschutz, und *Göbel*, aaO, sowie jüngst die Habilitationsschrift *Schuberts*, die den Ersatz von Nichtvermögensschäden umfassend untersucht, vgl. *Schubert*, aaO.

13 Aus dem Jahr 1960 stammt eine Untersuchung der Bemessung von *Kiessling*, vgl. *Kiessling*, Das Problem der Bemessung des Schmerzensgeldes, 1960; siehe dazu ebenfalls die jüngst erschienene Monografie *Von Mayenburgs*, vgl. *v. Mayenburg*, Die Bemessung des Inkommensurablen; siehe eingehend dazu unter § 3 der vorliegenden Arbeit.

14 *V. Mayenburg*, aaO, S. 14.

15 So schon *Lieberwirth* Mitte der sechziger Jahre, vgl. *Lieberwirth*, aaO, 1965, S. 15 und 170.

Die vorliegende Untersuchung möchte dieses Defizit überwinden und widmet sich daher ausschließlich der *Methode* der Schmerzensgeldbemessung. Dabei konzentriert sie sich auf die Umsetzung der Ausgleichsfunktion. Der Ausgleich stellt nicht nur die wesentliche Funktion des Schadensersatzes dar und bildet damit auch den Kern jeder Schmerzensgeldbemessung, sondern ist heute vor dem Hintergrund der Einbeziehung der Gefährdungshaftung in § 253 Abs. 2 BGB auch die praktisch relevantere Funktion.[16] Die Genugtuungsfunktion als zweite Funktion des Schmerzensgeldes kann nicht gänzlich aus der Untersuchung ausgeschlossen werden, sodass sie an allen relevanten Stellen ergänzend in die Untersuchung einfließen soll ohne dabei einen unmittelbaren Gegenstand der Untersuchung zu bilden. Insbesondere soll nicht auf ihre in der Literatur heftig umstrittene und bereits vielfach diskutierte Existenzberechtigung eingegangen werden.[17] Die Untersuchung konzentriert sich auf die Methode der Bemessung solcher immaterieller Schäden, die an Körper und/oder Gesundheit des Geschädigten entstanden sind. Verletzungen der Freiheit, der sexuellen Selbstbestimmung[18] sowie des Allgemeinen Persönlichkeitsrechts[19] sollen bei der Untersuchung insgesamt außer Betracht bleiben, da

---

16 Insbesondere vor dem Hintergrund der in der Praxis häufigen Ansprüche auf Schmerzensgeld aus Gefährdungshaftung bildet die Ausgleichsfunktion heute mehr denn je den Schwerpunkt der Bemessung, wohingegen die Genugtuungsfunktion an Bedeutung verloren hat; siehe dazu auch *Huber*, DAR 2000, 20 (29).

17 Siehe jüngst die Untersuchung *Degenharts* zur Existenzberechtigung der Genugtuungsfunktion nach dem Inkrafttreten des Schadensrechtsänderungsgesetzes im Jahr 2002, *Degenhart*, aaO.

18 Für einen Überblick über die Geldentschädigung wegen Verletzung der sexuellen Selbstbestimmung siehe *Foerste*, NJW 1999, 2951.

19 Der Ersatz des immateriellen Schadens bei Verletzung des Allgemeinen Persönlichkeitsrechts wird seit der sog. *Ginseng*-Entscheidung des BGH direkt aus § 823 Abs. 1 BGB i.V.m. Art. 1 und Art. 2 Abs. 1 GG abgeleitet, vgl. BGHZ 35, 363 (367 f.). Das Bundesverfassungsgericht hat diese Rechtsprechung bestätigt durch Beschluss vom 14.02.1973, vgl. BVerfGE 34, 269 (*Soraya*) unter Hinweis auf die Aufgabe und die Befugnis des Richters zu „schöpferischer Rechtsfindung". Die Verwendung des Begriffs der *Geldentschädigung* bei Persönlichkeitsrechtsverletzungen verdeutliche den Unterschied zum Schmerzensgeld nach § 253 Abs. 2 BGB; so das Bundesverfassungsgericht ausdrücklich in BVerfG NJW 2000, 2187 (2187); weitere Entscheidungen des BGH vgl. BGH NJW 1996, 984 (985) und NJW 1996, 985 (987), bestätigt vom Bundesverfassungsgericht durch Beschluss vom 08.03.2000, BVerfG NJW 2000, 2187 (2187); siehe auch *Göbel*, aaO, S. 9 ff. zur Geschichte der Geldentschädigung; *Unterreitmeier*, aaO, S. 303 m.w.N.

sie wegen ihrer grundlegend unterschiedlichen Anforderungen an die Bemessung einer gesonderten Untersuchung vorbehalten bleiben müssen.

D. Ziel der Untersuchung

Ziel der Arbeit ist ein Beitrag zur Verbesserung der Schmerzensgeldbemessung. Dieser Beitrag soll sich nicht in der akademischen Aufbereitung der gegenwärtigen Bemessungspraxis der Gerichte erschöpfen, sondern eine Bemessungsmethode vorstellen, die zur Bemessung des immateriellen Körper- und Gesundheitsschadens unmittelbar anwendbar ist. Zur Erreichung dieses Ziels bedarf es in einem ersten Schritt der Auflösung der gegenwärtig bestehenden Bemessungsdogmen. Im zweiten Schritt soll sodann das jüngst vorgestellte „System der taggenauen Bemessung des Schmerzensgeldes“[20] als neuartiges und alternatives Bemessungssystem vorgestellt und im Hinblick auf seine methodischen Kernelemente untersucht werden. Die Untersuchung wird ergeben, dass dieses System den entscheidenden Beitrag zur Verbesserung der Bemessung des Schmerzensgeldes leisten kann. Insgesamt soll die Arbeit das System der taggenauen Bemessung des Schmerzensgeldes als neues System zur Umsetzung der Ausgleichsfunktion bei der Bemessung des Schmerzensgeldes etablieren.

E. Gang der Untersuchung

Die Arbeit gliedert sich in zwei Hauptteile. Der erste Teil widmet sich der gegenwärtigen Bemessungspraxis der Gerichte. Nach der Überprüfung des Beschlusses des Großen Zivilsenats auf Vorgaben zur Bemessungsmethode (§ 1), sollen die beiden dominierenden Dogmen der gegenwärtigen Bemessungspraxis Gegenstand der Untersuchung sein. Zunächst sind die Ursachen des *einheitlichen Schmerzensgeldes* herauszuarbeiten, damit die Festsetzung des Entschädigungsbetrages in einem einzigen undifferenzierten Bemessungsschritt überprüft werden kann (§ 2). Vor diesem Hintergrund gilt es, die von den Gerichten unisono praktizierte Heranziehung *vergleichbarer Fälle* zur Festsetzung des Schmerzensgeldes zu untersuchen (§ 3). Nach einer exemplarischen Darstellung der rechtstatsächlichen Auswirkungen beider Bemessungsdogmen (§ 4), ist die gegenwärtige

---

20 Schwintowski/Schah Sedi-*Schwintowski*, Handbuch des Schmerzensgeldes S. 13 ff (86 ff.).

Bemessungspraxis verfassungsrechtlich zu analysieren (§ 5). Angesichts der verfassungsrechtlichen Mängel und der zusätzlich bestehenden Systemwidersprüche der gegenwärtigen Bemessungspraxis soll im zweiten Teil der Arbeit das System der taggenauen Bemessung des Schmerzensgeldes als alternative Bemessungsmethode vorgestellt werden. Dabei ist insbesondere zu prüfen, ob es zur Beseitigung der Mängel der gegenwärtigen Bemessungspraxis geeignet ist (§ 7). Zudem gilt es, die methodischen Ansätze des Systems auf seine Vereinbarkeit mit den lex lata der §§ 249 ff. BGB zu untersuchen, um sein Anwendbarkeit de lege lata feststellen zu können (§ 8). Am Ende der Untersuchung soll ein Überblick über die Bemessungsmethoden ausgesuchter europäischer Rechtsordnungen ergänzend die methodischen Ansätze dieser Rechtsordnungen darstellen und die Charakteristika ihrer Bemessung zum Zwecke des Vergleichs mit dem System der taggenauen Bemessung zusammenfassen, um das System zuletzt vor dem Hintergrund der europäischen Rechtslage im Hinblick auf die Bemessung des immateriellen Körper- und Gesundheitsschadens erneut einzuordnen (§ 9).

Teil 1: Die gegenwärtige Bemessungspraxis und ihre Dogmen

§ 1 Die Grundsatzentscheidung des Großen Zivilsenats aus dem Jahr 1955

Hat eine Person wegen Verletzung des Körpers oder der Gesundheit Anspruch auf Schadensersatz, so kann sie gemäß § 253 Abs. 2 BGB auch wegen des Schadens, der nicht Vermögensschaden ist, eine billige Entschädigung in Geld verlangen.[21] § 253 Abs. 2 BGB wurde seit dem Inkrafttreten des Bürgerlichen Gesetzbuches am 1. Januar 1900 dreimal geändert.[22] Die wesentlichste Änderung vollzog sich durch die Reform des Schadensersatzrechts, durch die § 847 BGB a.F. mit Wirkung zum 1. August 2002 aufgehoben und durch § 253 Abs. 2 BGB in den Regelungsbereich des allgemeinen Schuldrechts überführt wurde.[23] § 253 Abs. 2 BGB umfasst den Regelungsgehalt des § 847 BGB a.F. vollständig und sieht nunmehr eine billige Entschädigung in Geld auch dann vor, wenn der Schädiger vertraglich haftet oder er einen Gefährdungshaftungstatbestand verwirklicht hat. Der Anwendungsbereich des Schmerzensgeldes hat infolge der Schadensersatzreform demnach eine erhebliche Erweiterung erfahren.[24] Von allen Gesetzesänderungen nahezu unberührt

---

21 Als materielle Schadenspositionen kommen die Kosten für die ärztliche Behandlung, der Verdienstausfall, die Kosten wegen vermehrter Bedürfnisse und der Haushaltsführungsschaden in Betracht, siehe dazu ausführlich *Kötz/Wagner*, aaO, Rn. 699 ff.

22 Vom 01.01.1900 bis zum 30.06.1990 galt § 847 BGB a.F. Mit Wirkung zum 01.07.1990 wurde § 847 Abs. 1 S. 2 BGB a.F. aufgehoben, wonach der Anspruch nicht übertragbar und nicht auf die Erben überging, es sei denn, er war durch Vertrag anerkannt oder rechtshängig geworden, vgl. Art. 1 des Gesetzes zur Änderung des Bürgerlichen Gesetzbuches und anderer Gesetze vom 14.03.1990, BGBl. I Nr. 12 vom 21.03.1990, S. 478. Mit Wirkung zum 01.01.2002 erhielt § 847 BGB die Überschrift „Schmerzensgeld“, vgl. Art. 1 Abs. 2 S. 3 i.V.m. der Anlage des Gesetzes zur Modernisierung des Schuldrechts vom 26.11.2001, BGBl. I Nr. 61 vom 29.11.2001, S. 3138.

23 Vgl. Art. 2 Nr. 2 Buchstabe b), Nr. 7 des Zweiten Gesetzes zur Änderung schadensersatzrechtlicher Vorschriften vom 19.07.2002, BGBl. I Nr. 50 vom 25.07.2002, S. 2674.

24 Der Gesetzgeber reagierte mit der Einführung eines Schmerzensgeldes für die Gefährdungshaftung auf die anhaltende Kritik in der Literatur und schloss die zuvor bestehende Haftungslücke. Die Neuregelung führte gleichzeitig zu einer Harmonisierung mit der europäischen Rechtslage. Siehe zur Kritik die Nachweise bei *Schubert*, aaO, S. 19; zur früheren Rechtslage im gesamteuropäischen Vergleich *v. Bar*, Gemeineuropäisches Deliktsrecht, Bd. I, Rn. 576 ff. mit umfassenden Nachweisen.

blieb die Rechtsfolge der Norm,[25] sodass seit dem 1. Januar 1900[26] *„auch wegen des Schadens, der nicht Vermögensschaden ist, eine billige Entschädigung in Geld gefordert werden kann."*[27] Die billige Entschädigung in Geld beschäftigt in ihrer Eigenschaft als einziger Maßstab des Gesetzgebers für die Bemessung[28] seit ihrer Normierung Rechtsprechung und Literatur.[29] Wegweisende Bedeutung für die Bemessung der letzten Jahrzehnte hatte die Grundsatzentscheidung[30] des Großen Zivilsenats des BGH vom 6. Juli 1955. Diese beendete die bestehenden Meinungsverschiedenheiten in Rechtsprechung und Literatur über die zu berücksichtigenden Bemessungsumstände, die im Jahr 1955 zur Vorlage an den Großen Zivilsenat geführt hatten, und schuf gleichzeitig fundamentale Grundlagen, die bis heute angesichts ihrer rechtsgrundsätzlichen Bedeutung[31] Eingang in die Bemessungspraxis der Gerichte finden. Der Große Zivilsenat legte das *Ob* der Berücksichtigung durch die Auswahl der bei der Bemessung zu würdigenden Umstände fest (A.) und traf daneben grundlegende Aussagen zum *Wie* der Berücksichtigung, d.h. der Frage, wie der Schmerzensgeldbetrag aus der Gesamtheit der berücksichtigten Umstände festzusetzen ist (B.).

Obwohl § 253 Abs. 2 BGB die Gefährdungshaftungstatbestände erfasst, deklarieren zahlreiche Spezialgesetze einen Anspruch auf Schmerzensgeld, siehe die deklaratorischen Verweise u.a. in § 11 S. 2 StVG, § 6 S. 2 HaftPflG, § 8 S. 2 ProdHaftG, § 13 S. 2 UmweltHG § 36 S. 2 LuftVG, § 32 Abs. 5 S. 2 GenTG.

25 Die Rechtsfolge enthält die Folgeanordnung des Rechtssatzes, ihre Voraussetzung bildet der Tatbestand des Rechtssatzes, vgl. *Larenz*, Methodenlehre, S. 250 ff.

26 Strenggenommen lautete der Wortlaut der Rechtsfolge vom Inkrafttreten des BGB am 01.01.1900 bis zum 31.07.2002 *„kann der Verletzte auch wegen des Schadens, der nicht Vermögensschaden ist, eine billige Entschädigung in Geld verlangen."*, Hervorhebung durch die Verfasserin. Der Begriff des „Verletzten" wurde angesichts der Loslösung des Schmerzensgeldes von den deliktsrechtlichen Normen der §§ 823 ff. BGB im Rahmen der Schadensrechtsreform gestrichen. Diese Modifizierung im Wortlaut der Rechtsfolge kann hier vernachlässigt werden.

27 § 253 Abs. 2 BGB, Hervorhebung durch die Verfasserin.

28 Vgl. *Lorenz*, Immaterieller Schaden, S. 169; *Berger*, VersR 1977, 877 (877). Die „dünne gesetzliche Determinierung auf dem Gebiet der Schadensbemessung liegt in der Natur der Sache", *Huber*, Fragen der Schadensberechnung, S. 5.

29 So bereits *Lieberwirth* in den sechziger Jahren, vgl. *Lieberwirth*, aaO, 1965, S. 17.

30 BGHZ 18, 149.

31 *Lepa*, FS für G. Müller, 113 (114); *Günther*, Schmerzensgeld, S. 24; *v. Mayenburg*, aaO, S. 53; Schwintowski/Schah Sedi-*Schwintowski*, aaO, S. 5.

A. Das *Ob* der Berücksichtigung

Bis zu seinem Zusammenbruch im Jahr 1945 wurde die Schmerzensgeldbemessung vom Reichsgericht[32] und seinem grundsätzlich weiten Verständnis im Hinblick auf die Auswahl der zu berücksichtigenden Bemessungsumstände geprägt. Während der letzten zwei Jahrzehnte seines Bestehens bezog es neben den Schmerzen auch die persönlichen Verhältnisse beider Parteien sowie das Verschulden des Schädigers in die Bemessung ein. Nach der Konstituierung der Bundesrepublik Deutschland am 23. Mai 1949 wurde am 1. Oktober 1950 der Bundesgerichtshof gegründet, bei dem für Ansprüche aus unerlaubter Handlung und Ansprüche aus Unfällen mit Beteiligung eines Kraftfahrzeugs zunächst der 3. Zivilsenat zuständig war.[33] Dieser wählte einen ausschließlich am Schaden orientierten Bemessungsansatz und führte dadurch nur zwei Jahre nach dem Beginn seiner Rechtsprechung eine Rechtsprechungsänderung herbei. Als der inzwischen zuständige 6. Zivilsenat von der Rechtsauffassung des 3. Zivilsenats abweichen wollte, legte er die Entscheidung dem Großen Zivilsenat des BGH vor.[34] Der Große Zivilsenat kehrte in seiner Entscheidung zum weiten Verständnis des Reichsgerichts zurück, wählte für seine Begründung aber einen neuartigen Ansatz, indem er auf den Begriff der Billigkeit und die Funktionen des Schmerzensgeldes abstellte. Der folgende Abschnitt soll die Entwicklung der Rechtsprechung im Hinblick auf die zu berücksichtigenden Bemessungsumstände skizzieren. Nach der

---

32 Am 01.10.1879 wurde das Reichsgericht in Leipzig eröffnet, sein Zusammenbruch folgte 1945. Anschließend fehlte ein oberstes Gericht, bis 1948 der Oberste Gerichtshof für die Britische Zone errichtet wurde, der von 1948 bis 1950 Revisionsgericht in Zivil- und Strafsachen war.

33 *Möhring*, NJW 1950, 885 (885). Nach Konstituierung der BRD im Jahr 1949 wurde durch das Gesetz zur Wiederherstellung der Rechtseinheit auf dem Gebiete der Gerichtsverfassung, der bürgerlichen Rechtspflege, des Strafverfahrens und des Kostenrechts vom 12.09.1950 (BGBl. I Nr. 40 vom 20.09.1950, S. 455) am 01.10.1950 der Bundesgerichtshof mit Sitz in Karlsruhe errichtet, der seit dem 03.10.1990 das oberste Zivil- und Strafgericht für das wiedervereinigte Deutschland ist.

34 Der Große Senat für Zivilsachen entscheidet, wenn ein Senat des BGH in einer Rechtsfrage von der Entscheidung eines anderen Senats abweichen will, § 132 Abs. 2 GVG. Die Vorlage setzt voraus, dass der Senat, von dessen Entscheidung abgewichen werden soll, erklärt hat, an seiner Rechtsauffassung festzuhalten, § 132 Abs. 3 S. 1 GVG. Der Große Senat für Zivilsachen besteht aus dem Präsidenten des BGH und je einem Mitglied der Zivilsenate, vgl. § 132 Abs. 5 GVG. Anfang der fünfziger Jahre erfolgte die Vorlage an den Großen Zivilsenat gemäß § 136 Abs. 1 GVG vom 12.09.1950, BGBl. I Nr. 40 vom 20.09.1950, S. 455.

Reichsgerichtsrechtsprechung (I.) sollen die Entscheidung des 3. Zivilsenats aus dem Jahr 1952 und deren Folgerechtsprechung (II.) sowie die Grundsatzentscheidung des Großen Zivilsenats (III.) dargestellt werden.

I. Die Bemessungsumstände während der Reichsgerichtsrechtsprechung

Schon zu Beginn seiner Rechtsprechung, im Jahr 1882, klassifizierte das Reichsgericht Größe, Heftigkeit und Dauer der erlittenen Schmerzen als „ausschlaggebendes Moment"[35] für die Höhe des Schmerzensgeldes, im Übrigen seien die Umstände des konkreten Falles entscheidend.[36] Bereits in dieser ersten Entscheidung klang ein weites Verständnis im Hinblick auf die zu berücksichtigenden Umstände an. Sechs Jahre nach dem Inkrafttreten des BGB bestätigte das Reichsgericht sodann eine Berufungsentscheidung, in der die Vermögensverhältnisse der Parteien berücksichtigt worden waren.[37] Fortan entsprach es seiner ständigen Rechtsprechung, die Vermögensverhältnisse beider Beteiligter zum Zeitpunkt der Urteilsfindung zu berücksichtigen,[38] ohne dass das Reichsgericht dabei die Versicherungssumme des Schädigers als Bestandteil seines Vermögens zunächst anerkannte.[39] Erst ein Jahr vor seinem Zusammenbruch erkannte es erstmalig an, dass die Haftpflichtversicherung des Schädigers einen Vermögenbestandsteil bildet.[40] Den Meinungswandel hatte die Einführung der Pflichtversicherung im Jahr 1939 nach sich gezogen,[41] nach der die Pflichtversicherung nicht länger nur die Schadloshaltung des Haftpflichtigen beabsichtigte, sondern neuerdings einen möglichst

35 RGZ 8, 117 (118).

36 RGZ 8, 117 (118).

37 RGZ 63, 104 (105).

38 Vgl. RGZ 63, 104 (105); RGZ 136, 60 (61); RG JW 1935, 2950 (2950); RG JW 1937, 3172 (3172); RG DR 1941, 1298 (1298 f.). Zu den Gegenstimmen, die nicht die Vermögensverhältnisse des Schädigers berücksichtigen wollten, siehe *Oberbach*, VersR 1950, 57 (59) m.w.N.

39 RGZ 63, 104 (105) mit der Begründung, dass Zweck der Versicherungssumme lediglich sei, den Schädiger schadlos zu halten. Ebenso RGZ 136, 60 (61); 157, 348 (350); RG JW 1935, 2950 (2950); RG JW 1937, 3172 (3172); RG DR 1941, 1298 (1299).

40 Vgl. RG DR 1944, 290 (291 f.).

41 Die Pflichtversicherung wurde durch das Pflichtversicherungsgesetz vom 07.11.1939 eingeführt, vgl. RGBl. I, S. 2223.

umfassenden Schutz des Geschädigten bezweckte.[42] Zwischenzeitlich hatte das Reichsgericht seit dem Beginn der dreißiger Jahre auch den Verschuldensgrad des Schädigers als bemessungsrelevant anerkannt mit der Begründung, dass die Billigkeit die Würdigung grundsätzlich aller Umstände des Falles gebiete.[43]

II. Der 3. Zivilsenat des BGH und die Folgerechtsprechung

Die Bedeutung der Vermögensverhältnisse und des Verschuldensgrades bei der Schmerzensgeldbemessung verursachte auch während der ersten Hälfte der fünfziger Jahre in Rechtsprechung und Literatur viele Unstimmigkeiten. Nachdem der 3. Zivilsenat im Jahr 1952 einen gegenüber der Reichsgerichtsrechtsprechung insgesamt neuartigen Ansatz vertreten hatte, legte der kurze Zeit später zuständig gewordene 6. Zivilsenat die Frage dem Großen Zivilsenat des BGH vor.

1. Der 3. Zivilsenat

Der 3. Zivilsenat des BGH äußerte sich 1952 als erster BGH-Senat zur Bemessung des Schmerzensgeldes[44] und läutete durch ein vielbeachtetes Urteil eine Änderung der Rechtsprechung ein. Seit Mitte der dreißiger Jahre war im Schrifttum die Berücksichtigung der individuellen Verhältnisse ausschließlich des Geschädigten gefordert worden.[45] Der 3. Zivilsenat ordnete das Schmerzensgeld unter Verweis auf den Wortlaut des § 847 BGB a.F. und die systematische Einordnung der Regelung in die Rechtsfolgen unerlaubter Handlungen als echten Schadensersatzanspruch ein,[46] bei dem im Unterschied zu anderen Schadensersatzansprüchen „der

42 Vgl. die Amtliche Begründung zum Pflichtversicherungsgesetz, zitiert nach RG DR 1944, 290 (292); vgl. auch *Lieberwirth*, aaO, 1965, S. 61 und *Carl*, DR 1941, 385 (385) mit weiteren Ausführungen zur Änderung des Haftpflichtrechts.

43 Vgl. RGZ 136, 60 (62). Die Nichtberücksichtigung eines besonders groben Verschuldens könne auf den Geschädigten verbitternd wirken und wäre willkürlich, so das Reichsgericht in seiner Entscheidung.

44 Siehe auch *Beier*, MDR 1954, 591 (591).

45 Vgl. *Peterßen*, JW 1936, 2965 (2965 ff.) und DAR 1936, 133; *Walter*, JW 1936, 2773 (2773); *W. Meyer*, JW 1938, 3209 (3210).

46 Vgl. BGHZ 7, 223 (225 ff.).

Schaden nicht am Vermögen oder an vermögenswerten Gütern eingetreten“[47] ist. Dementsprechend richte sich die Bemessung nach dem Schadensersatzzweck des Ausgleichs,[48] sodass der „in nichtvermögensrechtlicher Form entstandene Schaden“[49] maßgebend sei. Die Entschädigung sei dann „billig“, wenn ihre Höhe einer angemessenen Rücksichtnahme auf den entstandenen immateriellen Schaden entspreche.[50] Angesichts dieses schadensrechtlichen Verständnisses ließ der 3. Zivilsenat die Vermögensverhältnisse des Schädigers ebenso wie das Bestehen einer Haftpflichtversicherung unberücksichtigt und griff insoweit die in der Literatur aufgekommene Rechtsauffassung auf.[51] Ungeklärt blieb die Frage nach der Bemessungsrelevanz des Verschuldens des Schädigers als weiterer Umstand außerhalb

47 BGHZ 7, 223 (225). Der 3. Senat wies an dieser Stelle darauf hin, dass der Ausgleichszweck des Schmerzensgeldes bis dato noch nicht genügend Beachtung gefunden hatte, erkennbar an den „oft recht ungenügenden Ersatzbeträgen“. Stattdessen könne nur der Entschädigungsbetrag ausreichen, der „zur Beseitigung des verursachten Nachteils notwendig ist“. Diese Bewertung machte sich zumindest zum Teil in der Folgerechtsprechung einiger Instanzgerichte bemerkbar. So sprach das LG Augsburg im Jahr 1953 einem 13-jährigen Mädchen, das bei einem Unfall eine Oberschenkelhalssplitterung erlitten hatte, Schmerzensgeld in Höhe von 10.000 DM zu, vgl. LG Augsburg, DAR 1953, 196. Hier war bereits eine Höherbewertung erkennbar.

48 BGHZ 7, 223 (226) unter Verweis auf *Peterßen*, JW 1936, 2965.

49 BGHZ 7, 223 (226). Darum seien wie immer bei Schadensersatzansprüchen grundsätzlich nur die Folgen zu berücksichtigen, die die zum Ersatz verpflichtende Handlung auf Seiten des Geschädigten hervorgerufen hat.

50 BGHZ 7, 223 (229).

51 BGHZ 7, 223. *Lieberwirth* bezeichnete diesen Standpunkt des 3. Zivilsenat als „nicht geringe Sensation“, *Lieberwirth*, aaO, 1965, S. 62. In einem vorangegangenen Urteil hatte der 3. Zivilsenat eine Stellungnahme noch vermieden. Das Berufungsgericht hatte in seiner Entscheidung keine Erwägungen darüber angestellt, ob dem Schädiger die Zahlung des angemessenen Schmerzensgeldes zugemutet werden könne. Daraus folgte nach Ansicht des 3. Zivilsenats, dass das Berufungsgericht „ersichtlich hinsichtlich der wirtschaftlichen Leistungsfähigkeit des Schädigers keine Bedenken“ hatte, „so dass bei der Festsetzung des Schmerzensgeldes die möglicherweise nicht besonders günstigen wirtschaftlichen Verhältnisse des Schädigers keine Rolle gespielt haben“, vgl. BGH VersR 1952, 288 (289). Die Argumentation des 3. Zivilsenats überzeugt an dieser Stelle nicht. Sofern das Berufungsgericht keine Erwägungen darüber angestellt hat, ob dem Schädiger die Zahlung des angemessenen Schmerzensgeldes zugemutet werden könne, folgt daraus, dass es die Vermögensverhältnisse des Schädigers gar nicht berücksichtigt hat.

der individuellen Verhältnisse des Geschädigten, die der 3. Zivilsenat unter Hinweis auf die fehlende Entscheidungsrelevanz ausdrücklich dahinstehen ließ.[52]

2. Die Folgerechtsprechung des 6. Zivilsenats und Literaturmeinungen

a. Der 6. Zivilsenat Anfang der fünfziger Jahre

Der 6. Zivilsenat schloss sich im Jahr darauf zunächst ausdrücklich der Ansicht des 3. Zivilsenats an.[53] In einer weiteren Entscheidung desselben Jahres führte der Senat diese Linie fort und betonte den Umfang des immateriellen Schadens als maßgebendes Kriterium für die Höhe der Entschädigung.[54] Auszugleichen seien die erlittenen Unlustgefühle und dic cntgangene Lebensfreude.[55] Im Jahr 1954 lag dem 6. Zivilsenat ein Berufungsurteil vor, dem das Berufungsgericht das Urteil des Reichsgerichts aus dem Jahr 1944[56] zugrunde gelegt hatte. Mit Rücksicht auf die bestehende Haftpflichtversicherung des Beklagten hatte das Berufungsgericht das ermittelte Schmerzensgeld nicht herabgesetzt, sodass es seinem ausdrücklichen Hinweis zufolge zu keinem anderen Ergebnis gekommen war, als wenn es

---

52 BGHZ 7, 223 (226); darauf wies auch der Große Zivilsenat hin, vgl. BGHZ 18, 149 (151); ebenso *Jaeger/Luckey*, Schmerzensgeld, 2011, R. 1181 und *Lieberwirth*, aaO, 1965, S. 58; insoweit unzutreffend *Slizyk*, nach dessen Ansicht sich der 3. Zivilsenat auch gegen die Berücksichtigung des Verschuldens ausgesprochen hatte, vgl. *Slizyk*, Schmerzensgeld-Tabelle, IMMDAT.

53 BGH VersR 1953, 196 (197). In dem zugrunde liegenden Fall war dem Kläger im Kindesalter vom rotierenden Sägeblatt einer Kreissäge der linke Arm etwa 10 cm unter dem Ellenbogen abgeschnitten worden. Der BGH hielt unter Hinweis auf die erhebliche Verunstaltung und Beeinträchtigung des Klägers und die erlittenen Schmerzen 2.000 DM Schmerzensgeld für angemessen.

54 BGH NJW 1953, 1626 (1626).

55 BGH NJW 1953, 1626 (1626). Der 6. Zivilsenat hob die Berufungsentscheidung auf, weil das Berufungsgericht die zu erörternden rechtlichen Gesichtspunkte nicht berücksichtigt hat und sich stattdessen darauf beschränkt hat, die erlittenen Schmerzen aufzuzählen um sodann einen mehr oder weniger willkürlich bestimmten Geldbetrag als Schmerzensgeld festzusetzen. Insbesondere die Dauer der Schäden, die der zum Unfallzeitpunkt erst 47-jährige Geschädigte während einer zu erwartenden weiteren Lebensdauer von etwa zwanzig Jahren hinnehmen muss, war nach Ansicht des 6. Zivilsenats nicht hinreichend gewürdigt, BGH, aaO.

56 RG DR 1944, 290.

dem Urteil des 3. Zivilsenats in vollem Umfang gefolgt wäre.[57] Nach Ansicht des 6. Zivilsenats erübrigte sich eine Stellungnahme zur Berücksichtigung der Vermögensverhältnisse, da die Festsetzung des Schmerzensgeldes durch das Berufungsgericht weder mit der früheren Rechtsprechung des Reichsgerichts noch mit der Entscheidung des 3. Zivilsenats in Widerspruch stehe.[58] Daneben erklärte er, dass *soweit* die Vermögensverhältnisse des Schädigers bei der Bemessung des Schmerzensgeldes beachtlich sind, die Pflichtversicherung zu berücksichtigen wäre und schloss sich insoweit der Rechtsauffassung des Berufungsgerichts an.[59] In dieser Entscheidung des 6. Zivilsenats deutete sich bereits an, dass eine Entscheidung des Großen Zivilsenats über die zu berücksichtigenden Umstände anstand.[60]

b. Meinungsstreit in der Literatur und bei den Instanzgerichten

Die Entscheidungen des 3. und 6. Zivilsenats hatten den Meinungsstreit im Schrifttum um die Bemessungsgrundsätze erneut ausgelöst.[61] Auch die Rechtsprechung der Instanzgerichte war in den Folgejahren gespalten. Einige Instanzgerichte ließen die Vermögensverhältnisse des Schädigers unter ausdrücklichem Verweis auf die Rechtsprechung des 3. Zivilsenats unberücksichtigt[62], während andere Gerichte ihre Bemessungspraxis beibehielten und die Vermögensverhältnisse beider Seiten in die Bemessung einbezogen.[63] Gleichermaßen uneinheitlich

---

57 BGH NJW 1954, 1034 (1035). Wenige Monate zuvor hatte der 6. Zivilsenat noch keine Aussagen zur Berücksichtigung der Vermögensverhältnisse des Schädigers gemacht, vgl. BGH VersR 1954, 222 (223).

58 BGH NJW 1954, 1034 (1034 f.).

59 BGH NJW 1954, 1034 (1034), Hervorhebung durch die Verfasserin. Der 6. Zivilsenat rückte in dieser Entscheidung nicht von seiner zuvor ausdrücklich erklärten Zustimmung zur Rechtsprechung des 3. Zivilsenats ab, so auch das OLG Oldenburg DAR 1955, 110 (112) und *Beier*, MDR 1954, 591 (591); anders OLG Hamm VersR 1955, 86 (87) und *Seydel*, NJW 1954, 1017 (1017 ff.).

60 Vgl. auch *Lieberwirth*, nach dem die „Zeit für eine Entscheidung des Großen Zivilsenats reif" war, *Lieberwirth*, aaO, 1965, S. 62.

61 Vgl. *Günther*, aaO, S. 27 und *Lieberwirth*, aaO, S. 62.

62 OLG Tübingen VersR 1953, 238 (238); OLG Freiburg VersR 1953, 322 (323); OLG Tübingen VersR 1953, 293 (294); LG Mannheim VersR 1953, 216 (216). Ohne Verweis auf die Rechtsprechung des 3. Zivilsenats OLG Hamm VersR 1954, 54; LG Köln VersR 1953, 326; OLG Celle VersR 1955, 621; OLG Oldenburg VersR 1955, 528 (528).

63 OLG Tübingen VersR 1952, 420 (420), nach dem grundsätzlich alle Umstände des Falles zu würdigen sind, so auch u.a. die Vermögensverhältnisse der Parteien. Denkbar ist allerdings, dass dem OLG Tübingen bei der Urteilsfindung die neue, nur wenige Wochen alte

war die Rechtsprechung im Hinblick auf die Einbeziehung des Verschuldensgrads, der von den Gerichten teilweise berücksichtigt wurde,[64] teilweise unberücksichtigt blieb.[65] Diese uneinheitliche Bild zeigte sich auch in der Literatur. Während einige Stimmen die Entscheidung des 3. Zivilsenats unter Verweis auf die Billigkeit, die eine Berücksichtigung der Umstände *beider* Teile erfordere, ablehnten,[66] befürworteten andere die ausschließlich am Schaden orientierte Bemessung.[67]

c. Differenzierende Betrachtung Geigels

Geigel nahm 1954 eine differenzierende Betrachtung vor. Er stimmte der Auffassung des 3. Zivilsenats insoweit zu, als dieser im Schmerzensgeldanspruch einen echten Schadensersatzanspruch sah. Aus dem Schadensersatzcharakter des Schmerzensgeldes folgerte *Geigel* jedoch nicht, dass Vermögensverhältnisse und Verschuldensgrad keine Berücksichtigung finden dürften. Vielmehr müsse das Schmerzensgeld unter dem Gesichtspunkt der Billigkeit in seiner Höhe nach anderen Gesichtspunkten bemessen werden als der materielle Schaden, dessen Höhe genau ziffernmäßig errechnet werden könne.[68] Deswegen könne es billig sein,

---

Rechtsprechung des 3. Zivilsenats noch nicht bekannt war; OLG Nürnberg VersR 1954, 132 (134), nach dessen Ansicht der zugesprochene Betrag für die Beklagte ein kleines Vermögen darstelle und sie lange Jahre fühlbar belasten werde. Auf Seiten der Klägerin berücksichtigte es die Vermögens- und Erwerbslosigkeit; OLG Oldenburg DAR 1955, 110 (112), nach dessen Ansicht alle Umstände des Falles nach billigem Ermessen berücksichtigt werden müssen; OLG Hamm VersR 1955, 86 (87), nach dessen Ansicht diejenige Entschädigung „billig" ist, die nicht nur den Schadensfolgen, sondern auch allen anderen maßgebenden Umständen derart Rechnung trägt, dass die Entschädigung für den Geschädigten und den Schädiger unzweifelhaft zumutbar ist.

64 OLG Tübingen VersR 1952, 420; OLG Tübingen VersR 1953, 279 (279); OLG Nürnberg VersR 1954, 132 (133); OLG Frankfurt VersR 1954, 134 (134); OLG Oldenburg DAR 1955, 110 (112).

65 OLG Frankfurt DAR 1956, 188 (188).

66 *Boettinger*, VersR 1953, 197; *Ehrenzweig*, VersR 1953, 80; *Dickertmann*, NJW 1954, 1757; *Böhmer*, VersR 1954, 105; der die Entscheidungen des 3. Zivilsenats vom 29.09.1952 und des 6. Zivilsenats vom 11.02.1953 und 08.07.1953 als unhaltbar bezeichnete.

67 *Weigelt*, DAR 1953, 13 (14); ebenso befürwortend und darüber hinaus die Berücksichtigung des Verschuldens ablehnend *Gelhaar* (als Mitglied des erkennenden Senats des BGH), DAR 1954, 1 (3) und NJW 1953, 1281 (1281); *Lehmann*, JZ 1953, 41 (41), *Seydel*, NJW 1954, 1017 (1017); *Beier*, MDR 1954, 591 (594); *Schroot*, BB 1955, 144 (149).

68 *Geigel*, Der Haftpflichtprozess, 1954, S. 39; *ders.*, NJW 1954, 706 (707); bereits in der Anmerkung zum Urteil des 3. Zivilsenats hatte *Geigel* der Ansicht des Senats insoweit

einem vermögenden Schädiger die Zahlung eines höheren Schmerzensgeldes zuzumuten als einem unvermögenden und ebenso, einem grob fahrlässig handelnden Schädiger die Zahlung eines höheren Schmerzensgeldes als einem Schädiger, der die Schädigung durch nur geringfügige Fahrlässigkeit verursacht habe.[69] *Geigel* rückte das gesetzliche Tatbestandsmerkmal der Billigkeit mehr in den Vordergrund als es der 3. Zivilsenat getan hatte. Durch sie sah er den Schadensersatzcharakter des Schmerzensgeldes modifiziert. Er kombinierte den Schadensersatzcharakter mit der Berücksichtigung der Umstände des einzelnen Falles und verband dadurch die Bemessungsansätze des 3. Zivilsenats mit den reichsgerichtlichen Ansätzen. Diese Ansicht fand sich nur ein Jahr später in der Grundsatzentscheidung des Großen Zivilsenats wieder, der das Schmerzensgeld als Schadensersatzanspruch „eigener Art"[70] bezeichnete und folgerichtig und im Sinne *Geigels* annahm, dass der Schadensersatzcharakter des Schmerzensgeldes der Berücksichtigung auch anderer Umstände als des Schadensumfangs nicht schlechthin entgegenstehe.

III. Die Grundsatzentscheidung des Großen Zivilsenats aus dem Jahr 1955

Als der 6. Zivilsenat in einer weiteren Entscheidung von der Rechtsaufassung des 3. Zivilsenats abweichen wollte, legte er die Entscheidung dem Großen Zivilsenat vor mit der Frage, ob bei der Bemessung einer billigen Entschädigung in Geld nach § 847 BGB a.F. alle Umstände, also auch die Vermögensverhältnisse und der Grad des Verschuldens des Verpflichteten zu berücksichtigen sind.[71] Der Große

zugestimmt, als dieser vom Charakter des Schmerzensgeldes als echtem Schadensersatzanspruch ausging. Er wies aber gleichzeitig darauf hin, dass die Berücksichtigung der Vermögensverhältnisse des Schädigers ebenso vertretbar sei, *Geigel*, NJW 1953, 99 (99). Etwas ungenau das OLG Oldenburg, nach dem *Geigel* „ausdrücklich und mit eingehender Begründung gegen die Auffassung des BGH [BGHZ 7, 223] Stellung genommen" habe, OLG Oldenburg DAR 1955, 110 (111). Dabei übersah es offensichtlich, dass *Geigel* den Charakter der Schmerzensgeldanspruchs als echten Schadensersatzanspruch bestätigt hatte.

69 Der Umstand, dass der Schädiger haftpflichtversichert ist, durfte nach Ansicht von *Geigel* – entgegen RG DR 1944, 290 – dennoch nicht berücksichtigt werden, da die Haftpflichtversicherung nur den Zweck habe, dem Versicherungsnehmer die ihm obliegenden Schadensersatzleistungen zu ersetzen, nicht hingegen, dem Geschädigten Anspruch auf höhere Schadensersatzansprüche zu gewähren, *Geigel*, NJW 1953, 99 (99).

70 BGHZ 18, 149 (149), Leitsatz 1.

71 BGHZ 18, 149 (150).

Zivilsenat beantwortete die Vorlagefrage wörtlich wie folgt: *„Bei der Bemessung der billigen Entschädigung in Geld nach § 847 BGB können alle Umstände des Falles berücksichtigt werden, darunter auch der Grad des Verschuldens des Verpflichteten und die wirtschaftlichen Verhältnisse beider Teile. Dabei ist auch zu berücksichtigen, inwieweit der Verpflichtete durch eine Haftpflichtversicherung oder einen Ausgleichanspruch Ersatz seiner Leistung findet.“*[72]. Zur Beantwortung der Vorlagefrage hatte der Große Zivilsenat den Begriff der Billigkeit systematisch ausgelegt und die Funktionen des Schmerzensgeldes bestimmt.

1. Der Begriff der Billigkeit

Der Große Zivilsenat ordnete die billige Entschädigung in Geld im Sinne des § 847 BGB a.F. systematisch in den Gesamtaufbau des BGB ein.[73] Wenn im BGB das Ausmaß einer Leistung nach „billigem Ermessen“ bestimmt oder eine „billige Entschädigung“ gewährt werde, wolle das Gesetz in der Regel alle unter dem Gesichtspunkt der Billigkeit in Betracht kommenden Umstände des Falles und insbesondere die Verhältnisse aller Beteiligten berücksichtigt wissen.[74] Der Große Zivilsenat verwies auf §§ 315, 317, 1246, 2048, 2156 BGB, bei denen die Bestimmung der Leistung bzw. die Vornahme der Handlung unter Berücksichtigung aller Umstände des Falles zu erfolgen habe. Auch der Schadensersatzanspruch nach § 829 BGB wolle die Verhältnisse der Beteiligten nicht nur im Hinblick auf den Grund, sondern auch im Hinblick auf die Höhe der Leistung mitberücksichtigt wissen. Zudem leitete der Große Zivilsenat aus den Materialien zum Bürgerlichen Gesetzbuch zu § 1300 BGB ab, die auch für die billige Entschädigung nach § 847 BGB a.F. gelten sollten, dass der Tatrichter bei der Bemessung der billigen Entschädigung grundsätzlich alle in Betracht kommenden Umstände berücksichtigen darf.[75]

---

72 BGHZ 18, 149 (150), Hervorhebung durch die Verfasserin; so auch der Leitsatz 2 der Entscheidung.

73 Vgl. BGHZ 18, 149 (151 f.).

74 BGHZ 18, 149 (151 f.). Zustimmend *Ady*, Ersatzansprüche wegen immaterieller Einbußen, S. 88 und allgemein für die Bedeutung des Begriffs der Billigkeit *Engisch*, der in der Billigkeit die materiale Anweisung sieht, möglichst alle Umstände des Einzelfalls „angemessen“ zu berücksichtigen, vgl. *Engisch*, Auf der Suche nach der Gerechtigkeit, S. 184; siehe außerdem den rechtshistorischen Überblick zum Begriff der Billigkeit unter dem Gesichtspunkt der Gleichheit bei *Henke*, Die Schmerzensgeldtabelle, S. 54 ff.

75 BGHZ 18, 149 (153 f.).

2. Doppelfunktion – Ausgleich und Genugtuung

Im Anschluss an die systematische Auslegung bestimmte der Große Zivilsenat den rechtlichen Sinn des Schmerzensgeldes.[76] *„Der Anspruch auf Schmerzensgeld ist kein gewöhnlicher Schadensersatzanspruch, sondern ein Anspruch eigener Art mit doppelter Funktion. Er soll dem Geschädigten einen angemessenen Ausgleich für diejenigen Schäden bieten, die nicht vermögensrechtlicher Art sind, und zugleich dem Gedanken Rechnung tragen, dass der Schädiger dem Geschädigten Genugtuung schuldet für das, was er ihm angetan hat.“*[77]. Der Große Zivilsenat machte die Genugtuung zur weiteren Funktion neben dem Ausgleich, den der 3. Zivilsenat zuvor noch als ausschließliche Funktion des Schmerzensgeldes ausgewiesen hatte. Die Begründung dieser doppelten Funktion stützte der Große Zivilsenat auf drei Argumente. Wegen der Billigkeit im Sinne seiner Entscheidung könne der Ausgleichszweck nicht allein maßgebend für die Höhe der Entschädigung sein.[78] Hinzu kam seiner Ansicht nach, dass der Ausgleichszweck kein ausreichender Anhaltspunkt für die Bemessung in solchen Fällen sein könne, in denen der immaterielle Schaden so groß ist, dass ein Ausgleich überhaupt kaum denkbar ist. Dabei hatte der Große Zivilsenat Fälle weitgehender physischer Zerstörung des Körpers[79] oder psychischer Störungen[80] im Blick ebenso wie solche Fälle, in denen dem Geschädigten aufgrund seiner wirtschaftlichen Kraft kein Lustgefühl als Ausgleich verschafft werden könne.[81] Zuletzt führte der Große Zivilsenat ein rechtshistorisches Argument an. Er verwies darauf, dass nach den Partikularrechten der neueren Zeit auch außerhalb des Ausgleichszwecks liegende Umstände zu berücksichtigen waren, wenn die Entschädigung für immaterielle Schäden nicht generell ausgeschlossen war.[82]

---

76 Vgl. BGHZ 18, 149 (154 f.).

77 BGHZ 18, 149 (149, 154), so auch Leitsatz 1 der Entscheidung, Hervorhebung durch die Verfasserin.

78 BGHZ 18, 149 (155). *Ady* bezeichnet die Billigkeit folgerichtig als „gesetzliches Einfallstor“ für die Funktionen, vgl. *Ady*, aaO, S. 96.

79 BGHZ 18, 149 (156).

80 BGHZ 18, 149 (157).

81 BGHZ 18, 149 (157).

82 BGHZ 18, 149 (155); z.B. der Grad des Verschuldens nach §§ 118, 125 Abs. 1 S. 6 ALR oder die Vermögensverhältnisse des Schädigers nach § 15 des Badischen Gesetzes über die privatrechtlichen Folgen von Verbrechen vom 06.03.1845.

IV. Zusammenfassung zum *Ob* der Berücksichtigung

Die Rechtsprechung zu den Bemessungsumständen des Schmerzensgeldes lässt sich in drei wesentliche Phasen einteilen. Das Reichsgericht und die sich daran anschließende Rechtsprechung hatten bei der Schmerzensgeldbemessung alle Umstände sowohl auf Seiten des Geschädigten als auch auf Seiten des Schädigers berücksichtigt. Am 29. September 1952 läutete der 3. Zivilsenat des BGH die zweite Rechtsprechungsphase ein, indem er der Berücksichtigung der Vermögensverhältnisse des Schädigers eine Absage erteilte und die Natur des Schmerzensgeldes als Schadensersatzanspruch in den Vordergrund rückte. Deswegen war die Bemessung seiner Ansicht nach ausschließlich am Ausgleich des immateriellen Schadens auszurichten. Der Große Zivilsenat kehrte 1955 in seiner Grundsatzentscheidung im Wesentlichen zur Ansicht des Reichgerichts[83] zurück und legte im 2. Leitsatz seiner Entscheidung fest, dass bei der Schmerzensgeldbemessung grundsätzlich alle in Betracht kommenden Umstände berücksichtigt werden dürfen. Seine Begründung stützte der Große Senat im Schwerpunkt auf die Auslegung des bereits zuvor vieldiskutierten Billigkeitsbegriffs, der dem Gericht die Berücksichtigung grundsätzlich aller Umstände des Einzelfalls erlaube, sodass neben dem Ausgleich auch die Genugtuung bezweckt werde. Dabei schloss sich der Große Zivilsenat der Judikatur des 3. Zivilsenats aus dem Jahr 1952 in zwei Punkten ausdrücklich an. Beide BGH-Senate erklärten übereinstimmend den Ausgleich der erlittenen Lebensbeeinträchtigung zum Zweck des Schmerzensgeldes[84] und den Umfang der Lebensbeeinträchtigung als primäres Kriterium für seine Bemessung.[85]

Im Hinblick auf das Gesetzesmerkmal der Billigkeit verfolgte der Große Zivilsenat einen gänzlich anderen Ansatz. Während der 3. Zivilsenat die Bedeutung des Billigkeitsmerkmals ausschließlich in der an der Schadenshöhe orientierten angemessenen Entschädigungshöhe ausgemacht hatte,[86] erkannte der Große

---

83 Soweit es seit den dreißiger Jahren auch den Verschuldensgrad des Schädigers und seit 1944 das Bestehen einer Haftpflichtversicherung des Schädigers neben den Vermögensverhältnissen beider Beteiligten berücksichtigt hatte. Siehe auch *Günther*, aaO, S. 27.

84 BGHZ 7, 223 (226, 229) und BGHZ 18, 149 (154 f.; 156), vgl. Leitsatz 1.

85 BGHZ 7, 223 (226) und BGHZ 18, 149 (154), vgl. Leitsatz 2.1. Diese Erkenntnis erklärte der Große Zivilsenat als „wesentliches Verdienst" des 3. Zivilsenats, der in seiner Entscheidung vom 29.9.1952 betont hatte, dass die Entschädigung nur dann billig sei, wenn sie der durch eine angemessene Rücksichtnahme auf den entstandenen immateriellen Schaden gebotenen Höhe entspreche, vgl. BGHZ 18, 149 (154).

86 BGHZ 7, 223 (229).

Zivilsenat in der Billigkeit den gesetzgeberischen Willen, „in der Regel alle unter dem Gesichtspunkt der Billigkeit in Betracht kommenden Umstände des Falles und insbesondere die Verhältnisse aller Beteiligten berücksichtigt zu wissen“[87]. In der Kombination von schadensrechtlichem Ausgleich und Berücksichtigung aller Umstände des Einzelfalles sah der Große Zivilsenat die „eigene Art“ des Schadensersatzanspruchs des § 847 BGB a.F. begründet: Dem Geschädigten soll ein *Entschädigungs*betrag gewährt werden, der den entstandenen Schaden primär *ausgleicht*, in den als Ausdruck der Billigkeit aber gleichzeitig außerhalb des immateriellen Schadens liegende Umstände des Einzelfalls einfließen können, sodass dem Geschädigten zugleich *Genugtuung* verschafft wird.[88] Soweit der Entschädigungsbetrag den Ausgleich des entstandenen Schadens bezweckt, handelt es sich um einen gewöhnlichen Schadensersatzanspruch. Die Berücksichtigung auch solcher Umstände, die außerhalb des Schadens liegen, unterscheidet ihn jedoch vom gewöhnlichen Schadensersatzanspruch und macht ihn zu einem solchen eigener Art.[89] Angesichts dieser durch die Billigkeit implizierten Berücksichtigung sämtlicher Umstände bei der Bemessung des Schmerzensgeldes wies der Große Zivilsenat dem Schmerzensgeld neben dem Ausgleich eine Genugtuungsfunktion zu,[90] aufgrund derer die Gerichte fortan auch schadensfremde Umstände bei der Bemessung berücksichtigen konnten.[91] Die doppelte Funktion des Schmerzensgeldes ist nach der Rechtsprechung des Großen Zivilsenats demzufolge Ausfluss des Gesetzesmerkmals der Billigkeit.

Seit der Grundsatzentscheidung des Großen Zivilsenats im Jahr 1955 verfolgt das Schmerzensgeld neben dem primären Zweck des Ausgleichs[92] nunmehr auch

87 BGHZ 18, 149 (151 f.).
88 BGHZ 18, 149 (149), Leitsatz 1.
89 Insofern zutreffend *Geigel*, s.o.
90 BGHZ 18, 149 (155). Nach *Günther* stützte der Große Zivilsenat seine Entscheidung neben der Billigkeit auch auf die Funktionen des Schmerzengeldes und wich dadurch von der Reichsgerichtsrechtsprechung insofern ab, als das Reichsgericht ausschließlich den Billigkeitsbegriff fruchtbar gemacht hatte, vgl. *Günther*, aaO, S. 27. Genau genommen hatte aber auch der Große Zivilsenat den Billigkeitsbegriff fruchtbar gemacht, insofern als er in ihr überhaupt erst den Grund für die Existenz der Genugtuungsfunktion ausmachte, sodass die gesamte Begründung für die Berücksichtigung sämtlicher Umstände insgesamt auf die Billigkeit zurückzuführen war.
91 BGHZ 18, 149 (154).
92 Insoweit unzutreffend *Lorenz*, der von „gleichgestellten Zielfunktionen“ spricht, *Lorenz*, Immaterieller Schaden, S. 39. Siehe weitere Ausführungen zur Genugtuungsfunktion in § 2 dieser Untersuchung.

die Genugtuung des Geschädigten.[93] Insgesamt war die Grundsatzentscheidung weniger eine Abkehr oder – wie vereinzelt vertreten – ein Rückschritt[94] gegenüber der Rechtsprechung des 3. Zivilsenats des BGH, sondern vielmehr eine konsequente Weiterentwicklung[95] dieser Rechtsprechung. Die Entscheidung des Großen Zivilsenats brachte Klarheit in die seit langem in Rechtsprechung und Literatur umstrittene Frage der Berücksichtigung der Vermögensverhältnisse beider Beteiligten sowie des Verschuldensgrades des Schädigers. Sie ebnete gleichzeitig den Weg für die nachfolgende Rechtsprechung. Die Grundsätze des Großen Zivilsenats werden seitdem in ständiger Rechtsprechung in den Eingangs- und Rechtsmittelinstanzen angewendet[96] und haben auch im Schrifttum breite Zustimmung gefunden.[97]

---

93 So noch der 3. Zivilsenat, dem der Große Zivilsenat insoweit eine Absage erteilte, vgl. BGB-RGRK/*Kreft*, § 847 Rn. 7; *v. Mayenburg*, aaO, S. 28.

94 NK-BGB/*Huber*, § 253 Rn. 23; so auch *G. Müller*, nach deren Ansicht der Beschluss des Großen Zivilsenats „insoweit als Rückschritt aufgefasst kann, als er den Anspruch aus § 847 BGB als einen vom Gesetzgeber nur formal als bürgerlich-rechtlichen Schadensersatzanspruch konstruierten Anspruch – wohl im Gegensatz zum „echten" Schadensersatzanspruch – bezeichnet und zugleich den Ausgleichszweck wesentlich enger versteht.", *G. Müller*, VersR 1993, S. 909 (912).

95 So auch *Pohle* in seiner Anmerkung zu BGHZ 18, 149, vgl. *Pohle*, MDR 1956, 24 (24).

96 Vgl. unter anderen OLG Hamburg VersR 1958, 419 (419); BGH VersR 1964, 842 (843); BGH VersR 1967, 256 (256); OLG Saarbrücken NJW 1975, 1467 (1467); BGH NJW 1976, 1147 (1148); OLG Nürnberg VersR 1986, 173 (173); OLG Karlsruhe VersR 1992, 370 (371); OLG München VersR 1993, 987 (987); OLG Düsseldorf NJW-RR 1993, 156 (156 f.); LG München NJW-RR 2001, 1246; KG NJW-RR 2003, 24 (26); OLG Oldenburg NJW-RR 2007, 1468 (1468); LG Münster NJW 2010, 86; OLG Frankfurt NZV 2011, 39 (39); OLG Saarbrücken vom 07.06.2011 - 4 U 451/10, abrufbar bei juris; OLG Brandenburg vom 23.06.2011 - 12 U 263/08, abrufbar bei juris.

97 Vgl. *Lorenz*, aaO, S. 40 m.w.N.; *Gelhaar*, DAR 1955, 261 (263), der sich in einer Veröffentlichung aus dem Jahr 1954 noch ausdrücklich gegen die Berücksichtigung des Verschuldens gewandt hatte, siehe Fn. 67; *Knöpfel*, AcP 155, 135 (149, 152), allerdings gegen eine Berücksichtigung der Vermögensverhältnisse des Schädigers; *Baumgärtel*, JZ 1961, S. 55 (55 f.); *Lieberwirth*, aaO, 1965, S. 18 f.; *Teplitzky*, NJW 1966, 388 (388); Wussow/*Kürschner*, Unfallhaftpflichtrecht, S. 877; Himmelreich/Halm/Staab-*Jaeger/Luckey*, Handbuch der Kfz-Schadensregulierung, S. 1010 ff.; *Pohle*, MDR 1956, 24 (24); *ablehnend dagegen*: *Honsell*, VersR 1974, 205 (205); *Schwerdtner*, JuS 1978, 289 (296f.); *Ebel*, VersR 1978, 204 (207); kritisch *Henke* zur Berücksichtigung der Vermögensverhältnisse des Geschädigten, vgl. *Henke*, aaO, S. 11 ff. sowie jüngst *Degenhart* zur Berücksichtigung der Vermögensverhältnisse beider Beteiligten, vgl. *Degenhart*, aaO, S. 59 f. mit weiteren Nachweisen. Siehe weitere Entwicklungen der Lehre im Anschluss an die Grundsatzentscheidung bei

B. Das *Wie* der Berücksichtigung – die Methode der Bemessung

Neben der Frage, *welche* Umstände das zur Entscheidung berufene Gericht berücksichtigen darf, ist bei der Bemessung von entscheidender Bedeutung, *wie* aus den einzelnen Bemessungsumständen der konkrete Schmerzensgeldbetrag zu ermitteln ist. Neben dem *Ob* der Bemessung benötigt das Gericht mithin eine Bemessungs*methode*. Diese Methode, die das *Wie* der Berücksichtigung vermittelt, ist neben dem *Ob* notwendige Voraussetzung der Ermittlung der billigen Entschädigung in Geld. Während Rechtsprechung und Literatur der Frage nach dem *Ob* der Bemessung durchweg hohe Aufmerksamkeit gewidmet haben,[98] wurde ihre Methode bisher stark vernachlässigt. Dieser Umstand verwundert insbesondere im Hinblick auf die Inkommensurabilität des immateriellen Schadens, die auch regelmäßig in Schrifttum und Rechtsprechung angeführt und insbesondere zur Begründung von Unzulänglichkeiten bei der Bemessung herangezogen wird und bereits die Väter des BGB zur Sorge um eine dem „deutschen Recht fremde Souveränität des Richters“[99] veranlasst hatte. Durch eine Methode, auf deren Grundlage die Zivilgerichte das Schmerzensgeld bemessen, ließe sich der Inkommensurabilität begegnen und die Sorge um eine zu freie Stellung des Richters ausräumen. Die unbestrittene und unbestreitbare Inkommensurabilität des immateriellen Körper- und Gesundheitsschadens erfordert schon aus rechtstatsächlichen Gründen eine Methode, auf deren Grundlage die Gerichte den Entschädigungsbetrag aus der Vielzahl der im Einzelfall zu berücksichtigenden Umstände ermitteln können. Es liegt nahe, dass auch der Große Zivilsenat um die Notwendigkeit einer solchen Methode wusste, sodass zu prüfen ist, ob die Grundsatzentscheidung des Großen Zivilsenats auch methodische Aussagen beinhaltet.

I. Entscheidungsinhalt

In Leitsatz 2 der Grundsatzentscheidung heißt es wörtlich: „Bei der Festsetzung dieser billigen Entschädigung dürfen grundsätzlich alle in Betracht kommenden Umstände des Falles berücksichtigt werden, darunter auch der Grad des Verschuldens des

---

Lorenz, aaO, S. 40 ff.; *Stiefel*, VersR 1956, 20 (21), der insbesondere die Berücksichtigung einer Haftpflichtversicherung des Schädigers scharf kritisiert.

98 Siehe auch *Günther*, aaO, S. 24.

99 *Mugdan*, Die gesamten Materialien zum Bürgerlichen Gesetzbuch für das Deutsche Reich, Motive, S. 12.

Verpflichteten und die wirtschaftlichen Verhältnisse beider Teile. *Dabei hat die Rücksicht auf Höhe und Maß der Lebensbeeinträchtigung (Größe, Heftigkeit und Dauer der Schmerzen, Leiden und Entstellungen) durchaus im Vordergrund zu stehen, während das Rangverhältnis der übrigen Umstände den Besonderheiten des Einzelfalles zu entnehmen ist*“[100]. Dieser Leitgedanke von der Lebensbeeinträchtigung als vorrangigem Bemessungsumstand zieht sich gleich einem roten Faden durch die Gründe der Entscheidung. Die Lebensbeeinträchtigung bilde die „wesentlichste Grundlage bei der Ausmessung der billigen Entschädigung“[101] sowie das „Schwergewicht“[102], sie sei für die Bemessung „in erster Linie zu berücksichtigen“[103], habe bei den Bemessungsumständen „stets das ausschlaggebende Moment zu bilden“[104] und stehe im Verhältnis zu den anderen Umständen „immer an der Spitze“[105]. Alle außerhalb der Lebensbeeinträchtigung liegenden Umstände fasste der Große Zivilsenat als „übrige Bemessungsumstände“[106] zusammen. Die übrigen Umstände kann das Gericht *daneben*[107] berücksichtigen, so der Große Zivilsenat wörtlich. Dabei hat er es der Entscheidung des Gerichts im Einzelfall überlassen, ob und welche übrigen Bemessungsumstände es berücksichtigt, sodass einzelne Umstände auch ausscheiden können.[108] Der Große Zivilsenat stellte zudem ausdrücklich klar, dass im Hinblick auf die übrigen Bemessungsumstände kein Rangverhältnis bestehe,[109] sondern sich das Verhältnis dieser Umstände ebenfalls nach dem Einzelfall richte.[110] Diesen Ausführungen des Großen Zivilsenats lassen sich zwei konkrete methodische Aussagen entnehmen.

---

100 BGHZ 18, 149 (149), Leitsatz 2, Hervorhebung durch die Verfasserin.

101 BGHZ 18, 149 (154).

102 BGHZ 18, 149 (157).

103 BGHZ 18, 149 (154, 157, 163).

104 BGHZ 18, 149 (167).

105 BGHZ 18, 149 (167).

106 BGHZ 18, 149 (149) Leitsatz 2.

107 BGHZ 18, 149 (157), Hervorhebung durch die Verfasserin.

108 BGHZ 18, 149 (167 f.). Es müssen nicht alle Umstände in jedem Einzelfall berücksichtigt werden, sondern sie *können* nach dessen Lage berücksichtigt werden, BGHZ 18, 149 (168) und *dürfen* grundsätzlich berücksichtigt werden, BGHZ 18, 149 (149), Leitsatz 2. Insoweit missverständlich *Hacks/Ring/Böhm*, nach denen alle Umstände, die dem Schadensfall sein Gepräge geben, berücksichtigt werden *müssen*, vgl. *Hacks/Ring/Böhm*, Schmerzensgeld Beträge, 2010, S. 10, Hervorhebung durch die Verfasserin.

109 BGHZ 18, 149 (167 f.).

110 BGHZ 18, 149 (149) Leitsatz 2.

1. Differenzierung der Bemessungsumstände

Die erste methodische Aussage des Großen Zivilsenats besteht in der Differenzierung zwischen Lebensbeeinträchtigung einerseits und übrigen Umständen andererseits. Diese Differenzierung geht schon aus der namentlichen Hervorhebung der Lebensbeeinträchtigung hervor, während der Große Zivilsenat die Gesamtheit der anderen Bemessungsumstände als *übrige Umstände* zusammenfasst. Dieser begrifflichen Differenzierung ist im Hinblick auf das *Wie* der Bemessung zu entnehmen, dass sie bildlich gesprochen aus zwei Säulen besteht: der Säule Lebensbeeinträchtigung und der Säule übrige Umstände. Diese Differenzierung des Großen Zivilsenats griff in den sechziger Jahren *Henke* in seiner umfassenden Untersuchung der Schmerzensgeldtabelle auf[111] und leitete aus ihr die Notwendigkeit einer „sukzessiven Bemessung"[112] ab. Dem ist zuzustimmen, insofern als bereits die Differenzierung zwischen Lebensbeeinträchtigung und übrigen Bemessungsumständen einen mindestens zweiaktigen Bemessungsvorgang nahelegt. Die Notwendigkeit eines zweiaktigen Bemessungsvorgangs wird durch die zweite methodische Aussage des Großen Zivilsenats bestätigt.

2. Rangverhältnis der Bemessungsumstände

Die zweite methodische Aussage des Großen Zivilsenats besteht in der unterschiedlichen Bewertung der verschiedenen Bemessungsumstände. Die Lebensbeeinträchtigung klassifizierte der Große Zivilsenat nicht nur als zentralen und

111 Vgl. *Henke*, Schmerzensgeldtabelle, S. 118 f.

112 *Henke*, aaO, S. 119. Nach Ansicht von *Henke* hatte sich die Notwendigkeit der sukzessiven Bemessung bereits in einer früheren Entscheidung des BGH gezeigt, nach der sich „der Richter nicht darauf beschränken dürfe, die erlittenen Schmerzen […] im einzelnen aufzuzählen und dann einen mehr oder weniger willkürlich bestimmten Geldbetrag als Schmerzensgeld festzulegen", *Henke*, aaO, S. 119. Mit „willkürlicher Festsetzung" habe das Urteil „die planlose Gesamtbewertung aller Umstände" gemeint, *Henke*, aaO, S. 119. Dem ist entgegenzuhalten, dass der 6.Zivilsenat in der von *Henke* bezeichneten Entscheidung das Berufungsurteil mit der Begründung aufgehoben hatte, das Berufungsgericht habe die zu erörternden rechtlichen Gesichtspunkte nicht berücksichtigt und sich stattdessen darauf beschränkt, die erlittenen Schmerzen aufzuzählen um sodann einen mehr oder weniger willkürlich bestimmten Geldbetrag als Schmerzensgeld festzusetzen. Insbesondere die Dauer der Schäden war nach Ansicht des Senats nicht hinreichend gewürdigt, vgl. BGH NJW 1953, 1626 (1626). Dem 6. Zivilsenat ging es nach seiner Entscheidungsbegründung offensichtlich nicht um eine differenzierende Bemessung, sondern um eine hinreichende Würdigung und Abwägung *aller* relevanten Bemessungsumstände, so auch der Schadensdauer, in der Urteilsbegründung, die das Berufungsgericht schlichtweg nicht vorgenommen hatte.

wichtigsten Umstand,[113] sondern legte darüber hinaus auch fest, dass diese als „wesentlichste Grundlage“[114] den Ausgangspunkt der Bemessung bilden müsse. Die Charakterisierung der Lebensbeeinträchtigung als vorrangig und primär zu berücksichtigenden Bemessungsumstand nahm der Große Zivilsenat an den zentralen Stellen seiner Entscheidungsbegründung vor.[115] Indem er das Rangverhältnis der übrigen Bemessungsumstände gleichzeitig den Umständen des Einzelfalls zuwies,[116] unterstrich der Große Zivilsenat einmal mehr, dass die Lebensbeeinträchtigung generell den ersten Rang unter allen Bemessungsumständen einnimmt, wohingegen sich die Rangverteilung aller anderen, im Einzelfall relevanten Umstände nicht allgemein festlegen lässt, sondern im Einzelfall entschieden werden muss. Diese Zuweisung des ersten Ranges an die Lebensbeeinträchtigung[117] und des zweiten und der folgenden Ränge an die übrigen Umstände[118] bestimmt als eine der Kernaussagen die Grundsatzentscheidung. Diesem Rangverhältnis zufolge muss das Gericht in einem ersten und separaten Bemessungsschritt die Lebensbeeinträchtigung, die in erster Linie maßgebend für den Geldbetrag ist,[119] bestimmen, bevor alle übrigen Umstände in die Bemessung einfließen dürfen.[120]

---

113 Der Große Zivilsenat verwendete eine Vielzahl an Bezeichnungen verwendet, um den Rang der Lebensbeeinträchtigung zu verdeutlichen, „wesentlich“, „Schwergewicht“, „ausschlaggebend“, „in erster Linie zu berücksichtigen“ und „an der Spitze stehend“, BGHZ 18, 149 (149, 154, 157, 167). Er griff dadurch letztlich die Ausführungen des Reichsgerichts aus dem Jahr 1941 auf, als es „die Auswirkungen auf den Körper, das Gefühl und das Gemüt des Beschädigten“ als an erster Stelle der Bemessungsumstände stehend bezeichnet hatte, RG DR 1941, 1298 (1298).

114 BGHZ 18, 149 (154).

115 Vgl. BGHZ 18, 149 (103, 154, 157, 163, 167).

116 „[…], während das Rangverhältnis der übrigen Umstände den Besonderheiten des Einzelfalls zu entnehmen ist.“, BGHZ 18, 149 (149) Leitsatz 2.

117 So auch *Günther*, der von der „erstrangigen“ Lebensbeeinträchtigung spricht, *Günther*, aaO, S. 25. Ähnlich auch *Bötticher*, der von einer „Hierarchie der Bemessungsfaktoren mit der Schadenshöhe als oberstem Element“ spricht, *Bötticher*, MDR 1963, S. 353 (357).

118 Nach *Günther* die „zweitrangigen“ Umstände, *Günther*, aaO, S. 26.

119 BGHZ 18, 149 (154).

120 Die Forderung nach einer sukzessiven Bemessung findet sich auch jüngst bei Schwintowski/Schah Sedi- *Schwintowski*, aaO, S. 14 f., siehe dazu in § 7 dieser Untersuchung. *Henke* forderte bereits Ende der sechziger Jahre in seiner Monografie zur Schmerzensgeldtabelle, dass das Gericht zunächst die Lebensbeeinträchtigung ermittelt und dieses „Zwischenergebnis erst danach modifiziert“, *Henke*, aaO, S. 119; so auch schon *Günther*, nach dem die sukzessive Bemessung „allein praktikabel“ sei, *Günther*, aaO, S. 25; *anders* hingegen *Lieberwirth*, der zwar die Erstrangigkeit der

Die Intensität der Lebensbeeinträchtigung, mithin ihre Heftigkeit und Dauer, müssen sich dabei in der Höhe des festgesetzten Betrages widerspiegeln. Je heftiger und je länger das Leben des Geschädigten beeinträchtigt ist, desto höher ist das Schmerzensgeld festzusetzen.[121] Im anschließenden zweiten Bemessungsschritt muss das Gericht nach der Grundsatzentscheidung prüfen, welche anderen Umstände im Einzelfall überhaupt relevant sind und welches Gewicht jedem einzelnen dieser Umstände sodann zukommt.[122] Die billige Entschädigung in Geld ergibt sich aus dem Ergebnis beider Bemessungsschritte.

II. Zusammenfassung zum *Wie* der Berücksichtigung

Aus der Grundsatzentscheidung des Großen Zivilsenats folgen zwei methodische Bemessungsvorgaben. Zunächst ist zwischen der Lebensbeeinträchtigung und den übrigen Bemessungsumständen zu unterscheiden. Die Lebensbeeinträchtigung stellt zudem den zentralen und vorrangigen Bemessungsumstand dar, während die übrigen Umstände erst im Rang nach der Lebensbeeinträchtigung zu berücksichtigen sind. Der Große Zivilsenat stellte durch das Zusammenwirken beider methodischen Vorgaben die Weichen für eine differenzierte Schmerzensgeldbemessung in mindestens zwei separaten Schritten. Für die Umsetzung dieser methodischen Bemessungsvorgaben bedurfte es der Entwicklung einer entsprechenden Bemessungsmethode durch die Zivilgerichte, die bis heute nicht erfolgt ist. Zwar entspricht es der ständigen Bemessungspraxis der Gerichte, Heftigkeit und Dauer der Lebensbeeinträchtigung zu Beginn der Entscheidungsgründe als maßgebend auszuweisen.[123] Diese Aussage muss jedoch bereits an dieser Stelle der Untersuchung als Lippenbekenntnis

---

Lebensbeeinträchtigung erkannte, daraus aber keine Konsequenzen für die Methode der Bemessung ableitete, vgl. *Lieberwirth*, aaO, 1965, S. 54.

121 Der Große Zivilsenat sah diese Erkenntnis als wesentliches Verdienst des 3. Zivilsenats und die im Anschluss an das Urteil des 3. Zivilsenats gestiegenen Schmerzensgelder als Ausdruck einer gesteigerten tatsächlichen Würdigung der Lebensbeeinträchtigung, vgl. BGHZ 18, 149 (154 f.).

122 Nach *Henke* sollte man dem Richter „freie Hand" bei der Abwägung der übrigen Bemessungsumstände lassen, *Henke*, aaO, S. 119.

123 Ständige Rechtsprechung, siehe stellvertretend für nahezu jedes Schmerzensgeldurteil u.a. OLG Brandenburg, Urt. v. 23.06.2011 – 12 U 263/08 Rn. 43, zitiert nach juris; OLG Brandenburg NJW-RR 2010, 538 (539); OLG Oldenburg NJW-RR 2007, 1468 (1468); OLG Saarbrücken, Urt. v. 30.05.2005 – 4 U 221/04 Rn. 42, zitiert nach juris; KG NJW-RR 2003, 24 (26).

der Gerichte bezeichnet werden. Stattdessen bleibt die Lebensbeeinträchtigung undefinierbarer Bestandteil des im Urteil ausgewiesenen Schmerzensgeldbetrages ohne dass sich verifizieren ließe, inwieweit die individuelle Heftigkeit und die individuelle Dauer der Lebensbeeinträchtigung ihrem Maß entsprechend vom Gericht berücksichtigt wurden.[124] Das Rangverhältnis des Großen Zivilsenats erfordert methodisch eine separate Ermittlung der Lebensbeeinträchtigung, die in einem zweiten Schritt das Abwägungsergebnis der im Einzelfall in Betracht kommenden übrigen Umstände in die Bemessung einbezieht. Dabei geht es nicht um die Ermittlung verschiedener *Ansprüche*,[125] sondern um die Ermittlung des einen Anspruchs auf Schmerzensgeld, dessen verschiedenrangige Bemessungsumstände eine Ermittlung in mindestens zwei separaten Schritten erfordern.

C. Fazit und Ausblick

Die billige Entschädigung in Geld hat seit dem Inkrafttreten des BGB zahlreiche Unsicherheiten bei der Schmerzensgeldbemessung verursacht.[126] Uneinig waren sich Gerichte und Wissenschaft lange Zeit im Hinblick auf die Auswahl der zu berücksichtigenden Umstände. Neben der umfassenden Berücksichtigung aller Umstände wurde eine ausschließlich am Schaden orientierte Bemessung vertreten. Für die Bemessungspraxis seit der Errichtung der Bundesrepublik Deutschland legte der 3. Zivilsenat des BGH Anfang der fünfziger Jahre den Grundstein, indem er als maßgebenden Zweck des Schmerzensgeldes den Ausgleich der Lebensbeeinträchtigung festlegte. Wenige Jahre später bestätigte der Große Zivilsenat den Ausgleich als primären Zweck des Schmerzensgeldes und erweiterte die Judikatur des 3. Zivilsenats, indem er das Gesetzesmerkmal der Billigkeit in den Vordergrund der Auslegung rückte und dem Schmerzensgeld auf dieser Grundlage die zusätzliche Funktion der Genugtuung zuwies. Mithilfe der Doppelfunktion aus Ausgleich und Genugtuung konnte der Große Zivilsenat nunmehr auch funktional begründen, warum neben der für den Umfang des Schadens maßgebenden Lebensbeeinträchtigung fortan weitere Umstände

124 Siehe dazu vertiefend in § 3 und § 4 dieser Untersuchung.

125 So aber *Stoll*, der sich für eine gesonderte Festsetzung der Genugtuung als selbstständigen Anspruch ausgesprochen hatte, vgl. *Stoll*, Gutachten, S. 155, 163. Siehe hierzu weitere Ausführungen in § 2 dieser Untersuchung.

126 *Von Mayenburg* spricht von einem „breiten Interpretationsspielraum", vgl. *v. Mayenburg*, aaO, S. 53.

bei der Bemessung zu berücksichtigen waren. Die Freigabe der Berücksichtigung „grundsätzlich aller in Betracht kommenden Umstände des Falles“[127] vereinheitlichte die Bemessung des Schmerzensgeldes im Hinblick auf das *Ob*.[128] Darüber hinaus legte der Große Zivilsenat den methodischen Grundstein für die Schmerzensgeldbemessung der Gerichte.[129] Indem er zwischen der Lebensbeeinträchtigung und den übrigen Bemessungsumständen differenzierte und der Lebensbeeinträchtigung den zentralen Rang zuwies, gab er die vorrangige und separate Ermittlung der Lebensbeeinträchtigung vor. Die Relevanz sowie das Rangverhältnis der übrigen Bemessungsumstände wies der Große Zivilsenat dem Einzelfall zu. Dadurch skizzierte er eine vorrangig den Ausgleich der Lebensbeeinträchtigung bezweckende Bemessung, bei der die Berücksichtigung der übrigen Umstände dem richterlichen Ermessen im Einzelfall überlassen bleibt. Zur Umsetzung des Rangverhältnisses bedarf es der Ermittlung der Lebensbeeinträchtigung in einem ersten und separaten Bemessungsschritt und der Berücksichtigung der im Einzelfall relevanten übrigen Umstände in einem zweiten und gegebenenfalls weiteren Bemessungsschritten. Angesichts dieser genauen methodischen Vorgaben steht die gegenwärtige Bemessungspraxis der Gerichte, sämtliche Bemessungsumstände in einem einzigen Bemessungsschritt gleichzeitig und undifferenziert zu ermitteln, im Widerspruch zur Grundsatzentscheidung des Großen Zivilsenats. Maßgebenden Anteil an dieser Bemessungspraxis hatte ein Urteil des 6. Zivilsenats aus dem Jahr 1960, das die Instanzgerichte in ihrer Bemessungspraxis bestätigte, indem es eine Aufspaltung des Schmerzensgeldbetrages ausdrücklich untersagte.[130] Zur Begründung verwies der 6. Zivilsenat auf die aus der Grundsatzentscheidung des Großen Zivilsenats folgende *Einheitlichkeit* der billigen Entschädigung in Geld.[131] Trotz des Widerspruchs zu den methodischen Vorgaben des Großen Zivilsenats und der anhaltenden Kritik im Schrifttum entwickelte sich die Festsetzung des Schmerzensgeldes in einem einzigen und undifferenzierten Bemessungsschritt schnell zum festen Grundsatz der Schmerzensgeldbemessung und beherrschte sie bald als „Dogma“[132]. Sie verursachte eine schnell wachsende Rechtsunsicherheit, der

127 BGHZ 18, 149 (149), Leitsatz 2.

128 Siehe auch *Günther*, aaO, S. 1.

129 Anders *Von Mayenburg*, nach dem der „breite Interpretationsspielraum, den § 253 BGB eröffnet, keine für eine homogene Bemessung hinreichende Präzisierung“ erfuhr, *v. Mayenburg*, aaO, S. 53.

130 BGH VersR 1961, 164.

131 BGH VersR 1961, 164. Siehe dazu im Einzelnen sogleich in § 2 dieser Untersuchung.

132 *Kern*, AcP 191, 247 (268).

die Gerichte seit den sechziger Jahren durch den Rückgriff auf Vergleichsrechtsprechung zu begegnen versuchen,[133] sodass die Heranziehung sogenannter *vergleichbarer Fälle* bald als weiteres Dogma die Bemessungspraxis der Gerichte prägte. Beide Entwicklungen gilt es, im Hinblick auf ihre Entstehung und ihre Bedeutung zu untersuchen, bevor im Anschluss geprüft werden kann, inwieweit beide Bemessungsdogmen vor dem Hintergrund ihrer rechtstatsächlichen Auswirkungen und ihrer verfassungsrechtlichen Vereinbarkeit heute noch Bestand haben können.

---

133 Siehe dazu im Einzelnen in § 3 dieser Untersuchung.

§ 2 Das Dogma des einheitlichen Schmerzensgeldes

Vor dem Hintergrund der Feststellung, dass der Große Zivilsenat 1955 eine nach Lebensbeeinträchtigung und den übrigen Umständen differenzierende Bemessung vorgegeben hatte, und der Tatsache, dass die Gerichte eine Bemessung unter gleichzeitiger Berücksichtigung sowohl der Lebensbeeinträchtigung als auch sämtlicher anderer Umstände praktizieren, stellt sich die Frage nach den konkreten Ursachen dieser Bemessungspraxis. Eine der Ursachen ist in der Grundsatzentscheidung des Großen Zivilsenats selbst zu finden. Diese beinhaltet einen vielzitierten Passus zur „an sich" angemessenen Entschädigung, der ein offensichtliches Missverständnis bei den Gerichten und im Schrifttum ausgelöst hat. Eine weitere Ursache liegt in der Rechtsprechung des 6. Zivilsenats auf der Grundlage der Aussage des Großen Zivilsenats zur „an sich" angemessenen Entschädigung, die der 6. Zivilsenat in einem Urteil aus dem Jahr 1960 begründet und an der er zuletzt Mitte der neunziger Jahre festgehalten hatte.[134] Er untersagte die Aufspaltung des Schmerzensgeldes in einen Ausgleichs- und einen Genugtuungsbetrag und bestätigte dadurch die in den sechziger Jahren bereits bestehende Praxis der Instanzgerichte, den Schmerzensgeldbetrag in einem einzigen Bemessungsschritt ohne erkennbare Zwischenschritte im Urteil auszuweisen.[135] Dieses Aufspaltungsverbot des 6. Zivilsenats begegnet seitdem Kritik, die sich im Schrifttum vereinzelt zur Forderung zugespitzt hat, das „Dogma der Untrennbarkeit der Bestandteile des Schmerzensgeldes"[136] aufzugeben.[137] Im folgenden Abschnitt gilt es daher, die Ursachen vom Dogma des *einheitlichen* Schmerzensgeldes aufzuklären. Zu diesem Zweck soll zunächst die Aussage des Großen Zivilsenats zur „an sich" angemessenen Entschädigung untersucht werden (A.). Daran anschließend ist das Aufspaltungsverbot des 6. Zivilsenats vor dem Hintergrund der Bedeutung der „an sich" angemessenen Entschädigung zu überprüfen, insbesondere im Hinblick auf die Vereinbarkeit mit der Grundsatzentscheidung (B.). Insgesamt gilt

---

134 BGH VersR 1961, 164; BGHZ 128, 117 (121).

135 Die Gerichte hatten diese Bemessung bereits vor der Grundsatzentscheidung im Jahr 1955 praktiziert, vgl. u.a. BGH VersR 1953, 196.

136 *Kern*, AcP 191, 247 (268).

137 Jüngst *Schlobach*, Das Präventionsprinzip, S. 471; ähnlich *Huber*, der eine Quantifizierung des Anteils, den die Genugtuung ausmacht, befürwortet, vgl. *Huber*, NZV 1998, 345 (350); *ders.*, DAR 2000, 20 (29); *Kern*, AcP 191, 247 (268).

es im folgenden Abschnitt zu klären, ob das Dogma vom *einheitlichen* Schmerzensgeld vor dem Hintergrund der Entscheidung des Großen Zivilsenats Bestand haben kann.

A. „An sich" angemessene Entschädigung des Großen Zivilsenats

Angesichts der Vorlagefrage musste der Große Zivilsenat u.a. die Frage erörtern, ob die Vermögensverhältnisse des Schädigers bei der Bemessung zu berücksichtigen sind. Der 3. Zivilsenat hatte drei Jahre zuvor die Berücksichtigung dieses Umstands abgelehnt,[138] da sie seiner nach Ansicht „im Widerspruch mit der das gesamte Schuldrecht leitenden Grundanschauung, dass der Umfang einer Verpflichtung regelmäßig von der Leistungsfähigkeit des jeweiligen Schuldners unabhängig ist (vgl. § 279 BGB)"[139] stand. Der Große Zivilsenat vertrat eine abweichende Auffassung und begründete die Berücksichtigung der Vermögensverhältnisse daher umfassend. Im Kontext dieser Begründung führte der Große Zivilsenat aus, dass „es eine „an sich" angemessene Entschädigung wegen immaterieller Schäden nicht gibt, die im Hinblick auf die wirtschaftlichen Verhältnisse der Beteiligten herauf- oder herabgesetzt wird"[140]. Diese Aussage des Großen Zivilsenats wurde in der Literatur häufig als Verbot einer differenzierenden Bemessung missverstanden, mithin einer Bemessung, bei der zunächst ein Betrag wegen der Lebensbeeinträchtigung ermittelt wird, der in einem zweiten Schritt infolge der Abwägung der übrigen Umstände herauf- oder herabgesetzt wird. Auch die Gerichte unterlagen diesem Missverständnis und setzten das Schmerzensgeld weiterhin in einem einzigen und undifferenzierten Bemessungsschritt fest. Diese Bemessungspraxis wurde 1960 sodann durch den 6. Zivilsenat höchstrichterlich bestätigt. Im folgenden Abschnitt gilt es, die Aussage des Großen Zivilsenats zur „an sich" angemessenen Entschädigung auf einen methodischen Gehalt hin zu untersuchen.

Der Große Zivilsenat des BGH entkräftete den Einwand, die Berücksichtigung der Vermögensverhältnisse des Schädigers stehe im Widerspruch zum positiven Recht,[141] indem er aufzeigte, dass weder ein Verstoß gegen den Grundsatz vom

138 Entgegen der zu diesem Zeitpunkt herrschenden Rechtsauffassung, vgl. BGHZ 7, 223; siehe dazu im Einzelnen auch unter § 1 A.II, S. 13 ff. dieser Arbeit.

139 BGHZ 7, 223 (227).

140 BGHZ 18, 149 (164).

141 BGHZ 18, 149 (159). Zur Begründung führte der Große Zivilsenat aus, der Schädiger dürfe unter dem Gesichtspunkt der Billigkeit nicht in schwere und nachhaltige Not

Vertretenmüssen des Unvermögens des Schuldners bei Gattungsschulden (I.) noch ein Verstoß gegen die Grundsätze des Schadensrechts (II.) vorliegt.[142]

I. Grundsatz vom Vertretenmüssen des Unvermögens bei Gattungsschulden

Zum Grundsatz des Vertretenmüssens des Unvermögens des Schuldners bei Gattungsschulden führte der Große Zivilsenat aus:

„Richtig ist zwar, daß bei Gattungsschulden das Unvermögen zur Leistung vom Schuldner immer zu vertreten ist, und daß er sich daher gegenüber Gattungsschulden nicht auf eine schlechte wirtschaftliche Lage berufen kann. Die Bedeutung der Berücksichtigung der wirtschaftlichen Verhältnisse des Schädigers wird aber grundlegend verkannt, wenn angenommen wird, infolge der schlechten wirtschaftlichen Lage werde die „an sich" angemessene Entschädigung wegen immaterieller Schäden herabgesetzt, der Verletzte erhalte also weniger als ihm „an sich" zustehe."[143].

Diesen Ausführungen liegt Folgendes zugrunde. Nach der bis zum 31. Dezember 2001 geltenden Fassung des § 279 BGB a.F. hatte der Schuldner, wenn der geschuldete Gegenstand nur der Gattung nach bestimmt und solange die Leistung aus der Gattung möglich war, sein Unvermögen zur Leistung auch dann zu vertreten, wenn ihm kein Verschulden zur Last fiel.[144] Demzufolge änderten schlechte wirtschaftliche Verhältnisse dann nichts an der Schuld, wenn der Schuldner die Leistung aus einer Gattung schuldete und solange diese Leistung aus der Gattung noch möglich war. Der Schuldner konnte sich unter diesen Voraussetzungen gegenüber dem Gläubiger nicht auf wirtschaftliches Unvermögen berufen.[145] Dieser Grundsatz kann aus

---

gebracht werden, die Berücksichtigung der wirtschaftlichen Verhältnisse stehe nicht im Widerspruch zum positiven Recht und sie führe auch nicht zu unlösbaren Schwierigkeiten, BGHZ 18, 149 (159 ff.).

142 BGHZ 18, 149 (159).

143 BGHZ 18, 149 (160) Hervorhebung durch die Verfasserin.

144 Bürgerliches Gesetzbuch vom 18.08.1896, Reichsgesetzblatt Nr. 21 vom 24.08.1896, S. 195 (243).

145 Seit dem 01.01.2002 bestimmt § 243 Abs. 1 BGB, dass der Gläubiger Anspruch auf Leistung einer Sache von mittlerer Art und Güte hat, wenn die Parteien eines Schuldverhältnisses eine Gattungsschuld vereinbart haben. Der Grundsatz vom Vertretenmüssen des Unvermögens bei Gattungsschulden besteht insoweit wie vor dem 31.12.2001. Allerdings sieht § 243 Abs. 2 BGB n.F. die Möglichkeit zur Konkretisierung der Gattungsschuld vor. Geht eine konkretisierte Gattungsschuld unter, so muss der Schuldner, wenn er die Sache bereits ausgesondert hatte, sein Unvermögen zur Leistung nicht vertreten.

rechtsdogmatischen Gründen nicht auf die Berücksichtigung der Vermögensverhältnisse im Rahmen der billigen Entschädigung in Geld übertragen werden, worauf der Große Zivilsenat zutreffend hinwies. Das Gesetz lehnt im Falle der Gattungsschuld den Einwand der schlechten wirtschaftlichen Verhältnisse gegenüber einer bereits der Höhe nach bestehenden Schuld ab. Schuldet eine Vertragspartei bspw. die Zahlung des Kaufpreises und beruft sich dabei auf ihre schlechten wirtschaftlichen Verhältnisse, existiert die Schuld aus dem Kaufvertrag bereits in Höhe des zwischen den Parteien vereinbarten Kaufpreises. Der Schuldner schuldet den Kaufpreis in voller Höhe, unabhängig von seinen individuellen Vermögensverhältnissen. Die billige Entschädigung in Geld hingegen existiert nach der Rechtsprechung des Großen Zivilsenats überhaupt erst in dem Moment, in dem das Gericht sämtliche Umstände, mithin auch die wirtschaftlichen Umstände des Schädigers berücksichtigt hat, sofern sie im Einzelfall bemessungsrelevant sind. Die wirtschaftlichen Verhältnisse des Schädigers sind bei der billigen Entschädigung somit *Bestandteil* der Schuld.[146] Dieser rechtsdogmatische Unterschied geht aus dem Zusammenhang der Aussage des Großen Zivilsenats unmissverständlich hervor und wird durch seine weiteren Ausführungen einmal mehr verdeutlicht:

> *„Eine solche Auffassung* [der Verletzte erhalte weniger als ihm an sich zustehe] *beruht auf der Annahme, bei der Festsetzung der billigen Entschädigung sei nur das Ausmaß der Schäden zu berücksichtigen. In Wirklichkeit ergibt sich der Betrag des Schmerzensgeldes aber erst aus der Abwägung aller Umstände des Einzelfalles. Es handelt sich bei der Berücksichtigung der wirtschaftlichen Verhältnisse des Schädigers gerade nicht um eine Kürzung einer „an sich" angemessenen Entschädigung, sondern es wird nach § 847 BGB unter Berücksichtigung aller nicht wertneutralen Umstände, zu denen auch die wirtschaftlichen Verhältnisse der Beteiligten gehören, überhaupt erst die „billige Entschädigung" ermittelt, die ohne Heranziehung aller Umstände und damit gegebenenfalls auch der wirtschaftlichen Verhältnisse der Beteiligten nicht ermittelt werden kann."*[147].

Dem Begriff der „an sich" angemessenen Entschädigung liegt das Verständnis von einer ausschließlich am Umfang des immateriellen Schadens orientierten billigen Entschädigung zugrunde ohne Berücksichtigung der übrigen Umstände.[148] Dieses

---

Ausnahmsweise kann sich der Schuldner auch dann nicht auf sein Unvermögen berufen, wenn seine vereinbarte Leistung in Geld besteht („Geld hat man zu haben").

146 In diesem Sinne auch der Große Zivilsenat, vgl. BGHZ 18, 149 (164).

147 BGHZ 18, 149 (160 f.), Hervorhebung durch die Verfasserin.

148 Vgl. BGHZ 18, 149 (160); so auch das Verständnis der Literatur, vgl. *Henke*, aaO, S. 109; *Donaldson*, AcP 166, 462 (467).

Verständnis hatte 1952 der 3. Zivilsenat begründet,[149] dem der Große Zivilsenat 1955 jedoch eine klare Absage erteilte und stattdessen die Berücksichtigung grundsätzlich aller Umstände des Falles legitimierte, so auch des Verschuldensgrades und der wirtschaftlichen Verhältnisse beider Teile. Die billige Entschädigung besteht nach der Grundsatzentscheidung daher denknotwendig erst in dem Moment, in dem das Gericht neben den schadenbegründenden Umständen auch die übrigen in Betracht kommenden Umstände berücksichtigt hat. Um eine „Herabsetzung" der billigen Entschädigung würde es sich nur dann handeln, wenn die Entschädigung zuvor bereits „an sich" angemessen, d.h. für ihre Höhe ausschließlich Art und Umfang des Schadens als maßgebend berücksichtigt worden wären.[150] Eine solche „an sich" angemessene Entschädigung im Sinne der ausschließlich am Schaden orientierten Entschädigung stand im Widerspruch zu den Grundsätzen des Großen Zivilsenats, sodass er die Existenz einer „an sich" angemessenen Entschädigung folgerichtig ablehnte.[151]

II. Grundsätze des Schadensrechts

Zur Durchbrechung der Grundsätze des Schadensrechts führte der Große Zivilsenat sodann aus:

> *„Deswegen läßt sich auch nicht sagen, eine solche Auslegung* [die Vermögensverhältnisse des Schädigers können berücksichtigt werden] *bedeute die „Durchbrechung der das gesamte einschlägige Rechtsgebiet beherrschenden Grundanschauung, daß der Umfang einer Verpflichtung regelmäßig von der Leistungsfähigkeit des jeweiligen Schuldners unabhängig sei". Dieser Grundsatz gilt für Vermögensschäden. Das Ausmaß der für die immateriellen Schäden des § 847 zu gewährenden „billigen" Entschädigung will dagegen das Gesetz unter Berücksichtigung aller Umstände des Falles bestimmt wissen. Aus dem gleichen Grunde ergibt sich, daß dem Verletzten, wo seine wirtschaftlichen Verhältnisse zu seinen Gunsten berücksichtigt werden, nicht „mehr"*

---

149 Vgl. BGHZ 7, 223 (227) und in § 1 dieser Arbeit.

150 So wollte es der 3. Zivilsenat im Jahr 1952, vgl. BGHZ 7, 223 (227) und in § 1 dieser Untersuchung.

151 So auch der Große Zivilsenat zusammenfassend am Ende seiner Ausführungen, vgl. BGHZ 18, 149 (164). Da die Vermögensverhältnisse Bestandteil der Schuld sind, folgt daraus weiterhin, dass im Falle mehrerer Schädiger die Entschädigung „erforderlichenfalls" im Verhältnis zu jedem einzelnen Schädiger gesondert auszumessen ist, vgl. BGHZ 18, 149 (164). Eine gesamtschuldnerische Haftung kommt nur soweit in Betracht, wie beide Schuldner in gleicher Höhe haften.

als der Schaden ersetzt wird. Aus der Entscheidung DR 1941, 290[152] *kann nicht entnommen werden, daß das Reichsgericht von seiner ständigen Rechtsprechung abgegangen sei und angenommen habe, es gebe „ein an sich angemessenes" Schmerzensgeld; eine solche völlige Änderung der Rechtsprechung wäre sicherlich näher begründet worden; es handelt sich bei dem Gebrauch der Wendung „eines an sich angemessenen" Schmerzensgeldes erkennbar nur um eine unscharfe Formulierung.* "[153].

Die Berücksichtigung der wirtschaftlichen Verhältnisse des Schädigers stellte nach Ansicht des Großen Zivilsenats auch keine Durchbrechung der schadensrechtlichen Grundsätze dar, wonach der Umfang des Schadens unabhängig von den wirtschaftlichen Verhältnissen des Schuldners ist. Um einen solchen gewöhnlichen Schadensersatzanspruch handelte es sich beim Schmerzensgeld nach den Ausführungen des Großen Zivilsenats aber gerade nicht.[154] Wegen der eigenen Art des Schmerzensgeldes war die Existenz eines „an sich" angemessenen Schmerzensgeldes abzulehnen. So hatte es auch das Reichsgericht in ständiger Rechtsprechung angenommen, auf dessen Rechtsprechung der Große Zivilsenat in seiner Entscheidung an dieser Stelle verweist. In einer Entscheidung aus dem Jahr 1944 hatte das Reichsgericht zwar den Begriff des „an sich Angemessenen"[155] verwendet, allerdings im Zusammenhang mit der Frage, ob dem nicht haftpflichtversicherten Schädiger, der über bescheidene Vermögensverhältnisse verfügt, eine Schmerzensgeldzahlung in der ermittelten Höhe zumutbar wäre oder ob ihm als Billigkeitserwägung das „an sich Angemessene nicht zuzumuten sei"[156]. Nach Ansicht des Großen Zivilsenats wollte das Reichsgericht damit nicht zum Ausdruck bringen, es gebe ein „an sich" angemessenes Schmerzensgeld im Sinne einer Entschädigung, die ausschließlich am Schaden orientiert sei. Vielmehr handelte es sich bei dieser reichsgerichtlichen Formulierung nach dem Großen Zivilsenat „erkennbar nur um eine unscharfe Formulierung"[157]. Dieser Auslegung durch den Großen Zivilsenat ist zuzustimmen. Das Reichsgericht hatte in seiner Entscheidung aus dem Jahr 1944 nochmals betont, es sei „daran festzuhalten, dass bei Bemessung des Schmerzensgeldes auch die Vermögens- und Einkommensverhältnisse

---

152 Gemeint ist richtigerweise das Urteil RG DR *1944*, 290, Hervorhebung durch die Verfasserin.
153 BGHZ 18, 149 (161), Hervorhebung durch die Verfasserin.
154 So schon Leitsatz 1 der Entscheidung, vgl. BGHZ 18, 149 (149).
155 RG DR 1944, 290 (292).
156 RG DR 1944, 290 (292).
157 BGHZ 18, 149 (161).

des Schädigers zu berücksichtigen sind, weil sie bei der Prüfung der Frage, welche Leistung ihm zugemutet werden kann und zuzumuten ist, ins Gewicht fallen müssen."[158].

Auch dieser Passage der Entscheidungsgründe ist daher zu entnehmen, dass die billige Entschädigung erst in dem Moment existiert, in dem neben der Lebensbeeinträchtigung sämtliche im Einzelfall zu berücksichtigenden Umstände in die Bemessung eingeflossen sind. Eine Erhöhung oder Verringerung des Entschädigungsbetrages stellen sich als Bestandteile des Bemessungsvorgangs dar, an dessen Ende erst die billige Entschädigung als Schuld ausgeworfen wird. Die klare Absage des Großen Zivilsenats an die Existenz der „an sich" angemessenen Entschädigung unterstrich sein Verständnis von der billigen Entschädigung in Geld, das gegenüber der vom 3. Zivilsenat vertretenen ausschließlich am Schaden orientierten Bemessung eine Erweiterung darstellte.

III. Zwischenergebnis

Das Schmerzensgeld ist nach der Grundsatzentscheidung des Großen Zivilsenats in dem Moment angemessen, in dem das Gericht nicht nur die Lebensbeeinträchtigung, sondern auch alle übrigen zu berücksichtigenden Umstände ermittelt hat, sodass der dem Geschädigten insgesamt zuzuerkennende Schmerzensgeldbetrag feststeht. Die Vermögensverhältnisse des Schädigers können demnach Bestandteil der billigen Entschädigung sein, sodass der Große Zivilsenat die Existenz der „an sich" angemessenen Entschädigung im Sinne einer ausschließlich am Schaden orientierten Bemessung ablehnte. Dadurch musste er nicht den Verdacht abwehren, „dass der Richter das sich angemessene Schmerzensgeld manipuliere"[159], wenn er die wirtschaftlichen Verhältnisse berücksichtigt. Ein solcher Verdacht hätte im Widerspruch zum gesamten Inhalt der Grundsatzentscheidung gestanden und bedurfte schon in Ansehung der Leitsätze der Entscheidung keiner gesonderten Ausräumung.

Zusammenfassend ist festzuhalten, dass die Ausführungen des Großen Zivilsenats zur „an sich" angemessenen Entschädigung die bestehenden rechtsdogmatischen Einwände gegen die Berücksichtigung der Vermögensverhältnisse entkräften wollten.[160] Einen methodischen Gehalt weisen sie hingegen nicht auf.

---

158 RG DR 1944, 290 (291).

159 *Gelhaar*, DAR 1954, S. 1 (3); so auch *Henke*, aaO, S. 112.

160 Kritisch *Degenhart*, nach dem der Große Zivilsenat den dogmatischen Bedenken des 3. Zivilsenats ihre Grundlage nicht entzogen hatte, vgl. *Degenhart*, aaO, S. 45.

Anhaltspunkte dafür, dass die Gerichte das Schmerzensgeld nicht schrittweise und nach Lebensbeeinträchtigung und übrigen Umständen differenziert bemessen dürfen, lassen sich den Ausführungen ebenfalls nicht entnehmen. Eine solche Vorgabe hätte die Tatsache, dass in den Betrag des Schmerzensgeldes neben der Lebensbeeinträchtigung auch schadensfremde Umstände einfließen dürfen, auch lediglich verschleiert, ohne die bestehenden rechtsdogmatischen Einwände zu entkräften. Der Große Zivilsenat trat den Einwänden daher nicht durch die Anordnung einer undifferenzierten Bemessung in einem einzigen Bemessungsschritt entgegen, sondern entkräftete sie auf rechtsdogmatischer Ebene. Die Methode der Bemessung stellt sich insgesamt als eine von der dogmatischen Begründung einer umfassenden Berücksichtigung aller Umstände losgelöste Frage dar, die der Große Zivilsenat an dieser Stelle der Entscheidung nicht beantwortet hat.[161]

B. Verbot der Aufspaltung durch den 6. Zivilsenat

Etwa fünf Jahre nach der Grundsatzentscheidung des Großen Zivilsenats stellte der 6. Zivilsenat des BGH in einem Urteil die Weichen für das bis heute ungebrochene Bemessungsdogma vom *einheitlichen* Schmerzensgeld. Dem Senat lag ein für die damalige und heutige Bemessungspraxis repräsentatives Schmerzensgeldurteil vor. Das Berufungsgericht hatte einen Gesamtbetrag ausgewiesen ohne anzugeben, in welchem Umfang es Schmerzensgeld für den Ausgleich der Lebensbeeinträchtigung vorgesehen hatte und inwieweit die übrigen Umstände wie die Vermögensverhältnisse der Beteiligten oder ein eventuelles Verschulden des Schädigers am ausgewiesenen Schmerzensgeldbetrag beteiligt waren. Die Revisionsklägerin rügte, dass es das Berufungsgericht unterlassen habe, „das Schmerzensgeld zu Art und Dauer der erlittenen Schäden *erkennbar* in eine angemessene Beziehung zu setzen."[162]. „Insbesondere eine *Aufschlüsselung* dahin, *welcher Betrag als Ausgleich für die erlittenen und noch zu erleidenden Schmerzen und welcher Betrag als Genugtuung angemessen erscheine und aus welchen Gründen dies der Fall sei*"[163], hätte das Berufungsurteil nach Ansicht der Revisionsklägerin enthalten müssen. Nach Ansicht des 6. Zivilsenats lag in der gerügten Unterlassung der Aufschlüsselung kein

161 Anders die genannten Stellen zur Differenzierung und zum Rangverhältnis der Bemessungsumstände, siehe dazu in § 1 dieser Untersuchung.

162 BGH VersR 1961, 164 (164), Hervorhebung durch die Verfasserin.

163 BGH VersR 1961, 164 (164), Hervorhebung durch die Verfasserin.

rechtlicher Mangel.[164] Zur Begründung führte der Senat aus, dass „das Schmerzensgeld *nach der Rechtsprechung des BGH (BGHZ 18, 149 ff.) eine in sich einheitliche billige Entschädigung darstellt* und *nicht in einen Betrag zum angemessenen Ausgleich immaterieller Schäden einerseits und einen weiteren Betrag zwecks Genugtuung aufgespalten werden darf*. Ausgleich und Genugtuung stellen sich vielmehr als bloße Funktionen des einen Schmerzensgeldes dar und können *nicht für sich gesondert festgesetzt und dann zusammengezogen* werden."[165]

Der Verweis auf die Grundsatzentscheidung des Großen Zivilsenats erfolgte ohne Nennung einer konkreten Passage. Der 6. Zivilsenat bezog sich auf die *Einheitlichkeit* der billigen Entschädigung und leitete daraus das Verbot der Aufspaltung in Ausgleichs- und Genugtuungsbetrag ab. Die Grundsatzentscheidung beinhaltet den Begriff der „in sich einheitlichen billigen Entschädigung" nicht. Einheitlich ist die billige Entschädigung nach der Grundsatzentscheidung insofern, als der Gesamtbetrag, der am Ende des Bemessungsvorgangs steht, neben der Lebensbeeinträchtigung sämtliche im Einzelfall zu berücksichtigenden Bemessungsumstände beinhaltet. Der 6. Zivilsenat setzte die Einheitlichkeit in unmittelbaren Zusammenhang mit der Methode der Bemessung des Schmerzensgeldes, indem er die Einheitlichkeit zur Begründung des Aufspaltungsverbots heranzog.[166] Die Methode der Bemessung war nach den bisherigen Untersuchungsergebnissen nicht Gegenstand der Ausführungen des Großen Zivilsenats zur „an sich" angemessenen Entschädigung. Stattdessen hatte er den Gerichten eine schrittweise und differenzierte Bemessung vorgegeben. Angesichts dieses offensichtlichen Widerspruchs zwischen dem Aufspaltungsverbot des 6. Zivilsenats und den methodischen Vorgaben der Grundsatzentscheidung gilt es in einem ersten Schritt zu untersuchen, ob sich aus den Aussagen des Großen Zivilsenats zur „an sich" angemessenen Entschädigung ein Aufspaltungsverbot ableiten lässt (I.). Daran anschließend muss im zweiten Schritt geprüft werden, ob das Aufspaltungsverbot des 6. Zivilsenats mit der Grundsatzentscheidung überhaupt vereinbar ist (II.). Im Zusammenhang mit beiden Fragen stehen der Ausgleich und die Genugtuung, dessen Bedeutung als „bloße Funktionen des einen Schmerzensgeldes"[167] der 6. Zivilsenat gleichermaßen zur Begründung seines Aufspaltungsverbots herangezogen hatte. Die Bedeutung von Ausgleich und Genugtuung als Funktionen des Schmerzensgeldes für die Methode seiner Bemessung soll daher in einem dritten Schritt untersucht werden (III.).

---

164 BGH VersR 1961, 164 (165).
165 BGH VersR 1961, 164 (165), Hervorhebung durch die Verfasserin.
166 Vgl. BGH VersR 1961, 164 (165).
167 Vgl. BGH VersR 1961, 164 (165).

I. Missverständnis der „an sich“ angemessenen Entschädigung

Der Große Zivilsenat hatte eine „an sich“ angemessene Entschädigung im Sinne einer ausschließlich am Schaden orientierten Entschädigung abgelehnt und betont, dass die wirtschaftlichen Verhältnisse des Schädigers ebenso wie alle übrigen Umstände Bestandteile des Schmerzensgeldes sind. Die Aussagen des Großen Zivilsenats zur „an sich“ angemessenen Entschädigung galten der Widerlegung der rechtsdogmatischen Einwände, die gegen die Berücksichtigung der wirtschaftlichen Verhältnisse vom 3. Zivilsenat und der Literatur erhoben worden waren und dienten der Einordnung des Schmerzensgeldes in das System des Zivilrechts. Das Verbot einer schrittweisen Bemessung kann den Aussagen zur „an sich“ angemessenen Entschädigung nicht entnommen werden. Etwas anderes folgt auch nicht aus den Aussagen des Großen Zivilsenats, wonach sich „der Betrag des Schmerzensgeldes in Wirklichkeit erst aus der Abwägung aller Umstände des Einzelfalles ergibt“[168] und dass „unter Berücksichtigung aller nicht wertneutralen Umstände, zu denen auch die wirtschaftlichen Verhältnisse der Beteiligten gehören, überhaupt erst die „billige Entschädigung“ ermittelt“[169] wird. Diese Aussagen belegen einmal mehr, dass die Vermögensverhältnisse der Beteiligten Bestandteil des Schmerzensgeldes sind. Im Schrifttum der sechziger Jahre findet sich häufig der Verweis auf die Ausführungen des Großen Zivilsenats zur „an sich“ angemessenen Entschädigung. Aus ihrer Ablehnung wurde die Forderung des Großen Zivilsenats abgeleitet, „alle Umstände *gleichzeitig* statt [...] *nacheinander* zu beurteilen“[170] und „erst aus diesem Gemisch aller Umstände den billigen Entschädigungsbetrag zu ermitteln“[171]. *Günther* setzte die Ablehnung der „an sich“ angemessenen Entschädigung mit der „Ablehnung eines sukzessiven Bemessungsgangs über die Zwischenstufe einer „an sich“ angemessenen Entschädigung“[172] gleich.[173] Diese Aussage verkörpert exakt das Missverständnis. Der Große Zivilsenat hatte nicht die *Ermittlung* einer „an sich“ angemessenen Entschädigung als erste Stufe auf dem Weg zur billigen Entschädigung abgelehnt,

---

168 BGHZ 18, 149 (160 f.).

169 BGHZ 18, 149 (161).

170 *Günther*, aaO, S. 66.

171 *Donaldson*, AcP 166, 462 (467); so auch *Günther*, aaO, S. 3, 63 und 90 f.

172 *Günther*, aaO, S. 63.

173 Siehe auch *Günther*, aaO, S. 3, 62 f., 90; weitere Vertreter dieses Verständnisses waren *Henke*, der den Begriff des „Schmerzensgeldes an sich“ als „anscheinend unüberwindbares Hindernis“ bezeichnete, *Henke*, aaO, S. 111 und *Lieberwirth*, aaO, 1965, S. 20.

sondern deren *Existenz* als billige Entschädigung.[174] Die Ablehnung einer „an sich" angemessenen Entschädigung durch den Großen Zivilsenat stützt demzufolge das vom 6. Zivilsenat ins Leben gerufene Aufspaltungsverbot nicht.[175]

II. Widerspruch zum Rangverhältnis der Bemessungsumstände

Der 6. Zivilsenat untersagte den Zivilgerichten in seiner Entscheidung, Ausgleich und Genugtuung gesondert festzusetzen (Aufspaltungsverbot).[176] Daraus folgt für die Bemessung, dass die Gerichte in einem einzigen Bemessungsschritt alle Bemessungsumstände undifferenziert berücksichtigen müssen. Diese Vorgehensweise hebelt das vom Großen Zivilsenat aufgestellte Rangverhältnis[177] aus, da Lebensbeeinträchtigung und übrige Bemessungsumstände auf demselben Rang berücksichtigt werden. Der erste Rang der Lebensbeeinträchtigung und ihre Bedeutung als „Schwergewicht"[178] der Bemessung lassen sich hingegen nur realisieren, wenn die Gerichte zunächst einen Betrag zum Ausgleich der Lebensbeeinträchtigung festsetzen, der sodann in einem weiteren Bemessungsschritt um die übrigen Umstände des Einzelfalls modifiziert wird. Dem Rangverhältnis wird nicht bereits dadurch Rechnung getragen, dass die Gerichte die Lebensbeeinträchtigung als maßgebend *bezeichnen*. Entsprechend ihrem Rang ist sie an erster Stelle und zugleich separat zu ermitteln. Da das Schmerzensgeld dem Geschädigten einen monetären Ausgleich für seine irreversibel erlittenen immateriellen Beeinträchtigungen gewähren soll, ist die ermittelte Lebensbeeinträchtigung sodann in einen konkreten Geldbetrag zu übersetzen. Das Aufspaltungsverbot steht angesichts der daraus folgenden methodischen Vorgaben für die Bemessung im Widerspruch zur Grundsatzentscheidung des Großen Zivilsenats.

174 Eine „an sich" angemessene Entschädigung, die angesichts besonderer wirtschaftlicher Verhältnisse der Beteiligten herauf- oder herabgesetzt wird, kann es nicht geben, da die billige Entschädigung noch gar nicht existiert, wenn die im Einzelfall relevanten Vermögensverhältnisse der Beteiligten noch nicht berücksichtigt wurden, BGHZ 18, 149 (164).

175 Da beide Aussagen Mitte der sechziger Jahre, mithin nach der Entscheidung des 6. Zivilsenats, gemacht wurden, kann davon ausgegangen werden, dass die Aussagen bereits vom Verständnis des 6. Zivilsenats geprägt waren oder sich dem pauschalen Verweis angeschlossen wurde.

176 BGH VersR 1961, 164 (165).

177 Vgl. BGHZ 18, 149 (149, 154, 157).

178 BGHZ 18, 149 (157).

Der Widerspruch zwischen dem Rangverhältnis der Bemessungsumstände und der gleichzeitigen und undifferenzierten Berücksichtigung sämtlicher Bemessungsumstände wurde auch in der Literatur teilweise erkannt und heftig kritisiert.[179] Allerdings wurde seine Ursache häufig in der Ablehnung der „an sich" angemessenen Entschädigung durch den Großen Zivilsenat gesehen[180] und nur teilweise das Verbot der Aufspaltung als Produkt des 6. Zivilsenats erkannt.[181] Dabei wurde kritisiert, dass die Lebensbeeinträchtigung „in die Rolle eines Elementes unter anderen Elementen herabgedrückt wird"[182], obwohl der Große Zivilsenat ihr in der „Hierarchie der Bemessungsfaktoren"[183] den Rang als „oberstes Element"[184] zugewiesen hatte, sodass das Rangverhältnis durchaus erkannt wurde. Andere Stimmen gingen einen Schritt weiter und hinterfragten, inwieweit das Rangverhältnis gerade eine andere Methode zur Ermittlung des Schmerzensgeldbetrages gebiete.[185] Dabei wurde häufig die Forderung nach einer schrittweisen Bemessung laut, bei der zunächst das Maß der Lebensbeeinträchtigung bestimmt wird,[186] deren Entschädigung sodann im Rahmen der Billigkeitserwägungen erhöht oder herabgesetzt wird.[187]

III. Ausgleich und Genugtuung – „bloße Funktionen" des Schmerzensgeldes?

Der 6. Zivilsenat stufte Ausgleich und Genugtuung als „bloße Funktionen des einen Schmerzensgeldes"[188] ein, die nicht „für sich gesondert festgesetzt und dann

179 *Bötticher* fragte im Jahr 1963, wie es für den Zivilrichter anders praktisch handhabbar wäre, als „zunächst einmal den eingetretenen immateriellen Schaden mit einer festen Summe einzusetzen und auf dieser Grundlage nach den Umständen höher oder niedriger zu gehen", *Bötticher*, MDR 1963, 353 (357); nach *Donaldson* wurde das Gewicht der verschiedenen Bemessungsfaktoren verschleiert, *Donaldson*, AcP 166, 462 (468).

180 *Donaldson*, AcP 166, 462 (468); *Lorenz*, aaO, S. 39.

181 Vgl. *Huber*, NZV 1998, 345 (350); *Bötticher*, Referat, C 7 (C 15).

182 *Bötticher*, AcP 158, 385 (397).

183 *Bötticher*, MDR 1963, 353 (357).

184 *Bötticher*, MDR 1963, 353 (357).

185 *Lorenz* verwies daneben auf den Terminus „Erhöhung des Schmerzensgeldes", von dem der Große Zivilsenat in seiner Entscheidung spricht BGHZ 18, 149 (159). Von einer Erhöhung lasse sich allerdings nur dann sprechen, wenn eine „an sich gebotene" Entschädigung als Maßstab zugrunde gelegt werde, vgl. *Lorenz*, aaO, S. 125.

186 *Henke*, aaO, S. 118; *Lorenz*, aaO, S. 125 f.

187 *Lorenz*, aaO, S. 125 f. und *Henke*, aaO, S. 119.

188 BGH VersR 1961, 164 (165).

zusammengezogen werden können"[189]. Mit ihrer Eigenschaft als bloße Funktionen begründete der 6. Zivilsenat, warum bei der Bemessung kein Ausgleichs- und kein Genugtuungsbetrag ermittelt werden könne. Ausgleich und Genugtuung wurden auch im Schrifttum schon als „verschiedenartige rechtliche Zurechnungsprinzipien"[190] bezeichnet, die „zu verallgemeinerungsfähigen normativen Maßstäben und daher auch zu nachvollziehbaren Entscheidungsgründen nicht führen"[191] könnten.[192] Diese Bewertung der Schmerzensgeldfunktionen verkennt, dass sich sowohl dem Ausgleich als auch der Genugtuung Beträge zuordnen lassen. Der Große Zivilsenat als Vater der Genugtuungsfunktion sah durch sie die „durch den Schadensfall hervorgerufene persönliche Beziehung zwischen Schädiger und Geschädigtem"[193] repräsentiert. Bereits dieser Beschreibung lässt sich entnehmen, dass die Genugtuung diejenigen Umstände erfassen soll, die nicht zum immateriellen Schaden gehören,[194] sondern vielmehr die schadensfremden Umstände, wie das Verschulden oder die Vermögensverhältnisse der Beteiligten.[195] Dieses Verständnis wurde für den Verschuldensgrad vom 4. Zivilsenat des BGH bestätigt, der insoweit eindeutig ausführt, dass „die dem Schadensausgleich fremde Genugtuungsfunktion insbesondere über die Berücksichtigung des Grades des den Schädiger treffenden Verschuldens die Leistungshöhe beeinflusst"[196].

---

189 BGH VersR 1961, 164 (165).

190 *Pecher*, AcP 171, 44 (79).

191 *Pecher*, AcP 171, 44 (79).

192 Ähnlich jüngst *Schwintowski*, nach dem Ausgleichs- und Genugtuungsfunktion „eine Einheit, eine Symbiose bilden, die nicht rechnerisch auflösbar ist, sondern zwei gedankliche Ebenen bezeichnet, die beide nicht darüber hinwegtäuschen können, dass man einen Nicht-Vermögensschaden jedenfalls nicht durch Geld restituieren, wohl aber kompensieren kann", Schwintowski/Schah Sedi-*Schwintowski*, aaO, S. 81 f.; auch *Donaldson* reduzierte Ausgleich und Genugtuung in den sechziger Jahren auf Funktionen, „die aber selbst den Inhalt des Anspruchs nicht bestimmen können", *Donaldson*, AcP 166, 462 (470).

193 BGHZ 18, 149 (157); der Große Zivilsenat verwies zur Begründung der persönlichen Beziehung auch auf die damals geltende Bestimmung des § 847 Abs. 1 S. 2 BGB, nach der Schmerzensgeldanspruch nicht vererblich und nicht übertragbar war.

194 So auch jüngst *Degenhart*, nach dem die „tatsächlich eingetretenen Verletzungen und die mit der Verletzung verbundenen Unlustgefühle und Missempfindungen als reine Schadensfolgen immaterieller Art" unter die Ausgleichsfunktion fallen und nicht zur Genugtuung gehören, *Degenhart*, aaO, S. 54, 78.

195 So auch *Lorenz* in den achtziger Jahren, vgl. *Lorenz*, aaO, S. 41; *Kern*, AcP 191, 247 (249).

196 BGHZ 80, 384 (386).

Diese Aussage deutet zugleich darauf hin, dass sich den Genugtuungsaspekten auch ein Betrag zuordnen lässt, nämlich in dem Umfang in dem sie den Entschädigungsbetrag erhöhen oder verringern. Auch der 6. Zivilsenat des BGH sieht in der Genugtuungsfunktion die außerhalb des Schadens liegenden Umstände verkörpert, insofern als er ein Genugtuungsbedürfnis des Geschädigten „jedenfalls bei vorsätzlichen Rechtsgutsverletzungen“[197] annimmt. Jüngst wurde die Genugtuungsfunktion als „die an Verschulden und Tatanlass ausgerichtete, nicht kompensierende betragsmäßige Erhöhung des dem empfindungsfähigen Geschädigten zufließenden kompensatorischen Schmerzensgeldes zur Regulierung seines objektivierten Verbitterungsschadens“[198] beschrieben. Auch dieser Definition liegt die Auffassung zugrunde, dass die Genugtuungsfunktion die nicht schadensbezogenen Umstände umfasst und die Genugtuung in dem *Betrag* zum Ausdruck kommt, um den die Entschädigung erhöht wird. Je nach Einzelfall kann sie zu einer Modifikation des Ausgleichsbetrages führen.[199] Wenn nun der Ausgleich an den immateriellen Schaden anknüpft und die Genugtuung an die außerhalb des Schadens liegenden persönlichen Umstände, müssen Ausgleich und Genugtuung neben ihrer Funktionseigenschaft gleichzeitig den Maßstab für die Höhe des Ausgleichs- und des Genugtuungsbetrages bilden können. Demzufolge kann das Gericht zunächst einen für den Ausgleich der Lebensbeeinträchtigung angemessenen Betrag festsetzen, bevor es in einem weiteren Bemessungsschritt die unter dem Aspekt der Genugtuung einfließenden Umstände ermittelt und sodann den Ausgleichsbetrag entsprechend modifiziert.[200] Diese Vorgehenswiese hätte den Vorteil, dass der Anteil, um den die Genugtuung den wegen des reinen immateriellen

---

197 BGHZ 128, 117 (117).

198 *Degenhart*, aaO, S. 80; da *Degenhart* eine Berücksichtigung der Vermögensverhältnisse ablehnt, formuliert er ausschließlich für das Verschulden.

199 Vgl. auch *Degenhart*, aaO, S. 171 f. In Bezug auf die wegen der Lebensbeeinträchtigung festzusetzende Entschädigung spricht *Degenhart* von einem „Sockelbetrag“, *Degenhart*, aaO, S. 160.

200 Das Verhältnis von Genugtuung und Schadensersatz wurde auch im Rahmen des 45. Deutschen Juristentages Mitte der sechziger Jahre umfassend diskutiert. Dabei erfolgte die Auseinandersetzung ausschließlich im Hinblick auf die rechtsdogmatische Einordnung der Genugtuung. Die praktischen Notwendigkeiten waren hingegen nicht Gegenstand der Diskussion. Stoll nahm damals eine Extremposition ein, indem er für die Schaffung einer Generalklausel plädierte, die den Richter ermächtige, eine etwaige Genugtuung als selbstständigen Anspruch gesondert festzusetzen, vgl. Stoll, Gutachten, S. 155, 163. Die Aufspaltung in einzelne selbstständige Ansprüche wurde damals aber überwiegend abgelehnt, vgl. Weitnauer, Diskussionsbeitrag, C 94 (C 95); Scheld, Diskussionsbeitrag, C 90 (C 92).

Schadens festgesetzten Ausgleichsbetrag erhöht, quantifizierbar wird,[201] sodass die Genugtuung nicht länger „ein Sammelbecken all der Gesichtspunkte, die dem Gericht im Einzelfall als billig erscheinen“[202] wäre. Daneben ist kein Grund ersichtlich, warum der Funktion des Ausgleichs, an der sich die Bemessung orientiert, nicht gleichzeitig der Betrag, in dessen Höhe die Entschädigung angesichts dieser konkreten Funktion festgesetzt wird, nicht zugewiesen werden darf.[203] Dem 6. Zivilsenat kann auch insoweit nicht zugestimmt werden, als er Ausgleich und Genugtuung als „bloße Funktionen“ herabstuft, die der Festsetzung eines Ausgleichs- und eines Genugtuungsbetrages entgegenstehen.

IV. Zwischenergebnis

Das Verbot der Aufspaltung des 6. Zivilsenats lässt sich weder mit der Ablehnung einer „an sich“ angemessenen Entschädigung durch den Großen Zivilsenat noch mithilfe des Wesens von Ausgleich und Genugtuung als Schmerzensgeldfunktionen begründen. Demzufolge ist der Verweis des 6. Zivilsenats des BGH auf die Grundsatzentscheidung des Großen Zivilsenats gegenstandslos. Stattdessen stehen das Aufspaltungsverbot und die daraus folgenden methodischen Vorgaben für die Bemessung den methodischen Bemessungsvorgaben des Großen Zivilsenats entgegen. Die Rechtsauffassung des 6. Zivilsenats muss als rechtsirrig abgelehnt werden, insoweit er aus der Grundsatzentscheidung das Verbot einer gesonderten Festsetzung von Ausgleich und Genugtuung im Rahmen der Bemessung abgeleitet hat. Das Verbot der Aufspaltung in einen Ausgleichs- und einen Genugtuungsbetrag steht im Widerspruch zur Grundsatzentscheidung des Großen Zivilsenats und ist als rechtsfehlerhaft aufzugeben.

---

201 Diese Quantifizierbarkeit forderte *Huber*, vgl. *Huber*, NZV 1998, 345 (346). *Henke* wies zutreffend darauf hin, dass der Geschädigte am ehesten „von seiner Verbitterung zu befreien wäre, wenn das Gericht das Verschulden als qualifizierendes Merkmal heraushebt *und* sich die beabsichtigte Genugtuung in einer ziffernmäßig festgelegten Erhöhung niederschlägt“, *Henke*, aaO, S. 122.

202 *Huber*, NZV 1998, 345 (346).

203 Der Ausgleich als Funktion des materiellen Schadensersatzes findet ebenfalls Ausdruck im festgesetzten Schmerzensgeldbetrag.

C. Konsequenzen für die Bemessung

Das Verbot der Aufspaltung hat seit seinem Ausspruch erhebliche Konsequenzen für die Bemessung des Schmerzensgeldes. Die Gerichte hatten die undifferenzierte Bemessung in einem einzigen Bemessungsschritt bereits vor der Grundsatzentscheidung des Großen Zivilsenats in ständiger Rechtsprechung praktiziert und setzten diese Praxis im Anschluss an die Grundsatzentscheidung fort. So berücksichtigte das Landgericht Bochum nur ein Jahr nach der Grundsatzentscheidung des Großen Zivilsenats gleichzeitig das „junge Alter des Klägers, die mögliche Herabsetzung seiner Heiratsaussichten, den Verlust seines Berufes, die starke Beeinträchtigung des Lebensgefühls schon in jungen Jahren und die Schmerzen, die nicht nur während der Dauer des Krankenhausaufenthalts, sondern erfahrungsgemäß auch bei Witterungsumschlägen und starker Beanspruchung des Beinstumpfes das ganze Leben hindurch bestünden, und das Entgegenkommen der Versicherungsgesellschaft“[204]. Diese Bemessungspraxis wurde durch das Verbot der Aufspaltung durch den 6. Zivilsenat höchstrichterlich bestätigt. Das OLG München bewertete Anfang der sechziger Jahre eine Schmerzensgeldforderung auf der Grundlage der schweren, dauerhaften Folgen der Verletzung,[205] die eine dauerhafte Pflegebedürftigkeit verursacht hatten, des noch jungen Alters des Geschädigten, des gravierenden Verschuldens des Schädigers und der wirtschaftlichen Verhältnisse der Beteiligten und setzte das Schmerzensgeld aus der Gesamtheit dieser Umstände fest.[206] Inwieweit sich das „gravierende Verschulden“ des Schädigers schmerzensgelderhöhend ausgewirkt oder in welchem Maß der Senat die schwere dauerhafte Beeinträchtigung berücksichtigt hatte, war der Entscheidung nicht zu entnehmen. Bis heute verweisen die Gerichte auf das Verbot einer „schematischen, zergliedernden Herangehensweise“[207] und verweisen stattdessen auf die Gesamtschau, in der die Schmerzensgeldhöhe zu

---

204 OLG Hamm VersR 1956, 720. Das Entgegenkommen der Versicherungsgesellschaft hatte das LG Bochum zugunsten des Schädigers berücksichtigt, vgl. OLG Hamm VersR 1956, 720.

205 Der Geschädigte hatte eine Vergiftung erlitten.

206 OLG München VersR 1963, 1208 (1210). *Henke* fragt, ob „das Gericht nicht statt des ganz irrationalen Schlusses, dass ein Schmerzensgeld von 20.000 DM den Schaden wiedergutmache und „zugleich“ sühne, mindestens in zurückhaltender Form darüber hätte Aufschluss geben müssen, aus welchen Elementen sich der Betrag von 20.000 DM zusammensetzt“, *Henke*, aaO, S. 110 und schlug sodann eine differenzierende Formulierung vor, vgl. *Henke*, aaO, S. 111.

207 OLG Saarbrücken vom 07.06.2011 - 4 U 451/10 Rn. 30, zitiert nach juris.

ermitteln sei.[208] Während die Instanzgerichte das Aufspaltungsverbot des 6. Zivilsenats kritiklos aufnahmen und ihre bisherige Bemessungspraxis fortsetzten, wurde im Schrifttum der Folgejahre verstärkte Kritik laut. Gegenstand der Kritik waren insbesondere die durch das Aufspaltungsverbot verursachte Rechtsunsicherheit im Bereich der Schmerzensgeldbemessung (I.), die Nutzlosigkeit des Schmerzensgeldurteils als Präjudiz (II.) sowie seine eingeschränkte Reversibilität (III.).

I. Rechtsunsicherheit

Als Folge der Bemessung eines einheitlichen Schmerzensgeldes im Sinne der Rechtsprechung des 6. Zivilsenats des BGH wurde bereits in den sechziger Jahren insbesondere die mangelnde Rechtssicherheit gerügt.[209] Der Umstand, dass sich dem typischen Schmerzensgeldurteil neben der Schilderung der Verletzung und der Aufzählung der Bemessungsumstände ausschließlich das Bewertungsergebnis entnehmen lässt neben der Feststellung, das zuerkannte Schmerzensgeldbetrag sei billig, begegnet seit jeher heftiger Kritik.[210] Das Verhältnis von Bemessungsumständen und dem zuerkannten Schmerzensgeldbetrag bleibe wurde als „richterliches Mysterium“[211] bezeichnet. Da das Schmerzensgeldurteil den Schritt zwischen der Würdigung der verschiedenen Bemessungsumstände und der Festsetzung des im Urteil ausgewiesenen Schmerzensgeldbetrages nicht erkennen ließ, wurden beide Aussagen als „zusammenhangslos“[212] und der Schmerzensgeldbetrag teilweise als willkürlich kritisiert.[213] *Henke* bezeichnete das Schmerzensgeldurteil

---

208 OLG Saarbrücken vom 07.06.2011 - 4 U 451/10 Rn. 30, zitiert nach juris.

209 Vgl. *Günther*, nach dem ohne eine sukzessive Bemessung immer nur „der Schein der Rechtssicherheit“ bestehen könne, *Günther*, aaO, S. 87 f.

210 *Schneider*, MDR 1974, 973 (973). Auch *Jaeger* kritisiert, dass die Auflistung sämtlicher Folgen der Tat in Tatbestand und Entscheidungsgründen eine nicht existierende Dokumentationspflicht erfüllt, die nur scheinbar auf eine sorgfältige Arbeit hinweist, in Wirklichkeit aber beweist, dass nur dokumentiert und nicht nachgedacht wurde. Die Bemessung des Schmerzensgeldes ist nicht schlüssig, weil die aufgeführten Verletzungen, Leiden und Spätschäden ein weit höheres Schmerzensgeld erfordern, als tatsächlich zuerkannt, vgl. *Jaeger*, VersR 2003, 1372 (1372). Die Aussagen beziehen sich auf Schmerzensgeldurteile wegen der Verletzung der sexuellen Selbstbestimmung, haben allerdings gleichermaßen Geltung für die Fälle der Körper- und Gesundheitsverletzung.

211 *Huber*, NZV 1998, 345 (350); *Nixdorf*, NZV 1996, 89 (89).

212 *Schneider*, MDR 1974, 973 (973).

213 *Günther*, aaO, S. 25, 66, nach dem die Ablehnung eines sukzessiven Bemessungsgangs über die Zwischenstufe einer „an sich“ angemessenen Entschädigung und die

sogar als nach dem voluntaristischen Prinzip des *„Sic volo, sic iubeo, stat pro ratione voluntas"*[214] geschrieben.

II. Nutzlosigkeit als Präjudiz

Als Folge der fehlenden Aufschlüsselung muss der Schmerzensgeldbetrag als Ergebnis einer Gleichung mit vielen Unbekannten bezeichnet werden. Auf der einen Seite der Gleichung steht der Schmerzensgeldbetrag, während auf der anderen Seite der Gleichung die Unbekannten Dauer und Heftigkeit der Lebensbeeinträchtigung sowie die Vermögensverhältnisse der Beteiligten und der etwaige Verschuldensgrad des Schädigers ausgewiesen sind. Daraus folgt, dass das Schmerzensgeldurteil keine Qualität einer Orientierungshilfe aufweist,[215] da intransparent ist, in welchem Umfang die einzelnen Bemessungsumstände am Schmerzensgeldbetrag partizipieren. Angesichts der fehlenden Aufschlüsselung bzw. der sukzessiven Bemessung eignen sich die Schmerzensgeldurteile nicht für die Aufnahme in Schmerzensgeldtabellen.[216]

III. Eingeschränkte Reversibilität

Das Aufspaltungsverbot und die dadurch bestätigte Bemessungspraxis der Gerichte wirken sich auch auf die Reversibilität des Schmerzensgeldurteils aus. Der BGH nimmt die revisionsgerichtliche Kontrolle ausschließlich im Hinblick auf Rechtsfehler vor und nicht dahingehend, ob das festgesetzte Schmerzensgeld

---

Weisung, aus dem Gemenge aller Umstände den Entschädigungsbetrag zu ermitteln, die Bemessung jeglicher konkreten Basis beraube. Außerdem mache die Ablehnung eines sukzessiven Bemessungsvorgangs die Vorstellung von einem das Ausmaß der individuellen Lebensbeeinträchtigung berücksichtigenden Schmerzensgeld und von einer *billigen* Entschädigung illusorisch, vgl. *Günther*, aaO, S. 63, 66; so auch *Schneider*, MDR 1974, 973 (973).

214 „Das will ich, so befehle ich, es gelte statt der Vernunft mein Wille", aus Juvenal, Satire VI, 223, zitiert nach *Henke*, aaO, S. 110, Hervorhebung durch die Verfasserin.

215 Vgl. *Henke*, aaO, S. 122, der gleichzeitig auf die Wertlosigkeit als Rechenschaftsbericht gegenüber den Parteien hinweist.

216 Vgl. *Günther*, aaO, S. 63; *Henke*, aaO, S. 109; jüngst auch *Ziegler/Cayukli*, zfs 2013, 424 (427) nach denen andere Entscheidungen keine Hilfe bei der Ermittlung des Schmerzensgeldes sein können, wenn unklar ist, ob und wie die in den Vergleichsentscheidungen ausgewiesenen Beträge entstanden sind.

zu gering oder zu hoch festgesetzt ist.[217] Demnach greift er nur ein, wenn das Gericht maßgebende Bemessungsumstände unberücksichtigt gelassen hat oder ein gravierender Bemessungsfehler vorliegt.[218] Daraus folgt für die revisionsgerichtliche Überprüfung, dass sich diese angesichts der Bemessungspraxis der Gerichte de facto auf die Kontrolle beschränken muss, ob in den Entscheidungsgründen alle maßgeblichen Bemessungsumstände genannt sind. Ob der Tatrichter tatsächlich alle Umstände berücksichtigt hat und ob er den einzelnen Umständen derart gerecht geworden ist, dass kein gravierender Bemessungsfehler vorliegt, kann das Revisionsgericht dem Schmerzensgeldurteil ebenso wenig entnehmen wie die Prozessparteien. Das Schmerzensgeldurteil ist daher solange nicht in der Revision angreifbar, wie es alle maßgebenden Bemessungsumstände des Einzelfalls nennt und ausweist, diese bei der Bemessung berücksichtigt zu haben.[219] Vor diesem Hintergrund erstaunt es, dass der 6. Zivilsenat Ende der achtziger Jahre ausführte, dem Revisionsgericht müsse die erforderliche Überprüfung dadurch eröffnet werden, dass das Berufungsgericht im Einzelnen die Gründe für ein von der Erstinstanz abweichendes Ergebnis der Bewertung

---

217 Ständige Rechtsprechung des BGH seit BGH NJW 1953, 1626 (1626); BGH NJW 1954, 1034; BGH VersR 1970, 134 (135); BGH VersR 1976, 967; BGH NJW 1991, 1412 (1413); siehe auch *Donaldson*, AcP 166, 462 (463 f.).

218 *Huber*, NZV 1998, 345 (345); Wieczorek/Schütze-*Ahrens*, ZPO, § 287 Rn. 66; *Gelhaar*, DAR 1954, 1 (6). *Huber* beschreibt dies als „äußerste Zurückhaltung, die sich der BGH bei der revisionsrechtlichen Überprüfung auferlegt", durch die er sich „vor einer Prozessflut schütze", *Huber*, NZV 1998, 345 (346). An der eingeschränkten revisionsgerichtliche Kontrolle wird seit jeher Kritik geübt. *Gelhaar* machte Mitte der sechziger Jahre in der fehlenden Überprüfung des tatrichterlichen Ermessens durch den BGH den Grund dafür aus, dass in den Tatsacheninstanzen nicht genügend Sorgfalt darauf verwendet werde, alle Umstände des Falles zu klären, die für die Bemessung des Schmerzensgeldes von Bedeutung sein können, vgl. *Gelhaar*, BB 1966, 1317 (1320). *Huber* rügt, dass „präzise Leitlinien für die Untergerichte und die mit der Schadensregulierung befassten Parteien fehlen", *Huber*, NZV 1998, 345 (346); *Scheffen*, NZV 1994, 419 (419). Solche präzisen höchstrichterlichen Leitlinien wären jedoch erforderlich, um die „Einheitlichkeit der Rechtsprechung als fundamentalen Grundsatz des Rechtslebens überhaupt" zu gewährleisten, *Füchsel*, VersR 1970, 16 (16); kritisch auch *Donaldson*, AcP 166, 462 (464).

219 *Scheffen*, NZV 1994, 419 (419). Die eingeschränkte revisionsgerichtliche Kontrolle führt dazu, dass „präzise Leitlinien für die Untergerichte und die mit der Schadensregulierung befassten Parteien fehlen", *Huber*, NZV 1998, 345 (346); siehe schon *Füchsel*, der auf die Notwendigkeit solcher präziser höchstrichterlicher Leitlinien für die Einheitlichkeit der Rechtsprechung hinweist, *Füchsel*, VersR 1970, 16 (16).

desselben Falls dartut.[220] Solange das Berufungsgericht ausschließlich den Gesamtbetrag ausweist, kann das Revisionsgericht nicht überprüfen, ob und in welchem Maß der einzelne Bemessungsumstand tatsächlich in den Schmerzengeldbetrag eingeflossen ist. Dieser Mangel wird nicht durch die Begründung des Berufungsgerichts beseitigt, warum es von der Bewertung des Erstgerichts abweicht, solange nicht verifizierbar ist, welche Auswirkungen die jeweiligen Bewertungen auf den Bemessungsvorgang und den festgesetzten Schmerzensgeldbetrag hatten. Das Schmerzensgeldurteil, das einen Gesamtbetrag als Ergebnis einer undifferenzierten Bemessung in einem einzigen Bemessungsschritt ausweist, ist demnach nur eingeschränkt reversibel.

D. Forderung nach einer sukzessiven Bemessung

Als Ausweg aus der von Rechtsunsicherheit und Intransparenz geprägten Bemessungspraxis wird seit den sechziger Jahren eine „sukzessive Bemessung“[221] gefordert, bei der das Gericht in einer Vorstufe zunächst den beim Geschädigten eingetretenen Schaden bestimmt.[222] Trotz anhaltender Kritik an der Praxis der Bemessung im Schrifttum und der jüngsten Forderung nach Aufgabe der „Untrennbarkeit der Bestandteile des Schmerzensgeldes“[223] konnte bislang keine andere Methode Eingang in die Bemessungspraxis der Gerichte finden. *Henke* sprach sich bereits Ende der sechziger Jahre für eine sukzessive Bemessung aus, die von einem erstrangigen Faktor der Schwere der Verletzung ausgeht, dafür das

---

220 Vgl. BGH VersR 1988, 943 (943 f.). Dies erfordere zudem die Aufgabe zur Befriedigung der Prozessparteien.

221 *Henke*, aaO, S. 135; *Günther*, aaO, S. 60; *Donaldson*, AcP 166, 462 (467).

222 *Henke*, aaO, S. 119, 135; *Donaldson*, AcP 166, 462 (472); so auch *Lorenz*, aaO, S. 125, nach dem es „geradezu lebensfremd“ sei, sogleich alle Umstände des Falles in den Blick zu nehmen, wenn man die Entschädigung als Schadensersatz versteht. Vielmehr müsse der immaterielle Schaden als Grundlage feststehen, bevor weitere Bemessungsumstände einbezogen werden; *Günther*, aaO, S. 63.

223 *Kern*, AcP 191, 247 (268); so später auch *Huber*, NZV 1998, 345 (350); jüngst *Schlobach*, aaO, S. 471, nach dem erst eine gesonderte Ausweisung der beiden Beträge es ermögliche, die auf die Genugtuungsfunktion entfallenden Beträge von der Versicherbarkeit auszunehmen. *Schlobach* bezweckt mit seiner Forderung insbesondere eine stärkere Umsetzung der präventiven Funktion, die er dem Schmerzensgeld zuspricht. Sein Vorschlag erinnert an *Stoll*, der die Deckung durch die Haftpflichtversicherung auf den Entschädigungsbetrag beschränkt sehen wollte, vgl. *Stoll*, Diskussionsbeitrag, C 116 (119).

„an sich angemessene" Schmerzensgeld festsetzt und diesen Betrag sodann mit Rücksicht auf die Faktoren des zweiten Ranges, zum Beispiel das Verschulden des Schädigers, das Mitverschulden des Verletzten und die Vermögensverhältnisse der Parteien, erhöht oder ermäßigt.[224] Der Einfluss der verschiedenen Bemessungsfaktoren auf die Höhe des zuerkannten Schmerzensgeldes würde dadurch im Urteil transparenter werden.[225] Eine Bemessung, bei der das Gericht schrittweise vorgeht[226] und dadurch erkennbar macht, „welche Überlegungen, Zuschläge und Abschläge dafür maßgeblich waren, dass das Gericht gerade zu einem Betrag in der zuerkannten Höhe gelangt ist"[227], findet seit jeher Befürwortung im Schrifttum. Zutreffend wurde auch auf die praktische Notwendigkeit einer schrittweisen Bemessung hingewiesen, da es „eine abstrakte Aufgabe" sei, „dem erhöhenden oder mindernden Einfluss Geltung zu verschaffen, ohne den Wert, der erhöht oder gemindert werden soll, zuvor beziffert zu haben"[228].

E. Exkurs zum Quotelungsverbot beim Mitverschulden

Das Verständnis von der Einheitlichkeit des Schmerzensgeldes machte sich in einem weiteren Bereich der Bemessung bemerkbar.[229] Einige Obergerichte begannen das Mitverschulden des Geschädigten im Rahmen der Gesamtwürdigung aller Umstände zu berücksichtigen,[230] nachdem der BGH im Jahr 1970 eine Quotelung untersagt hatte.[231] Den Mitverschuldensanteil wollte der BGH im Rahmen der

224 *Henke*, aaO, S. 135.

225 *Henke*, aaO, S. 134 f.; siehe auch *Huber*, NZV 1998, 345 (350).

226 *Günther*, aaO, S. 25; *Henke* gab zutreffend zu bedenken, dass das Gericht jedenfalls gedanklich einen doppelten Schritt machen müsse, da es zunächst das „Schmerzensgeld an sich" festsetzen müsse und dann den im Tenor genannten Betrag. Dieser doppelte Schritt könne nur vermieden werden, wenn das Gericht sich mit einer rein gefühlsmäßigen und entsprechend unzuverlässigen Schätzung begnüge, vgl. *Henke*, aaO, S. 111.

227 *Huber*, NZV 1998, 345 (350).

228 *Günther*, aaO, S. 3.

229 *Henke*, aaO, S. 113; NK-BGB/*Huber*, § 253 Rn. 32; *Lepa*, FS für G. Müller, 113 (121).

230 OLG Düsseldorf VersR 1975, 1052 (1053); OLG Saarbrücken VersR 1987, 774; OLG München VersR 2000, 900 (901); Kammergericht NJW-RR 2003, 24; OLG Celle VersR 2006, 1085 (1086).

231 BGH VersR 1970, 624; BGH NZV 1991, 305 (305).

Bemessung berücksichtigt wissen.[232] Zur Begründung zog der 6. Zivilsenat charakteristischerweise wieder die Grundsatzentscheidung des Großen Zivilsenats heran ohne eine konkrete Passage zu benennen. Zum Mitverschulden hatte der Große Zivilsenat allerdings keine Ausführungen gemacht.[233] Insofern der 6. Zivilsenat sein Quotelungsverbot auf die Einheitlichkeit des Schmerzensgeldes zurückführte, muss dieser Ansatz aus denselben Gründen zurückgewiesen werden wie das Aufspaltungsverbot. Das Quotelungsverbot des 6. Zivilsenats stellt sich somit als weiteres Missverständnis basierend auf der Grundsatzentscheidung des Großen Zivilsenats dar,[234] das als höchstrichterliche Vorgabe erhebliche praktische Probleme bei der Schmerzensgeldbemessung nach sich zog. Manche Gerichte begegnen diesem Verbot allerdings durch eine an den praktischen Notwendigkeiten orientierten Bemessung, indem sie die Quote des Mitverschuldens des Geschädigten entgegen der Rechtsprechung des 6. Zivilsenats erst in einem zweiten Bemessungsschritt vom zuvor festgesetzten Betrag in Abzug bringen.[235]

F. Fazit

Die billige Entschädigung in Geld soll nach dem Verständnis des Großen Zivilsenats den immateriellen Schaden ausgleichen und dem Geschädigten zugleich Genugtuung verschaffen. Daraus folgt, dass keine „an sich" angemessene im Sinne einer ausschließlich an der Schadenshöhe orientierten billigen Entschädigung existiert. Stattdessen ist die billige Entschädigung erst in dem Moment entstanden, in dem der zum Ausgleich der Lebensbeeinträchtigung festgesetzte Betrag

232 BGH VersR 1970, 624 (624).

233 So auch *Küppersbusch*, Ersatzansprüche bei Personenschäden, Rn. 282 (Fn. 56).

234 Neben dem Verbot der Aufspaltung in Ausgleich und Genugtuung, vgl. BGH VersR 1961, 164, und dem Verbot der Quotelung, vgl. BGH VersR 1970, 624, ging der 6. Zivilsenat entgegen der Grundsatzentscheidung bis in die neunziger Jahre von einem rein subjektiven Verständnis der Ausgleichsfunktion aus, vgl. BGH NJW 1976, 1147. Diese Rechtsprechung gab der 6. Zivilsenat wegen Wertungswidersprüchen Anfang der neunziger Jahre jedoch ausdrücklich auf, vgl. BGHZ 120, 1. Siehe dazu die vertieften Ausführungen in § 7 dieser Untersuchung.

235 Vgl. OLG Düsseldorf VersR 1998, 1021 (1022). Zu den kritischen Einwänden im Schrifttum gegenüber dem Quotelungsverbot des BGH, vgl. *Henke*, aaO, S. 121 f.; NK-BGB/*Huber*, § 253 Rn. 33 f.; *Küppersbusch*, aaO, Rn. 282; *Lepa*, FS für G. Müller, 113 (121 f.).

um die im Einzelfall relevanten übrigen Umstände ergänzt worden ist.[236] Angesichts des Rangverhältnisses, das der Große Zivilsenat den Bemessungsumständen zugewiesen hatte, muss das Gericht den Ausgleichsbetrag zuerst festsetzen, bevor es die schadensfremden übrigen Bemessungsumstände in einem zweiten Schritt in die Bemessung einbezieht. Die persönliche Beziehung zwischen Schädiger und Geschädigtem soll dabei durch die Genugtuung zum Ausdruck kommen, sodass die sie prägenden Umstände den Genugtuungsbetrag bilden. Er kann den Ausgleichsbetrag im Einzelfall modifizieren. Daraus folgt eine Bemessung, die sich in mindestens zwei separaten Schritten, dem Ausgleich für die Lebensbeeinträchtigung und Genugtuung im Hinblick auf die persönliche Beziehung zwischen Schädiger und Geschädigtem, vollziehen muss. Diese Differenzierung nach Ausgleichs- und Genugtuungsbetrag untersagte der 6. Zivilsenat unter Verweis auf die *einheitliche billige Entschädigung*. Als wenige Jahre nach der Grundsatzentscheidung die damalige Revisionsklägerin die Intransparenz der Berufungsentscheidung rügte, hätte der 6. Zivilsenat angesichts der methodischen Vorgaben des Großen Zivilsenats die Festsetzung eines Gesamtbetrages als Ergebnis einer undifferenzierten Bemessung in einem einzigen Bemessungsschritt endgültig untersagen müssen. Stattdessen sprach der 6. Zivilsenat das Verbot der Aufspaltung als Verbot einer aufschlüsselnden Bemessung aus und bestätigte die ohnehin von den Gerichten praktizierte Festsetzung eines Gesamtbetrages in einem einzigen Bemessungsschritt. Der 6. Zivilsenat hätte die Instanzgerichte zur Entwicklung einer Bemessungsmethode anweisen müssen, die das vom Großen Zivilsenat vorgegebene Rangverhältnis von Lebensbeeinträchtigung und übrigen Bemessungsumständen praktisch umsetzt. Der pauschale[237] Verweis des 6. Zivilsenats auf die Grundsatzentscheidung begründet den Verdacht, dass er die Auseinandersetzung mit den Anforderungen, die an die Bemessungsmethode des Schmerzensgeldes zu stellen sind, scheute, um sich stattdessen darauf beschränken zu können, die Bemessungspraxis der Gerichte zu bestätigen. Während der letzten Dekade verwendete der 6. Zivilsenat den Begriff der Einheitlichkeit des Schmerzensgeldes zunehmend auch im prozessualen Kontext[238] ohne Zusammenhang zur Methode

---

236 „Die billige Entschädigung wird überhaupt erst unter Berücksichtigung aller nicht wertneutralen Umstände ermittelt", BGHZ 18, 149 (161).

237 So auch *Lorenz*, FS für Wiese, 261 (262).

238 So auch *Hacks/Ring/Böhm*, Schmerzensgeld Beträge, 2010, S. 17, und jüngst in der 31. Auflage, vgl. *Hacks/Wellner/Häcker*, Schmerzensgeld Beträge, 2012. Das Schmerzensgeld sei *„auf Grund einer ganzheitlichen Betrachtung der den Schadensfall prägenden Umstände unter Einbeziehung der absehbaren künftigen Entwicklung des Schadensbilds zu bemessen"*, BGH NJW 2004, 1243 (1243); BGH VersR 2006,

seiner Bemessung. Dieser Umstand verdeutlicht einmal mehr, dass der 6. Zivilsenat den Begriff des *einheitlichen Schmerzensgeldes* selbst ins Leben gerufen hatte. Das daraus abgeleitete Aufspaltungsverbot ist rechtsfehlerhaft und daher aufzugeben.

1090 (1091), Hervorhebung durch die Verfasserin. Durch diese Rechtsprechung sollen Teilklagen ausgeschlossen werden. Solche Verletzungsfolgen, die zum Beurteilungszeitpunkt noch nicht eingetreten waren und deren Eintritt objektiv nicht vorhersehbar war, mit denen also nicht oder nicht ernstlich gerechnet werden musste und die deshalb zwangsläufig bei der Bemessung des Schmerzensgeldes unberücksichtigt bleiben müssen, werden hingegen von der vom Gericht ausgesprochenen Rechtsfolge nicht umfasst und können deshalb Grundlage für einen Anspruch auf weiteres Schmerzensgeld sein, vgl. BGH VersR 2006, 1090 (1091). Künftige Folgen der Schädigung sind demnach in die Bemessung des Schmerzensgeldes einzubeziehen, vgl. BGH NJW 2001, 3414 (3415). Nach dem OLG Brandenburg folge aus der Einheitlichkeit des Schmerzensgeldes, dass keine Teilschmerzensgelder für bestimmte Zeiträume oder für bestimmte Merkmale, die bei der Schmerzensgeldbemessung zu berücksichtigen sind, festgesetzt werden, vgl. OLG Brandenburg BeckRS 2011, 20920. Siehe zur Teilklage beim Schmerzensgeld auch *A. Diederichsen*, DAR 2005, 301 (312); *G. Müller*, VersR 1998, 129; *Diehl*, zfs 2010, 553; *Lemcke*, r+s 2000, 309 (309).

§ 3 Das Dogma der Heranziehung von Vergleichsrechtsprechung

Die Gerichte begannen in den sechziger Jahren den aus der Festsetzung eines Gesamtbetrages resultierenden Unsicherheiten mit vermehrtem Rückgriff auf Vergleichsentscheidungen zu begegnen. Die frühe Entwicklung von Urteilssammlungen in Schmerzensgeldtabellen ermöglichte den Gerichten dabei den Rückgriff auf umfangreiche Fallsammlungen. Nachdem bereits 1935 die erste Sammlung von Schmerzensgeldurteilen erschienen war,[239] folgten in den fünfziger Jahren zwei weitere Entscheidungssammlungen.[240] Kurze Zeit nach der Grundsatzentscheidung des Großen Zivilsenats wurden erstmals die „Schmerzensgeldbeträge" von *Hacks* veröffentlicht, die bis heute – soweit ersichtlich – am meisten etablierte und seit der ersten Auflage über dreißig Mal aktualisierte Sammlung von Schmerzensgeldurteilen.[241] Anfang der neunziger Jahre folgte die Beck'sche Schmerzensgeldtabelle[242] als weiteres wichtiges Standardwerk sowie Anfang der 2000er Jahre die Sammlung von *Jaeger/Luckey*[243]. Trotz ihrer rasanten Verbreitung wurde die Institution Schmerzensgeldtabelle bereits in den sechziger Jahren scharf kritisiert.[244] Nachdem sich die Zahl der Verkehrsunfallopfer im Zeitraum 1950 bis 1970 jedoch mehr als verdoppelt

239 Vgl. *Geigel*, Der Haftpflichtprozess, 1935.

240 Vgl. *Schunack*, Schmerzensgeld, Entscheidungen und Veröffentlichungen 1952–1957, VersR 1958, S. I –XIX und *Lieberwirth*, aaO, 1960, S. 113–208.

241 *Hacks/Ring/Böhm*, Schmerzensgeld Beträge, 1957, mittlerweile in der 31. Auflage von *Hacks/Wellner/Häcker*, Schmerzensgeld Beträge, 2012, erschienen.

242 *Slizyk*, Beck'sche Schmerzensgeld-Tabelle, Von Kopf bis Fuß, 1993, mittlerweile als IMM-DAT-Datei erhältlich, 2013. Siehe umfassende Ausführungen zur Entwicklung der Schmerzensgeldtabellen bei *Henke*, aaO, S. 24 ff.

243 *Jaeger/Luckey*, Schmerzensgeld, 2003, mittlerweile in der 6. Auflage erschienen, die nach eigener Aussage der Verfasser zu den „in der Praxis derzeit überwiegend eingesetzten" Schmerzensgeldtabellen neben *Hacks/Ring/Böhm* und *Slizyk* zählt", Himmelreich/Halm/Staab-*Jaeger/Luckey*, aaO, S. 1018.

244 Scharfe Kritiker waren insbesondere *Teplitzky*, NJW 1966, 388 (389) und *Gelhaar*, BB 1966, 1317 (1318 f.), die eine Perpetuierung der zu diesem Zeitpunkt „schmerzhaft niedrigen Schmerzensgelder" befürchteten und hauptsächlich aus diesem Grund die tabellarische Erfassung ablehnten. Zur Kritik in der Nachkriegsliteratur siehe *v. Mayenburg*, aaO, S. 50 m.w.N.

hatte,[245] verlangte ein gewachsenes Bedürfnis nach Rechtssicherheit eine Systematisierung der Bemessung.[246] Der 6. Zivilsenat des BGH nahm nach anfänglicher Ablehnung Ende der sechziger Jahre die Notwendigkeit der Orientierung an anderen Entscheidungen an[247] und sprach Mitte der siebziger Jahre der Vergleichsrechtsprechung darüber hinaus eine Bindungswirkung zu.[248] Bereits 1979 bezeichneten 95,5 % der bei einer Umfrage befragten Richter in Bayern die von privater Seite herausgegebenen Schmerzensgeldtabellen „als verwertbare Orientierungshilfe"[249] und die Gerichte führten damals und führen heute in ständiger Bemessungspraxis Vergleichsentscheidungen unter Verweis auf eine der gängigen Schmerzensgeldtabellen an.[250] Während die Schmerzensgeldtabellen teilweise als Orientierungshilfe oder zumindest zweckdienlich beschrieben werden,[251] wird an anderer Stelle grundlegende Kritik an ihrer Methodik laut.

---

245 Im Jahr 1950 wurden 227.134 Personen verletzt, im Jahr 1970 erreichte die Zahl der Verletzten 578.032 und damit ihren Höhepunkt im Aufzeichnungszeitraum 1906 bis 2012, vgl. Statistisches Bundesamt, Fachserie 8, Reihe 7, 2012, S. 53, abrufbar unter https://www.destatis.de/DE/Publikationen/Thematisch/TransportVerkehr/Verkehrsunfaelle/VerkehrsunfaelleJ2080700127004.pdf?__blob=publicationFile, zuletzt abgerufen am 12.07.2013.

246 Vgl. *Henke*, aaO, S. 24.

247 BGH VersR 1970, 134 (136).

248 BGH VersR 1976, 967; so auch *v. Mayenburg*, aaO, S. 50.

249 *Musielak*, VersR 1982, 613 (616). Befragt wurden bayerische Richter der erst- und zweitinstanzlichen Gerichte. Anders hingegen das OLG Köln, das Ende der siebziger Jahre den Erkenntniswert der Schmerzensgeldtabellen als gering ansah, vgl. OLG Köln DAR 1977, 301 (302) und DAR 1978, 105 (105).

250 Beispiele für Urteilszitate nach *Hacks/Ring/Böhm*: OLG Celle, Urt. v. 06.12.1984 – 5 U 83/84 Rn. 24, zitiert nach juris; OLG München VersR 1993, 987 (das Gericht geht hier auf die von der Beklagten eingebrachte Vergleichsrechtsprechung ein); OLG Düsseldorf NJW-RR 1993, 156; LG München NJW-RR 2001, 1246; LG Bückeburg BeckRS 2004, 31162945; OLG Koblenz NJW-RR 2004, 1025 (1026); OLG Frankfurt BeckRS 2005, 31606; OLG Celle VersR 2005, 91; KG VersR 2007, 1708; OLG Saarbrücken NJW 2008, 1166 (1169); LG Dortmund, Urt. v. 06.02.2009 – 21 O 473/03 Rn. 41, zitiert nach juris; OLG München BeckRS 2010, 20532; OLG Frankfurt NZV 2011, 39 (allerdings mit dem Hinweis, dass keine nur annähernd vergleichbare Entscheidung vorhanden ist); OLG Brandenburg, Urt. v. 23.06.2011 – 12 U 263/08; LG Hamburg, Urt. v. 26.07.2011 – 302 O 192/08 Rn. 172, zitiert nach juris.

251 *V. Mayenburg*, aaO, S. 50; Palandt/*Grüneberg*, § 253 Rn. 15; ähnlich auch *Küppersbusch*, Ersatzansprüche bei Personenschäden, Rn. 281; Geigel/*Pardey*, Der Haftpflichtprozess, 2011, S. 227.

Der folgende Abschnitt soll daher untersuchen, wie sich die Heranziehung von Vergleichsrechtsprechung trotz der immer wieder auftretenden Kritik in dem vorhandenen Maße etablieren konnte.

A. Grundlagen

Die Schmerzensgeldtabelle im heute gebräuchlichen Sinn ist eine Zusammenstellung von ausgeurteilten Schmerzensgeldbeträgen mit Angaben zur Person des Verletzten, der Verletzung, Dauer und Umfang der Behandlung, Dauerschaden, besonderen Umständen, die für die Entscheidungen maßgebend waren, sowie dem Spruchkörper, dem Entscheidungsdatum und dem Aktenzeichen.[252] Dem Vorwort der einschlägigen Sammlungen lässt sich als ihr Sinn und Zweck entnehmen, eine „Arbeitshilfe"[253] durch rechtskräftige Entscheidungen der Rechtsprechung zur Verfügung zu stellen. Die drei Standardwerke ordnen die Schmerzensgeldentscheidungen primär nach der Verletzungsart. *Jaeger/Luckey* listet nach „Körperteilen von A – Z" auf,[254] *Slizyk* „von Kopf bis Fuß"[255] und die Schmerzensgeldtabelle von *Hacks/Wellner/Häcker* stellt die Entscheidungen in der jüngst erschienenen Auflage[256] ebenfalls nach der Art der Verletzungen zusammen.[257]

---

252 Vgl. *Hacks*, Schmerzensgeld Beträge, 2012.

253 *Hacks/Wellner/Häcker*, aaO, 2012, S. 5; in früheren Auflagen findet sich die Bezeichnung als „Orientierungshilfe", *Hacks/Ring/Böhm*, aaO, 2008, S. 15 und *dies.*, aaO, 1999, S.15.

254 *Jaeger/Luckey*, Schmerzensgeld, 2011, S. 443–1209.

255 Vgl. *Slizyk*, Schmerzensgeldtabelle, 2001, S. 91–507 und Teil II Kapitel A in IMM-DAT, 2011.

256 In den Vorauflagen waren die Entscheidungen im Hauptteil der Schmerzensgeldtabelle aufsteigend nach der Höhe des zuerkannten Schmerzensgeldes sortiert, vgl. *Hacks*, aaO, 2008, S. 45–579. Dem vorangestellt war eine Zusammenstellung nach Art der Verletzungen, die Nummern auswies, gegliedert nach Entschädigungsbereichen „bis 999,50 Euro", „ab 12.500 Euro" und „Rente", anhand derer sich die Entscheidungen im hinteren Hauptteil der Tabelle auffinden ließen, vgl. *Hacks*, aaO, 2008, S. 27–39. Dieses Ordnungssystem wurde in der 31. Buchauflage ausdrücklich umgestellt, siehe dazu auch das Vorwort zur 31. Auflage, *Hacks/Wellner/Häcker*, aaO, 2012, S. 5.

257 *Hacks/Wellner/Häcker*, aaO, 2012, S. 31–675. Dabei werden Verletzungsarten wie „Amputation" oder „Verbrennungen" und Organe wie „Arm", „Innere Organe" oder „Schädel" in alphabetischer Reihenfolge angeführt mit weiteren Differenzierungen wie bspw. „Bruch" und „Sonstige Verletzungen" beim Stichwort „Arm".

Bereits in den siebziger und achtziger Jahren erhielten die Schmerzensgeldtabellen von den Gerichten viel Zuspruch,[258] und auch heute ist die Anerkennung der Heranziehung von Vergleichsfällen ungebrochen.[259] Der Hinweis, dass sich der zuerkannte Schmerzensgeldbetrag im Rahmen vergleichbarer Fälle bewegt, dient dabei häufig als Begründung der Angemessenheit des festgesetzten Schmerzensgeldes.[260] Gegenstand der Rüge der Rechtsmittelpartei ist es zudem häufig, dass das erstinstanzliche Gericht den in vergleichbaren Fällen zugesprochenen Betrag über- bzw. unterschritten hat[261] oder dass die Angabe von Vergleichsentscheidungen im erstinstanzlichen Urteil fehlt.[262] Gleichzeitig wird in letzter Zeit die Bedeutung der Schmerzensgeldtabellen bei der Auffindung des auszuurteilenden Schmerzensgeldes in den Urteilen verschiedener oberlandesgerichtlicher Senate diskutiert.[263] Dabei lehnen einige Senate eine Bindung an andere Entscheidungen explizit ab.[264]

---

258 OLG Saarbrücken NJW 1975, 1467 (1467); VG Berlin VersR 1982, 1158 (1158), OLG Oldenburg VersR 1983, 1064 (1064); *zurückhaltend* hingegen OLG Köln DAR 1977, 301 (301) und OLG Köln DAR 1978, 105 (105).

259 „Anders als die Berufung meint, ist die Heranziehung von Vergleichsfällen notwendig“, Kammergericht, Urt. v. 12.07.2010 – 12 U 193/09 Rn. 23, zitiert nach juris; siehe auch eine Entscheidung des OLG München, in der *in tabellarischer Form* sechs Vergleichsentscheidungen in den Entscheidungsgründen auflistet, OLG München BeckRS 2010, 20532; OLG Celle OLGR 2001, 162.

260 Vgl. OLG Saarbrücken, Urt. v. 07.06.2011 – 4 U 451/10 Rn. 43, zitiert nach juris; OLG München, Urt. v. 13.08.2010 – 10 U 3928/09, BeckRS 2010, 20532 (20532); OLG Schleswig, Urt. v. 17.02.2005 – 7 U 168/03 Rn. 43, zitiert nach juris; OLG Koblenz NZV 2005, 413 (414); OLG Saarbrücken, Urt. v. 30.05.2005 – 4 U 221/04 Rn. 70, zitiert nach juris; OLG Düsseldorf NJW-RR 2001, 890 (892); OLG Celle OLGR 2001, 162; OLG München VersR 1993, 987 (988). Dazu *kritisch* auch *Jaeger/Luckey*, nach denen es „bemerkenswert ist, wie dürftig die Begründungen fast aller Entscheidungen zum Schmerzensgeld ausfallen, soweit es um die Höhe des Schmerzensgeldes geht“; vgl. Himmelreich/Halm/Staab-*Jager/Luckey*, aaO, S. 1019.

261 Vgl. Kammergericht, Urt. v. 16.02.2012 – 20 U 157/10 Rn. 30, zitiert nach juris; OLG München, Urt. v. 13.08.2010 – 10 U 3928/09, BeckRS 2010, 20532 (20532); dazu zutreffend *kritisch* und *einschränkend* OLG München, Urt. v. 24.09.2010 – 10 U 2671/1 Rn. 15, zitiert nach juris.

262 OLG Frankfurt NZV 2011, 39 (40); siehe auch *Jaeger*, der in seiner Urteilsanmerkung zu KG VersR 2006, 1366 kritisch würdigt, dass jede Darstellung vergleichbarer Entscheidungen fehlt, vgl. *Jaeger*, VersR 2006, 1369 (1369).

263 OLG Frankfurt NZV 2011, 39 (40); KG, Urt. v. 16.02.2012 – 20 U 157/10 Rn. 55 f., zitiert nach juris; siehe auch *v. Mayenburg*, aaO, S. 49.

264 OLG München, Urt. v. 22.03.2013 – 10 U 3619/10 Rn. 43 ff., zitiert nach juris; OLG München, Urt. v. 24.09.2010 – 10 U 2671/10, Rn. 15 f., zitiert nach juris. Auch beim

B. Die Rechtsprechung des BGH zur Orientierung an anderen Fällen

Nachdem der Große Zivilsenat die Ermittlung des Schmerzensgeldes mithilfe von Rahmenbeträgen abgelehnt hatte, nahm zwei Jahre nach der Grundsatzentscheidung der 6. Zivilsenat zur Verwendung von Vergleichsrechtsprechung Stellung.[265] Dieser äußerte bis Mitte der sechziger Jahre Bedenken gegenüber der Orientierung an anderen Entscheidungen. Das Schmerzensgeld sei stattdessen nach den Umständen des Einzelfalls zu bemessen. Erst 1969 vollzog sich ein Meinungswechsel und der Senat erachtete eine Orientierung an anderen Fällen fortan für notwendig. Als der 6. Zivilsenat sodann 1976 in einem wegweisenden Urteil die Unter- oder Überschreitung der „bisher gewährten Beträge“[266] in bestimmten Fällen legitimierte, wurde deutlich, dass der Senat mittlerweile von der Orientierung der Gerichte an anderen Entscheidungen ausging. Der Weg für die Verwendung von Schmerzensgeldtabellen war somit seit dem Ende der sechziger Jahre von höchstrichterlicher Seite freigegeben.

I. Ablehnung von Rahmenbeträgen

Der Große Zivilsenat des BGH hatte in seiner Grundsatzentscheidung Mitte der fünfziger Jahre die Verwendung sogenannter „Rahmenbeträge“[267] abgelehnt. Der

20. Senat des KG sind Bedenken gegenüber einer zu starken Ausrichtung an anderen Entscheidungen erkennbar. Nach seiner Ansicht besteht eine Bindung an andere Entscheidungen nach Art eines Präjudizes schon deshalb nicht, da eine völlige Identität der erlittenen Verletzungen und Verletzungsfolgen praktisch nie bestehen werde. Die herangezogenen Entscheidungen können nur einer groben Klassifizierung der Beeinträchtigung dienen. Bei Verwertung von früheren Gerichtsentscheidungen als Bezugsgrößen ist auch die zwischenzeitlich eingetretene Geldentwertung zu berücksichtigen, vgl. KG NZV 2004, 473 (473); siehe auch jüngst auch KG, Urt. v. 16.02.2012 – 20 U 157/10 Rn. 56, zitiert nach juris; siehe auch OLG Frankfurt NJW-RR 2009, 1684 (1685) und LG Dortmund NJW-RR 2005, 678 (679). Nach Ansicht des OLG Karlsruhe können Schmerzensgeldtabellen und Entscheidungen anderer Gerichte zwar gewisse Anhaltspunkte bieten, aber weder Maßstab noch Begrenzung bilden, vgl. OLG Karlsruhe VersR 2001, 1175 (1176); das LG Neubrandenburg lehnt einen „katalogmäßigen Ansatz“ ab, vgl. LG Neubrandenburg, Urt. v. 22.06.2001 – 5 O 280/99, BeckRS 2001, 31163064.

265 BGH VersR 1957, 218.

266 BGH VersR 1976, 967 (968).

267 BGHZ 18, 149 (163).

Ansicht, „es ließen sich auch gewisse Rahmenbeträge finden, wie die objektiv feststellbaren immateriellen Schäden entschädigt werden können“[268], entgegnete er, dass diese „unweigerlich wieder zu den vom Gesetzgeber beseitigten Taxen, die in einigen Landesrechten aufgestellt waren“[269], führen würde. Nach Ansicht des Großen Zivilsenats konnten für die „Vielfalt der in Frage kommenden immateriellen Schäden“[270] keine Rahmenbeträge geschaffen werden. Außerdem sah er durch Rahmenbeträge die richterliche Freiheit eingeschränkt.[271] Vereinzelt wurde in diesen Ausführungen eine Ablehnung der Schmerzensgeldtabellen ausgemacht.[272] Dem ist entgegenzuhalten, dass die Rahmenbeträge, denen der Große Zivilsenat eine Absage erteilt hat, und die Schmerzensgeldtabellen einen grundlegenden Unterschied aufweisen. Den Rahmenbetrag legt der Gesetzgeber im Vorfeld für die Zukunft konkret fest bzw. entwickelt er – in den Worten *Henkes* – „eine Klassifikation mit dem Anspruch auf Verbindlichkeit“[273]. Im Unterschied dazu „referiert die Schmerzensgeldtabelle fremde Entscheidungen“[274]. Wenn auch die Argumente des Großen Zivilsenats gegen die Verwendung von Rahmenbeträgen auf die Verwendung der Schmerzensgeldtabelle übertragbar sind, so kann seinen Ausführungen keine Argumentation gegen die Schmerzensgeldtabelle entnommen werden, da der Große Zivilsenat diese weder erwähnt noch Anhaltspunkte ersichtlich sind, dass er den Mechanismus des Vergleichs mit anderen Entscheidungen anhand von Schmerzensgeldtabellen bei seinen Ausführungen vor Augen hatte.

268 BGHZ 18, 149 (163).

269 BGHZ 18, 149 (163). Beispielhaft nannte er §§ 113, 118 Abs. 1 S. 6 ALR; § 1497 Sächs BGB: „Hat jemand einem Anderen die persönliche Freiheit widerrechtlich entzogen, oder durch falsche Angaben deren Entziehung veranlasst, so ist er verpflichtet, dem Beschädigten die Freiheit wieder zu verschaffen, den entgangenen Verdienst und allen sonst verursachten Schaden nach richterlichem Ermessen zu ersetzen, auch überdies für jeden Tag einer Gefangenhaltung den Betrag von einem Thaler zehn Neugroschen zu bezahlen.“, zitiert nach *Henke*, aaO, S. 55.

270 BGHZ 18, 149 (163).

271 BGHZ 18, 149 (163).

272 *Henke*, aaO, S. 47 f.; *Hupfer*, JZ 1977, 781 (783); OLG Saarbrücken NJW 1975, 1467 (1467).

273 *Henke*, aaO, S. 26.

274 *Henke*, aaO, S. 26.

II. Ablehnung von Vergleichsrechtsprechung

1957 lag dem 6. Zivilsenat eine Berufungsentscheidung vor, in der die Beklagte vorgetragen hatte, die völlige Lähmung des Klägers stelle eine geringere Behinderung dar als der Verlust eines „selbst wichtigen Gliedes“[275]. Diesen Einwand hatte das Berufungsgericht zurückgewiesen mit nach Ansicht des 6. Zivilsenats rechtsfehlerfreier Begründung.[276] Seine Begründung war nach Ansicht des 6. Zivilsenats rechtsfehlerfrei. Das Berufungsgericht hätte vor allem keine „katalogmäßige Preisliste“[277] aufstellen dürfen zum Vergleich der Verletzungsfolgen des Geschädigten mit den Folgen anderer Verletzungen. Eine solche Schätzungsgrundlage bezeichnete der 6. Zivilsenat als unzulässig.[278] Der Orientierung an anderen Schmerzensgeldentscheidungen erteilte der 6. Zivilsenat im Jahr 1957 demnach noch eine klare Absage.

Sein Urteil von 1957 fügt sich in eine Reihe anderer Revisionsurteile aus den fünfziger und sechziger Jahren, in denen sich häufig die Forderung des Senats fand, „das Schmerzensgeld zu Art und Dauer der erlittenen Schäden erkennbar in eine angemessene Beziehung zu setzen“[279]. Der Richter dürfe sich hingegen nicht darauf beschränken, „die erlittenen Schmerzen und sonstigen immateriellen Schäden im einzelnen aufzuzählen und dann einen mehr oder weniger willkürlich bestimmten Geldbetrag als Schmerzensgeld festzusetzen“.[280] Diese Rechtsprechung ist auf das sehr geringe Schmerzensgeldniveau der fünfziger und sechziger Jahre[281] zurückzuführen, dessen Ursache nicht zuletzt in der oftmals nur unzulänglichen Auseinandersetzung der Gerichte mit der Schädigung und ihren Folgen lag. Der 6. Zivilsenat forderte deshalb in seinen Entscheidungen jener Zeit die umfassende Untersuchung der Schädigungsfolgen und eine daran anschließende, ihrem Umfang entsprechende

---

275 BGH VersR 1957, 218 (219).

276 BGH VersR 1957, 218 (219).

277 BGH VersR 1957, 218 (219).

278 BGH VersR 1957, 218 (219).

279 BGH VersR 1957, 218 (219); BGH NJW 1953, 1626 (1626); BGH VersR 1959, 458 (459); BGH VersR 1964, 842 (843).

280 BGH NJW 1953, 1626 (1626); BGH VersR 1964, 842 (843).

281 Mitte der fünfziger Jahre war der mit Abstand höchste ausgeurteilte Betrag 50.000 DM, erstmalig zugesprochen vom OLG Stuttgart wegen einer Querschnittslähmung, vgl. OLG Stuttgart, Urt. v. 13.7.1956 – 1 U 155/55, zitiert nach *Hacks*, aaO, 1968, Nr. 443; zum Schmerzensgeldniveau der damaligen Zeit *kritisch Gelhaar*, BB 1966, 1317; *Teplitzky*, NJW 1966, 388; *Rein*, BB 1968, 44 (46).

Bewertung durch das Gericht.[282] Anstelle einer bloßen Aufzählung der einzelnen Verletzungen und ihrer Folgen musste das Gericht die konkreten Auswirkungen der Verletzungen auf die Lebensführung des Geschädigten prüfen, damit das Urteil der revisionsgerichtlichen Prüfung standhalten konnte.[283] Dementsprechend bestätigte der Senat 1959 ein Berufungsurteil, das die künstlerischen und sportlichen Interessen der Kläger berücksichtigt hatte und die Kläger in die Lage versetzen wollte, sich ein gutes Rundfunk- und Fernsehgerät zu beschaffen.[284] Eine ins Einzelne gehende Aufschlüsselung, mit welchem Betrag das Gericht die Elemente der Lebensbeeinträchtigung festgesetzt hatte, verlangte der Senat hingegen explizit nicht.[285]

Auch Anfang der sechziger Jahre betonte der 6. Zivilsenat nochmals die Maßgeblichkeit der Umstände des Einzelfalls und äußerte gleichzeitig Bedenken gegenüber der Orientierung an anderen Fällen bei der Bemessung.[286] 1967 bekräftigte der 6. Zivilsenat seinen Standpunkt unter Verweis auf die Entscheidung des Großen Zivilsenats, wonach das Gesetz den Richter bei der Bemessung des Schmerzensgeldes nach keiner Richtung hin einschränke.[287] Daraus folgt, dass der 6. Zivilsenat noch im Jahr 1967 an der Festsetzung des Schmerzensgeldes ohne Heranziehung von Vergleichsentscheidungen festhielt.[288]

III. Anerkennung der Notwendigkeit einer Orientierungshilfe

Nur zwei Jahre später ließ sich bereits ein anderes Bewusstsein des 6. Zivilsenats im Hinblick auf die Heranziehung von Vergleichsentscheidungen erkennen. Nach Ansicht des Senats müssten *„die durch Übereinkunft der Rechtsprechung bisher*

---

282 *Henke* leitete aus dieser Entscheidung des BGH die Notwendigkeit einer „sukzessiven Bemessung“ ab, vgl. *Henke*, aaO, S. 119. Aus dem Gesamtzusammenhang der Entscheidungen ergibt sich aber, dass der Senat keine sukzessive Bemessung beabsichtigte.

283 Vgl. BGH VersR 1964, 842 (843) und BGH VersR 1961, 460 (461).

284 BGH VersR 1959, 458 (459).

285 BGH VersR 1959, 458 (459).

286 BGH VersR 1961, 460 (461), so auch BGH VersR 1964, 842 (843); der Einwand der Beklagten gegen das erstinstanzliche Urteil, wonach die Rechtsprechung in anderen vergleichbaren Fällen geringere Beträge für angemessen gehalten habe, war nach Ansicht des Gerichts unbeachtlich.

287 BGH VersR 1967, 256 (257).

288 Siehe auch die Kommentarliteratur von 1965: „Für die Bemessung des Schmerzensgeldes sind stets die jeweiligen Umstände maßgebend, sodass keine schematische Übertragung zulässig ist“, *Rosenthal*, BGB, Anh. § 847 Rn. 2916.

gewonnenen Maßstäbe in der Regel den Ausgangspunkt für die tatrichterlichen Erwägungen zur Schmerzensgeldbemessung bilden, da immaterielle Schäden in Geld überhaupt nicht unmittelbar messbar sind.“[289]. Der Gehalt dieser Aussage besteht allerdings weniger darin, dass sich das Gericht an anderen Entscheidungen orientieren muss, sondern vielmehr in der Erkenntnis, dass der Tatrichter eine Orientierungshilfe benötigt. Der 6. Zivilsenat zog die Inkommensurabilität immaterieller Schäden zur Begründung heran, warum die Vergleichsentscheidungen den Ausgangspunkt der Bemessung bilden müssten.[290] Der Rückgriff auf Vergleichsentscheidungen ändert allerdings an der Inkommensurabilität des immateriellen Schadens nichts. Stattdessen begründet seine Inkommensurabilität die Notwendigkeit einer Orientierungshilfe. Die Feststellung der Notwendigkeit einer Orientierungshilfe bildete den Kern der Entscheidung. Präziser wäre demzufolge eine Formulierung gewesen, nach der die durch Übereinkunft der Rechtsprechung bisher gewonnenen Maßstäbe in der Regel den Ausgangspunkt für die tatrichterlichen Erwägungen zur Schmerzensgeldbemessung bilden müssen, *damit der Tatrichter eine Orientierungshilfe für die Bemessung des in Geld nicht unmittelbar messbaren immateriellen Schaden erhält.*

Der 6. Zivilsenat benannte 1969 erstmals die Notwendigkeit einer Orientierungshilfe. Einen Monat später wiederholte der 6. Zivilsenat seine Rechtsauffassung und ergänzte, dass es „*wiederum im pflichtgemäßen Ermessen des Tatrichters liegt, inwieweit er die früheren Maßstäbe einhält oder – sei es unter Berücksichtigung der wirtschaftlichen Entwicklung, sei es im Zuge einer behutsamen Fortentwicklung der Rechtsprechung – überschreitet.*“[291]. Dadurch legitimierte er die Weiterentwicklung der zugesprochenen Schmerzensgeldbeträge durch den Tatrichter. Da die Schmerzensgelder 1969 nach wie vor als zu gering angesehen wurden,[292] musste der 6. Zivilsenat der gefürchteten Perpetuierung zu niedriger Schmerzensgelder durch die Schmerzensgeldtabellen von höchstrichterlicher Seite entgegenwirken. Anfang der siebziger Jahre wiederholte der Senat in zwei weiteren Urteilen, dass die Orientierung an vergleichbaren Fällen „jedenfalls im Ausgangspunkt regelmäßig geboten“[293] sei.

289 BGH VersR 1970, 134 (136), Hervorhebung durch die Verfasserin.
290 BGH VersR 1970, 134 (136).
291 BGH VersR 1970, 281 (282), Hervorhebung durch die Verfasserin.
292 Erst Mitte der siebziger Jahre ließ sich eine Tendenz zu wesentlich höheren Schmerzensgeldern erkennen, so auch *Sprenger*, DAR 1977, 42 (43) m.w.N.
293 BGH VersR 1970, 443 (445) und BGH VersR 1973, 1067 (1068).

IV. Bindungswirkung von Vergleichsrechtsprechung

Mitte der siebziger Jahre bestätigte der 6. Zivilsenat seine Rechtsprechung aus dem Jahr 1969,[294] erlegte dem Tatrichter allerdings auf, „die von ihm zugrunde gelegte Wertkategorie nach Ausmaß und Auswirkung der Abweichung aufzuzeigen“[295], wenn er „die bisherigen Sätze deutlich verlässt“[296]. Demzufolge belegte der 6. Zivilsenat die Gerichte 1976 erstmals mit einer Begründungspflicht für den Fall, dass sie Schmerzensgelder in Abweichung vom bisherigen Schmerzensgeldrahmen festsetzen. Daraus folgt, dass der 6. Zivilsenat der Vergleichsrechtsprechung nun zusätzlich zu ihrer Qualität als Orientierungshilfe eine Bindungswirkung zusprach,[297] die eine Überschreitung der bisher gewährten Beträge unter erschwerte Bedingungen stellte. Die Bindungswirkung wurde in der Entscheidung insofern deutlich, als der 6. Zivilsenat die Entscheidung des Berufungsgerichts, in der es ein zu hohes Schmerzensgeld festgesetzt hatte, aufhob mit der Begründung, das Schicksal der Klägerin lasse sich seiner Schwere nach nicht in die oberste Kategorie immaterieller Nachteile einordnen und der Tatrichter habe diese Abweichung nicht hinreichend begründet.[298] Mitte der achtziger Jahre bestätigte der 6. Zivilsenat die Bindungswirkung der Vergleichsrechtsprechung und verlangte eine ausreichende Begründung insbesondere dann, wenn der Tatrichter die Beträge, die von der Rechtsprechung bisher in vergleichbaren Fällen zuerkannt worden sind, deutlich nach oben überschreitet. Diese Begründung müsse u.a. erkennen lassen, dass sich der Tatrichter der Bedeutung seiner Entscheidung für das allgemeine Schmerzensgeldgefüge und seiner Verantwortung gegenüber der Gemeinschaft aller Versicherten bewusst ist.[299]

---

294 Der 6. Zivilsenat führte einmal mehr aus, dass „der Tatrichter nicht gehindert sei, die von der Rechtsprechung in vergleichbaren Fällen bisher gewährten Beträge zu unterschreiten oder über sie hinauszugehen, wenn ihm dies nach Lage des Falles – vor allem in Anbetracht der wirtschaftlichen Entwicklung oder veränderter allgemeiner Wertvorstellungen – geboten erscheint“, BGH VersR 1976, 967 (968). So der BGH auch schon im Jahr 1969, vgl. BGH VersR 1970, 281 (282).

295 BGH VersR 1976, 967 (968).

296 BGH VersR 1976, 967 (968).

297 So auch *v. Mayenburg*, aaO, S. 50 m.w.N.

298 BGH VersR 1976, 967 (968). Der 6. Zivilsenat verlangte insofern Mitte der siebziger Jahre vom Gericht exakt den Vergleich schwerer Schädigungen, den er 1957 noch strikt untersagt hatte, vgl. BGH VersR 1957, 218 (219).

299 BGH VersR 1986, 59.

V. Zusammenfassung

Nachdem der 6. Zivilsenat die Verwendung von Vergleichsrechtsprechung in den fünfziger und zu Beginn der sechziger Jahre ausdrücklich abgelehnt hatte, erkannte er Ende der sechziger Jahre die Notwendigkeit einer Orientierungshilfe für den Tatrichter an. Mitte der siebziger Jahre erweiterte der 6. Zivilsenat seine Anerkennung der Vergleichsrechtsprechung als Orientierungshilfe um eine Begründungspflicht, nach der eine Über- oder Unterschreitung der bisher gewährten Fälle von den Gerichten zu begründen ist.[300] Die Rechtsprechung des 6. Zivilsenats seit der Mitte der siebziger Jahre bedingt, dass der Tatrichter in einem einzigen Bemessungsschritt das *einheitliche* Schmerzensgeld festsetzen muss, das er durch einen Vergleich mit anderen Entscheidungen zu ermitteln hat und sich dabei in dem durch die Vergleichsrechtsprechung vermittelten Schmerzensgeldrahmen bewegen muss. Angesichts des Aufspaltungsverbotes, das der 6. Zivilsenat 1960 ausgesprochen hatte,[301] begegnet seine Rechtsprechung zur Verwendung von Vergleichsrechtsprechung Bedenken. Das dem Aufspaltungsverbot gerecht werdende Schmerzensgeldurteil bleibt im Hinblick auf die Bewertung der einzelnen Bemessungsumstände intransparent, da ausschließlich der Gesamtbetrag als Gesamtergebnis der Bewertung einen Anhaltspunkt bildet. Trotz dieser eigens ins Leben gerufenen Bemessungsvorgabe verlangte der 6. Zivilsenat von den Gerichten bald eine Orientierung an vergleichbaren Entscheidungen. Wie diese Vergleichbarkeit zu ermitteln ist und unter welchen Voraussetzungen die Vergleichbarkeit verschiedener Fälle anzunehmen ist, erläuterte der Senat nicht. Durch seine Rechtsprechung zur Heranziehung von Vergleichsrechtsprechung setzte sich der 6. Zivilsenat in einen methodischen Widerspruch zum Verbot der Aufspaltung. Seine Mitte der siebziger Jahre ausgesprochene Begründungspflicht bei Abweichung vom üblichen Rahmen der Schmerzensgelder erhöht seitdem auch das Risiko, dass die Gerichte trotz abweichender Umstände im Einzelfall den bisherigen Rahmen einhalten.

---

300 Insofern etwas missverständlich *Jaeger/Luckey*, nach denen einerseits vom Richter verlangt werde, den Schmerzensgeldbetrag durch Bezug auf vergleichbare Fälle transparent zu machen, der BGH sich aber in anderen Entscheidungen gegen die Verwertung von Präjudizien wendet, vgl. *Jaeger/Luckey*, Schmerzensgeld, 2011, Rn. 1037. Die Rechtsprechung der fünfziger und sechziger Jahre, nach der die Verwertung von Präjudizien abzulehnen war, wurde vom 6. Zivilsenat erkennbar seit dem Ende der sechziger Jahre aufgegeben. Eine solche Abweichung von der eigenen Rechtsauffassung ist jederzeit ohne Anruf beim Großen Senat möglich, wenn es sich der Bezeichnung nach um den identischen Senat handelt, vgl. *Kissel/Mayer*, GVG, § 132 Rn. 17.

301 Vgl. BGH VersR 1961, 164; siehe auch die Ausführungen unter § 2.

C. Kontroverse im Schrifttum

Bedeutung und Brauchbarkeit der Schmerzensgeldtabellen sind auch im Schrifttum seit ihrer Einführung Gegenstand einer Kontroverse.[302] Auf Seiten der Befürworter lässt sich dabei stets dieselbe Motivation ausmachen. Ihre Befürwortung beruht mehr auf der Anerkennung der Notwendigkeit einer Systematisierung der Bemessung als auf der Akzeptanz des durch die Schmerzensgeldtabelle geschaffenen „Systems“. Daneben werden seit jeher Einwände gegen die Verwendung von Schmerzensgeldtabellen bei der Bemessung des Schmerzensgeldes erhoben.

I. Gründe der Befürwortung

Der Mangel an Berechenbarkeit und Systematisierung der Schmerzensgeldbewertung wurde bereits früh als Grund für die Entwicklung der Schmerzensgeldtabellen ausgemacht. Bereits Mitte der fünfziger Jahre hielt *Geigel* eine Orientierung an Vergleichsentscheidungen „im Interesse der Einheitlichkeit der Rechtsprechung“[303] für eine naheliegende Vorgehendweise.

1. Mangel an Systematisierung

Das rasante Wachstum der Zahl der bei Verkehrsunfällen in der Bundesrepublik Deutschland verletzten Personen in den fünfziger bis siebziger Jahren des 20. Jahrhunderts weckte im Hinblick auf die Schmerzensgeldbemessung ein Bedürfnis nach Rechtssicherheit[304], Rechtsgleichheit[305] und einer einheitlichen Rechtsprechung[306]. *Henke* brachte es im Vorwort zu seiner Monografie aus den sechziger Jahren auf den Punkt: *„In einem fortgeschrittenen Stadium des Rechts ist die billige Entschädigung eben nicht mehr das Richten nach Eingebung und Gefühl aus der Situation des Augenblicks – auch die Rechtsgleichheit, die Berechenbarkeit des Urteils und die Rationalisierung der juristischen Praxis*

302 Siehe vor allem jüngst *v. Mayenburg*, der die Schmerzensgeldtabellen eingehend untersucht, vgl. *v. Mayenburg*, aaO, S. 54 ff. (64); siehe auch jüngst *Ziegler/Ehl*, JR 2009, 1 (3 ff.); *Schwintowski*, VuR 2011, 117 (118).

303 *Geigel*, NJW 1954, 706 (707).

304 *Henke*, aaO, Vorwort; Hupfer, JZ 1977, 781 (783); *v. Mayenburg*, aaO, S. 49 m.w.N.

305 *Henke*, aaO; *Berger*, VersR 1977, 877 (878 f.); *v. Mayenburg*, aaO, S. 49 m.w.N.

306 Geigel/*Kolb*, Der Haftpflichtprozess, 1993, S. 161 f.

verlangen Beachtung. "[307]. Da es an Systematisierung fehlte[308] und die Bemessung weder berechenbar noch rational überprüfbar war,[309] suchten die Gerichte Hilfe in den Schmerzensgeldtabellen.[310] Die Verwendung von Schmerzensgeldtabellen sollte die Orientierung an vergleichbaren Fällen ermöglichen, für eine gerechte Bemessung mit vergleichbar hohen Schmerzensgeldern bei vergleichbaren immateriellen Beeinträchtigungen[311] zur Förderung der Rechtssicherheit bei Anspruchsstellern, Geschädigten und Versicherern.[312]

2. Notwendigkeit einer Orientierungshilfe

Die Schmerzensgeldtabellen sind als Hilfsmittel bzw. Orientierungshilfe für die gerichtliche und außergerichtliche Praxis anerkannt.[313] Dabei wird ihr rein informatorischer Charakter betont.[314] Sie geben zwar gewisse Anhaltspunkte[315] und

---

307 *Henke*, aaO, Vorwort, Hervorhebung durch die Verfasserin. Hingegen habe *Kant* in seiner Metaphysik zum Ausdruck gebracht, der Begriff der Billigkeit sei bar jeden sachlichen Inhalts und gebe nur wider, was der Interpret zuvor in ihn hineingelegt habe, indem er sie als stumme Gottheit beschrieb, die nicht gehört werden könne.

308 *Günther*, aaO, S. 1 f.

309 *Schneider*, MDR 1974, 973 (974).

310 *Günther*, aaO, S. 1 f.

311 *Witschen*, Schadensverteilung im Allgemeinen Haftungsrecht, S. 31 unter Verweis auf *Palandt/Grüneberg*, § 253 Rn. 15. Ähnlich *Berger*, nach dem große Fallzahlen auch gute Vergleichsmöglichkeiten geben, *Berger*, VersR 1977, 877 (878); *G. Greger*, NZV 1996, 62 (62).

312 Wussow/*Kürschner*, Unfallhaftpflichtrecht, S. 880 f.

313 *Henke*, aaO, S. 106; *Witschen*, aaO, S. 31; NK-BGB/*Huber*, § 253 Rn. 80; Geigel/*Kolb*, Der Haftpflichtprozess, 1993, S. 161 f.; Wussow/*Kürschner*, Unfallhaftpflichtrecht, S. 880 f.; *Jaeger/Luckey*, aaO, 2011, Rn. 1040 unter Verweis auf KG, Urt. v. 10.02.2003 – 22 U 49/02, Rn. 86, zitiert nach juris; *G. Greger*, NZV 1996, 62 (62); *Sprenger*, DAR 1977, 42 (43); *Berger*, VersR 1977, 877 (878 f.); *Scheffen*, NZV 1994, 417 (420) und ZRP 1999, 189 (191); *Dressler*, DAR 1998, 81 (82); *v. Mayenburg*, aaO, S. 50 m.w.N.

314 *Henke*, aaO, S. 106 und 134; *Jaeger/Luckey*, aaO, 2011, Rn. 1040. *Henke* bezeichnet die Schmerzensgeldtabelle als „Quelle der Rechtserkenntnis", *Henke*, aaO, S. 106.

315 Geigel/*Pardey*, Der Haftpflichtprozess, 2008, S. 209 f., unter Verweis auf OLG Karlsruhe VersR 2001, 1175 (1176).

stellen den erforderlichen Rahmen für die Schmerzensgeldbemessung auf,[316] der Richter kann diesen allerdings verlassen.[317]

3. Zwischenergebnis

Die Befürworter der Schmerzensgeldtabellen sind insgesamt durch das Streben nach Systematisierung für Rechtssicherheit und Rechtsgleichheit motiviert. In Ermangelung eines Bemessungssystems sollen sich die Gerichte an Schmerzensgeldurteilen aus den Schmerzensgeldtabellen orientieren, um auf diese Weise zumindest einen Anhaltspunkt für die Höhe des festzusetzenden Betrages zu erhalten. Daraus folgt, dass die Befürwortung weniger dem System Schmerzensgeldtabelle an sich gilt, sondern mehr in Ansehung der Alternative einer Bemessung im luftleeren Raum gilt. Insbesondere *Henke*, der dem Thema Schmerzensgeldtabelle als ihr „größter Verfechter“[318] eine umfassende Untersuchung gewidmet hat, in der es als Ziel ausweist, diese „kritisch zu verteidigen“[319], betonte die „gewichtigen *praktischen* Gründe“[320] für ihre Verwendung und wies dadurch einmal mehr auf die Notwendigkeit einer systematischen Bemessung hin. Seine Befürwortung unterliegt der Einschränkung, dass sie für den Richter nur Mittel zu Information sein kann.[321] Die Festsetzung des individuellen Schmerzensgeldes im zur Entscheidung stehenden Fall kann sie demnach nicht ersetzen.[322]

---

316 *Küppersbusch*, aaO, Rn. 281, nach dem die Schmerzensgeldtabellen unentbehrlich für die außergerichtliche Schadensregulierung sind.

317 *Henke*, aaO, S. 134, der beispielhaft eine Entscheidung des OLG Köln aus dem Jahr 1967 anführt, in der das Gericht die bisher gewährten Beträge verlassen hatte, vgl. OLG Köln NJW 1967, 1968 (1969); *Jaeger/Luckey*, aaO, 2011, Rn. 1040 unter Verweis auf KG, Urt. v. 10.02.2003 – 22 U 49/02 Rn. 86, zitiert nach juris; *Küppersbusch*, aaO, Rn. 281; Geigel/*Pardey*, Der Haftpflichtprozess, 2008, S. 209 f. unter Verweis auf OLG Karlsruhe VersR 2001, 1175 (1176).

318 *V. Mayenburg*, aaO, S. 50.

319 *Henke*, aaO, Vorwort.

320 *Henke*, aaO, S. 133, Hervorhebung durch die Verfasserin.

321 *Henke*, aaO, S. 106 und 134.

322 Ähnlich auch *Berger*, nach dem die Tabellen Schmerzensgeldrahmen für einzelne Typologien von Verletzungen geben, von deren Durchschnittsfall aus weiter gerechnet werden soll, vgl. *Berger*, VersR 1977, 877 (878 f.); ähnlich *Dressler*, DAR 1998, 81 (82).

II. Kritische Argumente

1. Systemimmanenter Widerspruch

Henke wies bereits Ende der sechziger Jahre auf den entscheidenden systematischen Kritikpunkt hin. Er erklärte das Schmerzensgeldurteil als unbrauchbar für die Verwertung durch andere Gerichte,[323] solange es die Bewertung aller Umstände „in eine nicht analysierbare Gesamtsumme zusammenfasst"[324]. Diese intransparente Gesamtsumme griff auch *Lorenz* Anfang der 1980er Jahre auf und lehnte folgerichtig die Orientierung der Gerichte an anderen Entscheidungen aus Schmerzensgeldtabellen ab.[325]

Das Bewusstsein für den systemimmanenten Widerspruch lässt sich indirekt auch der immer wieder geäußerten Kritik entnehmen, dass es identische Verletzungen bzw. gleichgelagerte Fälle selten bis gar nicht gebe und die Verwendung der Tabellen daher abzulehnen sei.[326] Wenn sich individualisieren ließe, in welcher Höhe welcher Umstand in den Schmerzensgeldbetrag eingeflossen ist, könnten auch unterschiedliche Fälle miteinander verglichen werden. Solange keine Aufschlüsselung erfolgt, müssten zwei Fälle folgerichtig exakt „gleich" sein, damit der zugesprochene Schmerzensgeldbetrag für den anderen Fall tatsächlich maßstäblich sein kann. Der Kritik im Hinblick auf die mangelnde Identität der Verletzungen wird begegnet, indem auf die häufig weitgehende Übereinstimmung der Verletzungen bei schwersten Schäden durch Verkehrsunfälle verwiesen wird. Die Praxis der Unfallmedizin zeige, dass in der Wirklichkeit typische Unfälle mit typischen Folgen überwiegen.[327] Der Einwand der typischen Schädigungen mit typischen Folgen überzeugt, insoweit es um die Vergleichbarkeit von *Verletzungen* geht. Die Verletzung als solche kennzeichnet als ein Bestandteil die Heftigkeit der Lebensbeeinträchtigung. Daneben ist aber insbesondere bei Schädigungen mit Dauerfolgen maßgebend, zu welchem Zeitpunkt die Schädigung den Geschädigten trifft, d.h. die Frage, wie lange die Lebensbeeinträchtigung des Geschädigten in Anbetracht seiner noch durchschnittlich verbleibenden Lebenserwartung anhält. Weiterhin kann unter dem Gesichtspunkt der Genugtuung der Verschuldensgrad des Schädigers

323 *Henke*, aaO, S. 109.

324 *Henke*, aaO, S. 109.

325 Vgl. *Lorenz*, Immaterieller Schaden, S. 173.

326 *Berger*, VersR 1977, 877 (878 f.); *Bloemertz*, Wieviel kostet dein Schmerz?, S. 18; siehe jüngst auch *Ziegler/Cayukli*, zfs 2013, 424 (427), nach denen der Rückgriff auf vergleichbare Entscheidungen in Schmerzensgeldtabellen in die Irre führe.

327 *Jaeger/Luckey*, Schmerzensgeld, 2003, S. IX; so auch *Henke*, aaO, S. 135.

von maßgebender Bedeutung sein. Daraus folgt, dass selbst wenn eine Verletzung in zwei Fällen vergleichbar ist, sämtliche sie begleitenden Umstände, die bei der Bemessung zu berücksichtigen sind, in aller Regel differieren. Gleichgelagerte *Fälle* sind demnach, anders als gleichgelagerte Verletzungen, selten bis nie existent.[328]

2. Methodische und praktische Mängel

Zu dem bestehenden systemimmanenten Widerspruch kommt hinzu, dass die Schmerzensgeldtabellen methodische und praktische Mängel aufweisen.[329] Die Schmerzensgeldentscheidungen sind insgesamt unvollständig[330] und weisen die Entscheidungen bestimmter Gerichte „signifikant häufiger“[331] aus als andere. Außerdem ziehen die Tabellen unterschiedliche zeitliche Grenzen für die Aufnahme der Entscheidungen. Während *Hacks/Wellner/Häcker* Entscheidungen seit den siebziger Jahren berücksichtigen, beschränkt sich *Slizyk* auf solche nach 1985. Besser hingegen stellen *Jaeger/Luckey* – unter ausdrücklichem einleitenden Hinweis[332] – nur Entscheidungen der letzten zehn Jahre dar. Der bereits in den siebziger Jahren erhobene Einwand, dass durch veraltete Entscheidungen die „Gefahr der Perpetuierung der in den Entscheidungen enthaltenen älteren

---

328 Siehe auch *Von Mayenburg* zur Heterogenität der Fallgestaltungen, vgl. *v. Mayenburg*, aaO, S. 63.

329 *Henke* kritisierte 1969 die Ordnung nach Geldbeträgen als methodischen Mangel, vgl. *Henke*, aaO, S. 128. Während in den sechziger Jahren noch die Sammlung von *Lieberwirth* nach der Höhe der Schmerzensgelder ordnete und *Hacks/Ring/Böhm* bis zur jüngst erschienenen Auflage der „Schmerzensgeldbeträge“, ordnen gegenwärtig neben *Jaeger/Luckey* und *Slizyk* auch *Hacks/Wellner/Häcker* nach Verletzungen; siehe auch *v. Mayenburg*, aaO, S. 62.

330 *Von Mayenburg*, aaO, S. 55; so auch schon *Füchsel*, VersR 1970, 16 (16), nach dem die Tabellen auf mehr oder minder zufällig bekannt gewordenen Urteilen beruhen. Das Vorwort zur Beck'schen Schmerzensgeldtabelle und zu *Hacks/Wellner/Häcker* bestätigt diese Aussage insofern als die Autoren jeweils für die bisherigen Urteilszusendungen danken und gleichzeitig um neue Urteile bitten, vgl. *Slizyk*, aaO, 2001, S. V und *Hacks/Wellner/Häcker*, aaO, 2012, S. 5. Nach *Von Mayenburg* setzen sich die Schmerzensgeldtabellen durch die Kombination einer systematischen Literaturanalyse und zufälliger Einsendungen zusammen, wodurch „weniger durchschnittliche Urteile, sondern vor allem spektakuläre Entscheidungen eingesandt werden mit der Folge der Verzerrung in der Auswahl, vgl. *v. Mayenburg*, aaO, S. 56.

331 *Von Mayenburg*, aaO, S. 56 mit Nachweisen für *Hacks/Ring/Böhm* und *Slizyk*, die beide überdurchschnittlich oft Entscheidungen des LG München I ausweisen.

332 *Jaeger/Luckey*, aaO, S. VII.

Wertvorstellungen"[333] besteht, die einer Erhöhung der Schmerzensgelder entgegensteht,[334] ist zutreffend. Da auch Schmerzensgeldbeträge, die im Vergleichswege vereinbart wurden, nicht in die Tabellen aufgenommen werden,[335] tritt eine weitere Verfälschung der durch die Tabellen vermittelten Wertvorstellungen ein. Hinzu kommt, dass sich nicht sämtliche bemessungsrelevanten Faktoren aus den Tabellen ergeben, insbesondere der Verschuldensgrad und die Berücksichtigung durch das Gericht ist häufig nicht ersichtlich.[336] Mängel werden auch im Hinblick auf die Zuverlässigkeit der Daten gerügt, insbesondere Schreib- und Transkriptionsfehler beim erkennenden Gericht, beim Entscheidungsjahr, beim Alter des Geschädigten, beim Mitverschulden, beim Schmerzensgeldbetrag selbst und bei der Angabe der Schmerzensgeldrente.[337] Bei den Schmerzensgeldtabellen von *Jaeger/Luckey*, *Hacks/Wellner/Häcker* und *Slizyk* handelt es sich um Privatarbeiten, sodass schmerzensgeldpolitische Absichten zu beachten sind.[338] Solche schmerzensgeldpolitischen Absichten bestünden auch dann, wenn die Kraftfahrzeug-Versicherer auf Grund des gesamten ihnen vorliegenden Materials eine Schmerzensgeldtabelle herausgeben würden, wie es *Füchsel* 1970 anregte und dadurch dem Problem der fehlenden Einheitlichkeit begegnen wollte.[339] Angesichts dieser methodischen und praktischen Mängel bilden die Tabellen kein geschlossenes System, das der Rechtsanwendungsgleichheit und Rechtssicherheit dienen könnte.[340]

333 *V. Mayenburg*, aaO, S. 56.

334 *V. Mayenburg*, aaO, S. 56; *Jaeger/Luckey*, aaO, Rn. 1050 f.; so auch schon *Schneider* in den siebziger Jahren, vgl. *Schneider*, MDR 1974, 973 (974). Nach *Berger* werde dem Umstand dass alte, etwa über sieben Jahre zurückliegende Entscheidungen wegen der inzwischen eingetretenen Veränderung in der Schmerzensgeldrechtsprechung und wegen der Geldentwertung nur noch schwache Hinweise geben können, von den Herausgebern der Präjudiziensammlungen durch immer neue Auflagen Rechnung getragen. Auch die Benutzer der Tabellen und die Bibliotheksverwaltungen der Gerichte sollten dies beachten, vgl. *Berger* VersR 1977, 877 (878 f.).

335 *V. Mayenburg*, aaO, S. 56. Schmerzensgeldfälle, in denen sich die Parteien von vornherein außergerichtlich verglichen haben, erscheinen ebenfalls nicht, vgl. auch *Ziegler/Cayukli*, zfs 2013, 424 (427).

336 *V. Mayenburg*, aaO, S. 59 f.

337 *V. Mayenburg*, aaO, S. 57 f. mit Nachweisen.

338 *V. Mayenburg*, aaO, S. 55.

339 *Füchsel*, VersR 1970, 16 (16).

340 *V. Mayenburg*, aaO, S. 64. Die derzeitige Bemessungspraxis gebe vielmehr nur vor, mit den Schmerzensgeldtabellen auf ein scheinbar geschlossenes System von Wertungen zurückzugreifen.

3. Zusammenfassung

Die Schmerzensgeldtabellen referieren Schmerzensgeldurteile verschiedener Gerichte unter regelmäßiger Angabe von Spruchkörper, Entscheidungsdatum, Verletzung und Schmerzensgeldhöhe. Die Schmerzensgeldjudikatur wird insgesamt nicht vollständig wiedergegeben. Zudem werden diejenigen Schmerzensgeldurteile, die Eingang in die Tabellen finden, nicht vollständig wiedergegeben. Die Schmerzensgeldtabellen sind demnach schon im Hinblick auf das von ihnen vermittelte Bild bzgl. der Schmerzensgeldrechtsprechung nur bedingt repräsentativ. Hinzu kommt, dass Gegenstand der Dokumentation Schmerzensgeldbeträge sind, die nach der gegenwärtigen Bemessungspraxis festgesetzt wurden, mithin in einem einzigen Bemessungsschritt ohne Differenzierung nach Lebensbeeinträchtigung und übrigen Umständen. Die Schmerzensgeldtabellen referieren diese Entscheidungen und perpetuieren angesichts der ungebrochenen Nachfrage und Verwendung durch die Gerichte die auf diese Weise ermittelten Schmerzensgeldbeträge. Das Fehlen einer schrittweisen, das Rangverhältnis von Lebensbeeinträchtigung und übrigen Bemessungsumständen realisierenden Bemessungsmethode als methodisches Kernproblem der Schmerzensgeldbemessung können die Schmerzensgeldtabellen daher nicht lösen.

Teilweise wurde in der Literatur aus der Ablehnung der Schmerzensgeldtabellen die Schlussfolgerung gezogen, das Schmerzensgeld müsse in jedem Einzelfall unter Abwägung aller Umstände gefunden werden. Der Schritt zurück zum „freien richterlichen Ermessen“ kann jedoch keinen Mehrwert bringen, führte diese Vorgehensweise doch wieder zum Ausgangsproblem zurück, das die Entstehung und die Fortentwicklung der Schmerzensgeldtabellen überhaupt erst möglich gemacht hat. Der Kritik muss sich daher die Entwicklung einer Bemessungsmethode anschließen, die eine Suche und Ausrichtung an Vergleichsentscheidungen entbehrlich macht, die Bemessung stattdessen auf eine transparente und methodisch einwandfreie Grundlage stellt und dabei die Berücksichtigung der Besonderheiten jedes Schmerzensgeldfalles ermöglicht.

D. Fazit

Die Rechtsprechung verschafft sich seit den sechziger Jahren die zur Ausfüllung des unbestimmten Rechtsbegriffs der billigen Entschädigung notwendigen Anhaltspunkte durch Vergleiche mit anderen Schmerzensgeldentscheidungen. Der 6. Zivilsenat des BGH legitimierte Mitte der siebziger Jahre diese Vorgehensweise endgültig, nachdem er Ende der sechziger Jahre begonnen hatte, den Weg für eine vergleichende Bemessung freizugeben. Seitdem sind die Heranziehung anderer Schmerzensgeldurteile und der anschließende Vergleich verschiedener Fallgestaltungen fester Bestandteil der Schmerzensgeldbemessung. Nicht selten führt es zur Rüge seitens einer Rechtsmittelpartei, wenn die Entscheidungsgründe des erstinstanzlichen Urteils keine Vergleichsentscheidungen ausweisen. Die Heranziehung von Vergleichsrechtsprechung steht im methodischen Widerspruch zum Aufspaltungsverbot, da sich das den Gesamtbetrag in einem einzigen und undifferenzierten Bemessungsschritt ermittelnde Schmerzensgeldurteil nicht zum Vergleich eignet. Das Aufspaltungsverbot hat eine Bemessungspraxis gefestigt, deren typisches Schmerzensgeldurteil einen Gesamtbetrag ausweist ohne dass sich das Maß der Berücksichtigung der einzelnen Bemessungsumstände und ihr jeweiliger Einfluss auf die Schmerzensgeldhöhe den Entscheidungsgründen entnehmen ließe. Dadurch bleibt das Schmerzensgeldurteil eine Gleichung mit vielen Unbekannten. Die Heranziehung von Vergleichsrechtsprechung muss angesichts der Bemessungspraxis daher bereits aus methodischen Gründen abgelehnt werden. Angesichts der methodischen Vorgaben des 6. Zivilsenats aus dem Jahr 1960 erstaunt seine spätere Rechtsprechung zur Heranziehung von Vergleichsentscheidungen. Seine Freigabe zur Heranziehung von vergleichbaren Fällen leuchtet nicht aus methodischen Gründen ein, sondern ausschließlich vor dem Hintergrund der praktischen Gegebenheiten zu dieser Zeit. Die Anzahl der Schmerzensgeldfälle hatte sich seit den fünfziger Jahren verdoppelt mit der Folge eines immer dringenderen Bedürfnisses der Gerichte nach einer Orientierungshilfe. Die Schmerzensgeldtabellen konnten die praktischen Schwierigkeiten bei der Bemessung jedoch nur scheinbar beseitigen. De facto gestalten die Schmerzensgeldtabellen die Bemessung zur Suche nach einer möglichst passenden Entscheidung, die den Anhaltspunkt für die Höhe des zuzuerkennenden Schmerzensgeldes bilden soll. Mangels einer echten Bemessungs*methode* erschöpft sich die Begründung des festgesetzten Betrages sodann in der zumeist floskelhaften Nennung der einzelnen Bemessungsumstände und der Tatsache, dass der Betrag auch im Rahmen vergleichbarer Fälle liegt. Die Gerichte sind demzufolge bis heute gefragt, die Grundsätze des Großen Zivilsenats durch Entwicklung eines entsprechenden Bemessungssystems in die Praxis umzusetzen, um eine „homogene Bemessung“[341] zu ermöglichen.

341 *V. Mayenburg*, aaO, S. 53.

§ 4 Rechtstatsachen

Nachdem die Entwicklung der beiden Bemessungscharakteristika *einheitliches* Schmerzensgeld und *vergleichbare Fälle* aufgezeigt ist, werden nunmehr die rechtstatsächlichen Auswirkungen dieser Bemessungspraxis dargestellt, bevor anschließend ihre verfassungsrechtliche Vereinbarkeit Gegenstand der Prüfung ist. Der folgende Abschnitt soll exemplarisch untersuchen, in welcher Weise sich Heftigkeit und Dauer als Bestandteil der vorrangig zu berücksichtigenden Lebensbeeinträchtigung tatsächlich auf die Höhe der zuerkannten Schmerzensgelder auswirken. Jüngst wurde die Hypothese aufgestellt, dass zwischen den „Faktoren Alter, Dauer der Schmerzen, […], Verschuldensgrad und den ausgeworfenen Schmerzensgeldern statistisch kein signifikanter Zusammenhang“[342] bestehe.[343] Der erste Teil des folgenden Abschnitts soll den Zusammenhang zwischen Dauer der Lebensbeeinträchtigung und zuerkanntem Schmerzensgeld exemplarisch untersuchen (A.). Zu diesem Zweck sollen Schädigungen mit vorübergehenden Verletzungsfolgen Schädigungen mit dauerhaften Verletzungsfolgen gegenübergestellt werden. Zusätzlich werden gleichartige Schädigungen mit dauerhaften Verletzungsfolgen bei Geschädigten unterschiedlichen Alters gegenübergestellt. Im zweiten Teil soll sodann der Zusammenhang zwischen Heftigkeit der Lebensbeeinträchtigung und zuerkanntem Schmerzensgeld exemplarisch untersucht werden (B.). Für diese Untersuchung werden Schädigungen mit dauerhaften Verletzungsfolgen unterschiedlicher Intensität gegenübergestellt sowie gleichartige Schädigungen mit dauerhaften Verletzungsfolgen untereinander verglichen. Zuletzt soll im dritten Teil im Rahmen eines Exkurses der Zusammenhang zwischen vorsätzlicher Schadensverursachung und zuerkanntem Schmerzensgeld Gegenstand exemplarischer Untersuchung sein (C.).

Zur Ermittlung des Zusammenhangs zwischen den Bemessungsumständen Heftigkeit und Dauer der Lebensbeeinträchtigung sowie des Verschuldens und dem zuerkannten Schmerzensgeld wurden die Schmerzensgeldbeträge der anschließend dargestellten Fälle jeweils auf die einzelnen schädigungsbedingt beeinträchtigten Tage umgerechnet. Mithilfe dieser Umrechnung ließ sich annäherungsweise ermitteln, welchem täglichen Schmerzensgeld der zuerkannte Gesamtbetrag entspricht.

---

342 *V. Mayenburg*, aaO, S. 80.

343 Jüngst kritisch im Hinblick auf das Verhältnis des Entschädigungsniveaus von geringfügigen Verletzungen und Verletzungen mit Dauerfolgen, *Schubert*, aaO, S. 615.

Der Vorteil dieses annäherungsweise ermittelten täglichen Schmerzensgeldes besteht darin, dass er die zeitliche Komponente der Schädigung bereits unmittelbar abbildet. Demzufolge lässt sich am täglichen Schmerzensgeldbetrag unmittelbar ablesen, inwieweit das Gericht die Dauer der Lebensbeeinträchtigung berücksichtigt hat. Zugleich wird die Berücksichtigung der Heftigkeit der Lebensbeeinträchtigung transparenter. Insgesamt ermöglicht die annäherungsweise Berechnung des jeweiligen Tagessatzes, die Einflussnahme von individueller Heftigkeit und Dauer der Lebensbeeinträchtigung auf das zuerkannte Schmerzensgeld sowie übriger Umstände zu überprüfen. Zur Ermittlung des täglichen Schmerzensgeldes wurde in allen dargestellten Fällen die Zeit der schädigungsbedingten Lebensbeeinträchtigung zugrunde gelegt. Bei vorübergehenden Schädigungen war daher die Zeit der vorübergehenden Lebensbeeinträchtigung zugrunde zu legen, bei dauerhaften Schädigungen das zuerkannte Schmerzensgeld auf die jeweils durchschnittlich verbleibende Lebenszeit des Geschädigten in Tagen umzurechnen. Dieser Umrechnung wurde die derzeitige durchschnittliche Lebenserwartung in der Bundesrepublik Deutschland zugrunde gelegt, die bei Männern 77 Jahre und bei Frauen 82 Jahre beträgt.[344] Ausgangspunkt der Umrechnung bei den dauerhaften Schädigungen war jeweils der absolut ausgeurteilte Schmerzensgeldbetrag[345] sowie das Alter des Geschädigten zum Zeitpunkt der Schädigung, mithin der Entstehung des Schmerzensgeldanspruchs.[346] In den wenigen Fällen, in denen die Entscheidungsgründe des Urteils das Alter des Geschädigten nicht ausweisen, wurde für weibliche und männliche Geschädigte gleichermaßen ein Lebensalter von vierzig Jahren angesetzt.[347] Zur Vereinfachung der Umrechnung wurden keine Schaltjahre berücksichtigt, sodass jedes Jahr mit einer Gesamttageszahl von 365 angesetzt wurde. In DM ausgeurteilte Schmerzensgeldbeträge wurden mit einem Umrechnungskurs von 1,95583 in Euro

---

344 Vgl. Statistisches Bundesamt, Sterbetafel 2009/2011, abrufbar unter https://www.destatis.de/DE/ZahlenFakten/GesellschaftStaat/Bevoelkerung/Sterbefaelle/Sterbefaelle.html, zuletzt abgerufen am 12.07.2013.

345 Mit dem absolut ausgeurteilten Schmerzensgeldbetrag ist der vom Gericht insgesamt zuerkannte Schmerzensgeldbetrag gemeint. Die Bezeichnung absoluter Schmerzensgeldbetrag wird verwendet um diesen insgesamt zuerkannten Schmerzensgeld vom täglichen Schmerzensgeldbetrag unterscheiden zu können. Er ist in allen anschließend dargestellten Fallkonstellationen ausgewiesen.

346 So wie es sich aus Tatbestand oder Entscheidungsgründen der Urteile ergab. Siehe gleichermaßen Schwintowski/Schah Sedi-*Schah Sedi*, aaO, S. 193.

347 Anders als *Schah Sedi*, die ausdrücklich keine tagangenäherte Ermittlung vorgenommen haben, wenn das Lebensalter nicht mitgeteilt wurde, vgl. Schwintowski/Schah Sedi-*Schah Sedi*, aaO, S. 193.

umgerechnet und die errechneten Euro-Beträge sind ohne Rundung und zur Vereinfachung ohne Nachkommastellen angegeben.[348] Schmerzensgelder, die das Gericht unter Berücksichtigung eines Mitverschuldens festgesetzt hatte, wurden an die hypothetisch mitverschuldensfreie Höhe angepasst. Die Angabe der annäherungsweise ermittelten täglichen Schmerzensgeldbeträge erfolgt ohne Rundung und zur Vereinfachung mit nur zwei Stellen nach dem Komma. Sofern das Gericht in einem Fall einen besonderen Umstand wie bspw. erhöhtes Verschulden des Schädigers im Urteil als bemessungsrelevant ausgewiesen hat, wurde dieser Umstand angegeben, um bei der Bewertung entsprechend berücksichtigt werden zu können. Die Darstellung konzentriert sich insgesamt auf nach dem Jahr 1996 ergangene Entscheidungen.[349] Zuvor ausgeurteilte Schmerzensgeldbeträge eignen sich für die rechtstatsächliche Untersuchung nur bedingt, da die Gerichte vor dem Jahr 1996 unter Berufung auf § 308 ZPO in ständiger Rechtsprechung Schmerzensgeld nicht über den im Klageantrag angegebenen Betrag hinaus zusprachen.[350] Die vor dem Jahr 1996 zugesprochenen Schmerzensgeldbeträge waren demzufolge weniger repräsentativ im Hinblick auf die Berücksichtigung der Bemessungsumstände durch die Gerichte, sodass sie bei der rechtstatsächlichen Untersuchung unberücksichtigt geblieben sind.

---

348 Zum Umrechnungskurs siehe http://www.eu-info.de/euro-waehrungsunion/5007/5221/5178/, zuletzt abgerufen am 12.07.2013. Die Umrechnungskurse werden bei Umrechnungen nicht gerundet oder um eine oder mehrere Stellen gekürzt, vgl. Art. 4 Abs. 2 VO (EG) Nr. 1103/97 vom 17.06.1997 über bestimmte Vorschriften im Zusammenhang mit der Einführung des Euro. Siehe auch die kritische Anmerkung *Von Mayenburgs* zu den „Unsauberkeiten" bei der Umrechnung in den Schmerzensgeldtabellen unter Verweis auf Art. 4 Abs. 2 VO (EG) Nr. 1103/97, vgl. *v. Mayenburg*, aaO, S. 58.

349 So auch die Auswahl der Fälle für die Schmerzensgeldsammlung bei *Schah Sedi*, vgl. Schwintowski/Schah Sedi-*Schah Sedi*, aaO, S. 191 ff. (192). Für einen Überblick über die Schmerzensgeldrechtsprechung bis in die sechziger Jahre siehe u.a. die Zusammenstellungen bei *Lieberwirth*, aaO, 1965, S. 189 ff. und *Henke*, aaO, S. 18 ff.

350 Diese Rechtsprechung war „Störfaktor", NK-BGB/*Huber*, 2012, § 253 Rn. 82. Der 6. Zivilsenat des BGH räumte erst durch Urteil vom 30.04.1996 mit der Fehlvorstellung auf, dass das Gericht wegen der aus § 308 ZPO folgenden Bindungswirkung nicht mehr zusprechen dürfe, als der Klageantrag durch Nennung eines Betrags zulässt. Er stellte klar, dass „dem Richter bei der Festsetzung des Schmerzensgeldes im Rahmen des § 308 ZPO durch die Angabe eines Mindestbetrages oder einer Größenordnung nach oben keine Grenzen gezogen" sind, BGH VersR 1996, 990 (990 f.); siehe auch MünchKomm-ZPO/*Musielak*, § 308 Rn. 16 und Stein/Jonas-*Leipold*, ZPO, § 308 Rn. 4. Entgegen dieser Rechtsprechung fühlen sich nach wie vor vereinzelte Gerichte an die Angaben des Klägers gebunden, vgl. KG VersR 2006, 1366 (1366) und das LG Bielefeld, zitiert nach OLG Hamm, Urt. v. 17.12.1997 – 13 U 202/96 Rn. 14, zitiert nach juris; kritisch dazu *Jaeger/Luckey*, aaO, 2011, Rn. 1462.

A. Berücksichtigung der Dauer der Lebensbeeinträchtigung

Der folgende Abschnitt stellt die täglichen Schmerzensgelder vorübergehender Schädigungen den täglichen Schmerzensgeldern dauerhafter Schädigungen exemplarisch gegenüber (I.). Danach werden die täglichen Schmerzensgelder bei dauerhafter Schädigung gleicher Art dargestellt, die Geschädigten unterschiedlichen Alters zugesprochen wurden (II.). Beide Darstellungen sollen aufzeigen, inwieweit sich die individuelle Dauer der Lebensbeeinträchtigung auf die Höhe des zuerkannten Schmerzensgeldes ausgewirkt hat.

I. Vorübergehende Schädigungen versus dauerhafte Schädigungen

Für die anschließende Gegenüberstellung wurden als vorübergehende Schädigungen HWS-Distorsionen 1. Grades[351] und als dauerhafte Schädigungen verschiedene Arten von Amputationen sowie Querschnittslähmungen ausgewählt. Diese Auswahl wurde getroffen, um sicherzustellen, dass die Heftigkeit der Lebensbeeinträchtigung in den dargestellten Fällen dauerhafter Schädigung in jedem Fall schwerer wiegt als in den dargestellten Fällen vorübergehender Schädigung.

1. Vorübergehende Schädigungen

Eine im Verkehrsunfallbereich sehr häufig auftretende Verletzung vorübergehender Natur ist die HWS-Distorsion 1. Grades.[352] Das AG Bühl sprach 2009 einem Geschädigten, der bei einem Auffahrunfall eine HWS-Distorsion erlitten hatte, in

351 „Bezeichnung für Schmerzen im Bereich des Halses, des Schultergürtels und der oberen Extremitäten infolge Irritation oder Kompression von Wurzeln zervikaler Spinalnerven", Pschyrembel, Klinisches Wörterbuch, S. 2289; HWS-Distorsionen werden in 4 Schwergrade unterteilt, bei der HWS-Distorsion 1. Grades treten meist Beschwerden auf wie Schmerzen, Steifheitsgefühl und Überempfindlichkeit im Bereich der HWS, vgl. Lexikon Orthopädie und Unfallchirurgie, abrufbar unter: http://www.lexikon-orthopaedie.com/pdx.pl?dv=0&id=01787, zuletzt abgerufen am 12.07.2013; siehe auch *Luckey*, SVR 2010, 174 (174).

352 Vgl. *Burmann/Heß*, NZV 2008, 481 (481) und *Auer/Krumbholz*, NZV 2007, 273 (273). In den neunziger Jahren betrafen 93 % aller Personenschäden HWS-Verletzungen. In über 90 % aller HWS-Verletzungen handelte es sich wegen der hohen

deren Folge er für die Dauer von zwölf Tagen Verspannungen und Schmerzen bei Kopfbewegungen verspürt hatte, Schmerzensgeld in Höhe von 650 Euro zu,[353] das einem täglichen Betrag von etwa 54,16 Euro entspricht. Das Kammergericht hält in Fällen der HWS-Distorsion 1. Grades für jeden Monat der Erwerbsunfähigkeit Schmerzensgeld von 1.000 Euro für angemessen, „solange die Erwerbsunfähigkeit mindestens 50 % betragen hat“[354]. Demzufolge sprach es 2007 einer Geschädigten wegen einer HWS-Distorsion 1. Grades mit der Folge zehnwöchiger Arbeitsunfähigkeit 2.500 Euro Schmerzensgeld zu.[355] Das tägliche Schmerzensgeld beläuft sich auf etwa 35,71 Euro. Das OLG Köln bewegt sich im ähnlichen Rahmen und sprach Anfang der 2000er Jahre wegen einer leichten HWS-Distorsion, infolgedessen der Geschädigte zwei Wochen eine Schanz'sche Krawatte tragen musste, Schmerzensgeld in Höhe von 600 Euro zu,[356] das einem täglichen Schmerzensgeld von etwa 42,85 Euro entspricht. Das LG Bonn sprach 2002 einem Geschädigten Schmerzensgeld in Höhe von 409 Euro zu wegen einer HWS-Distorsion 1. Grades und einwöchiger Arbeitsunfähigkeit.[357] Der zugesprochene Betrag entspricht einem täglichen Schmerzensgeld von etwa 58,42 Euro. Daraus folgt, dass im Bereich der HWS-Distorsionen 1. Grades die annäherungsweise ermittelten täglichen Schmerzensgelder zwischen etwa 35 Euro und etwa 58 Euro liegen. Demnach beträgt der durchschnittliche tägliche Schmerzensgeldbetrag 47,78 Euro.[358]

2. Dauerhafte Schädigungen

Die Geschädigten der anschließend dargestellten Fälle erlitten dauerhafte Schädigungen unterschiedlichen Ausmaßes. Die Heftigkeit der Lebensbeeinträchtigung wiegt in jeder der dargestellten Fallgruppe schwerer als in den Fällen der HWS-Distorsion 1. Grades.

Das LG Regensburg sprach 2007 einem Vierzehnjährigen, dessen linker Hoden entfernt werden musste, Schmerzensgeld in Höhe von 15.000 Euro zu,[359] das

---

Gurtanlegequote und der generellen Zunahme von Bagatellverletzungen nur um leichte Verletzungen, vgl. *Geier*, VersR 1996, 1457 (1460).

353 AG Bühl, BeckRS 2010, 06769.

354 KG VersR 2007, 1708 (1708); so auch KG BeckRS 2009, 09515.

355 Vgl. KG VersR 2007, 1708 (1708).

356 Unveröffentlicht, zitiert nach Himmelreich/Halm/Staab-*Jaeger/Luckey*, aaO, S. 1051.

357 LG Bonn DAR 2003, 72 (73).

358 Siehe weitere Fälle der HWS-Distorsion 1. Grades in diesem Schmerzensgeldrahmen überblicksartig bei *Luckey*, SVR 2010, 174 (175 f.).

359 LG Regensburg, VersR 2007, 1709 (1709).

einem täglichen Schmerzensgeld von etwa 0,65 Euro entspricht. Das OLG Köln hatte 2002 Schmerzensgeld in Höhe von 18.000 Euro für angemessen gehalten für einen Fünfzehnjährigen, dem ebenfalls ein Hoden entfernt werden musste.[360] Der Betrag entspricht einem täglichen Schmerzensgeld von etwa 0,79 Euro. Der durchschnittliche tägliche Betrag beider Fälle der Hodenamputation beträgt 0,72 Euro.

Das OLG München hielt 2010 Schmerzensgeld von 150.000 Euro angemessen für einen sechzehnjährigen Geschädigten, dessen Bein oberhalb des Knies amputiert werden musste.[361] Der zugesprochene Betrag entspricht einem täglichen Schmerzensgeld von etwa 6,73 Euro. Das LG Meiningen sprach 2001 einem Neunzehnjährigen wegen einer einseitigen Oberschenkelamputation Schmerzensgeld in Höhe von 92.032 Euro zu.[362] Der Betrag entspricht einem täglichen Schmerzensgeld von etwa 4,34 Euro. Das OLG Nürnberg sprach 1997 einem fünfundzwanzigjährigen Geschädigten wegen einer einseitigen Oberschenkelamputation 76.693 Euro Schmerzensgeld zu,[363] das einem täglichen Schmerzensgeld von etwa 4,04 Euro entspricht. Der durchschnittliche tägliche Betrag beträgt in den drei Fällen der Oberschenkelamputation 5,03 Euro.

Das LG Koblenz sprach 2008 einer Zweiundzwanzigjährigen, die durch einen herabstürzenden Baum im Auto eingeklemmt worden war und seitdem ab dem Brustbereich querschnittsgelähmt ist, Schmerzensgeld in Höhe von 250.000 Euro zu.[364] Das zugesprochene Schmerzensgeld entspricht einem täglichen Betrag von etwa 11,41 Euro. Das OLG Schleswig hielt 2005 für einen Achtzehnjährigen, der bei einem Unfall eine Lähmung ab dem 5. Halswirbelkörper erlitten hatte (Tetraplegie), 330.000 Euro Schmerzensgeld für angemessen.[365] Das

---

360 OLG Köln VersR 2003, 860 (861).

361 OLG München, Urt. v. 24.09.2010 – 10 U 2671/10, zitiert nach juris.

362 LG Meiningen zfs 2002, 18. Zur Begründung hatte das LG Meiningen u.a. darauf abgestellt, dass „der neunzehnjährige Geschädigte nicht mehr am Sozialverhalten Gleichaltriger teilnehmen kann, insbesondere sportlichen Aktivitäten, Besuchen von Diskotheken und Tanzen. Die Isolation, die sich daraus ergibt, dass sich seine Teilnahme auf passives Dasein beschränkt, bedeutet für den vor dem Unfall sehr aktiven Kläger eine erhebliche psychosoziale Belastung.“.

363 OLG Nürnberg VersR 1997, 1108.

364 LG Koblenz, Urt. v. 21.01.2008 – 5 O 521/05 Rn. 121, zitiert nach juris; siehe auch bei *Jaeger/Luckey*, aaO, E 1617.

365 OLG Schleswig, Urt. v. 17.02.2005 – 7 U 168/03 Rn. 43, zitiert nach juris. Der Senat verwies auf die „denkbar schwersten, irreparablen und lebensbestimmenden Verletzungen, die der der Kläger schuldlos im Alter von achtzehn Jahren erlitten hatte“, vgl. OLG Schleswig, aaO.

zugesprochene Schmerzensgeld entspricht einem täglichen Betrag von etwa 15,32 Euro. Der durchschnittliche tägliche Betrag beider Fälle beträgt 13,36 Euro.

3. Auswertung

In den beiden Fällen der Hodenamputation ist eine mehr als sechzigfache Abweichung der zuerkannten täglichen Schmerzensgelder gegenüber den HWS-Distorsionen 1. Grades festzustellen. Anders ausgedrückt wurde der Verlust eines Hodens sowohl vom LG Regenburg als auch vom OLG Köln verhältnismäßig mit nur einem knappen Sechzigstel des Betrages kompensiert, der den Geschädigten in den dargestellten Fällen wegen leichter HWS-Distorsionen durchschnittlich zugesprochen wurde. Ausweislich seiner Urteilsbegründung hatte das OLG Köln seine Bewertung maßgebend auf den Körperschaden und die „mit diesem erfahrungsgemäß verbundenen psychischen Reaktionen“[366] abgestellt. Dadurch schien es, als habe der Senat Heftigkeit und Dauer der Lebensbeeinträchtigung umfassend berücksichtigt. Die annäherungsweise Ermittlung des täglichen Schmerzensgeldes zeigt jedoch, dass der Senat die tatsächliche Dauer der physischen und psychischen Beeinträchtigungen nicht angemessen berücksichtigt hat. Andernfalls hätte der Umstand, dass der Verlust des Hodens den zum Zeitpunkt der Schädigung erst fünfzehnjährigen Geschädigten während der verbleibenden durchschnittlich zweiundsechzig weiteren Lebensjahre empfindlich beeinträchtigen wird, zur Festsetzung eines signifikant höheren Schmerzensgeldes führen müssen. Das durchschnittliche tägliche Kompensationsniveau wegen HWS-Distorsionen 1. Grades von etwa 47 Euro zugrunde gelegt, würde der vom OLG Köln zuerkannte Gesamtbetrag von 18.000 Euro den Verlust des Hodens für die Dauer von etwa einem Jahr und 17 Tagen kompensieren. Die durchschnittlich verbleibenden nächsten sechzig Lebensjahre bliebe der Verlust des Hodens beim Geschädigten kompensationslos. Der vom LG Regensburg zuerkannte Gesamtbetrag von 15.000 Euro würde den Verlust des Hodens beim Geschädigten für die Dauer von weniger als einem Jahr kompensieren. Die durchschnittlich verbleibenden nächsten zweiundsechzig Lebensjahre bleibe der Verlust des Hodens kompensationslos. Diesen Umstand verschleiern in beiden Fällen die absolut ausgeurteilten Schmerzensgeldbeträge in Höhe von 18.000 Euro und 15.000 Euro. Angesichts der individuellen Dauer der Lebensbeeinträchtigung wären deutlich höhere Beträge zuzusprechen gewesen, um in die Reichweite einer tatsächlich angemessenen Entschädigung wegen des dauerhaften Verlusts eines Hodens zu gelangen.

---

366 OLG Köln, VersR 2003, 860 (861).

In den drei Fällen der Oberschenkelamputation beträgt die Abweichung gegenüber den dargestellten vorübergehenden HWS-Distorsionen 1. Grades mehr als das Neunfache. Auch anhand dieser Gegenüberstellung ist erkennbar, dass die individuelle Dauer der Lebensbeeinträchtigung keinen signifikanten Eingang in die Schmerzensgeldbemessung gefunden hat, da die täglichen Schmerzensgelder andernfalls zumindest ein mit den Fällen der HWS-Distorsion 1. Grades vergleichbares Niveau erreichen müssten. Das durchschnittliche Kompensationsniveau wegen HWS-Distorsionen 1. Grades von etwa 47 Euro zugrunde gelegt, würde der vom OLG München im Jahr 2010 zuerkannte Gesamtbetrag von 150.000 Euro den Verlust eines Beins ab dem Oberschenkelbereich für die Dauer von etwa achteinhalb Jahren kompensieren. Die durchschnittlich verbleibenden nächsten fünfzig Lebensjahre bliebe der immaterielle Körperschaden kompensationslos. Der vom LG Meiningen zuerkannte Gesamtbetrag von 92.032 Euro würde den Verlust des Beins ab dem Oberschenkel für etwa fünf Jahre und drei Monate kompensieren. Die durchschnittlich verbleibenden nächsten zweiundfünfzig Lebensjahre bliebe der Verlust des Oberschenkels kompensationslos. Der vom OLG Nürnberg zuerkannte Gesamtbetrag von 76.693 Euro würde den Verlust des Oberschenkels für weniger als fünf Jahre kompensieren. Die durchschnittlich verbleibenden mehr als siebenundvierzig nächsten Lebensjahre bliebe der Verlust des Oberschenkels kompensationslos.

Die täglichen Schmerzensgelder bei den beiden dargestellten Fällen der Querschnittslähmung belaufen sich nur auf etwa ein Drittel der durchschnittlich zuerkannten täglichen Schmerzensgelder wegen HWS-Distorsionen 1. Grades, sodass auch in dieser Fallgruppe noch eklatante Abweichungen auffallen. Die Gegenüberstellung der annäherungsweise ermittelten täglichen Schmerzensgelder beider Schädigungsgruppen bestätigt wiederum, dass die individuelle Dauer der Lebensbeeinträchtigung keinen signifikanten Eingang in die Schmerzensgeldbemessung gefunden hat. Das durchschnittliche Kompensationsniveau wegen HWS-Distorsionen 1. Grades von etwa 47 Euro täglich zugrunde gelegt, würde der vom OLG Schleswig im Jahr 2005 zuerkannte Gesamtbetrag von 330.000 Euro die Tetraplegie für die Dauer von etwa neunzehn Jahren und 23 Tagen kompensieren. Die durchschnittlich verbleibenden vierzig Lebensjahre bliebe die Tetraplegie kompensationslos. Der vom LG Koblenz zuerkannte Gesamtbetrag von 250.000 Euro würde die Querschnittslähmung ab dem Brustbereich für die Dauer von etwa vierzehneinhalb Jahren kompensieren. Die durchschnittlich verbleibenden mehr als fünfundvierzig nächsten Lebensjahre blieben kompensationslos.

Insgesamt ergibt die Gegenüberstellung der täglichen Schmerzensgelder bei vorübergehenden HWS-Distorsionen 1. Grades und verschiedenen dauerhaften Schädigungen, dass die individuelle Dauer der Lebensbeeinträchtigung keinen signifikanten Eingang in die zuerkannten Schmerzensgelder gefunden hat. Eine signifikante Berücksichtigung wäre nur dann möglich, wenn das Schmerzensgeld im Verhältnis zur durchschnittlich verbleibenden Lebenszeit des individuellen Geschädigten festgesetzt würde. Der Umstand *dauerhafte Schädigung* hätte daher schon – unabhängig von der daneben zu berücksichtigenden Heftigkeit der Beeinträchtigung – zur Festsetzung signifikant höherer absoluter Schmerzensgelder in den Fällen dauerhafter Schädigung führen müssen. Der Umstand, dass die annäherungsweise ermittelten täglichen Schmerzensgelder sogar in den Fällen hoher Querschnittslähmung nur etwa ein Drittel der durchschnittlich zuerkannten täglichen Schmerzensgelder bei HWS-Distorsionen 1. Grades in den dargestellten Fällen erreichten, zeigt hingegen den mangelnden Einfluss der individuellen Dauer der Lebensbeeinträchtigung auf die Höhe des zuerkannten Schmerzensgeldes.

II. Gegenüberstellung gleichartiger dauerhafter Schädigungen

Die Geschädigten der anschließend dargestellten Fälle erlitten Augenverletzungen, die jeweils den Verlust der Sehkraft auf einem Auge zur Folge hatten. Den Fällen liegt eine gleichartige Verletzung zugrunde, sodass die Heftigkeit der Lebensbeeinträchtigung in den dargestellten Fällen weitgehend identisch ist. Die Fälle haben zudem gemeinsam, dass der einseitige Sehkraftverlust eine dauerhafte Schädigung darstellt. Die individuelle Dauer der Lebensbeeinträchtigung hängt somit vom Alter des Geschädigten zum Zeitpunkt der Schädigung ab. Je jünger der individuelle Geschädigte zu diesem Zeitpunkt war, desto länger dauert seine Lebensbeeinträchtigung an. Dieser Umstand war bei der Festsetzung des Schmerzensgeldes zu berücksichtigen.

1. Einseitiger Sehkraftverlust

Das OLG Koblenz sprach 2004 einem fünfzehnjährigen Geschädigten wegen des Verlusts der Sehfähigkeit auf dem rechten Auge ein Schmerzensgeld von 12.500 Euro zu.[367] Das tägliche Schmerzensgeld beläuft sich auf etwa

367 OLG Koblenz, NJW-RR 2004, 1025. *Jaeger/Luckey* weisen bei diesem Urteil unter der Nummer E 100 fälschlicherweise ein Schmerzensgeld in Höhe von 125.000 Euro aus. Das Alter des Klägers wird zudem mit zwölf statt mit fünfzehn Jahren angegeben, vgl. *Jaeger/Luckey*, aaO, 2011, E 100 (S. 476). Korrekt hingegen *Hacks/Ring/Böhm*, Schmerzensgeld Beträge, 2009, Nr. 1819 und 31. Auflage (2012).

0,82 Euro.[368] Im selben Jahr sprach das LG Dortmund einem zweiunddreißigjährigen Geschädigten, der nahezu komplett die Sehfähigkeit auf dem rechten Auge verloren hatte, Schmerzensgeld in Höhe von 45.000 Euro zu.[369] Daraus ergibt sich ein tägliches Schmerzensgeld von etwa 2,73 Euro. Das OLG Düsseldorf hielt 2003 wegen des Verlusts der Sehkraft auf einem Auge[370] 17.895 Euro Schmerzensgeld für angemessen.[371] Der zugesprochene Betrag entspricht einem täglichen Schmerzensgeld von etwa 1,16 Euro. Das OLG Nürnberg sprach 2000 einem fünfzehnjährigen Geschädigten, der das Sehvermögen auf dem linken Auge weitestgehend verloren hatte, ein Schmerzensgeld von 35.790 Euro zu.[372] Das tägliche Schmerzensgeld beläuft sich auf etwa 1,58 Euro. Das OLG Schleswig hielt 1998 ein Schmerzensgeld von 10.225 Euro für einen Achtjährigen angemessen, der seine Sehkraft auf einem Auge verloren hatte.[373] Das zugesprochene Schmerzensgeld entspricht einem täglichen Schmerzensgeld von etwa 0,40 Euro.[374] Das OLG Hamm sprach im selben Jahr einem fünfjährigen Geschädigten 25.564 Euro Schmerzensgeld zu, der die Sehkraft auf seinem rechten Auge praktisch verloren hatte.[375] Das zugesprochene Schmerzensgeld entspricht einem täglichen Betrag von etwa 0,97 Euro.

2. Auswertung

Die Geschädigten der dargestellten Fälle erlitten alle den einseitigen Verlust ihrer Sehkraft infolge einer Augenverletzung. Angesichts des unterschiedlichen Alters der Geschädigten zum Zeitpunkt der Schädigung hätten die absoluten

---

368 Das OLG Koblenz setzte das Schmerzensgeld unter Berücksichtigung eines Mitverschuldensanteils von einem Drittel fest. Der Abzug wegen des Mitverschuldens wurde bei der annäherungsweisen Ermittlung des täglichen Schmerzensgeldbetrages herausgerechnet, sodass der tägliche Betrag von etwa 0,82 Euro von einem 100 %igem Verschulden des Schädigers ausgeht.

369 LG Dortmund NJW-RR 2005, 678 (678).

370 „Verbliebene Sehschärfe von 3 % auf dem linken Auge, was vom Funktionsgebrauch praktisch einer Erblindung entspricht“, OLG Düsseldorf, Urt. v. 30.04.2003 – 15 U 158/02 Rn. 2, zitiert nach juris.

371 OLG Düsseldorf, Urt. v. 30.04.2003 – 15 U 158/02.

372 OLG Nürnberg VersR 2002, 499.

373 OLG Schleswig VersR 1999, 193.

374 Derselbe Senat hatte sieben Jahre zuvor (!) 23.008 Euro zugesprochen wegen des Verlusts der Sehkraft auf einem Auge und unter Berücksichtigung eines Mitverschuldens von 1/5, vgl. OLG Schleswig, Urt. v. 03.01.1991 – 7 U 233/88.

375 OLG Hamm r+s 1999, 371 (371).

Schmerzensgelder bei den jüngeren Geschädigten höher ausfallen müssen als bei den älteren Geschädigten. Hingegen müssten die täglichen Schmerzensgelder in allen Fällen etwa ähnlich hoch ausfallen.[376] Bereits der Vergleich der absoluten Schmerzensgelder zeigt, dass die verhältnismäßig niedrigsten absoluten Schmerzensgelder auf die Geschädigten im Kindes- und Jugendalter entfielen. Bei den täglichen Schmerzensgelder ergibt sich in den dargestellten Fällen eine Abweichung um bis zum Siebenfachen. Die niedrigsten täglichen Schmerzensgelder entfielen dabei wiederum auf die Geschädigten im Alter von fünf, acht und fünfzehn Jahren. Die Gegenüberstellung der gleichartigen dauerhaften Schädigungen führt demnach ebenfalls zu dem Ergebnis, dass die individuelle Dauer der Lebensbeeinträchtigung keinen signifikanten Einfluss auf die Höhe der zuerkannten Schmerzensgelder hatte. Dieser Umstand wird besonders deutlich anhand der noch jungen Geschädigten, bei denen trotz gleichartiger Verletzung ein deutlich geringeres Entschädigungsniveau als bei den älteren Geschädigten zu verzeichnen ist.

III. Zwischenergebnis

Angesichts der exemplarischen Gegenüberstellung der täglichen Schmerzensgelder bei vorübergehenden und dauerhaften Schädigungen einerseits sowie des exemplarischen Vergleichs der täglichen Schmerzensgelder gleichartiger dauerhafter Schädigungen untereinander konnte kein signifikanter Einfluss der individuellen Dauer der Lebensbeeinträchtigung auf die Höhe der zuerkannten Schmerzensgelder nachgewiesen werden.

B. Berücksichtigung der Heftigkeit der Lebensbeeinträchtigung

Der folgende Abschnitt stellt die täglichen Schmerzensgelder dauerhafter Schädigungen verschiedener Intensität gegenüber. Zu diesem Zweck werden erneut die Fälle des einseitigen Sehkraftverlusts, die bereits unter A.II.1 dargestellt

376 Etwas anderes würde dann gelten, wenn besondere Umstände, wie ein erhöhter Verschuldensgrad zu berücksichtigen gewesen wären. Bei der Fallauswahl wurden jedoch gezielt solche Fallkonstellationen ausgewählt, die solche Umstände nicht aufweisen.

wurden,[377] herangezogen, die sodann mit drei weiteren Fällen von Augenverletzungen, die ebenfalls den einseitigen Sehkraftverlust zur Folge hatten, in denen der Geschädigte darüber hinaus aber den Verlust des gesamten Auges hinnehmen musste, verglichen werden (I.). Anschließend sollen die Fälle des einseitigen Augenverlusts als gleichartige Schädigungen mit dauerhaften Verletzungsfolgen untereinander verglichen werden, um ermitteln zu können, inwieweit bei gleichartigen Verletzungen ähnlich hohe tägliche Schmerzensgelder zugesprochen wurden (II.). Beide Darstellungen sollen exemplarisch ermitteln, inwieweit sich die individuelle Heftigkeit der Lebensbeeinträchtigung auf die Höhe des zuerkannten Schmerzensgeldes ausgewirkt hat.

I. Verlust des Auges versus Verlust der Sehkraft auf einem Auge

Die Entfernung des kompletten Auges verursacht zusätzlich zum Sehkraftverlust als funktionellem Verlust des Auges eine erhebliche ästhetische Beeinträchtigung.[378] Demzufolge ist die Lebensbeeinträchtigung beim Verlust eines Auges schon aus diesem Grund heftiger als wenn das Auge des Geschädigten trotz einseitigen Sehkraftverlusts erhalten bleibt. Diese erhöhte Heftigkeit der Lebensbeeinträchtigung in den Fällen des Augen*verlusts* müsste in verhältnismäßig höheren Schmerzensgeldern gegenüber den Fällen des einseitigen Sehkraftverlusts im Falle der Erhaltung des Auges zum Ausdruck kommen.

1. Verlust des Auges

Das OLG Stuttgart sprach 1999 einem Zehnjährigen ein Schmerzensgeld von 25.564 Euro zu, dem infolge einer verzögerten ärztlichen Behandlung bei einer Tumoroperation das rechte Auge entfernt werden musste.[379] Der Schmerzensgeldbetrag entspricht einem täglichen Schmerzensgeld von etwa 1,04 Euro. Ein Jahr zuvor hatte das OLG Zweibrücken einem Siebenunddreißigjährigen 30.677 Euro Schmerzensgeld zugesprochen, dem infolge eines Schlages mit einem Glas auf das rechte Auge dasselbe entfernt werden musste.[380] Das Schmerzensgeld

377 Siehe Seite 85 f.
378 So auch das OLG Nürnberg bereits im Jahr 1955, vgl. OLG Nürnberg VersR 1955, 557.
379 OLG Stuttgart VersR 2000, 1545 (1546).
380 OLG Zweibrücken VersR 2000, 608 (608).

entspricht einem täglichen Betrag von etwa 2,10 Euro. 1997 hielt das OLG Düsseldorf ein Schmerzensgeld von 20.451 Euro angemessen für einen dreijährigen Geschädigten, der ein Auge verloren hatte.[381] Das zugesprochene Schmerzensgeld entspricht einem täglichen Schmerzensgeld von etwa 0,75 Euro.

2. Verlust der Sehkraft auf einem Auge

Die annäherungsweise ermittelten täglichen Schmerzensgelder in den dargestellten Fällen des einseitigen Sehkraftverlusts lagen im Bereich von etwa 0,82 Euro im Jahr 2004 (OLG Koblenz),[382] etwa 2,73 Euro im selben Jahr (LG Dortmund),[383] etwa 1,16 Euro im Jahr 2003 (OLG Düsseldorf)[384] etwa 1,58 Euro im Jahr 2000 (OLG Nürnberg),[385] etwa 0,40 Euro im Jahr 1998 (OLG Schleswig)[386] und etwa 0,97 Euro ebenfalls im Jahr 1998 (OLG Hamm).[387]

3. Auswertung

Die täglichen Schmerzensgelder wegen Verlust des Auges liegen im Bereich von etwa 0,75 Euro bis etwa 2,10 Euro täglich, die täglichen Schmerzensgelder wegen des Verlusts der Sehkraft auf einem Auge ohne Augenverlust liegen im Bereich von etwa 0,40 Euro bis etwa 2,73 Euro täglich. Die täglichen Schmerzensgelder wegen des Augenverlusts liegen demnach im mittleren Bereich der täglichen Schmerzensgelder wegen des einseitigen Sehkraftverlusts. Das OLG Stuttgart ging im Jahr 1999 auf den besonderen Umstand des Verlusts des gesamten Auges ausweislich seiner Urteilsbegründung nicht ein.[388] Der Senat benannte den „schwerwiegenden Verlust des räumlichen Sehvermögens verbunden mit Erschwernissen im täglichen Leben und im Straßenverkehr“[389]. Dieser Hinweis trifft zu, betrifft allerdings bereits die Fälle des Sehkraftverlusts ohne den Verlust des Auges. Der zusätzliche ästhetische Aspekt der Beeinträchtigung durch den Verlust des Auges blieb vom Senat unerwähnt. Das

---

381 OLG Düsseldorf NJW-RR 1998, 98.

382 Ausgehend von 100%-igem Verschulden des Schädigers, vgl. OLG Koblenz NJW-RR 2004, 1025.

383 LG Dortmund NJW-RR 2005, 678 (678).

384 OLG Düsseldorf, Urt. v. 30.04.2003 – 15 U 158/02.

385 OLG Nürnberg VersR 2002, 499.

386 OLG Schleswig VersR 1999, 193.

387 OLG Hamm r+s 1999, 371 (371).

388 OLG Stuttgart VersR 2000, 1545 (1546).

389 Vgl. OLG Stuttgart VersR 2000, 1545 (1546).

OLG Zweibrücken hatte in seiner Urteilsbegründung die Entstellung des Geschädigten durch das fehlende Auge und die Beeinträchtigung des zwischenmenschlichen Kontakts durch eine Narbe benannt und das Ausmaß der Lebensbeeinträchtigung sodann als „sehr erheblich“ bewertet,[390] dieser sehr erheblichen Lebensbeeinträchtigung sodann aber einen Schmerzensgeldbetrag zugewiesen, der im Bereich des Schmerzensgeldniveaus wegen des Sehkraftverlusts ohne Augenverlust liegt. Die für die Heftigkeit der Lebensbeeinträchtigung maßgebenden Umstände wurden in den Urteilsgründen zwar genannt ohne dass aber eine nachweisbare Bewertung in die Höhe des zuerkannten Schmerzensgeldes eingeflossen wäre. Auch das OLG Düsseldorf benannte den „Totalverlust“[391] des Auges, die daraus resultierende Heftigkeit der Lebensbeeinträchtigung machte sich in der Höhe des Schmerzensgeldes jedoch verhältnismäßig nicht bemerkbar.

II. Gegenüberstellung gleichartiger dauerhafter Schädigungen

Bei den anschließend dargestellten Fällen handelt es sich um die bereits unter B.I.1. dargestellten Fälle[392] von Augenverletzungen mit der Folge des Verlusts des Auges. Den Fällen liegt demnach eine gleichartige Verletzung zugrunde, sodass die Heftigkeit der Lebensbeeinträchtigung in allen Fällen weitgehend identisch ist. Diese gleichartigen dauerhaften Schädigungen sollen nunmehr untereinander verglichen werden.

Die annäherungsweise ermittelten täglichen Schmerzensgelder lagen im Bereich von etwa 1,04 Euro, das einem zehnjährigen Geschädigten vom OLG Stuttgart im Jahr 1999 zugesprochen wurde (absolutes Schmerzensgeld in Höhe von 25.564 Euro),[393] etwa 2,10 Euro, die das OLG Zweibrücken einem Siebenunddreißigjährigen im Jahr 1998 zugesprochen hatte (absolutes Schmerzensgeld in Höhe von 30.677 Euro)[394] und etwa 0,75 Euro, die das OLG Düsseldorf im Jahr 1997 einem Dreijährigen zugesprochen hatte (absolutes Schmerzensgeld in Höhe von 20.451 Euro).[395]

390 OLG Zweibrücken VersR 2000, 608 (609).
391 OLG Düsseldorf NJW-RR 1998, 98 (98).
392 Siehe Seite 88 f.
393 OLG Stuttgart VersR 2000, 1545 (1546).
394 OLG Zweibrücken VersR 2000, 608 (608).
395 OLG Düsseldorf NJW-RR 1998, 98.

Die Gegenüberstellung der gleichartigen dauerhaften Verletzungen zeigt Abweichungen um bis zu 280 %. Angesichts der vergleichbaren Heftigkeit der Lebensbeeinträchtigung waren ähnlich hohe tägliche Schmerzensgeldbeträge zu erwarten. Das höchste annäherungsweise ermittelte tägliche Schmerzensgeld von 2,10 Euro weicht jedoch um 280 % vom niedrigsten täglichen Schmerzensgeld von 0,75 Euro ab. Dabei ist die Höhe des höchsten täglichen Schmerzensgeldes von etwa 2,10 Euro täglich nicht darauf zurückzuführen, dass die Schädigung in dem zugrunde liegenden Fall durch einen Schlag mit einem Glas auf das rechte Auge, mithin eine vorsätzlich begangene Körperverletzung verursacht worden, da das OLG Zweibrücken das Verschulden des Schädigers ausweislich der Urteilsbegründung wegen einer BAK von 2,41 ‰ nicht schmerzensgelderhöhend berücksichtigt hatte.[396] Erhebliche Abweichungen um bis zu 150% zeigen sich auch bei den absoluten Schmerzensgeldern. Dieser Umstand kann nicht auf die Berücksichtigung der angesichts der verschiedenen Lebensalter der Geschädigten unterschiedliche Dauer der Lebensbeeinträchtigung zurückgeführt werden, was sich anhand der noch deutlich höheren Abweichungen um bis zu 280 % zeigt. Die Gegenüberstellung zeigt demzufolge, dass der Umstand der gleichartigen Verletzung in den herangezogenen Fällen nicht zu verhältnismäßig gleich hohen Schmerzensgeldern geführt hat, sondern der Verlust des Auges gänzlich unterschiedlich kompensiert wurde. Die Heftigkeit der Lebensbeeinträchtigung fand somit in den angegebenen Fällen keine signifikante Berücksichtigung.

Der Umstand, dass die absoluten Schmerzensgelder beim drei- und zehnjährigen Geschädigten geringer ausfielen als beim Siebenunddreißigjährigen verdeutlicht einmal mehr, dass auch die individuelle Dauer der Lebensbeeinträchtigung keinen signifikanten Eingang in die Bemessung findet. Die absoluten Schmerzensgelder müssten in beiden Fällen schon deswegen deutlich höher liegen, weil beide Geschädigte den Augenverlust bereits im Kindesalter erlitten hatten und die individuelle Dauer der Lebensbeeinträchtigung daher gemessen an der noch verbleibenden Lebenserwartung nahezu maximal ausfällt.

III. Zwischenergebnis

Die exemplarische Gegenüberstellung der täglichen Schmerzensgelder dauerhafter Schädigungen verschiedener Intensität einerseits sowie die exemplarische Gegenüberstellung gleichartiger dauerhafter Schädigungen konnte keinen

396 OLG Zweibrücken VersR 2000, 608 (609).

signifikanten Einfluss der individuellen Heftigkeit der Lebensbeeinträchtigung auf die Höhe der zuerkannten Schmerzensgelder nachweisen.

C. Exkurs zur Berücksichtigung vorsätzlicher Schädigung

Der folgende Abschnitt soll ergänzend den Umgang der Gerichte mit vorsätzlicher Schadensverursachung darstellen. Zu diesem Zweck sollen exemplarisch drei Fälle herangezogen werden, in denen der Schädiger die Verletzung vorsätzlich herbeigeführt hatte. Infolge der Schädigung hatte sich die Sehkraft des Geschädigten auf einem Auge in allen Fällen sehr stark verringert. Die täglichen Schmerzensgelder dieser Fälle sollen mit den täglichen Schmerzensgeldern der Fälle des nicht vorsätzlich verursachten einseitigen Sehkraftverlusts verglichen werden.

I. Vorsätzliche verursachte Augenverletzung

1. Einseitige Verringerung der Sehkraft

Das OLG Karlsruhe sprach 2011 einem Geschädigten, dessen Sehfähigkeit sich auf dem rechten Auge durch eine Körperverletzung auf 8 % verringert hatte, 50.000 Euro Schmerzensgeld zu,[397] das einem täglichen Schmerzensgeld von etwa 3,70 Euro entspricht. Das OLG Oldenburg bestätigte 2007 Schmerzensgeld in Höhe von 25.000 Euro für einen Geschädigten, dessen Sehfähigkeit sich infolge eines Faustschlags auf das Auge auf 20 % verringert hatte.[398] Der tägliche Schmerzensgeldbetrag beläuft sich auf etwa 1,85 Euro. Das OLG Karlsruhe sprach 2004 einem Geschädigten, der infolge eines Schlages die Sehkraft auf einem Auge nahezu völlig verloren hatte, 23.000 Euro zu.[399] Der Betrag entspricht einem täglichen Schmerzensgeld von etwa 1,70 Euro.

2. Auswertung

Der vorsätzlich verursachte einseitige Sehkraftverlust wurde in den dargestellten Fällen mit täglichen Beträgen im Bereich von 1,70 Euro bis etwa 3,70 Euro

397 OLG Karlsruhe MDR 2011, 979.

398 OLG Oldenburg NJW-RR 2007, 602.

399 OLG Karlsruhe, Urt. v. 07.04.2004 – 7 U 219/02, zitiert nach juris.

kompensiert. In den Fällen des nicht vorsätzlich verursachten einseitigen Sehkraftverlusts lagen die ermittelten täglichen Schmerzensgelder im Bereich von etwa 0,40 Euro bis etwa 2,73 Euro.[400] Weder das OLG Karlsruhe noch das OLG Oldenburg gingen ausweislich ihrer Urteilsbegründung auf den Umstand der vorsätzlichen Schädigung ein. Angesichts der ermittelten täglichen Schmerzensgeldbeträge wirkte sich der Umstand der vorsätzlichen Schadensverursachung auch nicht schmerzensgelderhöhend aus. Die täglichen Schmerzensgelder fielen in zwei der drei Fälle vorsätzlicher Schädigung nicht signifikant höher aus als die täglichen Schmerzensgelder in den Fällen nicht vorsätzlicher Schädigung. Nur das OLG Karlsruhe sprach 2011 ein Schmerzensgeld zu, das mit 3,70 Euro deutlich über dem Kompensationsniveau von maximal 2,73 Euro in den Fällen des nicht vorsätzlich verursachten einseitigen Sehkraftverlusts liegt. Ob durch dieses verhältnismäßig höhere Schmerzensgeld dem Umstand der vorsätzlichen Schadensverursachung Rechnung getragen werden sollte, ist der Urteilsbegründung allerdings nicht zu entnehmen. Demzufolge blieb die Genugtuungsfunktion, die nach der Rechtsprechung des Großen Zivilsenats der besonderen persönlichen Beziehung zwischen Schädiger und Geschädigtem Ausdruck verleihen kann, unberücksichtigt. Es fällt zudem auf, dass das OLG Zweibrücken in einem Urteil aus dem Jahr 1998 den Genugtuungsgedanken angeführt hatte, obwohl dieser angesichts der Unzurechnungsfähigkeit des Schädigers aufgrund einer der BAK von 2,41 % zurücktreten musste.[401] Demgegenüber blieb die Genugtuungsfunktion in den Fällen, in denen sie ein erhöhtes Schmerzensgeld hätte begründen können, gänzlich unerwähnt.

II. Zwischenergebnis

Der Umstand der vorsätzlichen Schadensverursachung hat sich in keinem der dargestellten Fälle signifikant auf die Höhe der zuerkannten Schmerzensgelder ausgewirkt. Der Vorsatz des Schädigers wurde bestenfalls benannt.

D. Fazit

Die exemplarische Gegenüberstellung der einzelnen Fallgruppen hat ergeben, dass zwischen den Faktoren individuelle Dauer der Lebensbeeinträchtigung und

400 Siehe unter A.II.1. auf Seite 85 f.
401 OLG Zweibrücken VersR 2000, 608 (609).

individuelle Heftigkeit der Lebensbeeinträchtigung einerseits und dem zuerkannten Schmerzensgeld andererseits in den dargestellten Fällen kein signifikanter Zusammenhang besteht. Vordergründig betrachtet findet die individuelle Dauer der Lebensbeeinträchtigung bei der Schmerzensgeldbemessung Berücksichtigung, insofern als bei dauerhaften Schädigungen in der Regel höhere absolute Schmerzensgelder festgesetzt werden als bei vorübergehenden Schädigungen. Die annäherungsweise Ermittlung der täglichen Schmerzensgelder widerlegt diese Annahme, da sie belegen, dass die individuelle Dauer keine signifikante Auswirkung auf die Höhe der zuerkannten Schmerzensgelder hat. Stattdessen wurden bei dauerhaften Schädigungen deutlich geringere tägliche Schmerzensgelder ermittelt als bei Schädigungen vorübergehender Natur. Angesichts der Heftigkeit der Lebensbeeinträchtigung in den dargestellten Fällen dauerhafter Lebensbeeinträchtigung hätten die täglichen Schmerzensgelder mindestens gleich hoch ausfallen müssen wie bei den dargestellten vorübergehenden HWS-Distorsionen 1. Grades. Die Betrachtung der täglichen Schmerzensgelder gleichartiger dauerhafter Schädigungen bestätigt dieses Untersuchungsergebnis. Die niedrigsten täglichen Schmerzensgelder entfielen auf die zum Schädigungszeitpunkt noch im Kindes- und Jugendalter befindlichen Geschädigten. Die bei Kindern und Jugendlichen angesichts ihrer verbleibenden Lebenserwartung gegenüber Erwachsenen längere Dauer der Lebensbeeinträchtigung fand keinen Niederschlag in den zuerkannten Schmerzensgeldern. Die mangelhafte Berücksichtigung der individuellen Dauer der Lebensbeeinträchtigung ist darauf zurückzuführen, dass sie angesichts der gegenwärtigen Bemessungsmethode keine konkrete Berücksichtigung finden kann. Ihre Berücksichtigung würde voraussetzen, dass die Gerichte die individuelle Dauer zunächst ermitteln. Dafür bedarf es zunächst einer Ermittlungsmethode, die es zudem ermöglichen müsste, das Ergebnis der Ermittlung systematisch in die Bemessung einfließen zu lassen. Der bloße Hinweis auf die Dauer der Lebensbeeinträchtigung und das Alter des Geschädigten ist beliebig und ermöglicht von vornherein keine maßvolle Berücksichtigung der individuellen Dauer der Lebensbeeinträchtigung. Auch in Bezug auf die Heftigkeit der Lebensbeeinträchtigung ließ sich kein signifikanter Zusammenhang zu den zuerkannten Schmerzensgeldern feststellen. Weder führten heftigere Lebensbeeinträchtigungen zu höheren Schmerzensgeldern als bei weniger heftigen Lebensbeeinträchtigungen noch fielen die täglichen Schmerzensgelder bei identischen Schädigungen vergleichbar hoch aus. Die zu entwickelnde Methode muss demnach auch die Ermittlung der individuellen Heftigkeit der Lebensbeeinträchtigung und ihre Berücksichtigung nach Maß bei der Festsetzung des Schmerzensgeldes ermöglichen. Zuletzt konnte kein Einfluss der vorsätzlichen Schadensverursachung auf die Höhe der Schmerzensgelder ausgemacht werden. Die eingangs angeführte Hypothese, nach der zwischen den „Faktoren Alter, Dauer der Schmerzen, […], Verschuldensgrad und den ausgeworfenen Schmerzensgeldern kein signifikanter Zusammenhang“[402] bestehe, lässt sich daher vor dem Hintergrund der vorangegangenen exemplarischen Prüfung bestätigen und um den fehlenden signifikanten Zusammenhang zwischen der Heftigkeit der Lebensbeeinträchtigung und den zuerkannten Schmerzensgeldern erweitern. Die Bezeichnung von Heftigkeit und Dauer der Lebensbeeinträchtigung als „maßgebende Bemessungsumstände“[403], die nahezu jedes Schmerzensgeldurteil beinhaltet, ist daher als Lippenbekenntnis der Gerichte zu qualifizieren.[404]

402 *V. Mayenburg*, aaO, S. 80.

403 Vgl. u.a. OLG Saarbrücken, Urt. v. 07.06.2011 – 4 U 451/10 Rn. 27, zitiert nach juris; OLG München, Urt. v. 24.09.2010 – 10 U 2671/10 Rn. 14, zitiert nach juris; OLG Oldenburg NJW-RR 2007, 1468 (1468); KG NJW-RR 2003, 24 (26); OLG Brandenburg, Urt. v. 23.06.2011 – 12 U 263/08 Rn. 43, zitiert nach juris; OLG Zweibrücken VersR 2000, 608 (609).

404 Nach *Von Mayenburgs* ist es „für die Schmerzensgeldsumme völlig gleichgültig, wie diese begründet wird“, *v. Mayenburg*, aaO, S. 80.

§ 5 Verfassungsrechtliche Analyse der gegenwärtigen Schmerzensgeldbemessung

Angesichts der gegenwärtigen Praxis der Schmerzensgeldbemessung und ihrer rechtstatsächlichen Auswirkungen widmet sich der folgende Abschnitt der verfassungsrechtlichen Analyse der gegenwärtigen Bemessung des Schmerzensgeldes. Dem vorausgehend soll zunächst auf die Bestimmtheit der billigen Entschädigung in Geld als gesetzliche Grundlage der Zivilgerichte bei der Bemessung eingegangen werden (A.), bevor anschließend die verfassungsrechtliche Vereinbarkeit der Schmerzensgeldbemessung Gegenstand der Untersuchung ist (B.). Denkbar erscheint ein Verstoß gegen das grundrechtlich verbürgte Recht auf körperliche Unversehrtheit aus Art. 2 Abs. 2 S. 1 GG. Neben seiner Qualität als Abwehrrecht des Bürgers gegen den Staat statuiert es für den Gesetzgeber die Pflicht zur Schaffung von Normen, die seinen hinreichenden Schutz gewährleisten. Gleichzeitig beinhaltet es für die Rechtsprechung die Pflicht, diesen Schutz durch entsprechende Auslegung des einfachen Gesetzesrechts zu realisieren. Daher ist einerseits zu prüfen, ob der Gesetzgeber durch § 253 Abs. 2 BGB eine Regelung geschaffen hat, durch die er seiner Pflicht zum Schutz der körperlichen Unversehrtheit aus Art. 2 Abs. 2 S. 1 GG hinreichend Rechnung getragen hat. Andererseits muss untersucht werden, ob die Ausfüllung des § 253 Abs. 2 BGB durch die Zivilgerichte, mithin ihre gegenwärtige Bemessungspraxis, das verfassungsrechtlich erforderliche Schutzniveau erreicht. Gleichzeitig erscheint angesichts der gegenwärtigen Bemessungspraxis der Gerichte ein Verstoß gegen das Recht auf Gleichbehandlung gemäß Art. 3 Abs. 1 GG denkbar. Gegenstand der Überprüfung muss sein, ob die Regelung des § 253 Abs. 2 BGB als gesetzliche Grundlage eine hinreichende Gleichbehandlung durch die Zivilgerichte ermöglicht und ob die Zivilgerichte das Recht auf Gleichbehandlung bei der Bemessung des Schmerzensgeldes wahren.

A. Verfassungsrechtliche Bestimmtheit der billigen Entschädigung in Geld

§ 253 Abs. 2 BGB spricht dem Geschädigten im Falle eines Schadensersatzanspruchs wegen einer Körper- oder Gesundheitsverletzung eine billige Entschädigung in Geld zu. Inhalt und Umfang dieser Rechtsfolge sind im Gesetz nicht geregelt, sodass es sich um einen unbestimmten Rechtsbegriff handelt.[405] Es stellt sich daher die Frage, ob die Rechtsfolge des § 253 Abs. 2 BGB hinreichend bestimmt ist. Der rechtsstaatliche Bestimmtheitsgrundsatz verlangt auch von der zivilrechtlichen Norm hinreichend bestimmt zu sein,[406] andernfalls ist sie verfassungswidrig.[407]

I. Bestimmtheit und unbestimmter Rechtsbegriff

Das notwendige Maß an Bestimmtheit richtet sich nach dem gesetzestechnisch Möglichen,[408] den Besonderheiten von Regelungsgegenstand und Regelungsintensität[409] sowie dem Rechtsgebiet, in dem eine Regelung getroffen werden soll.[410] Dabei genügen gesetzliche Pauschalierungen, Typisierungen und Generalisierungen im Allgemeinen den Anforderungen an die hinreichende Bestimmtheit.[411] Der Gesetzgeber ist daher nicht verpflichtet, die gesetzlichen Reglungen in jedem Fall „mit genau erfassbaren Maßstäben zu umschreiben“[412]. Entscheidend ist vielmehr, dass der Normadressat sein Verhalten an der Rechtslage ausrichten kann.[413] Insgesamt

405 So das Bundesverfassungsgericht in BVerfG NJW 2000, 2187 (2187); ebenso *Gottschalk*, NJW 1999, 3764 (3765) unter Verweis auf *v. Hoyningen-Huene*, Die Billigkeit im Arbeitsrecht, S. 30, 32 und *Blechschmid*, Der unbezifferte Klageantrag, S. 33; *Engisch*, Einführung in das juristische Denken, S. 108.

406 BVerfGE 59, 104 (114).

407 BVerfGE 52, 1 (41); 59, 104 (114); 84, 133 (149); siehe auch *Beaucamp*, Rechtstheorie, S. 21 (39).

408 BVerfGE 56, 1 (12 f.). Nach dem Bundesverfassungsgericht dürfen „an die tatbestandliche Fixierung keine nach der konkreten Sachlage unerfüllbaren Anforderungen gestellt werden“, BVerfGE 56, 1 (12 f.).

409 *Beaucamp*, aaO, S. 21 (46); BVerfGE 49, 89 (133). Je intensiver der Grundrechtseingriff ist, desto strenger sind die Anforderungen an die Bestimmtheit. Die Besonderheit des jeweiligen Tatbestandes und die Umstände, die zu der gesetzlichen Regelung führen, sind dabei zu beachten, BVerfGE 86, 288 (311).

410 Wegen Art. 103 Abs. 2 GG werden im Strafrecht und im Ordnungswidrigkeitenrecht strengere Maßstäbe angelegt als im Zivilrecht.

411 *Beaucamp*, aaO, S. 21 (45) m.w.N.

412 BVerfGE 59, 104 (114); 102, 254 (337).

413 Ständige Rechtsprechung des Bundesverfassungsgerichts, vgl. BVerfGE 17, 306 (314); 21, 73 (79); 31, 255 (264); 45, 400 (420); 52, 1 (41); 59, 104 (114); 78, 205 (212); 84, 133 (149); 102, 254 (337); 108, 52 (75); 108, 186 (235); 113, 348 (375f.); 120, 274 (316); BVerfG NJW 2005, 2363 (2371); so auch der EGMR in NVwZ 2000, 421 (422), wonach eine Norm nur mit hinreichender Bestimmtheit gefasst ist, sodass der Bürger sein Verhalten nach ihr ausrichten kann. Er muss – notfalls mit sachkundiger Hilfe – in

muss den Gerichten dabei der für die Besonderheiten des Einzelfalls erforderliche Spielraum verbleiben,[414] damit die gesetzliche Regelung eine Gerechtigkeit im Einzelfall ermöglicht.[415] Die Verwendung unbestimmter Rechtsbegriffe steht der Bestimmtheit einer Regelung nicht per se entgegen.[416] Verwendet der Gesetzgeber einen unbestimmten Rechtsbegriff, so müssen die Gerichte und die Verwaltungsorgane den Inhalt und Umfang des Rechtsbegriffs im Wege der Auslegung konkretisieren[417] ohne dass die Auslegungsbedürftigkeit der Regelung zu ihrer Unbestimmtheit führt.[418] Insbesondere bei vielgestaltigen Sachverhalten[419] oder wenn zu erwarten ist, dass sich die tatsächlichen Verhältnisse rasch ändern werden[420], sind geringere Anforderungen an die Bestimmtheit der Norm zu stellen.[421] Für die billige Entschädigung in Geld als unbestimmten Rechtsbegriff folgt daraus, dass sie nicht per se unbestimmt ist.

II. Das Bundesverfassungsgericht zur Bestimmtheit des § 847 BGB a.F.

Die Bestimmtheit des § 847 BGB a.F. war in den neunziger und Anfang der 2000er Jahre zweimal Gegenstand der bundesverfassungsgerichtlichen Prüfung. In den neunziger Jahren bezeichnete das Bundesverfassungsgericht die Regelung

---

einem nach den Umständen angemessenen Umfang die Folgen vorhersehen können, die eine bestimmte Handlung haben kann; siehe auch jüngst EuGRZ 2009, 566 (573).

414 *Beaucamp*, aaO, S. 21 (45).

415 BVerfGE 59, 104 (115); 102, 254 (337).

416 Vgl. BVerfGE 8, 274 (326); 13, 153 (161); 21, 73 (79); 31, 255 (264); 32, 311 (317); 48, 210 (222); 49, 89 (133); 56, 1 (12); 78, 214 (226); 87, 234 (255 ff.); so auch Maunz/Dürig-*Grzeszick*, GG, Band III, Art. 20 VII Rn. 62 und *Papier/Möller*, AöR 122, S. 177 (184); zur Verwendung unbestimmter Rechtsbegriffe im Strafrecht siehe BVerfGE 11, 234 (237); 96, 68 (97 f.); 86, 288 (311). Nach *Beaucamp* hat der Einsatz unbestimmter Rechtsbegriffe keinen Erkenntniswert im Hinblick auf die hinreichende Bestimmtheit einer Regelung, „solange juristische Experten im Wege der Auslegung eine hinreichend bestimmte Normaussage rekonstruieren können“, *Beaucamp*, aaO, S. 21 (49).

417 Die Gerichte müssen die „Zweifelsfragen“ im Zusammenhang mit dem unbestimmten Rechtsbegriff klären, BVerfGE 79, 174 (195); 31, 255 (264).

418 BVerfGE 93, 213 (238).

419 Vgl. BVerfGE 11, 234 (237); 32, 311 (317); 49, 89 (133); 79, 174 (195).

420 Vgl. BVerfGE 14, 245 (251); 49, 89 (133).

421 Die unbestimmten Rechtsbegriffe müssen allerdings den rechtsstaatlichen Grundsätzen der Normenklarheit und Justitiabilität entsprechen, vgl. BVerfGE 21, 73 (79); 31, 255 (264); 78, 214 (226); 120, 274 (316). Siehe auch *Beaucamp*, aaO, S. 21 (46).

des § 847 BGB a.F. zunächst als „ausreichend bestimmte Grundlage zur Entscheidung von Haftungsfragen“[422]. Ihm hatten zwei Verfassungsbeschwerden zur Entscheidung vorgelegen, die es zur gemeinsamen Entscheidung verbunden hatte. Der Beschwerdeführer der ersten Verfassungsbeschwerde hatte sich gegen die Urteile des Instanz- und Berufungsgerichts gewendet, nach denen einer Frau, die infolge einer durch den späteren Beschwerdeführer vorgenommenen fehlerhaften Sterilisation ihres Ehemannes ungewollt schwanger geworden und ein Kind geboren hatte, neben der Zahlung des Regelunterhalts ein Schmerzensgeld in Höhe von 6.000 DM zuerkannt worden war.[423] Die Schwangerschaft stellte nach Ansicht des Beschwerdeführers keinen Eingriff in die körperliche Integrität der Frau dar, sodass die Zuerkennung eines Schmerzensgeldes für eine Schwangerschaft als Rechtsfortbildung gegen § 253 BGB a.F.[424] verstoße.[425] Nach Ansicht des Bundesverfassungsgerichts war die Bewertung einer ungewollten Schwangerschaft als „unbefugten erheblichen Eingriff in die körperliche Integrität und damit als Körperverletzung“[426], die einen Schmerzensgeldanspruch nach § 847 BGB a.F. auslösen kann, zivilrechtsdogmatisch korrekt erfolgt.[427] Anders als die hinreichende Bestimmtheit der haftungs*begründenden* Voraussetzungen des § 847 BGB a.F. war der haftungs*ausfüllende* Tatbestand des § 847 BGB a.F. nicht Gegenstand dieser Entscheidung des Bundesverfassungsgerichts. In einer weiteren Entscheidung stellte das Bundesverfassungsgericht sodann fest, dass die Verwendung des unbestimmten Rechtsbegriffs billige Entschädigung nicht gegen das Bestimmtheitsgebot verstoße[428] und stellte dadurch auch die hinreichende Bestimmtheit des haftungsausfüllenden Tatbestandes des § 847 BGB a.F. fest. Es führte einmal mehr

---

422 BVerfGE 96, 375 (393).

423 BVerfGE 96, 375 (376). Der Beschwerdeführer rügte die Verletzung der Grundrechte aus Art. 2 Abs. 1, Art. 6, Art. 12 sowie aus Art. 2 Abs. 1 i. V. m. Art. 20 Abs. 3 GG.

424 § 253 BGB a.F. entspricht seit dem Inkrafttreten des Schadensrechtsänderungsgesetzes am 01.08.2002 dem § 253 Abs. 1 BGB n.F., vgl .BGBl. I Nr. 50 vom 25.07.2002, S. 2674.

425 BVerfGE 96, 375 (380).

426 BVerfGE 96, 375 (396).

427 BVerfGE 96, 375 (396). Die Rüge einer unzulässigen Ausweitung des § 253 BGB a.F. berücksichtige nicht ausreichend, dass § 847 BGB a.F. die Geldentschädigung für immaterielle Schäden ausdrücklich zulässt, vgl. BVerfGE 96, 375 (396).

428 BVerfG NJW 2000, 2187 (2187). Die Beschwerdeführer hatten u.a. die Ungleichbehandlung psychischer Gesundheitsschäden gegenüber Persönlichkeitsrechtsverletzungen gerügt, insbesondere im Rahmen von medienbezogenen Prozessen, die nach Ansicht des Bundesverfassungsgerichts aufgrund „sachlich begründeter Unterschiede verfassungsrechtlich gerechtfertigt erscheinen.“.

aus, dass Rechtsvorschriften so genau gefasst sein müssen, wie dies nach der Eigenart der zu ordnenden Lebenssachverhalte mit Rücksicht auf den Normzweck möglich ist.[429] Zur Begründung zog das Bundesverfassungsgericht die „Vielgestaltigkeit und naturgemäß schwierige Festlegung eines immateriellen Schadens“[430] heran. § 847 BGB a.F. genügte seiner Ansicht nach diesen Anforderungen an die Bestimmtheit der Norm. Für § 253 Abs. 2 BGB kann angesichts des unveränderten Wortlauts des haftungsausfüllenden Tatbestands insoweit nichts anderes gelten, sodass die Ausführungen des Bundesverfassungsgerichts zur Rechtsfolge des § 847 BGB a.F. auf § 253 Abs. 2 BGB übertragbar sind. Die Regelung des § 253 Abs. 2 BGB begegnet demzufolge unter dem Gesichtspunkt der Bestimmtheit nach der Rechtsprechung des Bundesverfassungsgerichtes keinen Bedenken.

B. Verfassungsrechtliche Analyse der gegenwärtigen Bemessungspraxis

Die Grundrechte bezwecken in ihrer primären Funktion als Abwehrrechte gegen den Staat, dem Grundrechtsadressaten „einen Raum freier eigener Lebensgestaltung“[431] zu garantieren, indem sie ihn vor unverhältnismäßigen staatlichen Eingriffen schützen.[432] Neben dieser abwehrrechtlichen Funktion weist das Bundesverfassungsgericht den Grundrechten seit Mitte der fünfziger Jahre als Ausdruck der verfassungsrechtlichen Wertordnung auch einen objektiv-rechtlichen Gehalt zu.[433] Der objektiv-rechtliche Gehalt umfasst insbesondere die grundrechtlichen

---

429 BVerfG NJW 2000, 2187 (2187) unter Verweis auf BVerfGE 87, 234 (263); 93, 213 (238).

430 BVerfG NJW 2000, 2187 (2187).

431 *Ossenbühl*, NJW 1976, 2100 (2100).

432 *Ossenbühl*, NJW 1976, 2100 (2100); v. Münch/Kunig-*v. Münch/Kunig*, GG, Rn. 21 m.w.N. und ständige Rechtsprechung des Bundesverfassungsgerichts, vgl. BVerfGE 7, 198 (198, 204); 50, 290 (337); siehe auch BGHZ 63, 196 (198).

433 Im Zusammenhang mit den Grundrechten nahm das BVerfG erstmals in der *Elfes*-Entscheidung Bezug auf die „verfassungsrechtliche Wertordnung“, BVerfGE 6, 32 (40 f.), im *Lüth*-Urteil sprach es sodann konkret vom „Grundrechtsabschnitt als objektive Wertordnung“, BVerfGE 7, 198 (205); zur Rechtsprechung des Bundesverfassungsgerichts siehe überblicksartig *Klein*, NJW 1989, 1633 (1634 ff.); vgl. auch *Ossenbühl*, NJW 1976, 2100 (2101) und *Dürig*, der bereits 1956 von einem „Wertsystem“ gesprochen hatte, *Dürig*, FS für Nawiasky, 157 (176 f.).

Schutzpflichten.[434] Neben ihrer Funktion als Abwehrrecht des Bürgers gegen den Staat beinhalten die Grundrechte demnach auch eine Schutzfunktion.[435] Da sich die schmerzensgeldrelevante Beeinträchtigung der körperlichen Unversehrtheit im Verhältnis zweier Privatrechtssubjekte vollzieht, ist das Recht auf körperliche Unversehrtheit in seiner Funktion als Abwehrrecht gegen staatliche Eingriffe in diesem Zusammenhang nicht maßgebend.[436] Stattdessen ist der objektiv-rechtliche Schutzauftrag aus Art. 2 Abs. 2 S. 1 GG maßgebend, der den Gesetzgeber und die Gerichte verpflichtet, entsprechende Schutzvorkehrungen zu treffen. Es gilt daher in einem ersten Schritt zu untersuchen, ob der Gesetzgeber seinem Schutzauftrag durch Schaffung des § 253 Abs. 2 BGB hinreichend nachgekommen ist und in einem zweiten Schritt, ob die Gerichte ihren grundrechtlichen Schutzauftrag durch die gegenwärtige Bemessungspraxis realisieren. Daneben soll untersucht werden, ob die gegenwärtige Bemessungspraxis den Gleichheitssatz des Art. 3 Abs. 1 GG wahrt. Das Recht auf Gleichbehandlung als Ausfluss des Gleichheitssatzes verpflichtet zunächst den Gesetzgeber zur Schaffung einer Norm, die derart beschaffen ist, dass sie eine gleichheitsadäquate Rechtsanwendung ermöglicht. Die Gerichte sind bei der Anwendung der Norm sodann verpflichtet, das grundrechtlich geschützte Recht auf Gleichbehandlung zu wahren,[437] sodass vergleichbare Fälle gleich zu behandeln sind.

Für das Verhältnis des Bürgers zum Staat folgt aus Art. 1 Abs. 3 GG, dass der Bürger seine Grundrechte als Abwehrrechte gegen jede Form staatlichen Handelns geltend machen kann und dass die Grundrechte alle drei Gewalten unmittelbar binden. Im Verhältnis zweier Privatrechtssubjekte ist die Wirkung der Grundrechte angesichts deren Gleichordnung umstritten.[438] Aus Art. 1 Abs. 3 GG folgt zwar auch insoweit, *dass* alle drei Gewalten im Hinblick auf Beziehungen zwischen Privatrechtssubjekten an die Grundrechte gebunden sind,[439] nicht jedoch der

---

434 *Müller-Terpitz*, aaO, § 147 Rn. 71.

435 V. Münch/Kunig-*v. Münch/Kunig*, aaO, Rn. 21; siehe auch *Hermes*, aaO, S. 43 ff. für die aus Art. 2 Abs. 2 S. 1 GG resultierende Schutzpflicht.

436 Vgl. *Hermes*, aaO, S. 279.

437 BK-GG/*Rüfner*, Art. 3 Rn. 191 f.

438 Die Frage, ob und wie die Grundrechte auf die Rechtsbeziehungen zwischen Privatrechtssubjekten einwirken, wird unter dem Stichwort „Drittwirkung“ erörtert, vgl. v. Mangoldt/Klein/Starck, GG, Art. 1 Rn. 262; siehe auch die umfassenden und kritischen Ausführungen bei *U. Diederichsen*, AcP 198, 171 (199 ff.).

439 BVerfGE 7, 198 (206) und ausdrücklich BVerfGE 61, 126 (137), nach dem aus Art. 1 Abs. 3 GG ausschließlich das „Ob“ der Bindung folgt und erst Art. 1 Abs. 1 GG und die nachfolgenden Grundrechte einen selbstständigen Prüfungsmaßstab bilden können.

Umfang dieser Bindung.[440] Nachdem vor allem im älteren Schrifttum eine unmittelbare Wirkung der Grundrechte zwischen Privatrechtssubjekten angenommen wurde,[441] gehen das Bundesverfassungsgericht[442], der BGH[443] und die überwiegende Literatur[444] von einer mittelbaren Drittwirkung der Grundrechte aus.[445] Aus dieser mittelbaren Drittwirkung folgen insbesondere Schutzpflichten für den Zivilgesetzgeber und die Zivilgerichte.[446] Der Zivilgesetzgeber ist gehalten, Regelungen zu schaffen, die eine „grundrechtsadäquate Ordnung der Privatrechtsbeziehungen"[447]

---

440 So schon *Krause* in den achtziger Jahren, *Krause*, JZ 1984, 656 (657 ff.); *Schramm*, aaO, S. 290.

441 Vgl. *Canaris*, der Ende der neunziger Jahre noch von einer unmittelbaren Wirkung der Grundrechte für die richterliche Anwendung und Fortbildung des Privatrechts sprach. Dies folge nicht schon unmittelbar aus Art. 1 Abs. 3 GG, sondern vielmehr daraus, dass die Rechtsprechung die Gesetze erst mit konkretem Inhalt füllt. Die Grundrechte würden daher für den Zivilgesetzgeber unmittelbar mit der Konsequenz gelten, dass für die Anwendung des Zivilrechts nichts anderes gelten kann, da andernfalls die Effektivität des Grundrechtsschutzes praktisch nicht gewahrt würde. Die Existenz des Art. 93 Abs. 1 Nr. 4a GG bestätige diese Annahme insofern, als sich die Verfassungsbeschwerde auch gegen ein Zivilurteil wegen der Verletzung eines Grundrechts richten kann, vgl. *Canaris*, Grundrechte und Privatrecht, S. 92 sowie eingehend S. 23 ff.; *Canaris*, AcP 184, 201 (210 ff.); siehe jüngst auch *Bartelt* als Vertreter der unmittelbaren Grundrechtswirkung, vgl. *Bartelt*, Beschränkung des Schadensersatzes durch das Übermaßverbot?, S. 165 ff., 168; siehe auch *Stern*, StaatsR III/1 § 76 IV 6, S. 1578 und Maunz/Dürig-*Dürig*, GG, Band I, Art. 3 XVII Rn. 505 m.w.N.

442 Seit BVerfGE 7, 198 (205) ständige Rechtsprechung, vgl. BVerfGE 14, 263 (278); 32, 311 (318); 34, 269 (280); BVerfG NJW 2005, 2376 (2376 ff.).

443 Der BGH erkannte das allgemeine Persönlichkeitsrecht in BGHZ 50, 133 (138) als „Ausfüllung der Generalklausel des § 823 Abs. 1 BGB gemäß der Wertentscheidung des Verfassungsgebers" an. Nach Ansicht von *Stern*, fanden sich in den früheren Entscheidungen des BGH noch Formulierungen, die eine unmittelbare Drittwirkung nahelegten, vgl. *Stern*, StaatsR III/1 § 76 II 3, S. 1548 m.w.N.

444 Maunz/Dürig-*Dürig*, GG, Band I, Art. 3 XVII Rn. 509; *Stern*, StaatsR III/1 § 76 IV 1, S. 1561; v. Münch/Kunig-*v. Münch/Kunig*, aaO, Vorb. Art. 1–19, Rn. 16; *Hermes*, aaO, S: 105; *Klein*, NJW 1989, 1633; siehe auch *U. Diederichsen*, AcP 198, 171 (230 ff.).

445 Zur Argumentation siehe *Stern*, StaatsR III/1 § 76 III 3, S. 1556 ff.; Maunz/Dürig-*Dürig*, GG, Band I, Art. 3 XVII Rn. 505 m.w.N.

446 *Müller-Terpitz*, aaO, § 147 Rn. 71; *Eggstein*, VBlBW 1995, 161 (163).

447 *Stern*, StaatsR III/1 § 76 IV 5, S. 1576 f.; so auch schon *Stern* allgemein zur Verwirklichung der Wirkung der Grundrechte im Privatrecht, vgl. Stern, StaatsR III/1 § 76 III 2, S. 1555; siehe auch *Krause*, nach dem vor allem der Gesetzgeber für die Entfaltung der Verfassung im Zivilrecht zuständig ist, weil nur so ein Kompromiss zwischen der

gewährleisten.[448] Diese Regelungen bilden sodann gemäß Art. 20 Abs. 3 GG und Art. 97 Abs. 1 GG die primäre Entscheidungsgrundlage der Zivilgerichte.[449] Die Gerichte müssen Recht und Gesetz anwenden und im Rahmen ihres jeweiligen Gestaltungsspielraums ausfüllen.[450] Angesichts der von den Grundrechten vermittelten objektiven Wertordnung muss der Zivilrichter im Einzelfall prüfen, ob die von ihm anzuwendende zivilrechtliche Norm „grundrechtlich beeinflusst"[451] ist.[452] Bei der Konkretisierung unbestimmter Rechtsbegriffe handelt es sich „im weiteren Sinne um Anwendung des Gesetzes"[453], sodass die Gerichte den Einfluss der Grundrechte gleichermaßen beachten müssen.[454] Wenn die zivilrechtliche Norm grundrechtlich beeinflusst ist, muss sie im Lichte der Grundrechte ausgelegt und

---

Notwendigkeit, durch Verlässlichkeit und Berechenbarkeit der Privatrechtsordnung die Grundlage für die Privatautonomie zu erhalten, und einem grundrechtskonformen Interessenausgleich möglich sei, vgl. *Krause*, JZ 1984, 656 (660).

448 Siehe auch *Schramm*, nach der es heute letztlich eine „Selbstverständlichkeit ist, dass der Gesetzgeber die grundrechtlichen Wertungen in seinen Gesetzen umsetzen muss", *Schramm*, aaO, S. 291.

449 Zur Gesetzesbindung der Gerichte siehe *Looschelders*, Juristische Methodik, S. 5 ff.; Art. 97 GG steht nicht im Widerspruch zu Art. 20 Abs. 3 GG, da sein Gesetzesbegriff sinngemäß die Worte „und Recht" des Art. 20 Abs. 3 GG einschließt, vgl. *Fikentscher*, Methoden des Rechts, S. 325. „Das ‚Recht" hat seine Quelle in der verfassungsmäßigen Rechtsordnung als einem Sinnganzen und wirkt gegenüber dem geschriebenen Recht als Korrektiv; es zu finden und in Entscheidungen zu verwirklichen, ist Aufgabe der Rechtsprechung", BVerfGE 34, 269 (287).

450 *Stern*, StaatsR III/1 § 76 IV 7, S. 1582; *Ossenbühl*, NJW 1976, 2100 (2102); so auch *Krause*, JZ 1984, 656 (659 f.) und *Hermes*, aaO, S. 271.

451 BVerfGE 7, 198 (206 f.); siehe auch *Hermes*, aaO, S. 271, 282.

452 „Die objektive Wertordnung der Grundrechte entfaltet sich durch das Medium der zivilrechtlichen Normen", BVerfGE 7, 198 (205).

453 BVerfGE 59, 231 (264).

454 Wenn die Gerichte die konstituierenden Merkmale eines Rechtsbegriffs hingegen selbst bestimmen und damit die Maßstäbe bilden, nach denen sie entscheiden, kann von einer Rechtsanwendung im üblichen Sinne nicht ohne weiteres gesprochen werden. Die Maßstäbe sind eher als Richterrecht anzusehen, nähern sich der Sache nach einer rechtssatzmäßigen Regelung und können unter diesem Gesichtspunkt keiner anderen Kontrolle unterliegen als einer solchen, vgl. BVerfGE 59, 231 (257). Die Arbeitsgerichte hatten in den der Verfassungsbeschwerde zugrunde liegenden Ausgangsverfahren eine Abgrenzung vorgenommen zwischen dem Arbeitsverhältnis und dem Rechtsverhältnis eines freien Mitarbeiters um zu entscheiden, ob auf die bei den Rundfunkanstalten beschäftigten freien Mitarbeiter die Eigenschaft als Arbeitnehmer erfüllen, sodass die arbeitsrechtlichen Bestimmungen Anwendung finden.

angewendet werden,[455] „damit die wertsetzende Bedeutung [der Grundrechte] auch auf der Rechtsanwendungsebene gewahrt bleibt“[456]. Dabei müssen die Gerichte die das Zivilrecht bestimmende Privatautonomie sowie die Gleichordnung der Privatrechtssubjekte und die Wirkungen der Grundrechte in einen maßvollen Einklang bringen,[457] sodass „die Privatautonomie der Rechtssubjekte als tragendes Fundament des Privatrechts und deren Gleichordnung als jeweils Grundrechtsberechtigte“[458] gewahrt bleibt. Das bedeutet, dass die Zivilgerichte insbesondere bei den dispositiven zivilrechtlichen Normen die freie Verantwortung der Privatrechtssubjekte beachten müssen. Solche Rechtsbeziehungen, die auf zwingenden Regelungen beruhen, unterstehen hingegen weniger dem Schutz der Privatautonomie, da diese als „Teil des Ordre public – im weiten Sinne“[459] aus Gründen des gemeinen Wohls auch für die Gestaltung der Rechtsbeziehungen zwischen den einzelnen verbindlich sein sollen und deshalb der Herrschaft des Privatwillens entzogen sind. Die zwingenden Regelungen unterliegen demzufolge in stärkerem Maße dem Einfluss der Grundrechte.[460] Bei § 253 Abs. 2 BGB handelt es sich um eine solche zwingende Regelung, sodass sie dem Einfluss der Grundrechte in besonderem Maße unterliegt.

---

455 Die Zivilgerichte empfangen von den Grundrechten „Richtlinien und Impulse“, ständige Rechtsprechung seit BVerfGE 7, 198 (205 f.); 84, 192 (195); 96, 375 (398) sowie jüngst BVerfG NJW 2005, 2376 (2377); *Stern* spricht von einer „durch das Gesetzesrecht mediatisierten Realisierung der Schutzgehalte“, *Stern*, aaO, S. 1582 f.; siehe auch *Hermes*, aaO, S. 266, 271, 282; *Bartelt*, aaO, S. 168.

456 BVerfGE 112, 332 (358) unter Verweis auf die ständige Rechtsprechung seit BVerfGE 7, 198. Wenn der Zivilrichter bei seiner Entscheidungsfindung die determinierende und inhaltsbestimmende Kraft der Grundrechte nicht in dieser Weise beachtet, ist sein Urteil im Wege der Verfassungsbeschwerde angreifbar, ständige Rspr. seit BVerfGE 7, 198 (206 f.); 84, 192 (195); 96, 375 (398); *Ossenbühl*, NJW 1976, 2100 (2102). Der Richter verstößt dann gegen objektives Verfassungsrecht, indem er den Gehalt der Grundrechtsnorm als objektiver Norm verkennt, und verletzt zudem als Träger öffentlicher Gewalt durch sein Urteil das Grundrecht des Bürgers, auf dessen Beachtung dieser auch durch die rechtsprechende Gewalt einen verfassungsrechtlichen Anspruch hat, vgl. BVerfGE 7, 198 (206 f.); BVerfGE 96, 375 (398).

457 *Stern*, StaatsR III/1 § 76 III 2, S. 1554.

458 *Stern*, StaatsR III/1 § 76 IV 5 und III 2, S. 1554; *Dürig*, FS für Nawiasky, 157 (159, 176).

459 BVerfGE 7, 198 (206).

460 BVerfGE 7, 198 (206); 81, 242 (254).

I. Das Recht auf körperliche Unversehrtheit aus Art. 2 Abs. 2 S. 1 GG

Das Recht auf körperliche Unversehrtheit schützt den Körper vor physischen Einwirkungen sowie vor solchen nichtphysischen Einwirkungen, „die das Befinden einer Person in einer Weise verändern, die der Zufügung von Schmerzen entspricht"[461]. Die grundrechtlichen Schutzpflichten wurden vom Bundesverfassungsgericht insbesondere im Hinblick auf den Schutz des Lebens und der körperlichen Unversehrtheit entwickelt.[462] Das Bundesverfassungsgericht sieht in der objektiven Wertentscheidung des Art. 2 Abs. 2 GG einen „Schutzanspruch von erheblicher Bedeutung"[463] begründet. Daraus folgt, dass sich der Staat schützend vor die Rechtsgüter Leben und körperliche Unversehrtheit stellen und sie vor rechtswidrigen Eingriffen von Seiten Dritter bewahren muss.[464] Die inhaltliche Ausgestaltung zur Realisierung ihrer Schutzpflicht bleibt dabei dem Gesetzgeber und den Gerichten überlassen.[465] Den Maßstab für diese Realisierung bildet der effektive Schutz.[466]

---

461 BVerfGE 56, 54 (73 ff.). Art. 2 Abs. 2 S. 1 GG beinhaltet neben dem Recht auf körperliche Unversehrtheit eine zweite grundrechtliche Verbürgung von fundamentaler Bedeutung – das Recht auf Leben, das dem Schutz der körperlichen Integrität vor seiner vollständigen Vernichtung dient, während das Recht auf körperliche Unversehrtheit die körperliche Integrität vor seiner partiellen Beeinträchtigung schützt, *Müller-Terpitz*, aaO, § 147 Rn. 3 und 7.

462 *Müller-Terpitz*, aaO, § 147 Rn. 71 unter Verweis auf BVerfGE 39, 1 (41 f.); 49, 89 (141 f.); 53, 30 (57); 56, 54 (73); 77, 170 (214 f.).

463 Vgl. BVerfGE 77, 170 (214 f.); 79, 174 (201 f.); v. Münch/Kunig-*Kunig*, aaO, Art. 2 Rn. 67. In der Literatur wird teilweise vertreten, dass die staatliche Pflicht zum Schutz des Lebens und der körperlichen Unversehrtheit in Art. 1 Abs. 1 S. 2 GG gründet, da der Lebensschutz Schutz der körperlichen Integrität voraussetze, insofern als bereits Eingriffe in diese das Leben gefährden können, vgl. v. Mangoldt/Klein-*Starck*, Art. 2 Rn. 190.

464 BVerfG NVwZ 2009, 1494 (1494 f.); zur Frage, ob Art. 2 Abs. 2 S. 1 GG auch Aussagen zu den Fällen der Beeinträchtigung durch „Nicht-Hoheitsträger" regelt, vgl. die Rechtsprechung des BVerfG in BVerfGE 39, 1 (41 f.) – *Fristenlösung*; 46, 160 (164 f.) – *Schleyer*; 49, 89 (141 f.) – *Kalkar*; 53, 30 (57 f.) – *Mülheim-Kärlich*; 56, 54 (73) – *Fluglärm*.

465 *Hermes*, aaO, S. 261 m.w.N.

466 *Hermes*, aaO, S. 261 m.w.N.

1. Wahrung der Schutzpflicht durch den Zivilgesetzgeber

Der Zivilgesetzgeber muss den Schutz des Art. 2 Abs. 2 S. 1 GG durch die Einführung, Nachbesserung oder Beibehaltung gesetzlicher Regelungen realisieren.[467] Das Bundesverfassungsgericht spricht ihm dabei einen großen Gestaltungsfreiraum zu im Hinblick darauf, *wie* er den Schutz der körperlichen Unversehrtheit gewährleistet.[468] Nur ausnahmsweise führen die Grundrechte zu konkreten Regelungspflichten des Gesetzgebers.[469] Einen zivilrechtlichen Anspruch auf individuellen Schadensausgleich muss der Gesetzgeber nur dann schaffen,[470] wenn er keine ausreichend leistungsfähige Alternative geschaffen hat.[471] Demzufolge muss der effektive Grundrechtsschutz durch die Gesamtheit und das Zusammenwirken des einfachen Rechts verwirklicht werden.[472] Den weiten gesetzgeberischen Gestaltungsspielraum begrenzen die kollidierenden grundrechtlichen Ansprüche der Beteiligten, die der Gesetzgeber zu einem gerechten Ausgleich bringen muss. Wenn der Gesetzgeber den Schutz eines Grundrechts nicht durch Schaffung einer entsprechenden gesetzlichen Regelung hinreichend gewährleistet, liegt ein Verfassungsverstoß vor. Das zur Entscheidung berufene Gericht muss dann die Entscheidung dem Bundesverfassungsgericht vorlegen, das den Gesetzgeber mit einem Regelungsauftrag in die Pflicht nehmen kann.[473]

---

467 *Hermes*, aaO, S. 266 ff.; 282.

468 Vgl. die ständige Rechtsprechung BVerfGE 39, 1 (44); 46, 160 (164 f.); 56, 54 (80 f.); 77, 170 (214 f.); 79, 174 (202); 96, 56 (64) und jüngst BVerfG NVwZ 2009, 1494 (1495); *Bartelt*, aaO, S. 178 m.w.N.; siehe auch *Müller-Terpitz*, aaO, § 147 Rn. 74.

469 BVerfGE 96, 56 (64).

470 *V. Bar*, Gemeineuropäisches Deliktsrecht, Bd. I, Rn. 555; auch die 2. Kammer des BVerfG betonte jüngst, dass Art. 1 Abs. 1 GG nicht dazu führe, „dass die den Staat treffende Verantwortlichkeit nur durch die Leistung von Geldersatz eingelöst werden kann", BVerfG NJW 2006, 1580 (1581); siehe auch *Unterreitmeier*, aaO, S. 240.

471 *V. Bar*, aaO, Rn. 556.

472 *Canaris*, Grundrechte und Privatrecht, S. 82.

473 So jüngst geschehen in BVerfG NJW 2005, 2363. Für den Fall, dass der Versicherungsnehmer die Übertragung von Lebensversicherungsverträgen auf ein anderes Unternehmen nicht genehmigen muss (Ausschluss des § 415 BGB durch § 14 Abs. 1 S. 4 VAG), stellte das Bundesverfassungsgericht die aus Art. 2 Abs. 1 GG und Art. 14 Abs. 1 GG folgende Verpflichtung des Gesetzgebers fest, den Verlust der Möglichkeit, die vertragsgemäßen Rechte eigenständig zu und individuell durchzusetzen, durch Schaffung einer entsprechenden Regelung auszugleichen. In BVerfG NJW 2005, 2376 sah das Bundesverfassungsgericht den Gesetzgeber aufgrund von Art. 2 Abs. 1 GG und Art. 14 Abs. 1 GG verpflichtet, hinreichende rechtliche Vorkehrungen dafür zu treffen, dass bei Ermittlung eines bei Vertragsende zuzuteilenden

Der Gesetzgeber hat sich im Hinblick auf den Körper- und Gesundheitsschaden für die Regelung zivilrechtlicher Ansprüche auf individuellen Schadensausgleich entschieden. Der Geschädigte kann im Falle einer Schädigung seines Körpers oder seiner Gesundheit durch einen Dritten die Heilbehandlungskosten[474], die vermehrten Bedürfnisse[475], die Kosten wegen entgangener Dienste[476] sowie den Verdienstausfall[477] bzw. die Verdienstminderung[478] als materielle Schadenspositionen verlangen.[479] Zusätzlich zu diesen umfassenden Regelungen zum individuellen Ausgleich des materiellen Körper- und Gesundheitsschadens hat der Gesetzgeber in § 253 Abs. 2 BGB den Anspruch auf Ersatz des immateriellen Körper- und Gesundheitsschadens geschaffen. Nunmehr gilt es zu prüfen, ob die Regelung des § 253 Abs. 2 BGB zum Schutz der körperlichen Unversehrtheit im Hinblick auf den immateriellen Schaden genügt. Zu unterscheiden ist dabei zwischen dem durch § 253 Abs. 2 BGB vermittelten haftungsrechtlichen sowie dem schadensrechtlichen Schutz.[480]

Schlussüberschusses die Vermögenswerte angemessen berücksichtigt werden, die durch die Prämienzahlungen im Bereich der kapitalbildenden Lebensversicherung mit Überschussbeteiligung geschaffen worden sind. Wenn eine vorkonstitutionelle Norm mit dem Grundgesetz unvereinbar ist, kann der Zivilrichter die Unwirksamkeit feststellen, vgl. zur Feststellung der Verfassungswidrigkeit vorkonstitutionellen Rechts durch den Zivilrichter siehe *Looschelders*, VersR 1999, 141 (142).

474 Vgl. §§ 823 Abs. 1 BGB i.V.m. 249 ff. BGB.

475 Vgl. § 843 Abs. 1 Alt. 3 BGB.

476 Vgl. § 845 BGB.

477 Vgl. § 843 Abs. 1 Alt. 1 BGB.

478 Vgl. § 843 Abs. 1 Alt. 2 BGB.

479 Diese Schadenspositionen bilden den Personenschaden, d.h. die durch die Körperverletzung entstandene Einbuße an den erwähnten Lebensgütern und den daraus resultierenden Vermögens-schaden, vgl. *Küppersbusch*, aaO, Rn. 1. *Pardey* weist darauf hin, dass der direkte Personenschaden bei Verletzung des Körpers oder der Gesundheit immateriell ist. Die Vermögensnachteile seien im Kern Folgeschäden, *Pardey*, Berechnung von Personenschäden, Rn. 1 ff.; zu den Schadenspositionen des Personenschadens siehe auch *Böhme/Biela*, Kraftverkehrshaftpflichtschäden, S. 210 ff. (Rn. 124 ff.).

480 Beim Haftungsrecht geht es um die Frage, ob ein schädigendes Ereignis dem Grunde nach zu einem Schadensersatzanspruch führt (Haftungs*begründung*); beim Schadensrecht geht es um den Inhalt des Schadensersatzanspruches (Haftungs*ausfüllung*), *Schäfer/Ott*, Lehrbuch der ökonomischen Analyse, S. 148.

a. Haftungsrechtlicher Schutz

Die Regelung des § 253 Abs. 2 BGB begründet keine Haftung, sondern regelt den Umfang des Schadensersatzes unter der Voraussetzung, dass ein Anspruch auf Schadensersatz wegen der Verletzung einer Person besteht.[481] Der Schädiger muss demnach einen Haftungstatbestand erfüllt haben, damit § 253 Abs. 2 BGB zur Anwendung kommt,[482] d.h. der Anspruch auf Schadensersatz wegen Verletzung einer Person muss dem Grunde nach bestehen.[483] Für diesen Schadensersatzanspruch kommen seit dem Inkrafttreten des 2. SchadÄndG am 1. August 2002 etliche Haftungstatbestände in Betracht, da § 253 Abs. 2 BGB seitdem einen stark erweiterten Haftungsumfang hat, insofern als der Reformgesetzgeber sowohl die Gefährdungs- als auch die Vertragshaftung in den Anwendungsbereich einbezogen hat.[484] Demzufolge kann der Geschädigte auch dann Schmerzensgeld verlangen, wenn sich der Anspruch gegen den Schädiger wegen der Verletzung des Körpers oder der Gesundheit aus einem Vertrag[485] oder aus Gefährdungshaftung ergibt.[486] Daneben kann der Geschädigte nach wie vor vom deliktisch handelnden Schädiger Schmerzensgeld verlangen.[487] Für den Bereich des Straßenverkehrs, in dem die körperliche Unversehrtheit besonderen Gefahren ausgesetzt ist,[488] wurde

---

481 MünchKomm-BGB/*Oetker*, § 249 Rn. 1 m.w.N.; jurisPK-BGB/*Vieweg*, § 253 Rn. 23.

482 Vgl. den Gesetzentwurf der Bundesregierung zum 2. SchadÄndG, nach dem ein Schmerzensgeld-anspruch besteht, wenn eine Verletzung der in § 253 Abs. 2 BGB genannten Rechtsgüter vorliegt, unabhängig davon, ob die Haftung verschuldensabhängig, verschuldensunabhängig, vertraglich oder außervertraglich ist, vgl. BT-Drs. 14/7752, S. 24 ff. (25).

483 Vgl. BGHZ 168, 161 (167); *Pardey*, aaO, Rn. 2827, 2829; so auch schon *Lieberwirth* für § 847 BGB a.F., der einen Schadensersatzanspruch wegen unerlaubter Handlung nach §§ 823 ff. BGB voraussetzte, *Lieberwirth*, aaO, 1965, S. 21.

484 Vgl. *Pardey*, aaO, Rn. 2810.

485 Zu den Schmerzensgeldansprüchen aus Vertragsverhältnissen siehe den Überblick bei *Jaeger/Luckey*, Schmerzensgeld, aaO, 2011, Rn. 46 ff.

486 Siehe u.a. § 7 Abs. 1 StVG, wenn die Schädigung beim Betrieb eines Kraftfahrzeugs eingetreten ist, § 1 Abs. 1 ProdHaftG, wenn die Schädigung auf einem fehlerhaften Produkt beruht, § 84 Abs. 1 AMG, wenn die Schädigung auf der Anwendung eines Arzneimittels beruht. Daneben sehen §§ 114 ff. BBergG, § 6 HaftPflG, § 36 LuftVG, § 32 Abs. 5 GenTG und §§ 1, 13 UmweltHG Gefährdungshaftungstatbestände vor; siehe für einen detaillierten Überblick über die Gefährdungs-haftungstatbestände *Jaeger/Luckey*, Schmerzensgeld, 2011, S. 24 ff.

487 Den Haftungsgrund bildet dann der Anspruch aus § 823 Abs. 1 BGB.

488 Im Jahr 2012 wurden 299.637 Menschen bei Straßenverkehrsunfällen auf deutschen Straßen verletzt, vgl. Statistisches Bundesamt, Fachserie 8, Reihe 7, 2012, S. 43 f.,

ihr Schutz durch die Einbeziehung der Gefährdungshaftungstatbestände in den Anwendungsbereich des § 253 Abs. 2 BGB erheblich intensiviert. Der Geschädigte kann nicht nur gemäß § 7 StVG auch den Halter in Anspruch nehmen, sondern sein Anspruch besteht auch unabhängig vom Nachweis eines Verschuldens.[489] Der weite Anwendungsbereich des § 253 Abs. 2 BGB bietet demzufolge einen umfassenden haftungsrechtlichen Schutz der körperlichen Unversehrtheit. Der Bestand der körperlichen Unversehrtheit ist haftungsrechtlich effektiv abgesichert.[490]

b. Schadensrechtlicher Schutz

Der Gesetzgeber hat dem Zivilrichter in §§ 249 ff. BGB insgesamt keine Methode zur Ermittlung der Entschädigung zur Verfügung gestellt, sondern überlässt es den Zivilgerichten, entsprechende Bemessungsmethoden zu entwickeln. Gleiches gilt für die Definition des Schadens. Die höchstrichterliche Rechtsprechung hat alle heute geltenden Maßstäbe zum Begriff des Schadens und seiner Ersatzfähigkeit erarbeitet.[491] Auch den Begriff der billigen Entschädigung müssen die Zivilgerichte ausfüllen, indem sie die erforderlichen Maßstäbe entwickeln. Einwände gegen die Verweisung des Gesetzgebers auf die Billigkeit und die damit verbundene Überantwortung auf den Richter,[492] sind zurückzuweisen. Die Regelung des § 253 Abs. 2 BGB ermöglicht den Zivilgerichten vielmehr die Realisierung eines effektiven schadensrechtlichen Schutzes der körperlichen Unversehrtheit.

c. Zwischenergebnis

§ 253 Abs. 2 BGB ermöglicht sowohl haftungsrechtlich als auch schadensrechtlich den effektiven Schutz der körperlichen Unversehrtheit. Der Gesetzgeber hat seine aus Art. 2 Abs. 2 S. 1 GG folgende Schutzpflicht jedenfalls erfüllt,[493] indem

---

abrufbar unter https://www.destatis.de/DE/Publikationen/Thematisch/TransportVerkehr/Verkehrsunfaelle/VerkehrsunfaelleJ2080700127004.pdf?__blob=publicationFile, zuletzt abgerufen am 12.07.2013.

489 Bis zum 31.07.2002 war Ersatz des immateriellen Schadens nur dann geschuldet, wenn der Fahrer aus Verschulden nach §§ 823 ff. BGB haftete, siehe auch *Küppersbusch*, aaO, Rn. 271.

490 Vgl. *Bullinger*, nach dem die Haftung als wesentliches Element der Verfassungsordnung eine Garantie individueller Rechtsgüter beabsichtigt, *Bullinger*, FS für Caemmerer, 297 (299).

491 Vgl. *Perini*, Richterliches Ermessen, S. 102; siehe auch *Wagner*, Gutachten für den 66. Deutschen Juristentag, 2006, A 11.

492 Siehe die Nachweise bei *Bartelt*, aaO, S. 145 m.w.N.

493 So auch *Canaris*, Grundrechte und Privatrecht, S. 82.

er eine gesetzliche Regelung geschaffen hat, auf deren Grundlage die Zivilgerichte einen umfassenden Ersatz immaterieller Körper- und Gesundheitsschäden praktizieren können.[494]

2. Wahrung der Schutzpflicht durch den Zivilrichter

In § 253 Abs. 2 BGB kommt die gesetzgeberische Wertentscheidung zum Ausdruck, auch die immateriellen Einbußen einer Körper- oder Gesundheitsverletzung monetär auszugleichen.[495] Der Gesetzgeber hat den Schutz der körperlichen Unversehrtheit auf schadensrechtlicher Kompensationsebene vorgegeben, es aber angesichts des Entscheidungsmaßstabs der billigen Entschädigung den Zivilgerichten überlassen, diesen Schutz zu konkretisieren und die Verantwortung der Realisierung eines effektiven Schutzes somit unmittelbar an die Zivilgerichte weitergegeben. Die Zivilgerichte müssen die Bemessung des Schmerzensgeldes am Ziel eines effektiven Schutzes der körperlichen Unversehrtheit ausrichten.[496] Der Schutz der körperlichen Unversehrtheit endet nicht mit der Existenz des § 253 Abs. 2 BGB, d.h. mit der Schaffung dieser Regelung durch den Gesetzgeber, sondern ist von den Zivilgerichten sowohl beim *Ob* als auch beim *Wie* der Bemessung zu realisieren. Dabei stellt die billige Entschädigung in Geld das Einfallstor der grundrechtlichen Wertungen des Rechts auf körperliche Unversehrtheit in § 253 Abs. 2 BGB dar.[497]

Der Große Zivilsenat des BGH hatte die inhaltliche Konkretisierung des Rechtsbegriffs der billigen Entschädigung in Geld in seiner Grundsatzentscheidung Mitte der fünfziger Jahre begonnen, indem er für die Instanzgerichte wegweisende Bemessungsgrundsätze aufstellte.[498] Der Große Zivilsenat legte einerseits fest, dass Dauer und Heftigkeit der Lebensbeeinträchtigung als maßgebende

494 So auch *Hermes* allgemein im Hinblick auf zivilrechtliche Schadensersatzansprüche, vgl. *Hermes*, aaO, S. 264.

495 Die Väter des BGB trafen diese Wertentscheidung trotz ihrer Bedenken gegenüber einer zu freien Stellung des Richters, aufgrund derer sie den Ersatz des immateriellen Schadens grundsätzlich ausschlossen, vgl. *Mugdan*, aaO, Motive, S. 12; siehe auch *Ströfer*, Schadensersatz und Kommerzialisierung, S. 30.

496 Siehe auch *Hermes*, nach dem der Schutz der körperlichen Unversehrtheit effektiv gewährleistet sein muss, *Hermes*, aaO, S. 261, 282.

497 Das Recht auf körperliche Unversehrtheit fungiert als Richtlinie bei der Bemessung des Schmerzensgeldes, *Hermes*, aaO, S. 266. Die Zivilgerichte müssen dieses als Ausfluss der mittelbaren Drittwirkung bei der Bemessung beachten, *Hermes*, aaO, S. 274.

498 Siehe dazu insgesamt die Ausführungen in § 1 dieser Untersuchung.

Indikatoren der Intensität des Eingriffs in die körperliche Unversehrtheit des Geschädigten die vorrangig zu berücksichtigenden Umstände der Schmerzensgeldbemessung bilden. Daneben eröffnete er die Möglichkeit der Berücksichtigung grundsätzlich aller relevanten Umstände des Einzelfalls. Die Ausführungen zum *Ob* der Bemessung ergänzte der Große Zivilsenat durch die Festlegung einer Methode der Ermittlung der einzelnen Umstände, indem er eine mindestens zweistufige Bemessung vorgab, die in jeden Fall mit der Ermittlung des zum Ausgleich der Lebensbeeinträchtigung erforderlichen Betrages beginnen muss. Der Große Zivilsenat hatte durch seine beiden wegweisenden Bemessungsgrundsätze die Weichen für die inhaltliche Ausgestaltung der billigen Entschädigung in Geld gestellt. Die Instanzgerichte waren fortan aufgerufen, diese Konkretisierung durch die Entwicklung einer Bemessungsmethode zu vervollständigen. Jedenfalls waren sie aufgerufen, eine Bemessungsmethode anzuwenden, die den effektiven Schutz der körperlichen Unversehrtheit gewährleistet. Je intensiver die Lebensbeeinträchtigung des Geschädigten wiegt, desto intensiver wiegt die Beeinträchtigung seiner körperlichen Unversehrtheit. Je intensiver die körperliche Unversehrtheit des Geschädigten beeinträchtigt ist, desto stärker wiegt sein grundrechtliches Schutzinteresse. Diesem Umstand muss zur Gewährleistung eines effektiven Schutzes Rechnung getragen werden. Der effektive Schutz der körperlichen Unversehrtheit kann im Rahmen des § 253 Abs. 2 BGB demnach nur dann effektiv realisiert sein, wenn sich sowohl individuelle Dauer als auch individuelle Heftigkeit der Lebensbeeinträchtigung auf das zuerkannte Schmerzensgeld *nach Maß* auswirken.

a. Berücksichtigung der Dauer der Lebensbeeinträchtigung

Angesichts des gebotenen effektiven Schutzes der körperlichen Unversehrtheit kann irgendeine Art von Berücksichtigung der Dauer der Lebensbeeinträchtigung im Einzelfall nicht genügen. Die Zivilgerichte müssen die Bemessung vielmehr in einer Weise gestalten, die eine Berücksichtigung der individuellen Dauer ermöglicht. Die Bemessung muss geeignet sein, die individuelle Dauer als ein Element der Lebensbeeinträchtigung zu ermitteln und das Ergebnis der Ermittlung sodann nach Maß bei der Festsetzung des Schmerzensgeldes zu berücksichtigen. Solange die Gerichte die individuelle Dauer der Lebensbeeinträchtigung nur pauschal im Rahmen einer Gesamtwürdigung zeitgleich und undifferenziert mit allen anderen Umständen in die Bemessung einfließen lassen, erfolgt weder eine Ermittlung der individuellen Dauer noch eine Berücksichtigung nach Maß. Der erforderliche effektive Schutz kann auf diese Weise von vornherein nicht erreicht werden. Die im Rahmen der rechtstatsächlichen Untersuchung dargestellten Fälle bestätigen diesen Umstand, insofern als kein signifikanter Zusammenhang zwischen individueller Dauer der Lebensbeeinträchtigung und zuerkannten Schmerzensgeldern nachgewiesen werden konnte. Stattdessen wurde deutlich, dass die täglichen Schmerzensgelder in Fällen schwerer dauerhafter Schädigung entscheidend geringer ausfallen als in Fällen vergleichsweise schwächerer und nur vorübergehender Schädigung. Mit der gegenwärtigen Bemessungspraxis lässt sich keine Berücksichtigung der individuellen Dauer der Lebensbeeinträchtigung nach Maß realisieren. Für die Zivilgerichte folgt daraus die Pflicht zur Entwicklung einer Bemessungsmethode, die eine Ermittlung der individuellen Dauer der Lebensbeeinträchtigung und deren Berücksichtigung bei der Festsetzung des Schmerzensgeldes nach Maß ermöglicht.

b. Berüvcksichtigung der Heftigkeit der Lebensbeeinträchtigung

Die Heftigkeit bestimmt als zweites Element den Umfang der Lebensbeeinträchtigung des Geschädigten und somit die Intensität des Eingriffs in die körperliche Unversehrtheit. Je heftiger die Schädigung bzw. die Folgen der Schädigung ausfallen, desto intensiver ist die körperliche Unversehrtheit des Geschädigten beeinträchtigt. Daraus folgt, dass auch im Hinblick auf die Heftigkeit der Lebensbeeinträchtigung nicht irgendeine Art von Berücksichtigung genügen kann. Der *effektive* Schutz der körperlichen Integrität erfordert eine Bemessung, die methodisch auch die Ermittlung der individuellen Heftigkeit der Lebensbeeinträchtigung ermöglichen muss und deren Berücksichtigung nach Maß bei der Festsetzung des Schmerzensgeldes sicherstellt. Eine pauschale Ermittlung verbietet sich im Hinblick auf den gebotenen effektiven Schutz. Während sich die Dauer der Lebensbeeinträchtigung noch vergleichsweise einfach ermitteln lässt, stellt sich für die Heftigkeit der Lebensbeeinträchtigung die bisher ungelöste Frage wie sich diese systematisch ermitteln lässt. Die Entwicklung einer geeigneten Methode hat der Gesetzgeber in § 253 Abs. 2 BGB den Zivilgerichten übertragen. Die Gerichte müssen daher angesichts des zu erfüllenden Schutzniveaus des Art. 2 Abs. 2 S. 1 GG eine Methode entwickeln, die eine Ermittlung der individuellen Heftigkeit der Lebensbeeinträchtigung ermöglicht. Die Methode muss sodann eine Berücksichtigung der ermittelten individuellen Heftigkeit bei der Festsetzung des Schmerzensgeldes ermöglichen. Auf diesem Weg ließe sich der gebotene effektive Schutz des Rechts auf körperliche Unversehrtheit auch im Hinblick auf die Heftigkeit der Lebensbeeinträchtigung herstellen. Hingegen ist die gegenwärtige Bemessungspraxis angesichts der undifferenzierten Berücksichtigung der Lebensbeeinträchtigung schon methodisch nicht geeignet, den Schutz der körperlichen Unversehrtheit zu gewährleisten.

c. Zwischenergebnis

Die Zivilgerichte müssen das Recht auf körperliche Unversehrtheit bei der Bemessung des Schmerzensgeldes als Richtlinie beachten. Angesichts dieser grundrechtlichen Verbürgung sind die Zivilgerichte angehalten, eine Bemessungsmethode anzuwenden, die es ermöglicht, den Grad der Beeinträchtigung der körperlichen Unversehrtheit in jedem Einzelfall nach Maß zu erfassen. Eine pauschale Berücksichtigung aller Umstände, bei der das Gericht gleichzeitig undifferenziert alle Bemessungsumstände in einem Bemessungsschritt würdigt, steht einer Berücksichtigung nach Maß entgegen und verbietet sich daher von vornherein. Stattdessen erfordert der gebotene effektive Schutz des Rechts auf körperliche Unversehrtheit eine nach dem Grad der Beeinträchtigung differenzierende Bemessung. Daraus folgt, dass die Zivilgerichte Dauer und Heftigkeit der Lebensbeeinträchtigung separat ermitteln müssen. Zudem muss die Methode geeignet sein, sowohl individuelle Dauer als auch individuelle Heftigkeit der Lebensbeeinträchtigung zu ermitteln. Insgesamt ermöglicht nur eine differenzierende Bemessung eine Bemessung nach Maß. Der Große Zivilsenat hatte eine solche differenzierende Bemessung in seiner Grundsatzentscheidung im Jahr 1955 bereits angedeutet.[499] Die Zivilgerichte sind zur Realisierung eines effektiven Schutzes gehalten, die differenzierende Bemessung in die Bemessungspraxis umzusetzen und dabei gleichzeitig die Ermittlung von individueller Dauer und Heftigkeit der Lebensbeeinträchtigung zu ermöglichen. Angesichts ihrer gegenwärtig praktizierten Bemessung des Schmerzensgeldes wegen immaterieller Körper- und Gesundheitsschäden verstoßen die Zivilgerichte gegen ihre grundrechtlich verbürgte Schutzpflicht aus Art. 2 Abs. 2 S. 1 GG.

II. Das Recht auf Gleichbehandlung gemäß Art. 3 Abs. 1 GG

Die Zivilgerichte müssen bei der Ausfüllung der billigen Entschädigung in Geld den Allgemeinen Gleichheitssatz des Art. 3 Abs. 1 GG beachten. Dieser enthält als „fundamentales Element der Gerechtigkeit“[500] das Gebot, Gleiches gleich und

499 Siehe in § 1 dieser Untersuchung. Siehe auch *Schwintowski/Schah Sedi*, aaO, S. 14 f.

500 So die Literatur, vgl. *von Hoyningen-Huene*, aaO, S. 102 unter Verweis auf *Hueck*, Gedächtnisschrift für Dietz, S. 252; *ders.*, Gleichmäßige Behandlung im Privatrecht, S. 106, 173; siehe auch *Kriele*, Kriterien der Gerechtigkeit, S. 90 m.w.N. und *Larenz*, FS für Schima, 247 (255).

Ungleiches der Ungleichheit entsprechend ungleich zu behandeln[501] und bindet neben der gesetzgebenden und der vollziehenden Gewalt die Rechtsprechung. Unbeschadet der Bindung des Richters an das Gesetz gemäß Art. 20 Abs. 3 GG bindet der Allgemeine Gleichheitssatz die Gerichte als unmittelbar geltendes Recht[502] und mit derselben Intensität wie den Gesetzgeber.[503] Angesichts der gegenwärtigen Bemessungspraxis der Gerichte und der exemplarisch aufgezeigten rechtstatsächlichen Auswirkungen gilt es zu prüfen, inwieweit diese Bemessungspraxis geeignet ist, eine gleichheitsadäquate Schmerzensgeldbemessung zu realisieren. Dem vorangestellt soll kurz auf die Wahrung der Gleichheit durch den Zivilgesetzgeber eingegangen werden.

1. Gleichheit durch den Zivilgesetzgeber

Der Gesetzgeber genießt eine grundsätzlich weitgehende Freiheit im Hinblick auf die Entscheidung, „welche Merkmale er beim Vergleich von Lebenssachverhalten als maßgebend ansieht, um sie im Recht gleich oder verschieden zu behandeln.“[504]. Bei der Regelung privater Rechtsverhältnisse bewirkt die Bindung des Gesetzgebers an den Gleichheitssatz,[505] dass Unterschiede durch einen Grund sachlich gerechtfertigt sein müssen.[506] Wenn sich die Ungleichbehandlung von Sachverhalten nicht „sachbereichsbezogen auf einen vernünftigen oder sonst

501 Ständige Rechtsprechung des Bundesverfassungsgerichts seit BVerfGE 1, 14 (52); 93, 319 (348); 108, 52 (67). Dazu kritisch *Sachs*, der das Gebot, Ungleiches seiner Eigenart entsprechend ungleich zu behandeln, als beinahe paradox bezeichnet, vgl. *Sachs*, JuS 1997, 124 (124).

502 BVerfGE 42, 64 (72).

503 Maunz/Dürig-*Dürig*, GG, Band I, Art. 3 Rn. 293.

504 BVerfGE 50, 57 (77); 55, 72 (89). Es sei dann grundsätzlich Sache des Betroffenen, sich auf diese Reglung einzustellen und nachteiligen Auswirkungen durch eigenes Verhalten zu begegnen, vgl. BVerfGE 55, 72 (89).

505 BK-GG/*Rüfner*, Art. 3 Rn. 192. *Michael* hat die Bedeutung des Gleichheitssatzes im Hinblick auf die Rechtsetzung untersucht. Nach seiner Ansicht ermöglicht der Gleichheitssatz die Bildung komparativer Systeme und starr typisierender Tatbestände, wobei sich nur bei graduell unterscheid-baren Umständen die Frage stellt, ob ihre rechtliche Berücksichtigung typisiert oder aber komparativ erfolgen soll. Da Art. 3 Abs. 1 GG den Vergleich zwischen Fällen und möglichst gleichmäßig differenzierte Konsequenzen aus diesem Vergleich fordert, wird eine (graduelle) Berücksichtigung der Einzelfallumstände in besonderer Weise dieser Methode gerecht, vgl. *Michael*, Der allgemeine Gleichheitssatz, S. 272.

506 *Stern*, StaatsR III/1 § 76 IV 3, S. 1569.

einleuchtenden Grund zurückführen lässt“[507] oder der Gesetzgeber „Art und Ausmaß tatsächlicher Unterschiede sachwidrig außer Acht lässt“[508], ist die Gestaltungsfreiheit des Gesetzgebers überschritten. Dabei muss er solche Ungleichheiten der zu ordnenden Lebenssachverhalte berücksichtigen, die so bedeutsam sind, dass sie bei einer am Gerechtigkeitsgedanken orientierten Betrachtungsweise beachtet werden müssen.[509] Art. 3 Abs. 1 GG ist nach ständiger Rechtsprechung des Bundesverfassungsgerichts verletzt, „wenn eine Gruppe von Normadressaten im Vergleich zu anderen Normadressaten in wesentlicher Hinsicht anders behandelt wird, obwohl zwischen beiden Gruppen keine Unterschiede von solcher Art und solchem Gewicht bestehen, dass sie die ungleiche Behandlung rechtfertigen könnten“[510]. Dabei falle insbesondere ins Gewicht, ob eine Ungleichbehandlung Auswirkungen auf grundrechtlich gesicherte Freiheiten hat.[511]

Für die Bemessung des Schmerzensgeldes hat der Gesetzgeber die Differenzierung in den Verantwortungsbereich der Zivilgerichte gelegt,[512] indem er die Rechtsfolge in § 253 Abs. 2 BGB als unbestimmten Rechtsbegriff normiert hat. Dadurch ermöglicht es der Gesetzgeber den Zivilgerichten, den Maßstab der billigen Entschädigung in Geld zu konkretisieren. Das Bundesverfassungsgericht sieht in der Verwendung des unbestimmten Rechtsbegriffs der billigen Entschädigung die Möglichkeit der Zivilgerichte, „dem Gleichheitssatz entsprechende Differenzierungen vorzunehmen“[513]. Der Zivilgesetzgeber hat mithin eine Norm geschaffen, die eine dem Recht auf Gleichbehandlung gerecht werdende Bemessung ermöglicht.

507 BVerfGE 93, 386 (397).
508 BVerfGE 103, 242 (258).
509 BVerfGE 103, 242 (258).
510 Ständige Rechtsprechung des Bundesverfassungsgerichts, vgl. BVerfG NJW 2000, 2187 (2187); BVerfGE 55, 72 (88).
511 BVerfGE 82, 126 (146).
512 Der finnische Philosoph *Aarnio* hat angemerkt, dass bei offenen Gesetzesmerkmalen durch Gesetzesreformen oder eine Erneuerung der Gesetzesanwendung auf neue Erscheinungen infolge des raschen Wandels der Gesellschaft reagiert werden müsse, *Aarnio*, Wegen Recht und Billigkeit, S. 55 (61).
513 So das Bundesverfassungsgericht zu § 847 BGB a.F., vgl. BVerfG NJW 2000, 2187 (2187). Für § 253 Abs. 2 BGB kann angesichts der identischen Rechtsfolge nichts anderes gelten.

2. Gleichheit durch den Zivilrichter

Die Bindung des Richters an Gesetz und Recht gemäß Art. 20 Abs. 3 GG bildet das notwendige Korrelat der richterlichen Unabhängigkeit gemäß Art. 97 Abs. 1 GG[514] und führt dazu, dass der Richter bei seiner rechtsprechenden Tätigkeit „frei in der Anwendung des Gesetzes, aber nicht frei vom Gesetz"[515] ist. Unbeschadet ihrer Bindung an Gesetz und Recht müssen die Gerichte bei der Auslegung und Lückenfüllung des Gesetzes den Gleichheitssatz beachten, der sie als unmittelbar geltendes Recht bindet.[516] Daraus folgt, dass nicht nur der Gesetzgeber Art. 3 Abs. 1 GG verletzt, wenn er mehrere Personengruppen ohne hinreichenden sachlichen Grund verschieden behandelt, sondern auch die Gerichte, wenn sie im Wege der Auslegung gesetzlicher Vorschriften zu einer derartigen, dem Gesetzgeber verwehrten Differenzierung gelangen.[517]

Die Bindung der Gerichte an den Gleichheitssatz gebietet den gleichen Zugang zum Richter, Gleichheit vor dem Richter und gleiche Rechtsanwendung durch den Richter.[518] Das Recht auf gleiche Rechtsanwendung ist im Hinblick auf die Bemessung des Schmerzensgeldes von besonders hoher Bedeutung. Für die

---

514 Maunz/Dürig-*Dürig*, GG, Band VI, Art. 97 Rn. 25. Die richterliche Unabhängigkeit ist für die dritte Gewalt schlechthin konstitutiv. Erst durch die Unabhängigkeitsgewähr werden die mit Richtern besetzten Gerichte zu „besonderen Organen" der Rechtsprechung i.S.d. Art. 20 Abs. 2 S. 2 GG und ist der rechtstaatliche Grundsatz der Gewaltenteilung voll verwirklicht, vgl. Maunz/Dürig-*Dürig*, aaO, Art. 97 Rn. 1.

515 Maunz/Dürig-*Dürig*, GG, Band IV, Art. 97 Rn. 48.

516 BVerfGE 42, 64 (72); 58, 369 (373 f.); 70, 230 (240); BVerfG NJW 2000, 2187 (2187); so auch v. Mangoldt/Klein-*Starck*, GG Band 1, Art. 3 Rn. 244, 290 f.; BK-GG/*Rüfner*, Art. 3 Rn. 192; *Böckenförde*, Der Allgemeine Gleichheitssatz und die Aufgabe des Richters, S. 10. *Triepel* hatte erstmals Mitte der zwanziger Jahre die Ansicht vertreten, dass neben Verwaltung und Rechtsprechung auch die Gesetzgebung an das Gebot der Gleichbehandlung gebunden ist. Diese Ansicht kam dann später auch im Grundgesetz zum Tragen, insofern als gemäß Art. 1 Abs. 3 GG die nachfolgenden Grundrechte die Gesetzgebung, vollziehende Gewalt und Rechtsprechung als unmittelbar geltendes Recht binden, vgl. *Hueck*, Der Grundsatz der gleichmäßigen Behandlung im Privatrecht, S. 1 f.

517 BVerfGE 58, 369 (374); 70, 230 (240).

518 Maunz/Dürig-*Dürig*, GG, Band I, Art. 3 Rn. 378. Aus der Rechtsanwendungsgleichheit folgen materiell-rechtlich drei Prinzipien. Erstens hat jeder Bürger das gleiche Recht auf Nichtabweichung von der zwingenden Rechtsnorm, zweitens hat jeder Bürger das Recht auf Anwendung einer Rechtsnorm und drittens steht jedem Bürger das Recht auf fehlerfreien Ermessensgebrauch zu, Maunz/Dürig-*Dürig*, Art. 3 Rn. 398. Diese Prinzipien sind jedoch nicht starr zu verstehen. Dies gilt vor allem dann, wenn das Gesetz einen unbestimmten Rechtsbegriff enthält.

Gerichte folgt daraus die Pflicht, mehrere Personengruppen nicht ohne hinreichend sachlichen Grund verschieden zu behandeln[519] und Fälle, die in allen für die rechtliche Beurteilung wesentlichen Hinsichten gleich liegen, gleich zu entscheiden.[520] Unterschiedliche Beurteilungen müssen hingegen durch unterschiedliche Gestaltungen des Sachverhalts gerechtfertigt sein.[521] Der *Weg* zur gleichen Rechtsanwendung ist dabei von den Gerichten selbst festzulegen,[522] d.h. die Gerichte sind in der Wahl der anzuwendenden Methode frei.

Der Gesetzgeber hat dem Zivilrichter durch den unbestimmten Rechtsbegriff der billigen Entschädigung zwei Wertungen übertragen.[523] Die Zivilgerichte müssen einerseits festlegen, *welche* Umstände bei der Bemessung des Schmerzensgeldes zu berücksichtigen sind. Andererseits müssen sie festlegen, *wie* sie aus den verschiedenen zu berücksichtigenden Umständen methodisch einen Schmerzensgeldbetrag ermitteln, da der Gesetzgeber den Zivilgerichten auch diese Wertung überlassen hat.[524] Wenn das Gesetz dem Richter Wertungen überlässt, ist er gehalten, seiner Bewertung objektive, sachliche Gesichtspunkte und Erwägungen zugrunde zu legen. Eine Entscheidung nach freiem Belieben, nach Willkür, d.h. nur nach seiner rein subjektiven Beurteilung muss schon wegen der rechtsstaatlichen Prinzipien ausscheiden.[525] Die Gerichte müssen demnach einen objektiven Maßstab wählen, der einen gleichen Maßstab bei jeder Bewertung gewährleistet.[526] Daraus folgt für die Schmerzensgeldbemessung, dass die Gerichte einen objektiven Maßstab zugrunde legen müssen, um eine gleiche Rechtsanwendung zu gewährleisten. Dieser Maßstab muss geeignet sein, die einzelnen bemessungsrelevanten Umstände in einer Weise zu berücksichtigen, dass sich die bemessungsrelevanten Unterschiede der einzelnen Fälle in verschieden hohen Schmerzensgeldern

---

519 BVerfGE 58, 369 (374); 70, 230 (240); 55, 72 (88).

520 *Larenz*, FS für Schima, 247 (255); vgl. auch *Donaldson*, nach dem die Billigkeit die Gleichbehandlung gleichgelagerter Fälle verlange, *Donaldson*, AcP 166, 462 (473).

521 *Larenz*, FS für Schima, 247 (255).

522 *Hermes*, aaO, S. 269.

523 So das Bundesverfassungsgericht in BVerfG NJW 2000, 2187 (2187); ebenso auch jüngst *Gottschalk*, NJW 1999, 3764 (3765) unter Verweis auf *v. Hoyningen-Huene*, aaO, S. 30, 32 und *Blechschmid*, aaO, S. 33. Unbestimmte Rechtsbegriffe sind durch einen weitgehend ungewissen Inhalt und Umfang gekennzeichnet und zudem häufig „normativ", vgl. *Engisch*, Einführung in das juristische Denken, S. 108 f.

524 Der Wortlaut des § 253 Abs. 2 BGB lässt nach Ansicht des Bundesverfassungsgerichts eine dem Gleichheitssatz entsprechende Anwendung zu, BVerfG NJW 2000, 2187 (2187).

525 *Göppinger*, JJB 9, S. 86 (88).

526 *Larenz*, FS für Schima, 247 (255).

widerspiegeln bzw. die Übereinstimmungen der einzelnen Fälle in gleich hohen Schmerzensgeldern widerspiegeln.

Gegen eine Schmerzensgeldbemessung anhand einer festgelegten Methode wird häufig der Einwand des großen Spielraums, den der Gesetzgeber dem Richter in § 253 Abs. 2 BGB eingeräumt hat, eingewendet.[527] Dem ist entgegenzuhalten, dass die Zivilgerichte auch beim Ausfüllen dieses Spielraums an Art. 3 Abs. 1 GG gebunden sind, mithin das Recht auf gleiche Rechtsanwendung beachten müssen. Die Zivilgerichte müssen gleichliegende Sachverhalte auch und gerade dann gleich bewerten, wenn das Gesetz ihnen eine Entscheidung nach Ermessen ermöglicht.[528] Richterliches Ermessen im Lichte des Gleichheitssatzes kann demnach nur bedeuten, dass die Gerichte die Unterschiede des Einzelfalls messen und sodann eine Differenzierung *nach Maß* vornehmen.[529] Der Maßstab für diese Differenzierung folgt aus § 253 Abs. 2 BGB.[530] Nach der Konkretisierung der billigen Entschädigung in Geld durch den Großen Zivilsenat ist die Differenzierung nach Heftigkeit und Dauer der Lebensbeeinträchtigung vorzunehmen sowie solchen Umständen, die das Gericht im Einzelfall als bemessungsrelevant einstuft.

Zusammenfassend ist festzuhalten, dass die Zivilgerichte Heftigkeit und Dauer der Lebensbeeinträchtigung sowie die bemessungsrelevanten Umstände des Einzelfalls anhand objektiver Maßstäbe ermitteln und sodann in einen Schmerzensgeldbetrag umsetzen müssen. Die objektiven Maßstäbe müssen es ermöglichen, die ermittelten Umstände derart bei der Festsetzung des Schmerzensgeldes zu berücksichtigen, dass den Unterschieden bzw. Übereinstimmungen bei den bemessungsrelevanten Umständen durch verschieden hohe bzw. etwa gleich hohe Schmerzensgelder Rechnung getragen wird. Die objektiven Maßstäbe sind in allen Fällen von den Gerichten anzuwenden, es sei denn, besondere Umstände des Einzelfalls erfordern eine Abweichung und rechtfertigen eine solche. Die objektiven Maßstäbe müssen dabei allgemeingültig sein, da nur in diesem Fall alle Menschen „vor der Ermessensnorm gleich“[531] sind. Die gegenwärtige gerichtliche

527 Siehe die Nachweise bei *Henke*, aaO, S. 52 ff.; *Krüger-Nieland*, Referat, C 31 (C 36).

528 So auch *Henke*, aaO, S. 133.

529 *Michael*, aaO, S. 274.

530 Siehe auch *Michael*, aaO, S. 272, nach dem das Gericht die inhaltlichen Maßstäbe der nach Art. 3 Abs. 1 GG erlaubten bzw. gebotenen Differenzierungen dem positiven Recht im Sinne des Art. 20 Abs. 3 GG entnehmen müsse.

531 Wenn sich erstens die Ermessensausübung nach objektiven Maßstäben richtet und wenn zweitens diese Maßstäbe einen allgemeingültigen Stellenwert erhalten, vgl. *Michael*, aaO, S. 274.

Praxis der Schmerzensgeldbemessung gilt es nunmehr dahingehend zu untersuchen, ob sie den Anforderungen, die das Recht auf gleiche Rechtsanwendung in § 253 Abs. 2 BGB an die Zivilgerichte stellt, gerecht wird. Dabei muss geprüft werden, ob die Gerichte objektive Maßstäbe verwenden und ob diese objektiven Maßstäbe eine gleichheitsadäquate Bemessung ermöglichen. Gegenwärtig wird ein objektiver Maßstab in den Vergleichsentscheidungen gesehen, die von den gängigen Schmerzensgeldtabellen reichhaltig zur Verfügung gestellt werden und von den Gerichten geradezu unisono herangezogen werden. Angesichts dieser Vorgehensweise soll zunächst überprüft werden, ob das Schmerzensgeldurteil die Qualität eines Präjudizes[532] aufweist und dadurch einen objektiven Maßstab bei der Bemessung vermitteln kann (a.). Zudem soll kurz auf den Typenvergleich als Methode zur Orientierung eingegangen werden, da diese insbesondere bei unbestimmten Rechtsbegriffen in Betracht kommt (b.). Sodann soll festgehalten werden, inwieweit die Vergleichsentscheidungen gegenwärtig einen geeigneten objektiven Maßstab für die Bemessung verkörpern (c.). Zuletzt soll am Beispiel der Düsseldorfer Tabelle die Verwendung eines objektiven Maßstabs durch die Zivilgerichte zur Ausfüllung eines unbestimmten Rechtsbegriffs exemplarisch dargestellt werden (d.).

a. Rechtsanwendungsgleichheit durch Heranziehung von Präjudizien

Präjudizien werden als Entscheidungen beschrieben, „in denen dieselbe Rechtsfrage, über die das Gericht zu entscheiden hat, von einem Gericht in einem anderen Fall bereits einmal entschieden worden ist."[533]. Insbesondere bei unbestimmten Rechtsbegriffen erfolgt häufig eine Orientierung an Präjudizien.[534] Präjudiziell ist dabei die „Antwort auf die Rechtsfrage"[535], die das Gericht in den Entscheidungsgründen gibt, ohne dass dabei die Entscheidung als solche präjudizielle Wirkung entfaltet.[536]

---

532 Der Begriff des Präjudizes findet sich teilweise auch konkret, vgl. *Henke*, aaO, S. 90 ff.

533 *Larenz*, Methodenlehre, S. 429; so auch *Germann*, Präjudizien als Rechtsquelle, S. 7, nach dem es Präjudizien verschiedener Art gibt, so spreche man bspw. auch von einem Präjudiz, wenn eine Behörde für ihr Urteil an den Entscheid einer anderen Behörde gebunden ist betreffend eine gesetzliche Voraussetzung oder eine Vorfrage.

534 *Larenz*, FS für Schima, 247 (247).

535 *Hoffmann*, Das Verhältnis von Gesetz und Recht, S. 193.

536 *Hoffmann*, aaO, S. 193.

Die Verwertung von Präjudizien wird allerdings als beschränkt angesehen, „wenn sich die zu beantwortende Rechtsfrage nach einer Anzahl von verschiedenen Kriterien richtet, die weitgehend vom Einzelfall abhängig sind, sodass gleichgelagerte Fälle kaum existieren oder das Gericht sie aus einer Vielzahl von zuvor ergangenen Entscheidungen nicht herausfinden kann“[537]. Exakt in dieser Situation befindet sich das Zivilgericht bei der Bemessung des Schmerzensgeldes, da es in jedem Einzelfall eine Vielzahl von verschiedenen Umständen berücksichtigen muss, sodass gleichgelagerte Fälle kaum existieren.[538] Daraus folgt, dass sich die Antwort eines Zivilgerichts auf die Rechtsfrage der festzusetzenden Höhe des Schmerzensgeldes in Fall A nicht für die Beantwortung der Rechtsfrage der festzusetzenden Höhe des Schmerzensgeldes in Fall B heranziehen lässt, es sei denn Fall A und Fall B sind im Hinblick auf sämtliche Umstände, die im Einzelfall zu berücksichtigen sind, insgesamt identisch. Eine solche Identität im Hinblick auf sämtliche bemessungsrelevante Umstände ist theoretisch möglich, muss allerdings im Hinblick auf ihr geringes tatsächliches Vorkommen und angesichts der die Schmerzensgeldpraxis beherrschenden Zahl heterogener Fallgestaltungen unberücksichtigt bleiben. Auch eine Übertragung der Bewertungen einzelner Rechtsfragen muss angesichts des intransparenten Bemessungsvorgangs infolge der undifferenzierten Bemessung und der Festsetzung eines Gesamtbetrages in nur einem Bemessungsschritt ausscheiden. Nur wenn erkennbar wäre, inwieweit der einzelne Bemessungsumstand Einfluss auf die Höhe des Gesamtbetrages genommen hat, könnte eine Übertragung der Antwort auf diese Teilrechtsfrage erfolgen, die sodann eine gleiche Bewertung gleichgelagerter Umstände ermöglichen würde.[539] Die von den Zivilgerichten herangezogenen *vergleichbaren Fälle* weisen daher insgesamt keine Präjudizienqualität auf. Daraus folgt, dass eine neue Antwort auf die Frage der Höhe des festzusetzenden Schmerzensgeldes vom Zivilgericht in jedem einzelnen Fall gefunden werden muss. Die Vergleichsrechtsprechung stellt den Zivilgerichten demzufolge keinen geeigneten objektiven Maßstab zur Verfügung.[540] Der Vergleich des zur Entscheidung stehenden Falls mit anderen

537 *Bydlinski*, Juristische Methodenlehre und Rechtsbegriff, S. 513.

538 So auch *Bydlinski* für bloße „Bemessungsfragen“ und „Billigkeitsentscheidungen“, vgl. *Bydlinski*, aaO, S. 513.

539 Vgl. auch *Donaldson*, AcP 166, 462 (467).

540 „Ähnliche“ Präjudizien können als Rahmen wirken und dadurch zur Vermeidung willkürlicher Entscheidungen beitragen, *Bydlinski*, aaO, S. 513. Ähnlich *Von Hoyningen-Huene*, nach dem der unbestimmte Rechtsbegriff der Billigkeit zwar unmittelbar selbst keine Wertung enthält, aber eine Richtlinienfunktion hat („regulatives Prinzip mit Richtliniengehalt“), *v. Hoyningen-Huene*, aaO, S. 32.

Schmerzensgeldentscheidungen ist daher nicht geeignet, eine gleiche Rechtsanwendung bei der Schmerzensgeldbemessung zu gewährleisten.[541]

b. Rechtsanwendungsgleichheit durch Typenvergleich

Verwendet das Gesetz einen unbestimmten Rechtsbegriff, kann der Richter im Hinblick auf Art. 3 Abs. 1 GG gehalten sein, seine Rechtsfindung an einem Vergleich mit anderen Falltypen zu orientieren.[542] Ein solcher Typenvergleich kommt neben der Anwendung zur Konkretisierung gesetzlicher Tatbestände auch zur Präzisierung der Rechtsfolgen in Frage.[543] Der Typenvergleich kann allerdings nur dann Kontinuität gewinnen, wenn er sich unter ein und demselben Gesichtspunkt vollzieht. Wenn er gleichzeitig unter verschiedenen Gesichtspunkten zu geschehen hat, wird er in dieser Kontinuität gestört.[544] Zur Ermittlung der billigen Entschädigung in Geld sind Dauer und Heftigkeit der Lebensbeeinträchtigung und je nach Einzelfall weitere Bemessungsumstände zu berücksichtigen, sodass der Typenvergleich zumindest im Hinblick auf die Ermittlung des Gesamtbetrages keine Kontinuität gewinnen kann. Denkbar wäre ein Typenvergleich, wenn die Gerichte die einzelnen Umstände der Bemessung separat in einzelnen Schritten festsetzen würden, da in diesem Fall ein Typenvergleich im Hinblick auf die einzelnen Bemessungsumstände vorgenommen werden könnte. Die gegenwärtig praktizierte Bemessungsmethode der Gerichte steht einem solchen Typenvergleich allerdings entgegen, sodass auf diese Weise keine Gleichheit bei der Rechtsanwendung gewonnen werden kann.

c. Zwischenergebnis

Die Vergleichsentscheidungen vermitteln den Zivilgerichten weder unter dem Gesichtspunkt einer präjudiziellen Wirkung noch unter dem Gesichtspunkt eines

---

541 Anders *Schubert*, die den entscheidenden Umstand der undifferenzierten Bemessung und des infolgedessen intransparenten Schmerzensgeldurteils außer Acht lässt, *Schubert*, aaO, S. 224 f., 612.

542 *Zippelius*, Einführung in die juristische Methodenlehre, S. 85; Maunz/Dürig-*Dürig*, GG, Band I, Art. 3 Rn. 400.

543 *Zippelius*, aaO, S. 85. Die billige Entschädigung ist nach *Zippelius* ein solcher Typenbegriff, da sie nach dem Prinzip des „Je – desto" zu handhaben ist, *Zippelius*, aaO, S. 85 und zustimmend *Henke*, aaO, S. 85 f.

544 *Zippelius* führt als Beispiel die Strafzumessung an, die insbesondere das Gewicht der objektiven Rechtsgutsverletzung, die Schwere der persönlichen Schuld, das Schutzbedürfnis der Allgemeinheit und die Besserungsfähigkeit des Täters zugleich in Rechnung stellen muss, vgl. *Zippelius*, aaO, S. 87.

Typenvergleichs einen objektiven Maßstab, der eine Schmerzensgeldbemessung ermöglicht, bei der die verfassungsrechtlich gebotene Rechtsanwendungsgleichheit gewahrt bleibt.[545] Demzufolge verwenden die Gerichte gegenwärtig keinen geeigneten objektiven Maßstab. Die erforderlichen objektiven Maßstäbe, die von den Gerichten zur Ausfüllung des unbestimmten Rechtsbegriffs der billigen Entschädigung in Geld benötigt werden, sind daher noch von den Gerichten zu entwickeln. Am Beispiel der Düsseldorfer Tabelle soll anschließend ein Beispiel für die Ausfüllung eines unbestimmten Rechtsbegriffs anhand eines durch die Zivilgerichte entwickelten objektiven Maßstabs dargestellt werden.[546]

d. Der objektive Maßstab am Beispiel der Düsseldorfer Tabelle

Die Düsseldorfer Tabelle repräsentiert ein prominentes Beispiel dafür, wie die Zivilgerichte für die Ermittlung eines im Gerichtsalltag massenhaft auftretenden Zahlungsanspruchs einen objektiven Maßstab zu Bemessung geschaffen haben,[547] um den im Gesetz vorgesehenen unbestimmten Rechtsbegriff auszufüllen. Sie ist als für die Unterhaltspraxis kaum entbehrliche Orientierungs- und Arbeitshilfe für die Festsetzung des angemessenen Unterhalts nach § 1610 Abs. 1 BGB geschätzt.[548]

Der angemessene Unterhalt bestimmt sich gemäß § 1610 Abs. 1 BGB nach der Lebensstellung des Bedürftigen und umfasst gemäß § 1610 Abs. 2 BGB den gesamten Lebensbedarf einschließlich der Kosten einer angemessenen Vorbildung zu einem Beruf und bei einer erziehungsbedürftigen Person die Kosten

545 Das Kammergericht äußerte im Hinblick auf die Orientierung an vergleichbarer Rechtsprechung bereits Bedenken, indem es Zweifel an der Vereinbarkeit mit dem Gleichbehandlungsgrundsatz nach Art. 3 GG äußerte, vgl. Kammergericht, Urt. v. 29.07.2004 – 8 U 54/04. Zur Begründung führte es u.a. aus, dass kein schmerzensgeldbegründender Lebenssachverhalt dem anderen gleiche. Zudem gebe es eine Vielzahl von Entscheidungen, die in ihrer Begründung und Entscheidung nicht unterschiedlicher sein könnten, obwohl ihnen sogar manchmal vergleichbare Sachverhalte zugrunde lägen; vgl. auch das OLG München im Jahr 2010, nach dem Vergleichsentscheidungen „nur im Rahmen des zu beachtenden Gleichheitsgrundsatzes als Orientierungsrahmen zu berücksichtigen sind", OLG München, Urt. v. 24.09.2010 – 10 U 2671/10 Rn. 16, zitiert nach juris.

546 Siehe auch *Henke* mit weiteren Beispielen für Taxen und Tabellen als Ausdruck eines gesteigerten Bedürfnisses nach Rationalisierung und Gleichbehandlung, *Henke*, aaO, S. 35 ff.

547 Vgl. *Klinkhammer*, FamRZ 2008, 193 (193).

548 *Klinkhammer*, FamRZ 2008, 193 (193); zur Düsseldorfer Tabelle siehe auch den Festschriftbeitrag von *Wildanger*, FS 75 Jahre OLG Düsseldorf, S. 233 (236 f.).

der Erziehung.[549] Zur Ermittlung des angemessenen Unterhalts entwickelte die 13. Zivilkammer des Landgerichts Düsseldorf bereits 1962 eine Tabelle mit Unterhaltssätzen,[550] die seitdem von den Familiensenaten des OLG Düsseldorf herausgegeben wird.[551] Die Unterhaltsfestsetzung anhand der Düsseldorfer Tabelle ist seit 1982 ausdrücklich vom BGH legitimiert.[552] Zur Ermittlung des Unterhalts anhand der Düsseldorfer Tabelle müssen das Nettoeinkommen des Barunterhaltsverpflichteten, das Alter des Kindes und die Anzahl und der Rang der Unterhaltsberechtigten feststehen.[553] Anhand dieser Informationen kann das Gericht den individuellen Unterhaltsbedarf ermitteln.[554] Das Nettoeinkommen des Unterhaltsverpflichteten, das Alter des Unterhaltsberechtigten sowie die Anzahl und der Rang

---

549 Vgl. auch NK-BGB/*Kath-Zurhorst*, § 1610 Rn. 19.

550 *Lipschitz*, MDR 1962, 709 (709); Düsseldorfer Tabelle von 1962 abgedruckt in MDR 1962, S. 709 f.

551 *Scholz*, FS 100 Jahre OLG Düsseldorf, S. 265; *Klinkhammer*, FamRZ 2008, 193 (193) zu den wichtigsten Änderungen im Zuge der Unterhaltsreform. Die aktuelle Tabelle ist abrufbar unter http://www.olg-duesseldorf.nrw.de/infos/Duesseldorfer_tabelle/Tabelle-2013/Duesseldorfer-Tabelle-Stand-01_01_2013.pdf, zuletzt abgerufen am 12.07.2013. Die insgesamt fünf Abschnitte umfassen den Kindesunterhalt (A.), Definitionen und Grundsätze zum Ehegattenunterhalt (B.) sowie zu Mangelfällen (C.), den Unterhalt zwischen Verwandten (D.), die Übergangsregelung (E.) sowie den Anhang, der Tabellen mit den sich nach Abzug des Kindergeldes ergebenden Zahlbeträgen enthält, vgl. Palandt/*Brudermüller*, Einf v § 1601 Rn. 12.

552 *„Der Tatrichter ist bei der Unterhaltsbemessung nicht gehindert, sich an Richtlinien und Leitsätze anzulehnen, die auf die gegebenen Verhältnisse abgestellt sind und der Lebenserfahrung entsprechen, soweit nicht im Einzelfall besondere Umstände eine Abweichung bedingen. Sofern keine besonderen Umstände geltend gemacht werden, die für eine abweichende Bemessung sprechen könnten, ist das Ansetzen der Tabellenwerte ohne weitere Darlegungen aus Rechtsgründen nicht zu beanstanden.“*, BGH FamRZ 1982, 365 (366). Im Jahr 2000 bestätigte der BGH, dass *„es der vom Senat gebilligten tatrichterlichen Praxis entspricht, sich bei der Bemessung des in diesem Sinne „angemessenen Unterhalts“ an den von den OLGen entwickelten Tabellenwerken zu orientieren. Die in diesen Tabellenwerken ausgewiesenen Richtsätze lassen sich als Erfahrungswerte verstehen, die den Lebensbedarf des Kindes – ausgerichtet an den wirtschaftlichen Verhältnissen der Eltern und dem Alter des Kindes – auf der Grundlage durchschnittlicher Lebenshaltungskosten typisieren, um so eine möglichst gleichmäßige Behandlung gleicher Lebenssachverhalte zu erreichen.“*, BGH FamRZ 2000, 358 (358).

553 *Ehinger/Griesche/Rasch*, Handbuch Unterhaltsrecht, Rn. 88.

554 Die Tabelle beruht auf praktischen Bedürfnissen und soll als Richtlinie eine gleichmäßige und transparente Rechtsanwendung gewährleisten, *Klinkhammer*, FamRZ 2008, 193 (194).

der Unterhaltsberechtigten bilden dabei die objektiven Maßstäbe, die in jedem Unterhaltsfall angewendet werden können. Zur Ermittlung dieser objektiven Maßstäbe haben die Gerichte an die gesetzlichen Vorgaben angeknüpft.[555] Die Düsseldorfer Tabelle stellt dadurch ein bedeutendes Beispiel dar für die Ausfüllung eines unbestimmten Rechtsbegriffs anhand verschiedener von den Gerichten entwickelter objektiver Maßstäbe. Ebenso wie die Festsetzung der billigen Entschädigung erfordert die Festsetzung des angemessenen Unterhalts die Festlegung, *welche* Umstände zu berücksichtigen sind und *wie* aus diesen Umständen der konkrete Zahlungsanspruch zu ermitteln ist. Beide Informationen werden von der Düsseldorfer Tabelle bereitgestellt. Sie ermöglicht dadurch eine gleichmäßige Behandlung gleichartiger Sachverhalte[556] im Bereich der Unterhaltsfestsetzung und trägt dadurch gleichzeitig zur Vergrößerung der für Unterhaltssachen so bedeutsamen Einheitlichkeit der Rechtsprechung bei.[557] Diese möglichst gleichmäßige Behandlung auf dem Gebiet des Unterhaltsrechts diente schon als Motiv der 13. Kammer des LG Düsseldorf im Jahr 1965, auch weiterhin periodisch Unterhaltsrichtsätze aufzustellen.[558]

Vordergründig betrachtet ließe sich annehmen, dass die Schmerzensgeldtabellen den Gerichten eine ähnliche Arbeitshilfe zur Verfügung stellen wie sie die Düsseldorfer Tabelle den Familiengerichten vermittelt. Der angemessene Unterhalt wird ermittelt, indem das Gericht anhand der objektiven Maßstäbe die verschiedenen Komponenten[559] ermittelt und sodann anhand dieser Komponenten der Tabelle exakt den Betrag entnimmt, in dessen Höhe der individuelle Unterhaltsberechtigte Anspruch auf Unterhalt hat. Je nach individueller Situation, d.h. je nach Höhe des Nettoeinkommens des individuellen Unterhaltsverpflichteten, je nach Alter des individuellen Unterhaltsberechtigten und je nach Anzahl und Rang der individuellen Unterhaltsberechtigten, setzt das Gericht einen Unterhaltsanspruch fest. Der objektive Maßstab, welcher der Festsetzung zugrunde liegt, ist dabei in jedem Fall exakt derselbe und ermöglicht die Berücksichtigung der Unterschiede der einzelnen Unterhaltsfälle. Dieser Methodik folgt die Schmerzensgeldbemessung auf Grundlage der Schmerzensgeldtabellen nicht. Die Gerichte

555 Im Hinblick auf ihre wesentlichen Eckdaten ist die Düsseldorfer Tabelle „notwendigerweise zunächst das Ergebnis einer Gesetzesanwendung oder Gesetzesauslegung“, *Klinkhammer*, FamRZ 2008, 193 (194).

556 So auch der BGH im Jahr 1984, vgl. BGH FamRZ 1984, 374 (375) sowie im Jahr 2000, vgl. BGH FamRZ 2000, 358 (358); so auch *Klinkhammer*, FamRZ 2008, 193 (194).

557 *Wildanger*, FS 75 Jahre OLG Düsseldorf, S. 233 (237).

558 LG Düsseldorf MDR 1965, 745 (748).

559 Nettoeinkommen des Unterhaltsverpflichteten, Alter des Unterhaltsberechtigten, Anzahl der Unterhaltsberechtigten und Rang der Unterhaltsberechtigten.

ermitteln gerade nicht anhand objektiver Maßstäbe die Komponenten der Dauer und der Heftigkeit der Lebensbeeinträchtigung und setzen sodann anhand der Ermittlungsergebnisses den Schmerzensgeldbetrag fest, sondern sie ermitteln lediglich, welchem der Vergleichsentscheidungen in den Tabellen der zur Entscheidung stehende Fall am meisten ähnelt, um auf diese Weise einen Vergleichsbetrag für die Festsetzung des Schmerzensgeldbetrages zu erhalten. Die Ermittlung des Schmerzensgeldbetrages anhand der Schmerzensgeldtabelle gleicht der Suche nach einem im Hinblick auf die Gesamtheit der Einzelfallumstände möglichst passenden Fall.

e. Zwischenergebnis

Die Gerichte praktizieren gegenwärtig eine Schmerzensgeldbemessung ohne einen geeigneten objektiven Maßstab. Die von Art. 3 Abs. 1 GG gebotene Gleichheit bei der Rechtsanwendung kann auf diese Weise nicht sichergestellt werden. Die Gerichte sind verpflichtet, objektive Maßstäbe zu entwickeln, damit Heftigkeit und Dauer der Lebensbeeinträchtigung sowie sonstige im Einzelfall relevante Bemessungsumstände ermittelt werden und bei der Festsetzung des Schmerzensgeldes derart berücksichtigt werden können, dass den Unterschieden bzw. Übereinstimmungen bei den bemessungsrelevanten Umständen durch verschieden hohe bzw. etwa gleich hohe Schmerzensgelder Rechnung getragen wird.

C. Ergebnis der verfassungsrechtlichen Analyse

Die Zivilgerichte unterliegen bei der Ausfüllung des unbestimmten Rechtsbegriffs der billigen Entschädigung in Geld verschiedenen grundrechtlichen Wirkungen. Sie müssen einen effektiven Schutz der körperlichen Unversehrtheit realisieren, der es erfordert, Heftigkeit und Dauer der Lebensbeeinträchtigung nach ihrem individuellen Maß im Einzelfall bei der Bemessung zu berücksichtigen. Daraus folgt für die Zivilgerichte die Pflicht, beide Bemessungsparameter zunächst separat zu ermitteln und sodann bei der Festsetzung des Schmerzensgeldes zu berücksichtigen. Die gegenwärtige Bemessungspraxis der Zivilgerichte kann dem grundrechtlich verbürgten Schutz der körperlichen Unversehrtheit nicht genügen, da sie schon methodisch nicht geeignet ist, den gebotenen effektiven Schutz der körperlichen Unversehrtheit zu realisieren. Die mangelnde Effektivität des Schutzes ist auf die Vorgehensweise der Gerichte zurückzuführen. Wegen der undifferenzierten Ermittlung sämtlicher Umstände in einem einzigen Bemessungsschritt können weder individuelle Dauer noch individuelle Heftigkeit der Lebensbeeinträchtigung berücksichtigt werden, sodass die gegenwärtige Bemessungspraxis das erforderliche

Schutzniveau nicht erreicht und gegen Art. 2 Abs. 2 S. 1 GG verstößt. Die Bemessung des Schmerzensgeldes muss daneben in einer Weise erfolgen, die eine gleiche Rechtsanwendung gewährleistet. Daher sind die Zivilgerichte gehalten, bei der Ausfüllung des unbestimmten Rechtsbegriffs der billigen Entschädigung in Geld objektive Maßstäbe zugrunde zu legen. Die Gerichte verwenden gegenwärtig keinen geeigneten objektiven Maßstab, sodass die gegenwärtig praktizierte Bemessungspraxis auch gegen das in Art. 3 Abs. 1 GG verbürgte Recht auf gleiche Rechtsanwendung verstößt. Die Gerichte sind verpflichtet, objektive Maßstäbe zu entwickeln, die zur Ermittlung der einzelnen Bemessungsumstände geeignet sind. Insgesamt sind die Zivilgerichte gehalten, eine Bemessungsmethode zu entwickeln, mit der eine separate Ermittlung sowohl der individuellen Heftigkeit als auch der individuellen Dauer der Lebensbeeinträchtigung jeweils anhand eines objektiven Maßstabs möglich ist ebenso wie deren anschließende Berücksichtigung bei der Festsetzung des Schmerzensgeldes.

§ 6 Zwischenergebnis

Die Analyse der gegenwärtigen Bemessungspraxis und ihrer Dogmen hat ergeben, dass die Methode der Gerichte zur Ermittlung der billigen Entschädigung in Geld keinen effektiven Schutz der körperlichen Unversehrtheit realisiert und gleichzeitig gegen das Recht auf gleiche Rechtsanwendung verstößt. Darüber hinaus steht sie im methodischen Widerspruch zur Grundsatzentscheidung des Großen Zivilsenats aus dem Jahr 1955.

A. Widerspruch zwischen der Festsetzung eines undifferenzierten Gesamtbetrages und dem Rangverhältnis des Großen Zivilsenats

I. Der Große Zivilsenat des BGH stellte 1955 die methodischen Weichen für die Bemessung des Schmerzensgeldes. Er ergänzte den reinen Schadensersatzcharakter, den der 3. Zivilsenat dem Schmerzensgeldanspruch im Jahr 1952 zugewiesen hatte, indem er aus dem Gesetzesmerkmal der Billigkeit das Gebot zur Berücksichtigung sämtlicher Umstände des Einzelfalles ableitete. Folgerichtig ordnete er dem Schmerzensgeld zusätzlich zur klassisch schadensrechtlichen Ausgleichsfunktion die Funktion der Genugtuung zu. Dabei legte der Große Zivilsenat gleichzeitig ein Rangverhältnis der Bemessungsumstände fest, nach dem als wesentlicher Bemessungsumstand im ersten Bemessungsschritt vorrangig die Lebensbeeinträchtigung zu berücksichtigen ist, während alle anderen im Einzelfall bemessungsrelevanten Umstände erst im zweiten Bemessungsschritt nachrangig in die Bemessung einfließen sollen.

II. Die Grundsatzentscheidung des Großen Zivilsenats, insbesondere seine Aussage zur „an sich" angemessenen Entschädigung, wurde von Wissenschaft und Rechtsprechung gleichermaßen als Verbot einer schrittweisen Bemessung missverstanden. Der 6. Zivilsenat des BGH untermauerte dieses Verständnis höchstrichterlich im Jahr 1960, als er eine aufschlüsselnde Bemessung des Schmerzensgeldes unter Verweis auf die Grundsatzentscheidung explizit untersagte. Dadurch bestärkte der 6. Zivilsenat die ständige Bemessungspraxis der Instanz- und Berufungsgerichte, einen undifferenzierten Gesamtbetrag in einem Bemessungsschritt festzusetzen. Diese nach wie vor praktizierte Bemessung steht im ständigen Widerspruch zum Rangverhältnis, das der Große Zivilsenat den Bemessungsumständen

1955 zugewiesen hatte. Das Aufspaltungsverbot ist rechtsfehlerhaft und daher aufzugeben.

III. Zur Auflösung des Widerspruchs zwischen dem Rangverhältnis des Großen Zivilsenats und der Festsetzung eines Gesamtbetrages durch die Gerichte sind zwei verschiedene Vorgehensweisen denkbar. Die zu bevorzugende Vorgehenswiese besteht in der Aufgabe des Aufspaltungsverbots und der Freigabe einer differenzierenden Bemessung in Einzelschritten durch den 6. Zivilsenat, durch die dem Rangverhältnis der Bemessungsumstände Rechnung getragen werden kann. Sodann müssten die Gerichte das Rangverhältnis der Bemessungsumstände durch Entwicklung eines entsprechenden Bemessungssystems in die Bemessungspraxis umsetzen. Dafür wäre ein System erforderlich, das in zwei getrennten Bemessungsschritten einen Betrag für den Ausgleich der Lebensbeeinträchtigung und einen Betrag, in den alle übrigen Bemessungsumstände eingeflossen sind, festsetzt. Als alternative Vorgehensweise kommt eine erneute Vorlage an den Großen Zivilsenat in Betracht für den Fall, dass der 6. Zivilsenat bei erneuter Prüfung tatsächlich annähme, dass eine Aufschlüsselung der einzelnen Bemessungsschritte im Widerspruch zur Entscheidung des Großen Zivilsenats stehe. Der Große Zivilsenat wäre konkret zu fragen, ob die Bemessung des Schmerzensgeldes in einem einzigen undifferenzierten Bemessungsschritt unter gleichzeitiger Berücksichtigung aller Umstände erfolgen muss. Angesichts des methodischen Widerspruchs muss sich beiden möglichen Vorgehensweisen die Entwicklung eines Bemessungssystems durch die Zivilgerichte anschließen, welches die Differenzierung und den ersten Rang von Heftigkeit und Dauer der Lebensbeeinträchtigung bei der Bemessung realisiert.

B. Widerspruch zwischen der Festsetzung eines undifferenzierten Gesamtbetrages und der Heranziehung von Vergleichsrechtsprechung

I. Dem typischen Schmerzensgeldurteil lassen sich die Folgen der Schädigung, die Aufzählung der einzelnen Bemessungsumstände und das zuerkannte Schmerzensgeld entnehmen. In welcher Weise die einzelnen Bemessungsumstände auf die Höhe des Schmerzensgeldes Einfluss genommen haben, ist nicht erkennbar. Dieser Umstand hat zur Folge, dass der Bemessungsvorgang insgesamt intransparent bleibt und sich das Schmerzensgeldurteil nicht zum Vergleich eignet.

II. Die Rechtsprechung benötigt zur Bemessung des immateriellen Körper- und Gesundheitsschadens Anhaltspunkte, die sie sich in den letzten Jahrzehnten durch Heranziehung anderer Schmerzensgeldentscheidungen verschafft hat. Diese

Methode konnte sich schnellstens etablieren und ist mittlerweile fester und unangefochtener Bestandteil der Schmerzensgeldbemessung. Unterbleibt ein Vergleich mit anderen Schmerzensgeldurteilen, führt dies nicht selten zur Rüge im Rahmen des Rechtsmittelverfahrens. Die sogenannten Vergleichsentscheidungen entnehmen die Zivilgerichte überwiegend den gängigen Schmerzensgeldtabellen. Angesichts der Unbrauchbarkeit des Schmerzensgeldurteils als Vergleichsobjekt kann den Schmerzensgeldtabellen daher allenfalls informatorischer Charakter zugesprochen werden.

III. Trotz seines 1960 aufgestellten Aufspaltungsverbots, billigte der 6. Zivilsenat wenige Jahre später die Heranziehung von Vergleichsrechtsprechung und erkannte den Vergleichsentscheidungen Mitte der siebziger Jahre eine Bindungswirkung zu. Da das Verbot der Aufspaltung die Unbrauchbarkeit des Schmerzensgeldurteils als Vergleichsobjekt verursacht, steht die Rechtsprechung des 6. Zivilsenats zur Heranziehung von Vergleichsentscheidungen im methodischen Widerspruch zum Aufspaltungsverbot. Charakteristischerweise hat der 6. Zivilsenat bis heute nicht erläutert, wie die Orientierung an den in den Vergleichsentscheidungen ausgewiesenen Gesamtbeträgen erfolgen soll. Das Aufspaltungsverbot ist aufzugeben.

C. Keine signifikante Berücksichtigung der einzelnen Bemessungsumstände

Die annäherungsweise Ermittlung der täglichen Schmerzensgeldbeträge in den exemplarisch ausgewählten Schmerzensgeldfällen konnte keinen signifikanten Zusammenhang zwischen den Faktoren Dauer der Lebensbeeinträchtigung, Heftigkeit der Lebensbeeinträchtigung und vorsätzliche Schädigung einerseits und dem jeweils zuerkannten Schmerzensgeld andererseits nachweisen. Stattdessen wurde deutlich, dass weder individuelle Dauer noch individuelle Heftigkeit der Lebensbeeinträchtigung nach Maß in die Schmerzensgeldbemessung einfließen. Die Bezeichnung der Gerichte von Höhe und Maß der Lebensbeeinträchtigung als maßgebende Bemessungsumstände muss als Lippenbekenntnis zurückgewiesen werden.

D. Verfassungswidrigkeit der gegenwärtigen Bemessungspraxis

I. Die gegenwärtige Bemessungspraxis verstößt gegen das Recht auf körperliche Unversehrtheit, da sie keinen effektiven Schutz des Rechts auf körperliche Unversehrtheit realisiert. Zur Realisierung eines effektiven Schutzes müssen die

Zivilgerichte eine Methode anwenden, die es ermöglicht, sowohl individuelle Heftigkeit als auch individuelle Dauer als Parameter der Lebensbeeinträchtigung separat zu ermitteln und dann nach Maß bei der Festsetzung des Schmerzensgeldes zu berücksichtigen. Nur eine differenzierte Bemessung kann eine dem individuellen Umfang der Beeinträchtigung der körperlichen Unversehrtheit entsprechende Kompensation bewirken.

II. Die gegenwärtige Bemessungspraxis verstößt auch gegen das Recht auf gleiche Rechtsanwendung, da die Zivilgerichte gegenwärtig keinen geeigneten objektiven Maßstab zur Ausfüllung des unbestimmten Rechtsbegriffs der billigen Entschädigung in Geld verwenden. Der erforderliche objektive Maßstab wird den Zivilgerichten nicht durch die Vergleichsentscheidungen vermittelt. Die Gerichte sind daher verpflichtet, objektive Maßstäbe zu entwickeln, anhand derer Heftigkeit und Dauer der Lebensbeeinträchtigung ermittelt werden können.

III. Zur Beseitigung der verfassungsrechtlichen Mängel müssen die Zivilgerichte ein Bemessungssystem entwickeln, das die separate Ermittlung der individuellen Dauer und Heftigkeit der Lebensbeeinträchtigung anhand objektiver Maßstäbe und deren anschließende Berücksichtigung bei der Festsetzung des Schmerzensgeldes ermöglicht.

E. Ausblick auf Teil 2 der Arbeit

Im zweiten Teil der Untersuchung soll als alternatives Bemessungssystem das „System der taggenauen Bemessung des Schmerzensgeldes“[560] vorgestellt werden, das auf einer insgesamt neuartigen Bemessungsmethode beruht. Dabei soll vor dem Hintergrund der bisherigen Untersuchungsergebnisse ausschließlich auf die Methode des Systems eingegangen werden. Seine methodischen Kernelemente sollen im Hinblick darauf überprüft werden, inwieweit sie zur Beseitigung der aufgezeigten Mängel der gegenwärtigen Bemessungspraxis geeignet sind (§ 7). Sodann soll die Anwendbarkeit des Systems de lege lata überprüft werden (§ 8), bevor ein Überblick über die Bemessungsmethoden ausgesuchter europäischer Rechtsordnungen deren Bemessungscharakteristika ergänzend zusammenfassen und vergleichend in die Bewertung der methodischen Kernelemente des Systems einbezogen werden soll (§ 9).

560 Schwintowski/Schah Sedi-*Schwintowski*, aaO, S. 13 ff. (86 ff.).

Teil 2: Die Methode des Systems der taggenauen Bemessung des Schmerzensgeldes

§ 7 Das System der taggenauen Bemessung des Schmerzensgeldes

Die bisherigen Untersuchungen haben ergeben, dass die Entwicklung eines neuen Bemessungssystems durch die Zivilgerichte angezeigt ist. Vor dem Hintergrund der aufgezeigten Mängel stellt sich die Frage, wie das Schmerzensgeld zu bemessen ist. In der Vergangenheit wurde vereinzelt eine taggenaue Bemessung des Schmerzensgeldes gefordert,[561] die jüngst durch das „System der taggenauen Bemessung des Schmerzensgeldes“[562] (im Folgenden auch „System“) konkretisiert wurde. Das System verfolgt einen gänzlich neuartigen Bemessungsansatz, indem es die beim Geschädigten entstandene Lebensbeeinträchtigung während jedes einzelnen Tages ihrer Dauer ermittelt und den ermittelten Tagen anhand objektiver Kriterien festzulegende Geldbeträge als Tagessätze zuordnet. Nach Maßgabe der individuellen Heftigkeit der Lebensbeeinträchtigung sollen dem Geschädigten nach dem System unterschiedlich hohe Tagessätze gewährt werden und die Summe der zuzusprechenden Tagessätze den Schmerzensgeldbetrag bilden. Daneben ermöglicht das System dem Richter die Berücksichtigung der individuellen Umstände des Einzelfalls. Im folgenden Abschnitt sollen die methodischen Kernelemente des Systems dargestellt werden (A.). Sodann gilt es zu untersuchen, inwieweit das System die in Teil 1 der Arbeit festgestellten Mängel der gegenwärtigen Bemessungspraxis zu beseitigen vermag (B.).

A. Das System der taggenauen Bemessung des Schmerzensgeldes

Das System nimmt die Bemessung des Schmerzensgeldes auf drei separaten Stufen vor, namentlich Stufe I, Stufe II und Stufe III. Aus dem Zusammenwirken dieser Stufen soll sich nach dem System der Schmerzensgeldbetrag ergeben. Stufe I dient der Ermittlung der Lebensbeeinträchtigung, Stufe II ermöglicht die Berücksichtigung weiterer, außerhalb der Lebensbeeinträchtigung liegender Bemessungsumstände und Stufe III die Einbeziehung präventiver Zwecke. Zur Ermittlung der Lebensbeeinträchtigung auf Stufe I knüpft das System an die Behandlungsstufen

561 Vgl. *Schwintowski*, VuR 2011, 117 und *Ziegler/Ehl*, JR 2009, S. 1.
562 Schwintowski/Schah Sedi-*Schwintowski*, aaO, S. 13 ff. (86 ff.).

Intensivstation, Normalstation, Rehabilitation und häusliche ambulante Pflege (Stufe 1 bis 4) an.[563] Mithilfe dieser Behandlungsstufen soll die Heftigkeit der *vorübergehenden* Lebensbeeinträchtigung bestimmt werden. Wenn beim Geschädigten nach Abschluss der Behandlung auf den Stufen 1 bis 4 ein *dauerhafter* Schaden verbleibt, ist dessen Heftigkeit nach dem System auf einer zusätzlichen Stufe 5 zu ermitteln. Die Dauer der Lebensbeeinträchtigung soll anhand der einzelnen Tage, die sich der Geschädigte einer Behandlung nach den Stufen 1 bis 4 unterzieht oder eine dauerhafte Schädigung nach Stufe 5 verblieben ist, ermittelt werden. Die Summe aller Tagessätze auf Stufe I soll nach dem System denjenigen Entschädigungsbetrag ergeben, der dem Geschädigten wegen der Lebensbeeinträchtigung zu gewähren ist. Nach der Ermittlung dieses Betrages auf Stufe I kann auf Stufe III des Systems eine Erhöhung wegen präventiver Gesichtspunkte vorgenommen werden. Solche Präventivzuschläge schlägt das System insbesondere im Falle der Verursachung von Dauerschäden und schwerwiegenden Verhaltensverstößen wie alkoholisiertem Fahren und technischen Fahrzeugmängeln vor.[564] Der auf den Stufen I und III ermittelte Betrag kann nach dem System anschließend auf Stufe II der Bemessung um individuelle Zu- oder Abschläge modifiziert werden.[565] Auf diese Weise kann das Gericht nach der Idee des Systems eine individuelle Korrektur nach den Umständen des jeweiligen Einzelfalles vornehmen.[566] Der Schmerzensgeldbetrag soll sich nach dem System demnach aus dem wegen der Lebensbeeinträchtigung zu gewährenden und auf Stufe I ermittelten Betrag, dem gegebenenfalls auf Stufe III festgesetzten Präventivzuschlag sowie der gegebenenfalls auf Stufe II wegen der übrigen Bemessungsumstände festgesetzten Zu- oder Abschläge zusammensetzen.[567]

I. Bemessung der Lebensbeeinträchtigung auf Stufe I

Auf Stufe I des Systems soll die Lebensbeeinträchtigung bemessen werden. Zu diesem Zweck nimmt das System der taggenauen Bemessung auf Stufe I eine zweigliedrige Ermittlung der Parameter der Lebensbeeinträchtigung vor. Zur Ermittlung der Heftigkeit der Lebensbeeinträchtigung knüpft es an die einzelnen Behandlungsstufen und den Grad des Dauerschadens auf den Stufen 1 bis 5 an,

563 Schwintowski/Schah Sedi-*Schwintowski*, aaO, S. 13 ff. (42 ff.).
564 Schwintowski/Schah Sedi-*Schwintowski*, aaO, S. 69 ff. (77).
565 Schwintowski/Schah Sedi-*Schwintowski*, aaO, S. 67 f.
566 Schwintowski/Schah Sedi-*Schwintowski*, aaO, S. 67, 79, 90.
567 Siehe das System im Überblick, Schwintowski/Schah Sedi-*Schwintowski*, aaO, S. 79.

zur Ermittlung der Dauer der Lebensbeeinträchtigung an die einzelnen schädigungsbedingt beeinträchtigten Tage. Als Maßstab für die Heftigkeit der *vorübergehenden* Lebensbeeinträchtigung wählt das System die Stufen stationärer und ambulanter Behandlung während des Heilungsverlaufes des Geschädigten.[568] Das System differenziert danach, ob der Geschädigte auf der Intensivstation (Stufe 1), der Normalstation (Stufe 2), während der Rehabilitation (Stufe 3) oder ambulant zu Hause (Stufe 4) versorgt wurde.[569] Als Maßstab für die Heftigkeit der *dauerhaften* Lebensbeeinträchtigung soll der Grad der Schädigung (GdS) nach der Anlage zu § 2 der Versorgungsmedizin-Verordnung[570] (VersMedV) dienen.[571] Als Maßstab für die Dauer der Lebensbeeinträchtigung wählt das System den einzelnen schädigungsbedingt beeinträchtigten Tag im Leben des Geschädigten, sodass jeder einzelne Tag der Stufen 1 bis 5 berücksichtigt werden soll. Die Summe der einzelnen Tage der Stufen 1 bis 5 stellt sodann nach der Idee des Systems die Dauer der Lebensbeeinträchtigung dar. Zum Zwecke der Festsetzung eines Schmerzensgeldbetrages ordnet das System jeder der Stufen 1 bis 4 einen Prozentsatz zu, der die von jeder Stufe jeweils repräsentierte Heftigkeit der Lebensbeeinträchtigung abbilden soll.[572] Als „abstrakt-normative"[573] Bezugsgröße der Prozentsätze zieht das System das monatliche Bruttonationaleinkommen je Einwohner der Bundesrepublik Deutschland heran,[574] aus dem sich die Höhe des täglichen Entschädigungsbetrages

---

568 Schwintowski/Schah Sedi-*Schwintowski*, aaO, S. 45.

569 Schwintowski/Schah Sedi-*Schwintowski*, aaO, S. 46 ff., 79.

570 Verordnung zur Durchführung des § 1 Abs. 1 und 3, des § 30 Abs. 1 und des § 35 Abs. 1 des Bundesversorgungsgesetzes vom 10.12.2008, BGBl. I Nr. 57 vom 15.12.2008, S. 2412, zuletzt geändert durch die Dritte Verordnung zur Änderung der Versorgungsmedizin-Verordnung vom 17.12.2010, BGBl. I Nr. 66 vom 22.12.2010, S. 2124.

571 Schwintowski/Schah Sedi-*Schwintowski*, aaO, S. 51 f.

572 Schwintowski/Schah Sedi-*Schwintowski*, aaO, S. 57 ff. Siehe zur Höhe dieser Prozentsätze Schwintowski/Schah Sedi-*Schwintowski*, aaO, S. 57 ff und überblicksartig auf S. 79.

573 Schwintowski/Schah Sedi-*Schwintowski*, aaO, S. 62.

574 Schwintowski/Schah Sedi-*Schwintowski*, aaO, S. 61 ff. Im Jahr 2011 betrug das durchschnittliche Bruttonationaleinkommen je Einwohner monatlich 2.670,16 Euro (jährlich 32.042,- Euro), vgl. Schwintowski/Schah Sedi-*Schwintowski*, aaO, S. 63 unter Verweis auf die online abrufbaren volkswirtschaftlichen Gesamtrechnungen des Statistischen Bundesamts. Diese Wahl begründet das System mit drei Argumenten. Zum einen spiegele sich die „Gleichheit vor dem Schmerz" im monatlichen Durchschnitteinkommen, das durchschnittliche Bruttoarbeitseinkommen habe gegenüber dem individuellen Einkommen den Vorteil, dass auf diese Weise alle Geschädigten erfasst werden, d.h. auch die Personen, die über kein eigenes Einkommen verfügen, so bspw.

für die Stufen 1 bis 4 ergibt. Dabei geht das System davon aus, dass die Lebensbeeinträchtigung während der Zeit der intensivmedizinischen Behandlung auf Stufe 1 am heftigsten ist, während ihre Heftigkeit auf den Stufen 2 bis 4 linear abnimmt. Für den Dauerschaden legt das System eine eigene Skala zugrunde, indem es den Prozentsatz an den GdS nach der Anlage zu § 2 der VersMedV anknüpft. Der Prozentsatz knüpft dabei an einen 100%-igen Grad der Schädigung an und wird bei einem geringeren GdS entsprechend reduziert.[575] Der sich aus den Prozentsätzen der Stufen 1 bis 5 ergebende tägliche Entschädigungsbetrag ist dem Geschädigten nach dem System sodann wegen jedes einzelnen Tages, an dem eine Lebensbeeinträchtigung nach einer der Stufen 1 bis 5 vorlag, zu gewähren. Jeder Tag, den der Geschädigte intensivmedizinisch behandelt werden musste, ist mit dem nach Stufe 1 festgesetzten Entschädigungsbetrag zu kompensieren. Wenn der Geschädigte zum Zwecke der Rehabilitation oder häuslich ambulant gepflegt bzw. behandelt werden musste, ist entsprechend zu verfahren. Jeder weitere Tag, an dem im Anschluss an die Behandlung nach den Stufen 1 bis 4 ein GdS nach der Anlage zu § 2 der VersMedV verbleibt, ist als Dauerschaden mit dem nach Stufe 5 festgesetzten Entschädigungsbetrag zu kompensieren. Dabei knüpft das System auf Stufe 5 an die nach Abschluss der Behandlungsstufen 1 bis 4 durchschnittlich verbleibende restliche Lebenserwartung des Geschädigten an. Der dem Geschädigten wegen der Lebensbeeinträchtigung zuzuerkennende Schmerzensgeldbetrag entspricht sodann der Summe der täglichen Schmerzensgelder nach den Stufen 1 bis 5.

1. Stufe 1 - Intensivstation

Die heftigste Lebensbeeinträchtigung knüpft das System der taggenauen Bemessung an den Zustand des Geschädigten während der intensivmedizinischen Behandlung.[576] Intensivmedizin bedeutet nach dem System Intensivüberwachung und Intensivbehandlung.[577] Daraus folgt, dass der Geschädigte für die Behandlung auf der Intensivstation derart schwerwiegende Verletzungen erlitten haben muss,

---

Kinder und nicht Erwerbstätige sowie Pensionäre und Rentner und zuletzt ermögliche die Anknüpfung an das monatliche Durchschnittseinkommen eine Weiterentwicklung der Schmerzensgelder entsprechend der dynamischen jährlichen Entwicklung des Einkommens, Schwintowski/Schah Sedi-*Schwintowski*, aaO, S. 61 ff. (63).

575 Schwintowski/Schah Sedi-*Schwintowski*, aaO, S. 57.

576 *Schwintowski/Schah Sedi*, aaO, S. 45.

577 Vgl. *Schwintowski/Schah Sedi*, aaO, S. 46 unter Verweis auf die Richtlinien für die Organisation der Intensivmedizin in den Krankenhäusern des Vorstands der Deutschen Krankenhausgesellschaft vom 09.09.1974.

dass eine intensive Überwachung oder Behandlung medizinisch indiziert ist. Die intensivmedizinische Behandlung ist nach dem System „Ausdruck der schweren und schwersten Verletzungen“[578] des Geschädigten. Dabei berücksichtigt es auch die „lückenlose, kontinuierliche Pflege und Behandlungsbereitschaft“[579], die zu einer „vollständigen Kontrolle des gesamten persönlichen Lebens einschließlich der intimsten Vorgänge rund um die Uhr“[580] führe. Den Zustand des Geschädigten beschreibt das System als von Hilflosigkeit und Abhängigkeit gekennzeichnet.[581]

2. Stufe 2 - Normalstation

Als zweiten Anknüpfungspunkt für die Heftigkeit der Lebensbeeinträchtigung schlägt das System die normalmedizinische stationäre Behandlung vor. Für diese Zeit geht das System von einem nach wie vor schwerverletzten Geschädigten aus.[582] Da aber keine akute Lebensgefahr mehr bestehe, sei eine geringere Behandlungsintensität gegenüber der intensivmedizinischen Behandlung gegeben.[583] Das System beschreibt den Zustand des Geschädigten während der normalmedizinischen Behandlung als nach wie vor hochgradig fremdbestimmt,[584] der Grad der Fremdbestimmtheit sei aber geringer gegenüber der Intensivstation.[585] Der Geschädigte befinde sich nun in der Regel in einem Mehrbettzimmer mit anderen Pateinten, sein Tagesrhythmus sei insgesamt den Vorgaben des Krankenhauses unterworfen.

3. Stufe 3 - Rehabilitation

Die Zeit während der stationären Rehabilitation wählt das System als dritten Anknüpfungspunkt und beschreibt sie als „Nachbehandlung in einem Krankenhaus mit einem etwas anderen Zuschnitt“[586]. Dabei würden nicht mehr Schwer- und Schwerstkranke behandelt, sondern „diejenigen, die offensichtlich auf dem Weg

578 *Schwintowski/Schah Sedi*, aaO, S. 47.

579 *Roeder*, Anpassungsbedarf der Vergütung von Krankenhausleistungen für 2005, Gutachten im Auftrag der Deutschen Krankenhausgesellschaft, 2004, S. 191, zitiert nach Schwintowski/Schah Sedi-*Schwintowski*, aaO, S. 47.

580 *Schwintowski/Schah Sedi*, aaO, S. 47.

581 *Schwintowski/Schah Sedi*, aaO, S. 48.

582 Schwintowski/Schah Sedi-*Schwintowski*, aaO, S. 48.

583 Schwintowski/Schah Sedi-*Schwintowski*, aaO, S. 48.

584 Schwintowski/Schah Sedi-*Schwintowski*, aaO, S. 49.

585 Schwintowski/Schah Sedi-*Schwintowski*, aaO, S. 49.

586 Schwintowski/Schah Sedi-*Schwintowski*, aaO, S. 49.

der Besserung sind, die bereits in der Lage sind, Rehabilitationsmaßnahmen zu verkraften"[587]. Das System stuft den Geschädigten während dieser Zeit als weitgehend fremdbestimmt ein, da der Tagesrhythmus des Geschädigten nach wie vor einem festen Zeitplan unterworfen sei.[588] Die Fremdbestimmtheit komme auch dadurch zum Ausdruck, dass der Anschluss an das normale Privat- und Berufsleben außerhalb der Rehabilitationsklinik fast nicht möglich sei.[589] Insgesamt ist das Leben des Geschädigten nach dem System während der Zeit der Rehabilitation nach wie vor stark beeinträchtigt, wenn auch mit einem geringeren Grad an Lebensbeeinträchtigung als in der Normalstation.[590]

4. Stufe 4 - Häusliche ambulante Pflege

Als weitere und letzte Stufe der vorübergehenden Lebensbeeinträchtigung schlägt das System die häusliche ambulante Pflege vor. Während dieser Zeit sei der Geschädigte nach wie vor behandlungsbedürftig, den gesunden Zustand habe er noch nicht erreicht.[591] Das System knüpft an den Umstand, dass der Geschädigte sein häusliches Umfeld zurückerlangt, einen gegenüber der vorangegangenen stationären Behandlungszeit erhöhten Grad an Privatheit.[592] Dieser komme auch dadurch zum Ausdruck, dass der Geschädigte einen Teil seiner elementaren Grundbedürfnisse wieder selber bewältigen kann.[593] Das private und berufliche Leben außerhalb der häuslichen Pflege sei hingegen nach wie vor nicht möglich, der Geschädigte vielmehr „auf die Genesung fokussiert"[594]. Insgesamt bestehe weiterhin eine erhebliche Lebensbeeinträchtigung, die gegenüber der Rehabilitation graduell aber bereits geringer ausfalle.[595]

5. Stufe 5 - Dauerschaden

Das System sieht Stufe 5 als weitere Stufe für den Fall vor, dass beim Geschädigten nach Abschluss der medizinischen Behandlung und Pflege Folgen der Schädigung bestehen bleiben, die Schädigung mithin irreparable Verletzungen verursacht hat.

---

587 Schwintowski/Schah Sedi-*Schwintowski*, aaO, S. 49 f.
588 Schwintowski/Schah Sedi-*Schwintowski*, aaO, S. 50.
589 Schwintowski/Schah Sedi-*Schwintowski*, aaO, S. 50.
590 Schwintowski/Schah Sedi-*Schwintowski*, aaO, S. 50.
591 Schwintowski/Schah Sedi-*Schwintowski*, aaO, S. 50 f.
592 Schwintowski/Schah Sedi-*Schwintowski*, aaO, S. 50 f.
593 Schwintowski/Schah Sedi-*Schwintowski*, aaO, S. 51.
594 Schwintowski/Schah Sedi-*Schwintowski*, aaO, S. 51.
595 Schwintowski/Schah Sedi-*Schwintowski*, aaO, S. 51.

Eine solche dauerhafte Lebensbeeinträchtigung soll separat auf Stufe 5 des Systems erfasst werden. Für die Bewertung der Heftigkeit der dauerhaften Lebensbeeinträchtigung zieht das System die Anlage zu § 2 der VersMedV heran.[596] Diese Anlage beinhaltet in Teil B eine Tabelle, die nach Körperbereichen gegliedert verschiedenen Beeinträchtigungen Schädigungsgrade von 0 % bis 100 % zuordnet. Der GdS repräsentiert nach dem System die Heftigkeit der dauerhaften Lebensbeeinträchtigung, insofern als er in der Anlage zu § 2 der VersMedV als „Maß für die körperlichen, geistigen, seelischen und sozialen Auswirkungen einer Funktionsbeeinträchtigung eines Gesundheitsschadens“[597] definiert werde. Die Einstufung in das GdS-System setze eine mehr als sechsmonatige gesundheitliche Beeinträchtigung voraus[598] und der GdS-Wert beinhalte die „üblicherweise vorhandenen Schmerzen“[599] und auch „erfahrungsgemäß besonders schmerzhafte Zustände“[600], sodass er zur Abbildung der dauerhaften Lebensbeeinträchtigung geeignet sei. Für die Ermittlung der Dauer setzt das System sein Prinzip der taggenauen Bemessung fort, indem es die durchschnittlich verbleibende Lebenserwartung des Geschädigten ermittelt und für jeden einzelnen Tag dieser verbleibenden Lebenszeit den anhand des entsprechenden Prozentsatzes zu ermittelnden Betrag festsetzt.

II. Erhöhung um Präventivzuschläge auf Stufe III

Stufe III soll nach dem System die Bemessung der billigen Entschädigung in Geld um die präventiven Aspekte des Haftungsrechts ergänzen.[601] Diese Ergänzung bedeutet für die Bemessung, dass im zweiten Schritt der auf Stufe I ermittelte Betrag in bestimmten Fällen um Präventivzuschläge erhöht werden soll.[602] Ausgangspunkt ist dabei die Feststellung, dass die Verhaltenssteuerung durch die Präventionsfunktion heute praktisch nicht mehr existiere, da hinter jedem Schädiger in der Regel eine Haftpflichtversicherung stehe.[603] Deswegen beabsichtigt das System die Schaffung finanzieller Anreize für den Schädiger zur Änderung

596 Schwintowski/Schah Sedi-*Schwintowski*, aaO, S. 51.
597 Schwintowski/Schah Sedi-*Schwintowski*, aaO, S. 53.
598 Schwintowski/Schah Sedi-*Schwintowski*, aaO, S. 52.
599 Schwintowski/Schah Sedi-*Schwintowski*, aaO, S. 53.
600 Schwintowski/Schah Sedi-*Schwintowski*, aaO, S. 53.
601 Schwintowski/Schah Sedi-*Schwintowski*, aaO, S. 69 ff.
602 Schwintowski/Schah Sedi-*Schwintowski*, aaO, S. 77.
603 Schwintowski/Schah Sedi-*Schwintowski*, aaO, S. 69 f.

seines Verhaltens.[604] Eine solche Verhaltensänderung des Schädigers ließe sich nach dem System durch konkrete finanzielle Anreize wie Selbstbeteiligungen und Risikoausschlüsse im Falle konkret definierter Verhaltensweisen realisieren.[605] Eine Erhöhung um Präventivzuschläge schlägt das System in zwei Fällen vor. Zum einen könne wegen einer Verhaltensweise, die zu einem Dauerschaden nach der GdS-Tabelle führt, ein Zuschlag in Höhe des GdS-Prozentsatzes gewährt werden.[606] Daneben komme eine Erhöhung unter Präventivgesichtspunkten bei Unaufmerksamkeit sowie bei ganz besonders gefährdenden Verhaltensweisen wie Fahren unter Alkoholeinfluss[607] und Fahren mit technischen Fahrzeugmängeln[608] in Betracht. Beide Verhaltensweisen sind nach dem System objektiv erkennbar und vermeidbar. Auf Stufe III des Systems wäre sodann zunächst ein Dauerschaden zu berücksichtigen. Der Zuschlag wegen besonders gefährdender Verhaltensweisen wäre mit dem um den Zuschlag wegen des Dauerschadens erhöhten Betrag zu addieren.[609] Das System schlägt hier Präventivzuschläge im Bereich von 30 % bis 100 % vor.[610]

III. Berücksichtigung der übrigen Bemessungsumstände auf Stufe II

Alle außerhalb der Lebensbeeinträchtigung liegenden anderen Bemessungsumstände berücksichtigt das System erst und ausschließlich im dritten Bemessungsschritt auf Stufe II. Diese soll es dem Gericht ermöglichen, nach der Bemessung der Lebensbeeinträchtigung alle den Einzelfall prägenden Umstände in die Bemessung einzubeziehen.[611] Insbesondere vorsätzliches oder grob fahrlässiges Verhalten des Schädigers oder eine Regulierungsverzögerung von seiner Seite oder seiner Haftpflichtversicherung können sich nach dem System erhöhend auswirken.[612]

604 Schwintowski/Schah Sedi-*Schwintowski*, aaO, S. 70 f.
605 Schwintowski/Schah Sedi-*Schwintowski*, aaO, S. 72 ff.
606 Schwintowski/Schah Sedi-*Schwintowski*, aaO, S. 74.
607 Schwintowski/Schah Sedi-*Schwintowski*, aaO, S. 76.
608 Schwintowski/Schah Sedi-*Schwintowski*, aaO, S. 76 f.
609 Schwintowski/Schah Sedi-*Schwintowski*, aaO, S. 77 f. Die Zuschläge wegen des Dauerschadens und wegen der besonders gefährdenden Verhaltensweisen seien „additiv" zu berücksichtigen, Schwintowski/Schah Sedi-*Schwintowski*, aaO, S. 78.
610 Schwintowski/Schah Sedi-*Schwintowski*, aaO, S. 76 f.
611 Schwintowski/Schah Sedi-*Schwintowski*, aaO, S. 67 f., 78, 80.
612 Schwintowski/Schah Sedi-*Schwintowski*, aaO, S. 67 f.

Hingegen wären schlechte Vermögensverhältnisse des Schädigers im Falle fehlenden Versicherungsschutzes, ein besonders geringes Verschulden eines Kindes, die besondere Schadensanfälligkeit des Geschädigten oder die Provokation des Schadensfalles durch den Geschädigten mindernd zu berücksichtigen und könnten im Einzelfall zu einer maßvollen Reduzierung des Schmerzensgeldes führen.[613]

IV. Anmerkung zu den Bemessungsstufen I, II und III

Das System der taggenauen Bemessung geht davon aus, dass Ausgleichs- und Genugtuungsfunktion symbiotisch zusammenwirken[614] ohne „rechnerisch auflösbar"[615] zu sein. Nach der in dieser Untersuchung vertretenen Auffassung dienen Ausgleich und Genugtuung als Funktionen des Schmerzensgeldes auch dazu, den Betrag, der zum Ausgleich und zur Genugtuung jeweils erforderlich ist, zu ermitteln, sodass sich sowohl dem Ausgleich als auch der Genugtuung Beträge zuordnen lassen.[616] Für das System folgt aus dieser Auffassung, dass der auf Stufe I ermittelte Betrag dem Ausgleich der Lebensbeeinträchtigung dient und es sich insoweit um den Ausgleichsbetrag handelt. Bei den Umständen, die auf Stufe II des Systems durch individuelle Zu- oder Abschläge berücksichtigt werden können, handelt es sich um außerhalb der Lebensbeeinträchtigung liegende Umstände. Stufe II des Systems räumt dem Tatrichter nach der hier vertretenen Auffassung an dieser Stelle mithin die Möglichkeit ein, Aspekte der Genugtuung in die Bemessung einfließen zu lassen, indem er den gegebenenfalls um Präventivzuschläge ergänzten Ausgleichsbetrag modifiziert. Angesichts der Zielsetzung der Arbeit soll die Ermittlung des Ausgleichsbetrages auf Stufe I den Schwerpunkt der Untersuchung bilden. Der Vollständigkeit halber wurden auch die Bemessungsstufen II und III genannt, deren Untersuchung allerdings einer gesonderten Prüfung vorbehalten bleiben muss.[617]

---

613 Schwintowski/Schah Sedi-*Schwintowski*, aaO, S. 67 f.

614 Schwintowski/Schah Sedi-*Schwintowski*, aaO, S. 81.

615 Schwintowski/Schah Sedi-*Schwintowski*, aaO, S. 81.

616 Siehe in § 2 dieser Untersuchung, S. 44 ff.

617 Es ist umstritten, ob das Schadensrecht weitere Zwecke neben dem Ausgleich verfolgt. *Schubert* spricht für den Ersatz immaterieller Schäden allgemein jüngst von einem „Spannungsfeld zwischen Schadensausgleich, Prävention und Privatstrafe", *Schubert*, aaO, S. 6 und 673 ff. mit umfassender Diskussion einer Präventions- und Sanktionsfunktion. Der BGH zeigte sich bisher ablehnend und führte aus, dass „sich der Zweck des Schadensersatzes im Ausgleich des in haftungsrechtlich erheblicher Weise verursachten Schadens erschöpft", BGH VersR 2004, 1180 (1181); siehe

B. Analyse des Systems anhand der Mängel der gegenwärtigen Bemessungspraxis

Nunmehr soll untersucht werden, ob das System der taggenauen Bemessung eine Bemessungsmethode beinhaltet, die zur vollständigen oder teilweisen Beseitigung der Mängel der gegenwärtigen Bemessungspraxis geeignet ist. Die Methode des Systems basiert auf drei wesentlichen Bemessungsansätzen, die anschließend untersucht werden sollen. Der erste wesentliche Bemessungsansatz ist die Differenzierung zwischen der Lebensbeeinträchtigung und den übrigen Bemessungsumständen durch Ermittlung der Lebensbeeinträchtigung auf Stufe I und Ermittlung der übrigen Bemessungsumstände auf Stufe II. Diese stufenweise Bemessung stellt nicht nur eine separate Ermittlung, sondern auch eine Ermittlung der Lebensbeeinträchtigung an erster Stelle sicher, insofern als Stufe I den Ausgangspunkt der Bemessung nach dem System bildet. Der zweite wesentliche Bemessungsansatz besteht in der Ermittlung der Heftigkeit der Lebensbeeinträchtigung anhand der Behandlungsstufen und des Schädigungsgrades nach der Anlage zu § 2 der VersMedV. Die Behandlungsstufen repräsentieren ebenso wie der GdS einen objektiven Maßstab. Die Heranziehung der Behandlungsstufen für die Ermittlung der vorübergehenden Heftigkeit der Lebensbeeinträchtigung bewirkt demnach ebenso wie die Heranziehung des GdS für die Ermittlung der dauerhaften Heftigkeit der Lebensbeeinträchtigung eine Objektivierung der Bemessung der gesamten Heftigkeit der Lebensbeeinträchtigung. Der dritte wesentliche Bemessungsansatz ist die Ermittlung der Dauer der Lebensbeeinträchtigung anhand der einzelnen beeinträchtigten Tage während der Behandlung des Geschädigten und während des gegebenenfalls verbleibenden Dauerschadens. Die Anknüpfung an die einzelnen Tage bedeutet, dass das System auch für die Ermittlung der Dauer

---

auch BGH NJW 2004, 2526 (2528); BGH NJW 1992, 3096 (3103); so auch *Jansen*, JZ 2005, 160 (162); kritisch *Müller,* nach dem das BGB-Schadensrecht de lege lata um ein Sanktionsprinzip zu ergänzen ist, vgl. *P. Müller*, Punitive damages und deutsches Schadensersatzrecht, S. 369; zur Sanktionsfunktion siehe auch *Stoll*, Haftungsfolgen im bürgerlichen Recht, S. 57 ff.; für das Präventionsprinzip als gefestigten Bestandteil des Schadensersatzrechts, vgl. *Schlobach*, aaO, S. 467; *befürwortend* ebenfalls *Magnus,* vgl. NK-BGB/*Magnus*, Vor §§ 249–255 Rn. 11; *Wagner*, der von einer „Kernfunktion des Schadensersatzrechts" spricht, *Wagner*, Karlsruher Forum, 2006, S. 136; *Schäfer/Ott*, aaO, S. 121 ff.; *ablehnend: Larenz*, NJW 1959, 865 (865); *Lange/Schiemann*, Schadensersatz, S. 11; MünchKomm-BGB/*Oetker*, § 249 Rn. 9 m.w.N. und jüngst *Neuner*, JuS 2013, 577 (584 f.).

der Lebensbeeinträchtigung einen objektiven Maßstab verwendet. Die Ermittlung von Heftigkeit und Dauer der Lebensbeeinträchtigung nach dem System haben demnach gemeinsam, dass sie jeweils auf objektiven Maßstäben basieren, sodass sich die objektivierte Bemessung der Lebensbeeinträchtigung als ein Bemessungsansatz zusammenfassen lässt. Insgesamt beinhaltet das System der taggenauen Bemessung als methodische Kernelemente demzufolge die Differenzierung zwischen den einzelnen Bemessungsumständen (I.) und die objektivierte Bemessung von Dauer und Heftigkeit der Lebensbeeinträchtigung (II.).

I. Differenzierung zwischen den einzelnen Bemessungsumständen

Durch die Differenzierung zwischen den einzelnen Umständen bei der Bemessung und die daraus resultierende separate und vorrangige Ermittlung von Heftigkeit und Dauer der Lebensbeeinträchtigung beinhaltet das System einen methodischen Ansatz, der verschiedene grundlegende Mängel der gegenwärtigen Bemessungspraxis zu beseitigen vermag.

1. Effektiver Schutz der körperlichen Integrität auf Kompensationsebene

Der verfassungsrechtlich gebotene effektive Schutz des Rechts auf körperliche Unversehrtheit verlangt es, Heftigkeit und Dauer Lebensbeeinträchtigung ihrem individuellen Maß im Einzelfall entsprechend bei der Bemessung zu berücksichtigen. Diese Berücksichtigung erfordert zunächst eine separate Ermittlung dieser beiden Bemessungsparameter. Stufe I des Systems dient ausschließlich der Ermittlung von Heftigkeit und Dauer der Lebensbeeinträchtigung sowie der Festsetzung des Ausgleichsbetrages. Die Berücksichtigung der anderen Bemessungsumstände auf Stufe II erfolgt erst im nächsten Schritt, mithin erst in dem Moment, in dem die Parameter der Lebensbeeinträchtigung ermittelt sind und der Ausgleichsbetrag feststeht. Innerhalb der Stufe I ermöglicht das System eine differenzierte Ermittlung von Heftigkeit und Dauer der Lebensbeeinträchtigung, indem beide Parameter der Lebensbeeinträchtigung einzeln erfasst werden. Die einzelnen Stufen der Behandlung, auf denen sich der Geschädigte während des Heilungsverlaufs befindet, ermöglichen dem Gericht die Ermittlung der individuellen Heftigkeit der Lebensbeeinträchtigung. Anhand der einzelnen, den Behandlungsstufen vom System zugewiesenen Prozentsätze, kann das Gericht das Ergebnis der Ermittlung auch unmittelbar bei der Festsetzung des Schmerzensgeldes berücksichtigen. Auf diese Weise stellt das System sicher, dass das Maß der Heftigkeit der Lebensbeeinträchtigung auch tatsächlich in den Schmerzensgeldbetrag einfließt. Eine identische Vorgehensweise sieht das System für die Ermittlung der dauerhaften Lebensbeeinträchtigung vor. Anhand des Schädigungsgrades nach der Anlage zu § 2 der VersMedV kann das Gericht die Heftigkeit der dauerhaften Lebensbeeinträchtigung ermitteln. Sodann kann es wiederum mithilfe des zugewiesenen Prozentsatzes den entsprechenden Betrag festsetzen, sodass für die dauerhafte Lebensbeeinträchtigung gleichermaßen sichergestellt wird, dass sie nach ihrem individuellen Maß in den Schmerzensgeldbetrag einfließt. Durch die Behandlungsstufen und das GdS-System stellt das System der taggenauen Bemessung sicher, dass eine Berücksichtigung der individuellen Heftigkeit der Lebensbeeinträchtigung insgesamt nach Maß erfolgt. Indem das System an jeden einzelnen beeinträchtigten Tag anknüpft, kann zudem nicht nur die individuelle Dauer der vorübergehenden Beeinträchtigung, sondern auch die individuelle Dauer der dauerhaften Beeinträchtigung exakt ermittelt werden, sodass die Berücksichtigung der individuellen Dauer der Lebensbeeinträchtigung nach Maß bei der Bemessung ermöglicht wird. Stufe I des Systems bietet somit durch die Kombination von Behandlungsstufen und GdS und einzelnen Tagen insgesamt einen Bemessungsansatz, der zur Ermittlung von individueller Heftigkeit und Dauer der Lebensbeeinträchtigung und ihrer maßvollen Berücksichtigung bei der Bemessung des Schmerzensgeldes geeignet ist.

2. Umsetzung des Rangverhältnisses des Großen Zivilsenats

Durch die Bemessung der Lebensbeeinträchtigung auf Stufe I und die Bemessung der übrigen Umstände auf Stufe II setzt das System das Rangverhältnis um, das der Große Zivilsenat des BGH den Bemessungsumständen zugewiesen hatte. Die Ermittlung der Lebensbeeinträchtigung auf Stufe I der Bemessung ermöglicht dabei nicht nur die erforderliche Differenzierung zwischen ihr und den übrigen Bemessungsumständen, sondern realisiert gleichzeitig den Vorrang der Lebensbeeinträchtigung gegenüber allen anderen Bemessungsumständen, indem Stufe I den Ausgangspunkt der Bemessung in jedem Schmerzensgeldfall bildet. Die Einzelfallprüfung, die der Große Zivilsenat für die übrigen Bemessungsumstände vorgesehen hatte und aus der sich Relevanz und Rangverhältnis der übrigen Umstände ergeben sollten,[618] sieht das System auf Stufe II vor und weist dabei auch

618 „Im übrigen läßt sich ein *Rangverhältnis der zu berücksichtigenden Umstände nicht allgemein aufstellen, weil diese Umstände ihr Maß und Gewicht für die vorzunehmende*

ausdrücklich auf den Einzelfall hin, dem der Große Zivilsenat das Rangverhältnis zugewiesen hatte.[619] Stufe II ermöglicht es dem Gericht zu überprüfen, ob gegebenenfalls weitere Umstände bei der Bemessung zu berücksichtigen sind mit der Folge, dass der Ausgleichsbetrag zu modifizieren wäre. Für die übrigen Umstände, deren Ob und Wie der Berücksichtigung der Große Zivilsenat dem Ermessen des Tatrichters hatte überlassen wollen, schlägt das System demnach die zweitrangige Berücksichtigung im Sinne der Grundsatzentscheidung vor. Demzufolge zeigt sich anhand der Stufen I und II ein System, das methodisch exakt an den Vorgaben des Großen Zivilsenats orientiert ist. Die Anwendung des Systems der taggenauen Bemessung würde nicht nur das Dogma vom *einheitlichen Schmerzensgeld*, sondern zugleich den bestehenden methodischen Widerspruch zur Grundsatzentscheidung des Großen Zivilsenats beseitigen.

II. Objektivierte Bemessung der Lebensbeeinträchtigung

Der standardisierte Rückgriff der Gerichte auf Vergleichsrechtsprechung verdeutlicht, dass die Gerichte seit langem bestrebt sind, objektive Anhaltspunkte für die Bemessung des Schmerzensgeldes zu gewinnen.[620] Dieser Rückgriff könnte nunmehr durch die Anwendung des Systems entbehrlich werden, da es den Gerichten die objektiven Maßstäbe für die Bemessung unmittelbar selbst vermittelt, die diese in den *vergleichbaren Fällen* suchen. Als Maßstab für die Ermittlung der Heftigkeit der Lebensbeeinträchtigung schlägt das System vier unterschiedliche Behandlungsstufen und den GdS als fünfte Stufe vor. Demzufolge versucht das System nicht, die subjektive Situation des Geschädigten zu erfassen, sondern es objektiviert von vornherein die Heftigkeit der Lebensbeeinträchtigung zum Zweck der

Ausmessung der billigen Entschädigung erst durch ihr Zusammenwirken im Einzelfall erhalten, […]. Es ist daher auf den jeweiligen Einzelfall abzustellen. *In welchem Maße die angeführten und sonst noch in Betracht kommenden Umstände die Bemessung des Schmerzensgeldes beeinflussen, ist dabei unter dem Gesichtspunkt der Billigkeit zu ermitteln.* Diese Prüfung kann auch dazu führen, daß einzelne Umstände, wie zB die wirtschaftlichen Verhältnisse bei der Festsetzung des Schmerzensgeldes auszuscheiden sind.", BGHZ 18, 148 (167 f.), Hervorhebung durch die Verfasserin. Siehe dazu auch in § 1 unter Buchstabe B. dieser Untersuchung.

619 Schwintowski/Schah Sedi-*Schwintowski*, aaO, S. 67.

620 Siehe auch *v. Mayenburg*, der den standardisierten Rückgriff auf Vergleichsrechtsprechung zutreffend als Beleg für die praktischen Schwierigkeiten der Gerichte bei der Bemessung bewertet, *v.* Mayenburg, aaO, S. 53 f.

Bemessung. Für die Ermittlung der Dauer der Lebensbeeinträchtigung wählt das System ebenfalls einen objektiven Maßstab durch die Anknüpfung an die einzelnen schädigungsbedingt beeinträchtigten Tage. Es gilt nunmehr zu überprüfen, ob das System dadurch geeignete objektive Maßstäbe zur Verfügung stellt, die eine gleiche Rechtsanwendung bei der Ermittlung der Lebensbeeinträchtigung ermöglichen (1.). Daneben soll untersucht werden, ob die Objektivierung der Lebensbeeinträchtigung zum Zwecke der Bemessung mit dem Verständnis des Großen Zivilsenats des BGH und des 6. Zivilsenats des BGH vereinbar ist, ob der Lebensbeeinträchtigung von Seiten des BGH also ein subjektives oder objektives Verständnis zugrunde gelegt wird (2.).[621] Im Zusammenhang mit dieser Frage muss auch überprüft werden, welche Rolle die Schmerzen als solche bei der Bemessung des Schmerzensgeldes einnehmen (3.). Da Schmerzen subjektiv empfunden werden und sich, wie die späteren Ausführungen verdeutlichen werden, nicht bemessungstauglich objektivieren lassen, gilt es zu untersuchen, inwieweit physische und psychische Schmerzen separater Gegenstand der Bemessung sein müssen.

1. Wahrung der Gleichheit bei der Rechtsanwendung

Die verfassungsrechtlich gebotene Gleichheit bei der Rechtsanwendung verpflichtet die Gerichte, der Ausfüllung des unbestimmten Rechtsbegriffs der billigen Entschädigung einen objektiven Maßstab zugrunde zu legen. Dieser objektive Maßstab ist von den Gerichten noch zu entwickeln. Das System der taggenauen Bemessung stellt durch seinen neuartigen Bemessungsansatz verschiedene objektive Maßstäbe zur Verfügung, anhand derer Heftigkeit und Dauer der Lebensbeeinträchtigung ermitteln werden können. Die Lebensbeeinträchtigung als wesentlicher und vorrangig zu ermittelnder Umstand im Sinne der Rechtsprechung des Großen Zivilsenats wird nach dem System insgesamt objektiviert. Das System schlägt vor, die Heftigkeit der Lebensbeeinträchtigung anhand fünf verschiedener Maßstäbe zu ermitteln. Für die Ermittlung der vorübergehenden Lebensbeeinträchtigung stellt das System vier Behandlungsstufen zur Verfügung. Für das Zivilgericht ist objektiv feststellbar, ob der Geschädigte intensivmedizinisch, normalmedizinisch, zum Zwecke der Rehabilitation oder häuslich ambulant behandelt wurde. Auch der

621 *Lorenz* äußerte bereits in den achtziger Jahren sein Erstaunen darüber, dass die Frage, worin der entschädigungspflichtige immaterielle Schaden eigentlich bestehe, keine besondere Aufmerksamkeit erregte, vgl. *Lorenz*, Immaterieller Schaden, S. 32; so jüngst auch *Schubert*, aaO, S. 3 und *v. Mayenburg*, Die Bemessung des Inkommensurablen, S. 118.

Grad der Schädigung nach der Anlage zu § 2 der VersMedV kann objektiv ermittelt werden. Das Zivilgericht könnte demzufolge mithilfe des Systems der taggenauen Bemessung sich die gesamte Heftigkeit der Lebensbeeinträchtigung anhand objektiver Maßstäbe ermitteln. Dabei ermöglichen sowohl die objektiven Maßstäbe der Behandlungsstufen als auch der objektive Maßstab des GdS dem Gericht eine differenzierte Bewertung der individuellen Heftigkeit der Lebensbeeinträchtigung, die sodann in verschieden hohen bzw. gleich hohen Schmerzensgeldern Ausdruck finden kann. Gleiches gilt für die Dauer der Lebensbeeinträchtigung. Der einzelne Tag, an den das System anknüpft, lässt sich objektiv ermitteln, sodass dieses Kriterium ebenfalls einen objektiven Maßstab darstellt. Der objektive Maßstab des einzelnen Tages ermöglicht eine Ermittlung der individuellen Dauer, die Unterschiede bzw. Übereinstimmungen verschiedener Fälle in der am denkbarsten exakten Weise abbildet. Insgesamt stellt das System der taggenauen Bemessung daher verschiedene objektive Maßstäbe zur Verfügung, anhand derer das Gericht die Lebensbeeinträchtigung objektiv ermitteln und Unterschieden bzw. Übereinstimmungen durch verschieden hohe bzw. gleich hohe Schmerzensgelder bei der Festsetzung berücksichtigen kann. Das System stellt demnach auf Stufe I solche Maßstäbe zur Verfügung, die eine gleiche Rechtsanwendung bei der Ermittlung der Lebensbeeinträchtigung ermöglichen.

2. Das Verständnis der Lebensbeeinträchtigung nach der BGH-Rechtsprechung

Der Geschädigte empfindet die erlittene Beeinträchtigung seines Lebens subjektiv.[622] Demzufolge wird die Frage, in welchem Maße eine Lebensbeeinträchtigung eingetreten ist, ausschließlich von subjektiven, im Innern des Geschädigten stattfindenden Faktoren beantwortet. Trotz dieses Umstands nimmt das System der taggenauen Bemessung auf Stufe I eine objektivierende Betrachtung der Lebensbeeinträchtigung vor, indem es an die Behandlungsstufen vom Zeitpunkt der Schädigung bis zur vollständigen Genesung sowie den GdS anknüpft.[623] Es stellt sich daher die Frage, ob die Lebensbeeinträchtigung subjektiv oder objektiv zu bestimmen ist. Von Bedeutung ist in diesem Zusammenhang die Rechtsprechung des 6. Zivilsenats des BGH zu den Wahrnehmungsunfähigen, da sie verdeutlicht hat, inwiefern eine Orientierung der Bemessung an der subjektiv empfundenen Lebensbeeinträchtigung unvertretbare Wertungswidersprüche verursachen

622 Zutreffend Schwintowski/Schah Sedi-*Schwintowski*, aaO, S. 45.
623 Schwintowski/Schah Sedi-*Schwintowski*, aaO, S. 45 ff.

kann. Anfang der neunziger Jahre gab der 6. Zivilsenat diese als rechtsfehlerhaft einzustufende[624] Rechtsprechung auf und stellte gleichzeitig sein Verständnis der Lebensbeeinträchtigung um.[625]

a. Objektives Verständnis des Großen Zivilsenats

Der Große Zivilsenat machte in seiner Grundsatzentscheidung die Erreichung des Ausgleichszwecks nicht zur Voraussetzung für die Zubilligung einer Entschädigung wegen immaterieller Schäden.[626] Er sah und benannte die Gefahr unbilliger Ergebnisse, in den Fällen, in denen der Geschädigte subjektiv das Bewusstsein der Schädigung nicht besitze oder wenn ihm aufgrund seiner wirtschaftlichen Kraft kein Geldbetrag einen Ausgleich verschaffen könne.[627] Daraus folgt, dass der Große Zivilsenat nicht auf das subjektive Empfinden des Geschädigten abstellte und eine objektivierende Betrachtung der Lebensbeeinträchtigung und ihres Ausgleichs vornahm.[628] Dieses objektive Verständnis von Lebensbeeinträchtigung und Ausgleich ist das einzig gerechte und zugleich praktikable, da außer dem Geschädigten selbst niemand weiß, wie er die Lebensbeeinträchtigung subjektiv empfindet und ob das zugesprochene Schmerzensgeld einen Ausgleich herbeiführt.

b. Subjektivierung durch den 6. Zivilsenat bis 1992

In den siebziger und achtziger Jahren hatte der 6. Zivilsenat des BGH die Ansicht vertreten, dass dem Geschädigten, dem infolge der vollständigen Zerstörung seiner Persönlichkeit keine Empfindungsmöglichkeit verblieben ist, ein Schmerzensgeld als „zeichenhafte Wiedergutmachung"[629] zuzusprechen sei. Ausgangspunkt für

---

624 Sie stand im Widerspruch zur Grundsatzentscheidung des Großen Zivilsenats, vgl. *Degenhart*, aaO, S. 48.

625 Vgl. BGHZ 120, 1.

626 Vgl. BGHZ 18, 149 (157).

627 BGHZ 18, 149 (156 f.).

628 So auch *Degenhart*, aaO, S. 48.

629 BGH NJW 1976, 1147 (1147, 1149); BGH VersR 1982, 880 (880) und BGH VersR 1985, 965 (965). An dieser Rechtsprechung wurde in der Literatur zum Teil heftige Kritik geübt, vgl. *Hupfer*, nach dem angesichts der klaren Regelung des § 847 BGB die Verminderung des Schmerzensgeldes in seiner eigentlichen Funktion zum nummus-unus-Prinzip aufgrund der verminderten Empfindungsfähigkeit des Geschädigten nicht haltbar erscheine, vgl. *Hupfer*, NJW 1976, 1792 (1793); *Nehlsen-v. Stryk*, JZ 1987, 119 (125); *Giesen*, JZ 1993, 519 (520); siehe zur Rechtsprechung des 6. Zivilsenats zu den Wahrnehmungsunfähigen auch überblicksartig *Kern*, FS für Gitter, 447 (451 ff.) und *Lorenz*, FS für Wiese, 261 (261 ff.)

diese im Jahr 1975 begründete Rechtsprechung war eine Berufungsentscheidung, in der das OLG Düsseldorf die Ausgleichsfunktion hatte zurücktreten lassen und stattdessen der Genugtuungsfunktion entscheidende Bedeutung zugewiesen hatte.[630] Der 6. Zivilsenat des BGH bestätigte die Berufungsentscheidung und führte aus, dass es, „*jedenfalls soweit man die Ausgleichsfunktion in dem herkömmlichen Sinne dahin versteht, daß dem Verletzten für seine immaterielle Einbuße anderweit Annehmlichkeiten geboten werden sollen, nicht rechtsfehlerhaft ist, wenn das Berufungsgericht unter den hier vorliegenden Umständen bei der Bemessung des Schmerzensgeldes diese Funktion, die sonst im Vordergrund steht* [...], *ganz außer Betracht läßt.*“[631]. Zur Begründung stellte der Senat auf die nicht mehr vorhandene Fähigkeit der Geschädigten ab, einen Ausgleich zu empfinden.[632] Sodann betonte der Senat die „besondere Bedeutung der Genugtuung“[633] für Fälle, in denen die Ausgleichsfunktion zurücktreten müsse,[634] allerdings mit der Einschränkung, dass die Wiedergutmachung in diesen Fällen nur in symbolhafter Weise die Beeinträchtigung der in der Rechtsordnung bedingungslos geschützten Person sühnen solle.[635] Daraus leitete der 6. Zivilsenat ab, dass wenn das Schmerzensgeld beim Geschädigten weder Ausgleich noch Genugtuung herbeiführen kann, es stattdessen die Funktion einer „zeichenhaften Sühne“[636] haben müsse.

Den Fall, der dem OLG Düsseldorf in der Berufung und dem 6. Zivilsenat des BGH in der Revision zur Entscheidung vorgelegen hatte, hatte der Große

---

630 Das Landgericht hatte der Geschädigten Schmerzensgeld in Höhe von 75.000 DM zugesprochen, auf die Berufung der Beklagten setzte das OLG Düsseldorf das Schmerzensgeld auf 30.000 DM als Genugtuung fest. Den Antrag auf Zahlung einer monatlichen Schmerzensgeldrente hatte das OLG Düsseldorf abgelehnt mit der Begründung, dass diese „auch unter dem Gesichtspunkt der Genugtuung allenfalls in Betracht kommen könnte, wenn sich die Klägerin in irgendeiner Weise ihres Zustandes bewusst wäre“, OLG Düsseldorf VersR 1975, 1152 (1153).

631 BGH NJW 1976, 1147 (1148), Hervorhebung durch die Verfasserin.

632 „Die fast totale Zerstörung der Persönlichkeit der Klägerin hindert sie nicht nur, den Zusammenhang der Entschädigungszahlung mit ihrem Schaden zu erfassen, sondern ihr persönliches Befinden ist über die ihr zuteil werdende sachgemäße Pflege hinaus (für deren Kosten der Beklagte ohnedies aufkommt) weder subjektiv noch auch nur objektiv einer Förderung zugänglich ist“, so der 6. Zivilsenat des BGH wörtlich, BGH NJW 1976, 1147 (1148).

633 BGH NJW 1976, 1147 (1148).

634 BGH NJW 1976, 1147 (1148).

635 BGH NJW 1976, 1147 (1148). *Lorenz* beschreibt diese Ausführungen des Senats zutreffend als „etwas verklausulierte Wendungen“, *Lorenz*, FS für Wiese, 261 (264).

636 BGH NJW 1976, 1147 (1149).

Zivilsenat im Jahr 1955 bereits exakt antizipiert. Dabei handelt es sich um den Fall, in dem „der Verletzte subjektiv das Bewusstsein der Schädigung nicht besitzt“[637]. Folgerichtig hatte der Große Zivilsenat klargestellt, dass die Erreichung des Ausgleichszwecks nicht Voraussetzung für die Zubilligung eines Schmerzensgeldes ist.[638] Der 6. Zivilsenat des BGH hingegen knüpfte an die fehlende Wahrnehmungs- und Empfindungsfähigkeit das gänzliche Zurücktreten der Ausgleichsfunktion[639] und setzte sich dadurch in Widerspruch zur Grundsatzentscheidung des Großen Zivilsenats.[640] Das Anknüpfen an die Wahrnehmungs- und Empfindungsfähigkeit des Geschädigten durch den 6. Zivilsenat zeigt, dass er auf das subjektive Empfinden des Geschädigten abstellte und der Betrachtung einen subjektiven Maßstab zugrunde legte.[641] Den aus dieser subjektiven Betrachtung resultierenden Wertungswidersprüchen begegnete der 6. Zivilsenat sodann mit der Hilfskonstruktion der zeichenhaften Sühnefunktion[642] anstelle der gebotenen objektiven Betrachtung der Lebensbeeinträchtigung.

c. Objektivierung durch den 6. Zivilsenat seit dem 13. Oktober 1992

Anfang der neunziger Jahre gab der 6. Zivilsenat des BGH seine Rechtsprechung zur zeichenhaften Sühne ausdrücklich auf und führte dadurch eine Änderung der Rechtsprechung herbei.[643] Er urteilte, dass „Beeinträchtigungen mit fast vollständiger Zerstörung der Persönlichkeit mit Blick auf die verfassungsrechtliche Wertentscheidung in Art. 1 GG eine stärkere Gewichtung verlangen und eine lediglich symbolhafte Bewertung verbieten“[644]. Als Gegenstand des Ausgleichs bezeichnete

637 BGHZ 18, 149 (157).

638 BGHZ 18, 149 (157).

639 BGH NJW 1976, 1147 (1149). Nach Ansicht des 6. Zivilsenats konnte auch die Genugtuung dem wahrnehmungsunfähigen Geschädigten nicht verschafft werden, vgl. BGH NJW 1976, 1147 (1149). Die Genugtuungsfunktion war immer schon subjektiv verstanden worden, da der Geschädigte nur dann Genugtuung empfinden könne, wenn er einen Zusammenhang zwischen der Schädigung und der Leistung herstellen kann, vgl. *Giesen*, JZ 1993, 519 (519); in diesem Sinne auch *Degenhart*, aaO, S. 52.

640 So auch zutreffend *Degenhart*, der es als rechtsfehlerhaft bezeichnet, dass der BGH 1975 den Verlust der Persönlichkeit im Rahmen des Ausgleichs außen vor gelassen hat, vgl. *Degenhart*, aaO, S. 48.

641 Vgl. auch *Giesen*, JZ 1993, 519 (519).

642 Nach *Giesen* ein „Kunstgriff“, *Giesen*, JZ 1993, 519 (520).

643 BGHZ 120, 1 (6 und 9). Nach *Degenhart* sah sich der 6. Zivilsenat zur Korrektur „genötigt“, *Degenhart*, aaO, S. 50.

644 BGHZ 120, 1 (6). Mit kritischen Anmerkungen im Hinblick auf die verfassungsrechtliche Wertentscheidung *Kern*, FS für Gitter, 447 (454 ff.).

er den durch die Körperverletzung oder Gesundheitsschädigung verursachten immateriellen Schaden,[645] zu dem nach seiner neuen Ansicht auch die Einbuße der Persönlichkeit und der Verlust an personaler Qualität infolge schwerer Hirnschädigung gehörten, und zwar unabhängig davon, ob der Geschädigte diese Beeinträchtigung empfinde.[646] Der 6. Zivilsenat hatte sich nunmehr auf die Entscheidung des Großen Zivilsenats besonnen[647] und sah folgerichtig die Rechtsauffassung des Berufungsgerichts als verfehlt an, nach der die besondere Schwere der Schädigung als Anlass für eine entscheidende Minderung des Schmerzensgeldes zu nehmen war.[648] Stattdessen handele es sich um eine Verkürzung der Funktion des Schmerzensgeldes, wenn dem subjektiven Empfinden der Beeinträchtigung zentrale Bedeutung beigemessen werde.[649] Der 6. Zivilsenat führte den Blick zurück auf den Gesetzeswortlaut des immateriellen Schadens, den der Geschädigte durch eine Körperverletzung oder Gesundheitsschädigung erleidet und der im Wege der Geldentschädigung auszugleichen sei. Gegenstand des Ausgleichs sei neben den physischen und psychischen Schmerzen die körperliche Beeinträchtigung als solche.[650] Den Umstand der subjektiven Wahrnehmung der Beeinträchtigung und das Bewusstsein dieser Beeinträchtigung stufte der 6. Zivilsenat fortan als besondere

---

645 „Stattdessen ist an den immateriellen Schaden anzuknüpfen, den jemand durch eine Körperverletzung oder Gesundheitsschädigung erleidet und der nach § 847 BGB a.F. durch eine Geldzahlung zu ersetzen ist", BGHZ 120, 1 (7).

646 BGHZ 120, 1 (7).

647 *„In diesem Sinne hat schon der Große Senat für Zivilsachen in seinem Beschluß vom 6. Juli 1955 darauf hingewiesen, daß „Größe, Heftigkeit und Dauer der Schmerzen und Leiden und Entstellungen" die wesentlichste Grundlage bei der Bemessung der Entschädigung bilden (BGHZ 18, 149, 154). Er geht also davon aus, daß neben Schmerzen und Leid die körperliche Beeinträchtigung als solche einen für die Bemessung des Schmerzensgeldes maßgeblichen Faktor darstellt. Ohnehin könne, so hat der Große Senat für Zivilsachen in diesem Zusammenhang weiter betont, der zum Ausgleich zu gewährende Geldbetrag nicht dadurch gefunden werden, daß man sozusagen die Schmerzen mit den Freuden saldiere, durch die der Verletzte die Erinnerung an die Schmerzen tilgen solle. Gerade bei seelischen Störungen werde ein Ausgleich der Unlustgefühle häufig deshalb nicht möglich sein, weil der Verletzte subjektiv das Bewußtsein der Schädigung nicht besitze. Trotzdem sei auch hier die Berechtigung einer Entschädigung eines immateriellen Schadens mit Recht anerkannt worden (aaO S. 156 f).",* BGHZ 120, 1 (7 f.), Hervorhebung durch die Verfasserin.

648 BGHZ 120, 1 (5).

649 BGHZ 120, 1 (5).

650 BGHZ 120, 1 (7).

Ausprägung des immateriellen Schadens ein, die erhöhend berücksichtigt werden könne.[651] Diesen Ausführungen lässt sich entnehmen, dass der 6. Zivilsenat des BGH der Lebensbeeinträchtigung und der Funktion ihres Ausgleichs fortan ein objektives Verständnis zugrunde legte.[652] Dieses objektive Verständnis beschränkte der 6. Zivilsenat nicht auf die Bewertung der Lebensbeeinträchtigung bei den Wahrnehmungsunfähigen,[653] sondern nahm die bestehenden Wertungswidersprüche, die sich insbesondere bei dieser Gruppe von Geschädigten gezeigt hatten, zum Anlass, die gebotene objektive Betrachtung der Lebensbeeinträchtigung klarzustellen.

d. Zwischenergebnis

Die Fälle der weitgehenden bis vollständigen Zerstörung der Persönlichkeit des Geschädigten haben in besonderer Weise den Wertungswiderspruch verdeutlicht, den die Anknüpfung an das subjektive Empfinden des Geschädigten zur Ermittlung der Lebensbeeinträchtigung verursacht. Nach anfänglich abweichender Rechtsansicht besann sich der 6. Zivilsenat des BGH auf ein objektiviertes Verständnis der Lebensbeeinträchtigung, sodass es nicht mehr darauf ankam, ob der Geschädigte die Schädigung und ihre Folgen subjektiv empfindet oder sich ihrer bewusst ist. Fortan knüpfte der 6. Zivilsenat des BGH an die objektiven körperlichen und seelischen Beeinträchtigungen des Geschädigten an und sah in ihnen den auszugleichenden immateriellen Schaden. Die verbliebene Wahrnehmungsfähigkeit des Geschädigten stufte er als mögliche besondere Ausprägung des Schadens ein. Demzufolge kann festgehalten werden, dass der Lebensbeeinträchtigung sowohl vom Großen Zivilsenat als auch vom 6. Zivilsenat ein objektives Verständnis zugrunde gelegt wird.

---

651 BGHZ 120, 1 (7).

652 Vgl. auch zustimmend *Giesen*, JZ 1993, 519 (520), mit dem Hinweis auf die diesbezüglich gleichlautende Rechtsprechung in England, Neuseeland und der Schweiz. *Deutsch* spricht hingegen in seiner Urteilsanmerkung von einer „Würdefunktion", um die der 6. Zivilsenat die Doppelfunktion des Schmerzensgeldes ergänzt habe, vgl. *Deutsch*, NJW 1993, 784 (784).

653 So aber *Schubert*, aaO, S. 50, 156 f. Der 6. Zivilsenat des BGH führte lediglich aus, dass eine eigenständige Bewertung dessen, was billig sei, speziell in den Fällen der Wahrnehmungsunfähigen geboten sei, vgl. BGHZ 120, 1 (5) und dass die „Einbuße der Persönlichkeit, der Verlust an personaler Qualität infolge schwerer Hirnschädigung den auszugleichenden immateriellen Schaden darstelle", BGHZ 120, 1 (7). Dadurch betonte er, dass insbesondere diese Fallgruppe die objektivierte Betrachtung der Lebensbeeinträchtigung erfordere.

3. Bedeutung der Schmerzen für die Bemessung

Der Begriff des Schmerzensgeldes legt die Annahme nahe, dass die Entschädigung wegen der *Schmerzen* zu zahlen ist, die der Geschädigte infolge der Schädigung erlitten hat.[654] Es stellt sich daher die Frage, welche Rolle die Schmerzen als solche bei der Bemessung einnehmen. In § 253 Abs. 2 BGB findet der Begriff der Schmerzen keine Grundlage. Im 18. und 19. Jahrhundert hatte der Richter nach dem Allgemeinen Landrecht für die Preußischen Staaten (PrALR) noch den *Grad der ausgestandenen Schmerzen* zu bestimmen, vgl. § 113 PrALR.[655] Das am 1. Januar 1900 in Kraft getretene Bürgerliche Gesetzbuch regelte jedoch fortan in § 847 BGB a.F., dass im Falle der Verletzung des Körpers oder der Gesundheit auch wegen des *Schadens, der nicht Vermögensschaden ist*, eine billige Entschädigung in Geld verlangt werden kann.[656] Seit Beginn des 20. Jahrhunderts ist der Begriff der Schmerzen nicht länger Teil des Gesetzeswortlauts.[657] In den Motiven zum Bürgerlichen Gesetzbuch findet sich der Hinweis, dass im Falle der Körper- oder Gesundheitsverletzung die Zubilligung einer Geldentschädigung auch wegen eines *nicht vermögensrechtlichen Schadens* für statthaft erklärt werden müsse, da es nicht einleuchten will, weshalb nur das Erdulden eines *körperlichen Schmerzes* auszugleichen sei, wenn eine ähnliche Ausgleichung wegen aller anderen nicht vermögensrechtlichen Schäden für unstatthaft erachtet werde.[658] Dem kann entnommen werden, dass der Entwurfgesetzgeber den Schmerz als Anknüpfungspunkt

---

654 *Knöpfel* bezeichnet den Begriff des Schmerzensgeldes daher als „irreführend“, *Knöpfel*, AcP 155, 135 (143).

655 Das Allgemeine Landrecht für die Preußischen Staaten (PrALR) galt vom 05.02.1794 bis zum 01.01.1900 und enthielt in seinem ersten Teil das Privatrecht der Individuen. Am 01.01.1900 trat sodann das Bürgerliche Gesetzbuch in Kraft, vgl. *Wesel*, Geschichte des Rechts, S. 407, 446, 458.

656 Erstes Gesetz vom 18.08.1896, Reichsgesetzblatt 1896, Nr. 21 vom 24.08.1896, S. 195–603.

657 Siehe auch *Schubert*, aaO, S. 14. Der Begriff *„Schmerzensgeld“* fand ausschließlich in der Zeit vom 01.01.2002 bis zum 31.07.2002 als Überschrift des § 847 BGB a.F. Eingang in das Gesetz, vgl. Art. 1 Abs. 2 S. 3 des Gesetzes zur Modernisierung des Schuldrechts vom 26.11.2001 i.V.m. der Anlage zu Art. 1 Abs. 2, BGBl. I Nr. 61 vom 29.11.2001, S. 3138. Am 01.08.2002 trat das 2. SchadÄndG in Kraft und § 847 BGB a.F. fiel weg, Art. 2 Nr. 7 des Zweiten Gesetzes zur Änderung schadensersatzrechtlicher Vorschriften vom 19.07.2002, BGBl. I Nr. 50 vom 25.07.2002, S. 2674.

658 *Mugdan*, aaO, Motive, S. 801, Hervorhebung durch die Verfasserin. Insoweit unzutreffend *Schramm*, nach der die Motive zum Bürgerlichen Gesetzbuch den körperlichen Schmerz als maßgeblichen Bemessungsfaktor nennen, vgl. *Schramm*, aaO, S. 39.

für die Geldentschädigung als zu eng erachtete und er deswegen den nicht vermögensrechtlichen Schaden zum Gegenstand der Entschädigung machte.[659] Weiterhin findet sich in den Motiven der Hinweis, dass die Anknüpfung der Bemessung an die Schmerzen des Geschädigten zu Bemessungs- und Bewertungsproblemen führen würde und die Schmerzen demzufolge als Anknüpfungspunkt für die Bemessung ungeeignet seien.[660] Während das Reichsgericht das Schmerzensgeld Anfang der dreißiger Jahre noch als eine „Vergütung für erlittene *körperliche Schmerzen*, Verunstaltungen und Schmälerungen des körperlichen oder seelischen Wohlbefindens“[661] beschrieben hatte, lenkte der Große Zivilsenat das Verständnis vom Schmerzensgeld zwanzig Jahre später in die Richtung einer Einbuße an Lebensqualität, indem er die Höhe und das Maß der Lebensbeeinträchtigung als primäre Faktoren für den immateriellen Schaden erklärte und dadurch die Lebensbeeinträchtigung zum Gegenstand der Kompensation machte. Indem der Große Zivilsenat die Höhe und das Maß der Lebensbeeinträchtigung als „Größe, Heftigkeit und Dauer der Schmerzen, Leiden und Entstellungen“[662] beschrieb, stellte er klar, dass nach seinem Verständnis die Schmerzen des Geschädigten nur einen Bestandteil der Lebensbeeinträchtigung ausmachen[663] und als solche von der Lebensbeeinträchtigung beinhaltet werden.

a. Messbarkeit der individuellen Schmerzen

Nunmehr stellt sich die Frage, ob sich Schmerzen bemessungstauglich objektivieren lassen. Bereits der *Begriff* des Schmerzes ist schwer fassbar. Die „International Association for the Study of Pain“ beschreibt Schmerz als “unpleasant sensory and emotional experience associated with actual or potential tissue damage, or described in terms of such damage”[664], zu übersetzen als ein „unangenehmes

659 Siehe auch die kritischen Ausführungen im Schrifttum, nach denen der Begriff „Schmerzensgeld“ nicht umfassend genug ist, vgl. jüngst *Schubert*, aaO, S. 13 ff.; siehe auch *Bender*, Personenschaden und Schadensbegriff, S. 289 f. und *v. Mayenburg*, aaO, S. 30.

660 *Mugdan*, aaO, Motive, S. 801. Auch wurde darauf hingewiesen, dass gerade die schwersten Verletzungen auch schmerzlos verlaufen können und alsdann zu einem Schmerzensgeld niemals berechtigen würden.

661 RGZ 140, 392 (395), Hervorhebung durch die Verfasserin.

662 BGHZ 18, 149 (149), Leitsatz 2. Nach *Günther* dürfe wohl angenommen werden, dass der Große Zivilsenat den Begriff „Leiden“ in seiner Entscheidung als körperliche und seelische Unannehmlichkeiten verstanden wissen will, vgl. *Günther*, aaO, S. 20.

663 Ähnlich auch *Stoll*, Gutachten, S. 1 (128).

664 Abrufbar unter www.iasp-pain.org/Content/NavigationMenu/GeneralResourceLinks/PainDefinitions/, zuletzt abgerufen am 12.07.2013.

Sinnes- und Gefühlserlebnis, das mit aktueller oder potentieller Gewebsschädigung verknüpft ist oder mit Begriffen einer solchen Schädigung beschrieben wird“[665]. Ob eine aktuelle oder potentielle Gewebsschädigung vorliegt, ist objektiv feststellbar. Hingegen hängt die Wahrnehmung eines Sinnes- und Gefühlserlebnisses als unangenehm von sowohl subjektiven als auch objektiven Faktoren ab. Als subjektiver Faktor ist zunächst das individuelle Schmerzempfinden des Geschädigten maßgebend, das u.a. dafür verantwortlich ist, ob und wenn ja, in welchem Umfang der Geschädigte Schmerz empfindet.[666] Wegen seiner Subjektivität lässt sich der Schmerz als „urpersönlicher, intim-psychophysiologischer Vorgang, der unmittelbar an den Menschen selbst gebunden ist“[667], nicht von außen bestimmen, sodass eine Objektivierung nicht möglich ist.[668] Hinzu kommt als objektiver Faktor, dass der Umfang bzw. die Intensität der Schmerzen auch von der Art der Behandlung abhängt. Wenn der bei einem Autounfall schwer verletzte Geschädigte mehrere Wochen stationär im Krankenhaus versorgt und daran anschließend ambulant im Rehabilitationszentrum behandelt wird, ist davon auszugehen, dass er während der gesamten Behandlungsdauer Schmerzen verspürt. Die Intensität seiner Schmerzen ist dabei abhängig von seinem individuellen Schmerzempfinden, aber auch von der medizinischen Versorgung des Geschädigten, insbesondere der Schmerzbehandlung.[669] In welchem Maß die medizinische Versorgung Einfluss auf die Schmerzen nehmen kann, lässt sich am Beispiel des künstlichen Komas verdeutlichen, in das der Geschädigte bei schwersten Verletzungen mithilfe von Medikamenten versetzt

---

665 *Pschyrembel*, aaO, S. 1874. Zum Begriff des Schmerzes siehe auch sehr ausführlich *Jarosch/Müller/Piegler/Danzl*, Das Schmerzensgeld, 1994, S. 17 ff.

666 *Günther*, aaO, S. 111, nach dem die Veranlagung, die Erziehung und die geistige Haltung des Menschen beeinflussen, ob und in welchem Umfang der Geschädigte Schmerzen empfindet, und die genannten Faktoren die Fähigkeit, Schmerzen gelassen zu ertragen, mehr bestimmen als die Einflüsse des Lebensalters. Siehe auch Hinweise zur Beschreibung von Schmerzen in der Schmerzforschung, vgl. Schwintowski/Schah Sedi-*Schwintowski*, aaO, S. 43.

667 *V. Mayenburg*, aaO, S. 25.

668 Schwintowski/Schah Sedi-*Schwintowski*, aaO, S. 44; *Günther* sprach bereits in den sechziger Jahren vom „ungelösten Problem die Schmerzempfindlichkeit zu objektivieren“, vgl. *Günther*, aaO, S. 109. Siehe auch die verschiedenen Verfahrensansätze zur Objektivierung und Bemessung von Schmerzen bei Schwintowski/Schah Sedi-*Schwintowski*, aaO, S. 43 ff.

669 Vgl. Schwintowski/Schah Sedi-*Schwintowski*, aaO, S. 44, der auf die Möglichkeiten der Palliativmedizin zu einer „situations- und patientengerechten Medikation“ hinweist, Schwintowski/Schah Sedi-*Schwintowski*, aaO, S. 44.

werden kann. Während des künstlichen Komas befindet sich der Geschädigte in einer Vollnarkose und wird intensivmedizinisch überwacht.[670] In der Medizin wird davon ausgegangen, dass der Geschädigte schwere Schmerzen im künstlichen Koma nicht mehr wahrnimmt.[671] Jedenfalls kann sich der Geschädigte während des künstlichen Komas nicht mitteilen, sodass keinerlei Anhaltspunkte hinsichtlich der erlittenen Schmerzen bestehen. Obwohl in diesen Fällen objektiv eine erhebliche Schädigung vorliegt, nimmt der Geschädigte die schweren Schmerzen subjektiv höchstwahrscheinlich nicht wahr. Insgesamt ist die Intensität der Schmerzen demnach von mindestens zwei unterschiedlichen Faktoren abhängig – dem individuellen Schmerzempfinden als innerem Umstand und der Schmerzbehandlung als äußerem Umstand. Beide Faktoren führen dazu, dass eine Verletzung unterschiedlich starke Schmerzen bei verschiedenen Geschädigten und unterschiedlich starke Schmerzen bei identischen, aber unterschiedlich behandelten Geschädigten auslösen kann. Schon angesichts der Abhängigkeit der Schmerzen vom individuellen Schmerzempfinden des Geschädigten ist die Möglichkeit einer bemessungstauglichen Objektivierung abzulehnen.[672] Der Umstand der Schmerzbehandlung und die dadurch verursachte Abhängigkeit der Intensität der Schmerzen von der jeweiligen Medikation stellen einen weiteren Grund dar, die Möglichkeit einer bemessungstauglichen Objektivierung abzulehnen.[673] Die Schmerzen müssen daher als Anknüpfungspunkt für die Bemessung ausscheiden.

670 www.medizin-welt.info/wissen/wissen.asp?wissenID=10, zuletzt abgerufen am 12.07.2013.

671 www.medizin-welt.info/wissen/wissen.asp?wissenID=10, zuletzt abgerufen am 12.07.2013.

672 So auch Schwintowski/Schah Sedi-*Schwintowski*, aaO, S. 45, der darauf hinweist, dass aus der Perspektive der Schmerzensgeldbemessung wenig gewonnen wäre, wenn Schmerzen sich objektivieren ließen. In diesem Fall müsste nämlich nach dem Wirkungsgrad der eingesetzten Schmerzmittel gefragt werden.

673 Nach *Schwintowski/Schah Sedi* wäre aus der Perspektive der Schmerzensgeldbemessung wenig gewonnen, wenn Schmerzen sich objektivieren ließen. In diesem Fall müsste nämlich nach dem Wirkungsgrad der eingesetzten Schmerzmittel gefragt werden, *Schwintowski/Schah Sedi*, aaO, S. 45.

b. Standpunkt der Literatur

Die „Subjektivität der Schmerzempfindung“[674] sowie deren „medikamentöse Beeinflussbarkeit“[675] wurden auch in der Literatur erkannt und als Manko der Schmerzen im Hinblick auf ihre Bemessungstauglichkeit bezeichnet. Seit den sechziger Jahren wurde zudem immer wieder die Forderung nach einer objektivierten Bemessung laut.[676] *Lorenz* konkretisierte diese Forderung dahingehend, dass bei der Schmerzensgeldbemessung ausschließlich der äußere immaterielle Schaden berücksichtigt werden dürfe, sodass bei der Bemessung an die äußere Lebensbeeinträchtigung anzuknüpfen sei.[677] Die Berücksichtigung des Gefühlsschadens, d.h. die Beeinträchtigung der inneren Lebenslage des Geschädigten, der

---

674 *Schneider* überschrieb 1974 einen Aufsatz mit den Worten “Subjektivität – das Dilemma der Schmerzensgeldbemessung”, *Schneider*, MDR 1974, S. 973; kritisch auch *Hupfer*, NJW 1976, 1792 (1793); nach *Von Mayenburg* ist bereits die Beschreibung von Schmerzen durch das Opfer, ihre Kommunizierbarkeit gegenüber der Außenwelt äußerst eingeschränkt und gelänge nicht immer, vgl. *v. Mayenburg*, aaO, S. 25. Im Hinblick auf die Beweisschwierigkeiten vgl. *Lorenz*, Immaterieller Schaden, S. 52; *ders.*; FS für Wiese, 261 (269).

675 *Hupfer*, NJW 1976, 1792 (1793).

676 Vgl. *Lorenz*, nach dem die Integrität der Persönlichkeit des Opfers durch eine subjektive Bemessung weiter verletzt würde, *Lorenz*, Immaterieller Schaden, S. 34, 48, 51 ff.; 62 ff. und nach dem die Aufklärung des Gefühlsschadens aus tatsächlichen Gründen kaum möglich wäre und aus rechtlichen Gründen kaum möglich, weil die Persönlichkeitsstruktur des Geschädigten in einem Schadensersatzprozess nicht ausgeforscht werden darf, vgl. *Lorenz*, Immaterieller Schaden, S. 53; *Henke*, aaO, S. 7 ff., 74 ff., 133; *Bötticher*, AcP 158, 385 (396); *Pecher*, AcP 171, 44 (69); *Stoll*, Gutachten, S. 128 f.; *Schramm*, aaO, S. 39; vgl. auch *Donaldson*, der zur Untermauerung aus einem englischen Urteil zitierte: “The inner world or the inner life, or… the soul of a person is not… a matter for investigation in a court of law”, Lord Justice Sellers in: Wise v. Kay, 1962, 1 Q.B. 638, 670 (650), zitiert nach *Donaldson*, AcP 166, 462 (475); *Gottwald*, Schadenszurechnung und Schadensschätzung, S. 169; *Köndgen*, Haftpflichtfunktionen, S. 141; bei *Kötz* klingt die Notwendigkeit zumindest auch objektiver Anhaltspunkte an („einer Beweiserhebung zugänglichen Anhaltspunkte“), vgl. *Kötz*, FS für v. Caemmerer, 389 (407); *Nehlsen-v. Stryk*, JZ 1987, 119 (125) m.w.N.

677 Vgl. *Lorenz*, Immaterieller Schaden, S. 48, 53, unter Verweis auf die anderslautende herrschende Meinung, nach der auch der Gefühlsschaden zum entschädigungspflichtigen immateriellen Schaden gehöre, vgl. *Lorenz*, aaO, S. 48 und FS für Wiese, 261 (271); *Pardey* verwendet aktuell anstelle des Begriffs „Schmerzensgeld“ den Begriff der „immateriellen Belastung“, da nicht Geld für erlittene Schmerzen bzw. wegen subjektiv gespürter Schmerzen gemeint sei, *Pardey*, aaO, Rn. 2829.

als Bestandteil des entschädigungspflichtigen immateriellen Schadens angesehen wird,[678] lehnte er ab.[679] Den äußeren immateriellen Schaden beschrieb *Lorenz* als die Gesundheits- bzw. Körperverletzung und die dadurch verursachte äußere Störung der persönlichen Integrität des Geschädigten (äußerer immaterieller Verletzungsschaden) sowie den immateriellen Schaden, den der Geschädigte durch das Fortwirken der haftungsbegründenden Verletzung seiner persönlichen Integrität als Einbuße an äußerer Entfaltungsfähigkeit und –freiheit vorübergehend oder dauerhaft erleide (äußerer immaterieller Verletzungsfolgeschaden).[680] *Lorenz* plädierte dadurch für eine Bemessung, bei der die Verletzung der körperlichen Integrität an sich, mithin die durch die Schädigung verursachte Verletzung des Geschädigten, ebenso wie die Folgen dieser Verletzung für das Leben des Geschädigten Anknüpfungspunkt sind. Die Schmerzen lassen sich nicht bemessungstauglich objektivieren. Nach dem Verständnis des Großen Zivilsenats bilden sie nur einen Bestandteil der objektiv zu ermittelnden Lebensbeeinträchtigung, sodass sie keinen separaten Bemessungsgegenstand darstellen.

III. Zwischenergebnis

Die Differenzierung zwischen Lebensbeeinträchtigung und übrigen Umständen und die objektivierte Bemessung von Heftigkeit und Dauer der Lebensbeeinträchtigung bilden die methodischen Kernelemente des Systems der taggenauen Bemessung. Durch die differenzierte Bemessung von Lebensbeeinträchtigung und übrigen Umständen auf den Stufen I und II, kann die Anwendung des Systems nicht nur einen effektiven Schutz des Rechts auf körperliche Unversehrtheit auf Kompensationsebene realisieren, sondern zugleich den methodischen Widerspruch der gegenwärtigen Bemessungspraxis zu den methodischen Vorgaben des Großen Zivilsenats beseitigen. Durch die Bereitstellung objektiver Maßstäbe zur

---

678 *Lorenz*, Immaterieller Schaden, S. 48.

679 So *Lorenz* explizit Anfang der achtziger Jahre, vgl. *Lorenz*, Immaterieller Schaden, S. 48, 51 ff.; Ende der neunziger Jahre hielt er an dieser Auffassung fest, wobei er zwar zugestand, dass nach herrschender Meinung im Falle des Geschädigten, dessen Wahrnehmungs- und Empfindungsfähigkeit teilweise erhalten ist, neben den Ersatz des äußeren immateriellen Schadens der Ersatz des Gefühlsschadens in dem Maße trete, in dem die Wahrnehmung dem Geschädigten möglich sei, dies aber unter Verweis auf die eigenen und die Bedenken anderer Literaturstimmen, vgl. *Lorenz*, FS für Wiese, 261 (271).

680 *Lorenz*, Immaterieller Schaden, S. 168; *ders.*, FS für Wiese, 261 (269).

Ermittlung von Heftigkeit und Dauer der Lebensbeeinträchtigung beinhaltet das System zudem einen Bemessungsansatz, der geeignet ist, das Recht auf gleiche Rechtsanwendung zu wahren, indem anhand objektiver Maßstäbe Heftigkeit und Dauer der Lebensbeeinträchtigung ermittelt werden und verhältnismäßige Berücksichtigung bei der Schmerzensgeldfestsetzung finden. Die beiden methodischen Kernelemente des Systems der taggenauen Bemessung sind daher zur Beseitigung der aufgezeigten Mängel der gegenwärtigen Bemessungspraxis geeignet. Darüber hinaus stellt das System ein methodisch einfach zu handhabendes Bemessungssystem dar, das sowohl für die gerichtliche als auch für die außergerichtliche Bemessung geeignet ist. Seine Anwendung ist daher im Hinblick auf die differenzierte Ermittlung von Ausgleich und Genugtuung auf den Stufen I und II und seine Methode der Ermittlung der Lebensbeeinträchtigung auf Stufe I der Bemessung uneingeschränkt zu empfehlen.

C. Fazit

Das System der taggenauen Bemessung ermittelt auf Stufe I die Heftigkeit und Dauer der Lebensbeeinträchtigung. Zur Ermittlung der Heftigkeit der Lebensbeeinträchtigung knüpft das System an die Behandlungsstufen Intensivstation, Normalstation, Rehabilitation sowie häusliche ambulante Pflege (Stufe 1 bis 4) an und weist diesen Behandlungsstufen verschieden hohe Prozentsätze zu. Eine gegebenenfalls dauerhaft verbleibende gesundheitliche Beeinträchtigung wird auf der zusätzlichen Stufe 5 mithilfe des GdS von 0 % bis 100 % nach der Anlage zu § 2 der VersMedV ermittelt. Das System ermittelt die individuelle Dauer der Lebensbeeinträchtigung taggenau, indem es an die einzelnen Tage der Behandlung auf den Stufen 1 bis 4 sowie die restliche durchschnittliche Lebenserwartung in Tagen im Falle eines Dauerschadens auf Stufe 5 anknüpft. Die übrigen im Einzelfall relevanten Umstände können in einem separaten Bemessungsschritt und nach Abschluss der Ermittlung von Heftigkeit und Dauer der Lebensbeeinträchtigung auf der separaten Stufe II erfasst werden. Durch diese Methodik repräsentiert das System der taggenauen Bemessung einen Bemessungsansatz, der nicht nur geeignet ist, sämtliche Umstände des Einzelfalls bei der Bemessung zu erfassen, sondern diese Umstände auch in der nach der Grundsatzentscheidung des Großen Zivilsenats gebotenen Art und Weise bei der Ermittlung des Schmerzensgeldbetrages zu berücksichtigen. Stufe I des Systems ermittelt die Lebensbeeinträchtigung methodisch korrekt anhand objektiver Kriterien und in einem separaten Bemessungsschritt. Stufe II der Bemessung ermöglicht es dem Tatrichter, alle außerhalb der Lebensbeeinträchtigung liegenden Umstände ebenfalls in die Bemessung einfließen zu lassen. Dadurch stellt das System sicher, dass es Sache des Tatrichters ist, das *Ob* und das *Wie* der Berücksichtigung der übrigen Umstände in jedem Einzelfall zu ermitteln. Die Differenzierung zwischen Lebensbeeinträchtigung und übrigen Bemessungsumständen auf den Stufen I und II und die Ermittlung von Heftigkeit und Dauer der Lebensbeeinträchtigung anhand verschiedener objektiver Kriterien repräsentieren die methodischen Kernelemente des Systems. Beide Ansätze sind in ihrem Zusammenwirken geeignet, einen effektiven Schutz der körperlichen Unversehrtheit des Geschädigten zu gewährleisten und gleichzeitig die erforderlichen objektiven Maßstäbe zu schaffen, die aus Gründen der gleichen Rechtsanwendung der Bemessung des Schmerzensgeldes zugrunde zu legen sind. Das System löst gleichzeitig die methodischen Widersprüche der gegenwärtigen Bemessungspraxis zur Rechtsprechung des Großen Zivilsenats aus dem Jahr 1955 auf und macht die Heranziehung von Vergleichsentscheidungen per se entbehrlich, indem es den Zivilgerichten eine geeignete *Methode* zur Bemessung des Schmerzensgeldes zur Verfügung stellt, ohne dabei das Gericht bei der Entscheidung über die Umstände des Einzelfalls einzuschränken. Das System stellt die Schmerzensgeldbemessung auf eine transparente Grundlage und macht die Festsetzung des Schmerzensgeldbetrages dadurch für die beteiligten Parteien nachvollziehbar. Der Gewinn an Transparenz bewirkt zugleich eine bessere revisionsgerichtliche Überprüfbarkeit. Da das System auch außergerichtlich anwendbar ist, wäre ein Teil der zumeist zeit- und kostenintensiven gerichtlichen Schmerzensgeldprozesse vermeidbar. Insgesamt kann das jüngst vorgestellte System der taggenauen Bemessung nicht nur die Mängel der gegenwärtigen Bemessungspraxis beseitigen und diese erheblich rationalisieren, sondern es stellt auch das seit langem benötigte Bemessungssystem zur Verfügung.

§ 8 Die Anwendbarkeit des Systems der taggenauen Bemessung de lege lata

Nachdem die methodischen Kernelemente des Systems der taggenauen Bemessung sowie deren Mehrwert für die Bemessung des Schmerzensgeldes aufgezeigt worden sind, soll nunmehr geprüft werden, ob sich das System in die lex lata der §§ 249 ff. BGB einfügt, sodass seine Anwendung im Einklang mit den schadensrechtlichen Regelungen des BGB bereits gegenwärtig möglich wäre oder ob für seine Anwendbarkeit die bestehende Regelung des § 253 Abs. 2 BGB geändert werden müsste.[681] Zu diesem Zweck muss der Anspruch auf Schmerzensgeld zunächst in die §§ 249 ff. BGB eingeordnet werden (A.), bevor im Anschluss untersucht werden kann, ob das System bereits de lege lata anwendbar ist (B.).

A. Der Schmerzensgeldanspruch im Schadensersatzgefüge

Die Einordnung des Schmerzensgeldanspruchs in die Systematik der §§ 249 ff. BGB setzt voraus, dass es sich beim Schmerzensgeld um einen Anspruch auf Schadensersatz handelt. Da das Schmerzensgeld erst im Rahmen der Schadensrechtsreform mit Wirkung zum 1. August 2002 in die schadensrechtliche Regelung des § 253 Abs. 2 BGB überführt wurde und seine Rechtsnatur insbesondere vor dem Inkrafttreten des BGB umstritten war, soll zunächst auf die Rechtsnatur des Schmerzensgeldes eingegangen werden (I.). Daran anschließend soll nach einem kurzen Überblick über die beiden Schadensersatzformen der §§ 249 ff. BGB (II.) die Regelung des § 253 Abs. 2 BGB in den Ersatzmechanismus von Restitution und Kompensation eingeordnet werden (III.). Die §§ 249 ff. BGB sind angesichts dieses Untersuchungsziels vorliegend im Hinblick auf ihre Bemessungsarten sowie deren jeweilige Funktionsweise von Bedeutung.

681 Die Gerichte haben die Aufgabe der Rechtsauslegung und Rechtsausfüllung, dabei bildet die Bindung der Gerichte an Gesetz und Recht gemäß Art. 20 Abs. 3 GG und Art. 97 Abs. 1 GG allerdings eine Grenze für die richterliche Interpretation und Weiterentwicklung des Rechts, vgl. *Unterreitmeier*, aaO, S. 257.

I. Rechtsnatur des Schmerzensgeldanspruchs

Die Verortung des Schmerzensgeldes in den schadensrechtlichen Regelungen der §§ 249 ff. BGB deutet den Schadensersatzcharakter des Schmerzensgeldes an. Bereits § 847 BGB a.F. als Vorgängerregelung des § 253 Abs. 2 BGB wurde angesichts seiner Stellung in den deliktsrechtlichen Regeln als Schadensersatzanspruch eingestuft.[682] Die Systematik spricht demnach für den Schadensersatzcharakter des Schmerzensgeldes. Zur Ermittlung seiner Rechtsnatur soll zusätzlich dessen historische Entwicklung überblicksartig dargestellt werden sowie daran anschließend auf den Wortlaut des Schmerzensgeldes seit dem Inkrafttreten des BGB eingegangen werden.[683]

1. Rückblick auf die Entwicklung des Schmerzensgeldes

Der heutigen Verortung des Schmerzensgeldes in den schadensrechtlichen Regelungen des BGB gingen mehrere Jahrhunderte voran, in denen sich das Schmerzensgeld „im Spannungsfeld zwischen strafender Unrechtsvergeltung und zivilistischer Schadensersatzhaftung“[684] befand. Der folgende Abschnitt soll daher die Entwicklung vom Verständnis der Rechtsnatur des Schmerzensgeldes skizzieren. Dabei beschränkt sich die Darstellung auf die Entwicklung seit dem 16. Jahrhundert, da die Schmerzen[685] zu diesem Zeitpunkt erstmalig Eingang in eine Rechtsquelle, die Art. 20, 21 der Constitutio Criminalis Carolina[686], gefunden hatten[687] bis zum Inkrafttreten des BGB am 1. Januar 1900.[688]

---

682 Vgl. BGHZ 7, 223 (225).

683 Die Gesetzesauslegung verhilft dazu, unter Berücksichtigung der Regelungsabsichten und der konkreten Normvorstellungen des historischen Gesetzgebers den maßgeblichen Gesetzessinn zu ermitteln, vgl. *Larenz*, Methodenlehre, S. 318.

684 *Köndgen*, aaO, S. 45.

685 *Von Waechter* weist darauf hin, dass der Sachsenspiegel Taxen vorsah, die der Schädiger wegen Beleidigungen und Körperverletzungen zu zahlen hatte. Eine Berücksichtigung der Schmerzen war zu diesem Zeitpunkt allerdings noch nicht vorgesehen, vgl. *v. Waechter*, Die Busse bei Beleidigungen und Körperverletzungen, S. 77.

686 Die Constitutio Criminalis Carolina wurde zur Zeit des Heiligen Römischen Reiches unter Kaiser Karl V auf dem Augsburger Reichstag im Jahr 1530 beschlossen und am 27.07.1532 ratifiziert.

687 *V. Waechter*, aaO, S. 77.

688 Für einen umfassenden rechtshistorischen Überblick über die Entwicklung des Ersatzanspruchs wegen immaterieller Nachteile seit dem römischen Recht siehe die Habilitationsschrift von *Walter*, Geschichte des Anspruchs auf Schmerzensgeld.

a. Ersatzcharakter bis zur Mitte des 19. Jahrhunderts

Im 16. Jahrhundert gewährten die Art. 20, 21 der Constitutio Criminalis Carolina dem Geschädigten als erste reichsgesetzliche Regelung einen Anspruch auf Schmerzensgeld.[689] Während sich das Schmerzensgeld auf Grundlage der Art. 20, 21 Constitutio Criminalis Carolina, nach denen dem widerrechtlich Gefolterten wegen seiner schmach, schmerzen, kosten und schaden eine ergetzung zu leisten war,[690] nicht eindeutig als Ersatzanspruch oder Strafe einordnen ließ,[691] wurde das Schmerzensgeld im 18. Jahrhundert sodann der aquilischen Schadensersatzklage *(actio legis Aquiliae)*[692] zugeordnet und fortan von Gerichten und im Schrifttum überwiegend als Ersatzanspruch verstanden.[693] Diese Gerichtspraxis des 18. Jahrhunderts hatte Auswirkung auf die Kodifikation des Preußischen Allgemeinen Landrechts (ALR) von 1794. § 112 im sechsten Titel des ersten Teils des ALR sah für Personen vom Bauern- oder gemeinen Bürgerstande ein Schmerzensgeld vor, dessen Höhe nach dem Grad der ausgestandenen Schmerzen die Hälfte der erforderlichen Heilkosten nicht unter- und das Doppelte nicht überschreiten sollte.[694].

Im 19. Jahrhundert entwickelten sich in Rechtsprechung und Rechtswissenschaft unterschiedliche Ansichten zur Rechtsnatur des Schmerzensgeldes.[695] Die Gerichte ordneten das Schmerzensgeld überwiegend als Ersatzanspruch ein.[696] Dabei sahen sie in den Art. 20 f. der Constitutio Criminalis Carolina den Ursprung des Schmerzensgeldes, während als Rechtsgrundlage teilweise das Gewohnheitsrecht,[697] teilweise die actio legis Aquiliae herangezogen

---

689 Zusammenfassend für viele *Ady*, aaO, S. 11 m.w.N.; siehe auch *Degenhart*, aaO, S. 18; *Deutsch*, Allgemeines Haftungsrecht, S. 565; *Göbel*, aaO, S. 10.

690 *Nehlsen-v. Stryk*, JZ 1987, 119 (120); *Degenhart*, aaO, S. 18 m.w.N.

691 *V. Waechter*, aaO, S. 78.

692 Im älteren römischen Recht waren die *actio legis Aquiliae* und die *actio iniuriam* ursprünglich reine Strafklagen, nachdem jedoch infolge der Etablierung des öffentlichen Strafverfahrens in der Kaiserzeit die private Strafverfolgung an Bedeutung verloren hatte, wurden beide sodann auch zur Geltendmachung von Schadensersatz verwendet, vgl. *Walter*, aaO, S. 69 f.

693 *Nehlsen-v. Stryk*, JZ 1987, 119 (120) m.w.N.; siehe auch *Walter*, aaO, S. 118.

694 *Walter*, aaO, S. 118; *Göbel*, aaO, S. 11; *Nehlsen-v. Stryk*, JZ 1987, 119 (120). Der sechste Titel des ersten Teils des ALR ersetzte die *actio legis Aquiliae*, vgl. *Walter*, aaO, S. 118.

695 Dazu vertiefend *Walter*, aaO, S. 158 ff.

696 *Göthel*, AcP 205, 36 (42); *Walter*, Geschichte des Anspruchs auf Schmerzensgeld, S. 301.

697 *Göthel*, AcP 205, 36 (42) und *Göbel*, aaO, S. 12 mit Rechtsprechungsnachweisen.

wurde.[698] Eine Straffunktion wiesen nur wenige Gerichte dem Schmerzensgeld zu.[699] Die Rechtswissenschaft des 19. Jahrhunderts war hingegen gespalten. Nachdem zu Beginn des 19. Jahrhunderts noch eine Einordnung als Ersatzanspruch erfolgt war,[700] vollzog sich im Laufe des Jahrhunderts ein Wandel dieses Verständnisses.

b. Privatstrafencharakter in der Mitte des 19. Jahrhunderts

In den fünfziger und sechziger Jahren des 19. Jahrhunderts wich die Rechtswissenschaft vom Verständnis des Schmerzensgeldes als Ersatzanspruch ab und ordnete es fortan überwiegend als Privatstrafe bzw. Buße ein.[701] *Windscheid* bezeichnete das Schmerzensgeld im Jahr 1865 konkret als wirkliche Strafe mit der Begründung, dass Schmerzen und Geldleistung absolut unvergleichbare Größen seien und wenn Schmerzensgeld eben kein Ersatz sei, es Strafe sein müsse.[702] Diese Einordnung des Schmerzensgeldes als Privatstrafe war auf das ins römische Recht zurückreichende Dogma vom Vermögenswert der Obligation zurückzuführen. Demnach setzte die Ersatzklage einen Vermögensschaden voraus mit der Folge, dass die Verletzung eines nichtvermögensrechtlichen Gutes nicht obligationenrechtlich, d.h. nicht durch zivilrechtliche Schadensersatzleistung wiedergutzumachen sei.[703] Auf der Grundlage dieses Verständnisses führte *Mommsen* im Jahr

698 *Göthel*, AcP 205, 36 (43) m.w.N. *Göthel* weist auf weitere Entscheidungen des 19. Jahrhunderts hin, in denen nicht erkennbar ist, von welcher Rechtsnatur des Schmerzensgeldes ausgegangen wurde, vgl. *Göthel*, aaO, S. 36 (44) m.w.N.

699 *Göthel*, aaO, S. 36 (40 f.); *Walter*, Geschichte des Anspruchs auf Schmerzensgeld, S. 301.

700 Bei *Glück* findet sich zu Beginn des 19. Jahrhunderts noch der Hinweis, dass mit der actio legis Aquiliae auch auf Schmerzensgeld geklagt werden kann, „dessen Größe der Richter nach der Beschaffenheit der Verwundung und der Dauer der Cur. bestimmt", der die Zuordnung des Schmerzensgeldes als Ersatzanspruch erkennen lässt, vgl. *Glück*, Pandecten, S. 388.

701 Vgl. *Walter*, Geschichte des Anspruchs auf Schmerzensgeld, S. 237; *Seitz*, Untersuchungen über die heutige Schmerzensgeldklage, S. 166 ff. (167); *Degenhart*, aaO, S. 22 m.w.N.

702 *Windscheid*, Lehrbuch des Pandektenrechts, Band II, 1865, S. 303, zitiert nach *Kern*, Zwischen Romanistik und Germanistik, S. 153; siehe auch *Nehlsen-v. Stryk*, JZ 1987, 119 (121); *Göthel*, AcP 205 (2005), 36 (51).

703 Nach einer Schrift von *Gaius* konnte Gegenstand einer Obligation nur etwas sein, das Vermögenswert hat, vgl. „Cicatricum autem deformatis nulla fit aestimatio, quia liberum corpus nullam recipit aestimationem" (Gai. D 9, 3, 7), zitiert nach *Degenhart*, aaO, S. 12; siehe auch *Göbel*, aaO, S. 10 f.; *Nehlsen-v. Stryk*, JZ 1987, 119 (121); *Kern*, aaO, S. 154.

1855 seine Differenztheorie ein, die den Schaden an eine negative Differenz im *Vermögen* des Geschädigten knüpfte.[704] Der Schutz immaterieller Güter hingegen sollte vom Strafrecht verwirklicht werden.[705]

Die Abkehr von diesem Verständnis löste das Inkrafttreten des § 231 RStGB am 1. Januar 1872 aus,[706] nach dem der Strafrichter bei Körperverletzungen neben der Strafe auf Bußzahlung an den Geschädigten erkennen konnte. Durch die Einführung der Buße ins Strafrecht entstand ein Konkurrenzproblem, das *von Waechter* löste, indem er zur Einordnung des Schmerzensgeldes als gewohnheitsrechtlich begründete Ersatzklage zurückkehrte.[707] Dem Einwand *Windscheids* begegnete er mit dem Hinweis, dass es im Recht häufig vorkomme, dass man für „specifisch ganz verschiedene Dinge"[708] wie Schmerzen und Geld einen Gleichungspunkt suchen müsse.[709] Diese Ausführungen überzeugten *Windscheid*,[710] der sich 1875 der Auffassung *von Waechters* anschloss, indem er das Aufwiegen einer dem Verletzten verursachten schmerzlichen Empfindung durch Verursachung einer angenehmen Empfindung als Entschädigung einstufte[711] und das Schmerzensgeld ausdrücklich „nicht als Strafe, sondern Entschädigung"[712] bezeichnete. Die Rechtswissenschaft schloss sich in den Folgejahren nahezu einhellig der Auffassung *von Wächters* und *Windscheids* an, sodass sich am Ende des 19. Jahrhunderts wieder der Charakter des Schmerzensgeldes als Ersatzanspruch durchgesetzt

704 Vgl. *Mommsen*, Zur Lehre von dem Interesse, S. 3, 118 ff. *Göthel* bezeichnete es als „Dogma der historischen Rechtsschule, wonach Forderungen einen Vermögenswert haben mussten", vgl. *Göthel*, AcP 205, 36 (49, 54); *Ady* sah in der deutschen Privatrechtslehre des 19. Jahrhunderts die Ursache der Trennung des Schadens in materiell und immateriell, *Ady*, aaO, S. 16 f.

705 *Nehlsen-v. Stryk*, JZ 1987, 119 (121).

706 Nach § 231 Abs. 1 RStGB konnte in allen Fällen der Körperverletzung auf Verlangen des Verletzten neben der Strafe auf eine an denselben zu erlegende Buße bis zu einem Betrage von zweitausend Thalern erkannt werden, vgl. Strafgesetzbuch für das Deutsche Reich, RGBl. I Nr. 24 vom 15.05.1871, S. 127 (170).

707 *V. Waechter*, aaO, S. 72 ff. (85).

708 *V. Waechter*, aaO, S. 74.

709 *V. Waechter*, aaO, S. 74; siehe auch *Walter*, Geschichte des Anspruchs auf Schmerzensgeld, S. 237 und *Nehlsen-v. Stryk*, JZ 1987, 119 (122).

710 *Göthel*, AcP 205, 36 (51); *Kern*, aaO, S. 153 f.

711 *Windscheid*, Lehrbuch des Pandektenrechts, Band II, 1875, § 455 A.31, S. 707; so auch die 5. Auflage, 1879, § 455 A.31, S. 716.

712 *Windscheid*, Lehrbuch des Pandektenrechts, Band II, 1875, § 455, S. 707; so auch die 5. Auflage, 1879, § 455, S. 715 f.

hatte.[713] Auch der 3. Zivilsenat des Reichsgerichts hatte sich in seinem Urteil aus dem Jahr 1882 ausdrücklich der Ansicht *von Wächters* angeschlossen und ordnete das Schmerzensgeld als Ersatzanspruch ein.[714]

c. Ersatzcharakter im Gesetzgebungsverfahren

Als sich das BGB am Ende des 19. Jahrhunderts im Gesetzgebungsverfahren befand, schlossen sich auch seine Väter der Ende des 19. Jahrhunderts herrschenden Ansicht vom Ersatzcharakter des Schmerzensgeldes an.[715] Maßgebende Bedeutung bei der Beratung des I. Entwurfs hatte die Regelung des § 231 RStGB.[716] Diese führte dazu, dass auch dem Zivilrichter die Befugnis zugesprochen wurde, dem Geschädigten auch wegen eines immateriellen Schadens eine Entschädigung zuzusprechen.[717] Demzufolge entstand im I. Entwurf § 728 Abs. 1 S. 1 mit folgendem Wortlaut: *„In den Fällen der §§ 726, 727 kann von dem Gerichte dem Verletzten oder demjenigen, welchem die Freiheit entzogen ist, auch wegen eines anderen als eines Vermögensschadens nach freiem Ermessen eine billige Entschädigung in Geld zugesprochen werden.“*[718]. Diese Bezeichnung des

---

713 *Göthel*, AcP 205, 36 (37, 42, 52); *Nehlsen-v. Stryk*, JZ 1987, 119 (122f.) mit zahlreichen Literaturnachweisen und *Degenhart*, aaO, S. 23 f.

714 RGZ 8, 117 (118); siehe auch *Kern*, aaO, S. 154.

715 *Göthel*, AcP 205, 36 (37); *Walter*, aaO, S. 288, nach der man sich der Ansicht *von Waechters* angeschlossen hatte, vgl. *Walter*, aaO, S. 359 ff. mit weiteren umfassenden Ausführungen zum Gesetzgebungsverfahren des BGB.

716 Der 1. Strafsenat des RG hatte 1887, mithin im letzten Jahr der Entstehung des ersten Entwurfs des Bürgerlichen Gesetzbuchs, eine Entscheidung des Instanzgerichts bestätigt, die dem Geschädigten eine Buße zugesprochen hatte unter Berücksichtigung der Schmerzen und des Verlusts der Zeugungsfähigkeit, den der Geschädigte wegen eines Fußtritts gegen die Geschlechtsteile erlitten hatte, vgl. RGSt 15, 352 (355).

717 *Mugdan*, aaO, Motive, S. 800; vgl. auch *Göthel*, AcP 205, 36 (60); *Deutsch*, aaO, S. 565; *Lepa*, FS für G. Müller, 113 (113); *Göbel*, aaO, S. 13; *Degenhart*, aaO, S. 26; so auch der 3. Zivilsenat des BGH 1952, vgl. BGHZ 7, 223 (224).

718 Mugdan, Die gesamten Materialien zum Bürgerlichen Gesetzbuch für das Deutsche Reich, II. Band (1899), S. CXXIX, Hervorhebung durch die Verfasserin. § 726 des Entwurfs sah die Körperverletzung vor, § 727 die Freiheitsentziehung, vgl. Mugdan, aaO, S. CXXVIII. Damit sah der § 728 Abs. 1 des Entwurfs einen gesetzlich bestimmten Fall nach § 221 des Entwurfs vor, wonach „wegen eines anderen als eines Vermögensschadens eine Entschädigung (II: in Geld) nur in den vom Gesetz bestimmten Fällen gefordert werden kann.“, Mugdan, aaO, S. IV, Hervorhebung durch die Verfasserin. Die grundsätzliche Beschränkung des Geldersatzes auf Vermögensschäden sollte die Rechenhaftigkeit des Schadensersatzrechts in möglichst weitem Umfang wahren.

Schmerzensgeldanspruchs als Entschädigungsanspruch in den Motiven deutet darauf hin, dass der Gesetzgeber das Schmerzensgeld als zivilrechtlichen Schadensersatzanspruch verstand. In Abgrenzung zum Begriff der Entschädigung verwendete der Gesetzgeber den Begriff der Strafe.[719] Auch die Ausführungen der Motive zum Schadensbegriff, nach der moralisierende oder strafrechtliche Gesichtspunkte bei der Bestimmung der zivilrechtlichen Folgen unerlaubten, widerrechtlichen Verhaltens unberücksichtigt bleiben müssen,[720] lässt sich als Argument für die Einordnung des Schmerzensgeldes als Schadensersatz anstelle der Einordnung als Privatstrafe heranziehen.[721] Stattdessen bestimme lediglich der Umfang des verursachten Schadens den Umfang des zu leistenden Schadensersatzes.[722] Diese Aussagen finden sich in den Motiven zwar allgemein zum Schadensersatz,[723] dennoch wird diese Einstellung des Gesetzgebers auch auf den immateriellen Schaden übertragen.[724] Insgesamt deuten die Gesetzgebungsmaterialien darauf hin, dass der Gesetzgeber das Schmerzensgeld nicht als Privatstrafe, sondern als zivilrechtlichen Schadensersatzanspruch verstand.[725]

Dem Richter sollte keine „dem deutschen Recht fremde Souveränität seiner Stellung gegenüber dem Streitverhältnis beigelegt" werden. Die Aufwiegung eines ideellen Schadens in Geld widerstrebe der herrschenden Volksauffassung, insbesondere den Anschauungen der „besseren Volkskreise". Es würden nur die schlechteren Elemente Vorteil ziehen, Gewinnsucht, Eigennutz und Begehrlichkeit würden gesteigert und aus unlauteren Motiven zahlreiche schikanöse Prozesse angestrengt, vgl. Mugdan, aaO, Protokolle, S. 1246 f.

719 *Mugdan*, aaO, Motive, S. 802; siehe auch *Göthel*, AcP 205, 36 (62 ff.) mit weiteren überzeugenden Argumenten; *Remé*, Die Aufgaben des Schmerzensgeldes im Persönlichkeitsschutz, S. 35; BGHZ 7, 223 (224 f.); anders *Kern*, nach dem der Gesetzgeber die Streitfrage nach dem Wesen des Schmerzensgeldes bewusst nicht entscheiden wollte, vgl. *Kern*, AcP 191, 247 (258), und ihm folgend *Schäfer*, AcP 202, 397 (425).

720 *Mugdan*, aaO, Motive, S. 17 f.

721 *Göthel*, aaO, S. 62; *Göbel*, aaO, S. 15.

722 *Mugdan*, aaO, Motive, S. 18.

723 Vgl. *Göbel*, aaO, S. 15.

724 Vgl. *Göthel*, der zutreffend darauf hinweist, dass im Kommissionsbericht die Geldentschädigung wegen Beleidigung abgelehnt wird mit dem Argument, dass dies die Rückkehr zum „längst überwundenen Recht der Privatstrafklagen" bedeuten würde, vgl. *Göthel*, aaO, S. 62 unter Verweis auf *Mugdan*, aaO, Kommissionsbericht, S. 103.

725 *Göthel*, AcP 205, 36 (62 f.); *Degenhart*, aaO, S. 27 und 44; *Nehlsen-v. Stryk*, JZ 1987, 119 (123); *Köndgen*, aaO, S. 48; *Niemeyer*, Genugtuung des Verletzten durch Buße, S. 65; *Remé*, aaO, S. 35.

d. Zwischenergebnis

Die historische Entwicklung zeigt, dass das Schmerzensgeld seit dem 16. Jahrhundert überwiegend als zivilrechtlicher Ersatzanspruch verstanden wurde. Zwar konnte sich in der Mitte des 19. Jahrhunderts die Ansicht vom Schmerzensgeldanspruch als Form der Buße bzw. der Privatstrafe durchsetzen, doch war diese Einordnung nicht auf die Rückbesinnung auf das mittelalterliche Bußwesen zurückzuführen, sondern auf das Dogma vom Vermögenswert der Obligation, das eine Ersatzklage nur bei einem Vermögensschaden anerkannte. Notwendige Folge dieser dogmatischen Überzeugung war die Einordnung des Schutzes immaterieller Güter in das Strafrecht.[726] Diese Einordnung konnte sich allerdings nur wenige Jahre durchsetzen, bevor eine Rückbesinnung auf die Rechtsnatur des Schmerzensgeldes als Ersatzanspruch erfolgte.

2. Gesetzeswortlaut

Der Gesetzeswortlaut, der in § 847 BGB a.F. zunächst Eingang in das BGB gefunden hatte, ordnete wie schon der erste Entwurf des BGB als Rechtsfolge eine *Entschädigung* an, die dem Geschädigten vom Schädiger zu zahlen ist. Der Wortlaut der Rechtsfolge blieb seitdem nahezu[727] unverändert. Den Begriff der Entschädigung verwendet der Gesetzgeber auch in § 251 Abs. 1 BGB und § 251 Abs. 2 BGB,[728] die den Kompensationsanspruch wegen des materiellen Schadens regeln.[729] Die Rechtsfolge der billigen Entschädigung in Geld weist heute und wies bereits vor ihrer Verortung in den schadensrechtlichen Regeln der §§ 249 ff. BGB eine mit dem Anspruch auf Geldentschädigung beim materiellen Schaden gleichlautende Terminologie auf, die für die Schadensersatzqualität des Schmerzensgeldes spricht.[730]

---

726 Nach *Nehlsen-v. Stryk* war die Buß- bzw. Privatstrafennatur des Schmerzensgeldes daher „kein Relikt aus alter Zeit, sondern ein Produkt des 19. Jahrhunderts als Konsequenz der gemeinrechtlichen Doktrin von der Nichtersetzbarkeit von Nichtvermögensschäden", *Nehlsen-v. Stryk*, JZ 1987, 119 (123); siehe auch *Kern*, aaO, S. 154; einschränkend *Walter*, nach der diese These noch einer umfassenden Fundierung in den Quellen bedarf", *Walter*, aaO, S. 62.

727 Siehe die Ausführungen in Fußnote 26.

728 Siehe auch jüngst *Schubert*, aaO, S. 12 m.w.N.

729 Im Gegensatz dazu spricht § 250 BGB vom *Ersatz* in Geld.

730 So auch Staudinger/*Schiemann*, BGB, § 253 Rn. 28. Auch der 3. Zivilsenat hatte 1952 darauf hingewiesen, dass der Begriff der *Entschädigung* nicht gegen die Wertung als Schadensersatzanspruch spreche, wenn er auch den Entschädigungsbegriff nicht mit letzter Konsequenz als Argument für die Schadensersatzqualität des Schmerzensgeldanspruchs bewertet hatte,

Hinzu kommt die Bezeichnung des immateriellen Nachteils als *Schaden* seit dem Inkrafttreten des BGB. Dieses Wortlautargument griffen sowohl der 3. Zivilsenat des BGH im Jahr 1952[731] als auch der Große Zivilsenat drei Jahre später auf, der den Schmerzensgeldanspruch „formal als bürgerlichrechtlichen Schadensersatzanspruch konstruiert"[732] bezeichnete. Diese Ansicht unterstrich der Große Zivilsenat, indem er die Vorrangigkeit des Schadensumfangs und des Ausgleichs dieses Schadens betonte und die Herausstellung dieser Komponente des Schmerzensgeldes als wesentliches Verdienst der Entscheidung des 3. Zivilsenats aus dem Jahr 1952 auswies.[733] Beim Ausgleich der Lebensbeeinträchtigung handelte es sich demzufolge auch nach Ansicht des Großen Zivilsenats um einen Anspruch auf Schadensersatz.[734] Der Umstand, dass der Große Zivilsenat dem Schmerzensgeld die zusätzliche Funktion der Genugtuung zuwies, steht dieser Einordnung nicht entgegen. Durch diese zweite Funktion erweiterte der Große Zivilsenat den „formalen Schadensersatzanspruch" und machte ihn zum Anspruch „eigener Art mit doppelter Funktion".[735] Die Genugtuung etablierte der Große Zivilsenat neben dem Ausgleich mit dem Ziel, den seiner Ansicht nach nur „groben Anhalt" der Ausgleichsfunktion zu erweitern.[736] Die Funktion der Genugtuung tritt mithin als zusätzliche

---

vgl. BGHZ 7, 223 (225), Hervorhebung durch die Verfasserin; anders *A. Diederichsen*, die den Grund für die Bezeichnung *Entschädigung* in der Tatsache ausmacht, dass die Schädigung immaterieller Rechtsgüter nicht monetär ausgeglichen werden kann, sodass bestenfalls eine den Schadensausgleich annähernde Entschädigung in Betracht kommt, sodass der Anspruch auf Schmerzensgeld nicht als Schadensersatz bezeichnet wurde, vgl. *A. Diederichsen*, VersR 2005, 434 (434).

731 Sowohl in § 847 BGB a.F. als auch in § 253 BGB a.F. werde der nichtvermögensrechtliche Nachteil als Schaden bezeichnet, BGHZ 7, 223 (225). Zustimmend *Geigel*, nach dem der Anspruch auf billige Entschädigung wegen des Nichtvermögensschadens einen echten Schadensersatzansprüche darstelle, vgl. *Geigel*, NJW 1954, 706 (706); *ders.*, Haftpflichtprozess, 1954, S. 39.

732 BGHZ 18, 149 (156).

733 BGHZ 18, 149 (154).

734 So auch *Lieberwirth*, aaO, 1965, S. 18 und *Blechschmid*, aaO, S. 29 unter Verweis auf BGHZ 18, 149 ff. (insbesondere 156). Anders *Hartung*, nach dem der BGH den Schmerzensgeldanspruch überhaupt nicht als Schadensersatzanspruch einordnen wollte, vgl. *Hartung*, NJW 1957, 125 (125 f.).

735 BGHZ 18, 149 (149), Leitsatz 1.

736 Diese Präzisierung des erforderlichen Ausgleichs, die sich der Große Zivilsenat von der Genugtuung als zusätzlicher Funktion versprach, vermag nicht zu überzeugen. Der erforderliche Ausgleich wird nicht per se präziser durch die Funktion der Genugtuung, sondern sieht sich gleichermaßen den Schwierigkeiten der Bestimmbarkeit einer billigen Entschädigung wegen des immateriellen Körper- und Gesundheitsschadens

Funktion neben den Ausgleich ohne den Ausgleich des Schadens als vorrangiges Ziel des Schmerzensgeldes zu verändern. Insoweit das Schmerzensgeld den Ausgleich des immateriellen Körper- und Gesundheitsschadens beim Geschädigten verfolgt, handelt es sich demnach um einen Anspruch auf Schadensersatz. Nur im Hinblick auf die zusätzliche Funktion der Genugtuung unterscheidet sich der Anspruch auf Schmerzensgeld von den „üblichen, d.h. auf den Ersatz von Vermögensschäden zugeschnittenen“ [737] Schadensersatzansprüchen.

3. Zwischenergebnis

Die historische Entwicklung des Schmerzensgeldes, sein gesetzlicher Wortlaut seit dem Inkrafttreten des BGB und seine systematische Stellung in den §§ 249 ff. BGB sprechen für seine Qualität als Schadensersatzanspruch.

II. Restitution und Kompensation

Das Schadensrecht der §§ 249 ff. BGB wird von verschiedenen Prinzipien geprägt. Eines seiner tragenden Grundprinzipien ist der Ausgleichszweck.[738] Er geht auf die spätscholastische Restitutionslehre zurück, durch welche die Gerechtigkeitslehre des Aristoteles für das Privatrecht fruchtbar gemacht worden war. Danach diente die Restitution allein der ausgleichenden Gerechtigkeit, sie sollte die gestörte Gleichheit zwischen den Parteien wiederherstellen.[739] Zur Wiederherstellung der Gleichheit zwischen den Parteien sehen die schadensrechtlichen Regelungen des BGB die Restitution und die Kompensation als Formen des Schadensersatzes

---

in Geld ausgesetzt. Darauf weist zutreffend auch *Degenhart* hin, nach dem es sich bei der Schwierigkeit der Berechnung des immateriellen Schadens um ein Problem handele, das auch durch die Schöpfung der Genugtuung weder gelöst noch gelindert wurde, vgl. *Degenhart*, aaO, S. 161; ähnlich jüngst auch *Schubert*, aaO, S. 183.

737 BGHZ 18, 149 (156).

738 *Lange/Schiemann*, aaO, S. 9; *Deutsch*, aaO, S. 14; MünchKomm-BGB/*Oetker*, § 249 Rn. 8; *Wagner*, Gutachten A für den 66. Deutschen Juristentag, 2006, A 14; NK-BGB/*Magnus*, Vor §§ 249–255 Rn. 9. Daneben bestehen die Anspruchsgrundlagenunabhängigkeit, der Grundsatz der Totalreparation, die Subjektbezogenheit des Schadens und die Differenzierung zwischen Restitution und Kompensation mit prinzipieller Beschränkung des Geldersatzes auf Vermögensschäden, vgl. Soergel/*Mertens*, BGB, Vor § 249 Rn. 14.

739 Vgl. *Jansen*, JZ 2005, 160 (162); *Wolter*, Das Prinzip der Naturalrestitution, S. 26 f.

vor,[740] mit deren Hilfe das übergeordnete Prinzip des Schadensausgleichs erreicht werden soll.[741] Dabei normiert § 249 Abs. 1 BGB als zentrale Vorschrift der §§ 249 ff. BGB die Naturalrestitution.[742] Daraus folgt, dass der Schaden nach dem Willen des Gesetzgebers vorrangig im Wege der Wiederherstellung auszugleichen ist.[743] Die Wiederherstellung soll erfolgen, indem die beschädigte Sache in ihren ursprünglichen Zustand ohne die Schädigung zurückversetzt wird.[744] Schutzgut der Restitution ist das Interesse des Geschädigten an der Integrität seiner Rechtsgüter.[745] Die Kompensation als Entschädigung des Geschädigten *in Geld*[746] soll nach der Gesetzessystematik nachrangig erfolgen, und zwar erst und nur dann, wenn die Wiederherstellung entweder nicht möglich oder sie zur Entschädigung nicht genügend oder nur mit unverhältnismäßigen Aufwendungen

---

740 Restitution bedeutet Wiederherstellung, während Kompensation den Ersatz meint.

741 Siehe auch bei *Kolbinger*, Restitution und Kompensation, S. 23 ff. und 76.

742 Staudinger/*Schiemann*, BGB, § 249 Rn. 1. § 249 BGB wird auch als „Magna Charta" für den Geschädigten im Schadensersatzrecht bezeichnet, vgl. *Steffen*, NJW 1995, 2057 (2059); *zustimmend Schirmer*, FS für Baumann, 1999, 293 (323); *G. Müller*, VersR 2005, 1461 (1461).

743 Der Vorrang der Naturalrestitution vor dem Ersatz in Geld stellt ein weiteres tragendes Grundprinzip des deutschen Schadensrechts dar, vgl. *Lange/Schiemann*, aaO, S. 213; *Schiemann*, FS für Hagen, 27 (37); *Schirmer*, FS für Baumann, 293 (296); Palandt/*Grüneberg*, § 249 Rn. 1; *Wolter*, aaO, S. 82; *Kolbinger*, aaO, S. 17 m.w.N.; so auch BGHZ 92, 85.

744 „Wer zum Schadenersatz verpflichtet ist, hat *den Zustand herzustellen, der bestehen würde, wenn der zum Ersatz verpflichtende Umstand nicht eingetreten wäre*", § 249 Abs. 1 BGB, Hervorhebung durch die Verfasserin. Bei Verletzung einer Person oder Beschädigung einer Sache kann der Geschädigte bestimmen, ob die Wiederherstellung gemäß § 249 Abs. 1 BGB durch den Schädiger oder gemäß § 249 Abs. 2 BGB durch einen Dritten erfolgt und der Geschädigte im letztgenannten Fall die Kosten ersetzt verlangt. Der Geldersatz nach § 249 Abs. 2 BGB richtet sich dabei ebenfalls auf die Wiederherstellung des beschädigten Gutes, ist mithin ein Fall der Restitution. Eine Geldleistung des Schädigers kann somit sowohl der Restitution als auch der Kompensation dienen, vgl. *Kolbinger*, aaO, S. 24. Die Naturalrestitution setzt dabei „die praktische und rechtliche Möglichkeit der in natura vorzunehmenden Handlung voraus", *Kolbinger*, aaO, S. 22; siehe zu den Möglichkeiten der Durchführung der Naturalrestitution *Deutsch*, aaO, S. 542 f.

745 Das Integritätsinteresse des Geschädigten findet insoweit Anerkennung, wie es den Grundsätzen von Treu und Glauben entspricht, MünchKomm-BGB/*Oetker*, § 251 Rn. 35.

746 *Deutsch*, aaO, S. 544. Die Begriffe der Entschädigung in Geld und der Kompensation sind mithin gleichbedeutend.

möglich ist.[747] Schadensersatz in Geld kommt demnach nur in Betracht, wenn keine Wiederherstellung des status quo ante mehr beabsichtigt ist.[748] Die Kompensation ist mithin durch den Umstand geprägt, dass die tatsächliche Wiederherstellung endgültig nicht erfolgen wird, weder durch den Schädiger noch durch den Geschädigten.[749] Daraus folgt, dass der Geschädigte den endgültigen Verlust seines Integritätsinteresses hinnehmen muss, sodass die Geldentschädigung diesen Verlust kompensieren muss.[750] Anstelle des unversehrten Gutes erhält der Geschädigte einen monetären Ausgleich, der sich an der „Differenz zwischen Haben und Nicht-Mehr-Haben“[751] orientiert und dem Geschädigten als Äquivalent dienen soll.[752] Schutzgut der Kompensation ist das Wertinteresse des Geschädigten.[753] Restitution und Kompensation unterscheiden sich demnach in konzeptioneller Hinsicht.[754] Während die Restitution die Wiederherstellung des früheren status quo ante verfolgt, zielt die Kompensation in Ermangelung dieser Möglichkeit auf den monetären Ausgleich der dauerhaft verletzten Integrität ab. Dabei verfolgen Restitution und Kompensation gleichermaßen das Ziel, für den Geschädigten einen Ausgleich herbeizuführen und sind daher gleichwertige Formen des

---

747 Vgl. §§ 251 Abs. 1 Alt. 1 und Alt. 2 und 251 Abs. 2 BGB; vgl. NK-BGB/*Magnus*, § 251 Rn. 1; daneben sieht § 250 BGB Geldersatz vor für den Fall, dass die vom Geschädigten gesetzte Frist zur Wiederherstellung abgelaufen ist. Dieser Geld*ersatz* ist nach herrschender Meinung eine Form der Restitution und von der subsidiären Geldentschädigung nach § 251 Abs. 1 BGB zu unterscheiden, vgl. *Wolter*, aaO, S. 83.

748 Nach *Kolbinger* beabsichtigt die Restitution die Beseitigung des Schadens in tatsächlicher Hinsicht und damit die „Herstellung des Sollzustandes, wie er sich bei einem Wohlverhalten des Schädigers ergeben hätte“, *Kolbinger*, aaO, S. 23; ähnlich auch *Ströfer*, aaO, S. 26.

749 *Kolbinger*, aaO, S. 86. Der Ist-Zustand kann dem Soll-Zustand nicht wieder angeglichen werden, *Coester-Waltjen*, Jura 1996, 270 (271).

750 *Lorenz* bezeichnet die Geldentschädigung daher als Ersatz oder Ergänzung der Naturalrestitution, *Lorenz*, Immaterieller Schaden, S. 168.

751 *Jahr*, AcP 183, 725 (771), d.h. dem Wert eines als definitiv hingenommenen Verlustes; siehe auch *Kolbinger*, aaO, S. 86.

752 *Stoll*, Haftungsfolgen im bürgerlichen Recht, S. 167; *Schubert*, aaO, S. 149.

753 BGH NJW 1985, 793 (793 f.); NK-BGB/*Magnus*, 2012, § 251 Rn. 2; Palandt/*Grüneberg*, § 251 Rn. 10; *Ströfer*, aaO, S. 27.

754 BGH NJW 1985, 793 (793); Soergel/*Mertens*, BGB, Vor § 249 Rn. 37 und § 249 Rn. 1 f. m.w.N. Die Vorstellung darüber, warum und wie gerade die zu erbringende Leistung einen Ersatz des Schadens bewirken soll, bestimmt den Inhalt der Schadensersatzforderung, *Kolbinger*, aaO, S. 23 mit Verweis auf die Ausführungen des Gesetzgebers, vgl. Begründung zum 2. SchadÄndG, BR-Drs. 742/01, S. 30.

Schadensersatzes.[755] Die Geldentschädigung tritt dabei immer dann an die Stelle der Naturalrestitution, wenn und soweit diese nicht mehr durchführbar ist. Dabei stellt die Kompensation, anders als es das Regel-Ausnahme-Verhältnis des Gesetzes suggeriert, die in der Praxis vorherrschende Form des Schadensersatzes dar.[756]

III. Kompensationscharakter des Schmerzensgeldes

Nunmehr gilt es, den Schmerzensgeldanspruch in die Schadensersatzformen der §§ 249 ff. BGB einzuordnen. Die dem Geschädigten nach § 249 Abs. 1 BGB vorrangig zu gewährende Naturalrestitution lässt sich bei der Verletzung des Körpers und der Verletzung der Gesundheit im Hinblick auf die erlittenen immateriellen Einbußen nicht durchführen, da die Wiederherstellung des status quo ante naturgemäß nicht möglich ist.[757] Erleidet der Geschädigte bspw. einem Beinbruch kann das gebrochene Bein zwar behandelt werden, sodass der schädigungsfreie Zustand unter der Voraussetzung der Heilung hergestellt im Sinne des § 249 BGB ist. Die immateriellen Einbußen, die der Beinbruch vom Zeitpunkt der Schädigung bis zur vollständigen Heilung, d.h. dem gesundheitlichen status quo ante, verursacht hat, muss der Geschädigte hingegen irreversibel erleiden. Der status quo ante lässt sich im Hinblick auf die erlittenen immateriellen Einbußen nicht herstellen im Sinne des § 249 BGB.[758] Während bei der Beschädigung einer Sache neben der Herstellung der beschädigten Sache selbst auch die Beschaffung einer gleichartigen Ersatzsache als Form der Naturalrestitution gilt,[759] funktioniert diese Form der

---

755 *Medicus*, AcP 192, 35 (38); MünchKomm-BGB/*Oetker*, § 251 Rn. 1 m.w.N.

756 MünchKomm-BGB/*Oetker*, § 249 Rn. 320 m.w.N; *Kolbinger*, aaO, S. 23; *Coester-Waltjen*, Jura 1996, 277 (271). Die Geldentschädigung ist zudem die historisch ältere Form des Schadensersatzes, vgl. *Deutsch*, aaO, S. 496, 544. § 251 BGB ist, abgesehen von der Ergänzung um § 251 Abs. 2 S. 2 infolge der stärkeren Verankerung des Tierschutzes im BGB, seit 1900 unverändert geblieben, NK-BGB/*Magnus*, § 251 Rn. 3.

757 So die herrschende Meinung im Schrifttum, vgl. für viele *Kolbinger*, aaO, S. 20 ff. m.w.N.; ebenso der Große Zivilsenat und der 3. Zivilsenat des BGH, vgl. BGHZ 18, 149 (156) und BGHZ 7, 223 (226).

758 Ähnlich auch *Schubert*, nach der die Heilbehandlung die Schmerzen und Leiden und die Einschränkungen in der Lebensführung nur für die Zukunft beseitigt, *Schubert*, aaO, S. 29 f., 33. Strenggenommen sind die immateriellen Einbußen allerdings erst im Zeitpunkt der Heilung beseitigt, da insbesondere während der Phase der Heil*behandlung* noch erhebliche immaterielle Einbußen entstehen können.

759 Der 6. Zivilsenat des BGH erkennt die Beschaffung einer gleichwertigen Ersatzsache als Form der Wiederherstellung nach § 249 BGB an, BGHZ 66, 239 (247); BGHZ 92,

Herstellung beim Körper- oder Gesundheitsschaden des Menschen nicht, da beide Rechtsgüter untrennbar mit dem Menschen verbunden sind. Demzufolge muss an die Stelle der Herstellung beim immateriellen Körper- und Gesundheitsschaden die Entschädigung in Geld treten, um den Verlust des Integritätsinteresses des Geschädigten zu kompensieren.

Der Mechanismus von Restitution und Kompensation läuft zwischen dem materiellen Schaden und dem immateriellen Körper- und Gesundheitsschaden parallel. Sofern das Integritätsinteresse des Geschädigten nicht befriedigt werden kann, muss der Verlust dieses Interesses, beim materiellen und immateriellen Körper- und Gesundheitsschaden gleichermaßen, kompensiert werden. In beiden Fällen zielt der Anspruch des Geschädigten auf Kompensation bzw. auf den Ersatz seines Wertinteresses. Die Regelung des § 251 Abs. 1 BGB gilt dabei grundsätzlich nur für Vermögensschäden.[760] Diese Annahme ist darauf zurückzuführen, dass § 253 Abs. 1 BGB den Anspruch auf Entschädigung in Geld wegen immaterieller Schäden weitgehend ausschließt. Angesichts dieser Systematik kann § 251 BGB nur für den materiellen Schaden anwendbar sein. § 253 Abs. 2 BGB macht vom Ausschluss der Geldentschädigung wegen immaterieller Schäden für den immateriellen Körper- und Gesundheitsschaden eine Ausnahme und regelt als lex specialis gegenüber § 251 BGB die Kompensation in Geld für den immateriellen Körper- und Gesundheitsschaden. Der Struktur nach handelt es sich somit bei der *Entschädigung* des § 253 Abs. 2 BGB und der *Entschädigung* des § 251 BGB gleichermaßen um Ansprüche auf Kompensation. Dieser Charakter der Kompensation ist für das Schmerzensgeld auch im Schrifttum anerkannt[761] und war es teilweise bereits vor seiner Verortung in den schadensersatzrechtlichen Regeln der §§ 249 ff. BGB.[762] Auch der 3. Zivilsenat des BGH hatte § 847 BGB a.F. schon

---

85 (87 f.) und jüngst BGH NJW 2010, 2722 (2723); siehe auch *Wellner*, NJW 2012, 7 (7); *Schirmer*, FS für Baumann, 293 (296) und MünchKomm-BGB/*Oetker*, § 249 Rn. 327 und § 251 Rn. 11 m.w.N.

760 Vgl. BGHZ 63, 295 (297); siehe auch MünchKomm-BGB/*Oetker*, § 251 Rn. 5; *Armbrüster*, JuS 2007, 411 (415).

761 Jüngst *Schubert*, aaO, S. 571, 576; *Steffen*, DAR 2003, 201 (202); *Huber*, NZV 2006, 169 (171); MünchKomm-BGB/*Oetker*, § 253 Rn. 10; NK-BGB/*Huber*, § 253 Rn. 9; so auch *Ady*, aaO, S. 83 für Nichtvermögensschäden allgemein.

762 *Steffen* bezeichnete das Schmerzensgeld als „subsidiären Schadensersatz mit der Hausnummer § 251“, *Steffen*, FS für Odersky, 723 (724); *Lorenz*, Immaterieller Schaden, S. 79 f. und 121; *ders.*, FS für Wiese, 261 (270); *Stoll*, Gutachten, S. 142 f., 163; *Hupfer*, JZ 1977, 781 (784); anders *Donaldson* in den sechziger Jahren, nach dem die §§ 249 ff. auf § 847 BGB a.F. nicht anwendbar waren, *Donaldson*, AcP 166, 462 (468).

Anfang der fünfziger Jahre als Kompensationsanspruch eingeordnet, ohne allerdings explizit diese Bezeichnung zu wählen. Aus der Verwendung des Wortes „auch" in § 847 BGB a.F. hatte er abgeleitet, dass sich der Anspruch auf Schmerzensgeld von anderen Schadensersatzansprüchen nur insoweit unterscheide, als der Schaden nicht am Vermögen oder an vermögenswerten Gütern eingetreten sei[763] und damit ein eindeutiges und zutreffendes Argument angeführt. Der Verwendung des Wortes „auch" und seiner Platzierung vor dem Tatbestandsmerkmal „Schaden" in § 847 BGB a.F. lässt sich als argumentum e contrario entnehmen, dass der Gesetzgeber einen Gleichlauf zwischen der Geldentschädigung beim materiellen Schaden und der Geldentschädigung beim immateriellen Körper- und Gesundheitsschaden beabsichtigt hatte.[764] Der Gesetzeswortlaut impliziert, dass der Geschädigte die gleiche Entschädigung in Geld, die er wegen des materiellen Schadens beanspruchen kann, auch beim immateriellen Körper- und Gesundheitsschaden verlangen kann. Andernfalls hätte der Gesetzgeber die Regelung des § 847 BGB a.F. mit dem Wortlaut *‚kann der Verletzte wegen des Schadens, der nicht Vermögensschaden ist, auch eine billige Entschädigung in Geld verlangen'* fassen müssen oder alternativ ohne die Verwendung des Wortes „auch". Durch die Neuregelung des Schmerzensgeldes in § 253 Abs. 2 BGB n.F. und die Beibehaltung des Wortlautes „[…] *kann auch wegen des Schadens, der nicht Vermögensschaden ist, eine billige Entschädigung in Geld gefordert werden.*" im Zuge der Schadensrechtsreform untermauerte der Gesetzgeber zuletzt die systematische Einordnung des § 253 Abs. 2 BGB als Kompensationsanspruch.

IV. Fazit

Der Anspruch auf Schmerzensgeld nach § 253 Abs. 2 BGB wegen der Verletzung des Körpers oder der Gesundheit ist ein Anspruch auf Schadensersatz, der auf die monetäre Kompensation des immateriellen Körper- und Gesundheitsschadens gerichtet ist. Angesichts des Wortlauts des § 253 Abs. 2 BGB und seiner systematischen Stellung ist von einem Gleichlauf zwischen der Geldentschädigung beim materiellen Schaden nach § 251 BGB und der Geldentschädigung beim immateriellen

763 BGHZ 7, 223 (225). Anders *Geigel*, nach dem die Ermittlung der Entschädigungshöhe nicht den gleichen Regeln folgen könne wie beim materiellen Schaden, da sie nicht ziffernmäßig errechenbar sei, vgl. *Geigel*, NJW 1954, 706 (706); *ders.*, Haftpflichtprozess, 1954, S. 39.

764 Gleiches gilt für die Kompensation des immateriellen Schadens wegen Verletzung der Freiheit und der sexuellen Selbstbestimmung.

Schaden gemäß § 253 Abs. 2 BGB auszugehen. § 253 Abs. 2 BGB ist dabei für die Geldentschädigung wegen der in Geld ersatzfähigen immateriellen Schäden lex specialis gegenüber § 251 BGB.

B. Die Bemessung der Kompensation anhand Stufe I des Systems

Stufe I des Systems der taggenauen Bemessung soll den Ausgleichsbetrag wegen der Lebensbeeinträchtigung des Geschädigten ermitteln. Es gilt nunmehr zu untersuchen, ob und inwieweit Stufe I zur Ermittlung der Kompensation geeignet ist. Angesichts des Gleichlaufs der Geldentschädigung von materiellem Schaden und immateriellem Körper- und Gesundheitsschaden soll zu diesem Zweck zunächst die Funktionsweise der Geldentschädigung beim materiellen Schaden nach § 251 BGB dargestellt werden (I.). Dabei soll auf das Wertinteresse als von der Kompensation geschütztes Interesse und die zur Ermittlung des materiellen Schadens entwickelten Grundsätze eingegangen werden. Sodann gilt es zu prüfen, welche Anhaltspunkte sich aus der Kompensation des materiellen Schadens für die Bemessung des Schmerzensgeldes ergeben und inwieweit Stufe I des Systems der taggenauen Bemessung zur Ermittlung der Kompensation de lege lata anwendbar ist (II.).

I. Kompensation des materiellen Schadens gemäß § 251 BGB

Mommsen beschrieb den Schaden im Jahr 1855 als „Differenz zwischen dem Betrage des Vermögens einer Person, wie derselbe in einem gegebenen Zeitpunkte ist, und dem Betrage, welchen dieses Vermögen ohne die Dazwischenkunft eines bestimmten beschädigenden Ereignisses in dem zur Frage stehenden Zeitpunkt haben würde“[765] und stellte dadurch seine Differenzhypothese auf, die nach wie vor als Ausgangspunkt für die Ermittlung des Vermögensschadens gilt.[766] Ein

---

765 *Mommsen*, Zur Lehre von dem Interesse, S. 3.

766 MünchKomm-BGB/*Oetker*, § 249 Rn. 19 m.w.N; so auch die ständige Rechtsprechung des BGH, vgl. BGHZ 11, 16, (26); 27, 181 (183 f.); 75, 366 (371); 86, 128 (130); kritisch hingegen *Larenz*, nach dem die Differenztheorie nicht so deutlich im Gesetz zum Ausdruck gelangt sei, dass man unbedingt an ihr festhalten müsste, vgl. *Larenz*, FS für Nipperdey, 489 (500).

Vermögensschaden ist danach gegeben, wenn der tatsächliche Wert des Vermögens geringer ist als der Wert, den das Vermögen ohne das die Ersatzpflicht begründende Ereignis hätte. Neben der Existenz eines Schadens lässt sich anhand der negativen Differenz gleichzeitig ermitteln, welchen Umfang der Schaden hat.[767] Der Schaden besteht in dem Wert, um den sich der schädigungsbedingt eingetretene tatsächliche Zustand von demjenigen unterscheidet, der sich aus dem ursprünglichen Lauf der Dinge ergeben hätte.[768]

1. Ersatz des Wertinteresses

Die Kompensation verfolgt beim materiellen Schaden einen rein wirtschaftlichen Ausgleich.[769] Da das Interesse des Geschädigten am Erhalt seines Vermögens dem Werte nach geschützt ist,[770] muss für die Höhe des Kompensationsanspruchs die Wertminderung maßgebend sein, die der Schädiger im Vermögen des Geschädigten verursacht hat.[771] Da das Integritätsinteresse des Geschädigten nicht mehr realisierbar ist, soll die Kompensation diesen „endgültigen Ausfall des tatsächlichen Interesses des Geschädigten in wirtschaftlicher Hinsicht ausgleichen."[772]. Durch die Kompensation verändert sich das Vermögen des Geschädigten in seiner konkreten Zusammensetzung, im Gegensatz zur Wiederherstellung des tatsächlichen schadensfreien Zustands nach § 249 BGB, bei der das Vermögen in seiner bisherigen Zusammensetzung gewahrt bleibt.[773] Der untergegangene Vermögenswert wird durch den entsprechenden Geldwert ersetzt. Bilanziell betrachtet wird anstelle des untergegangenen Sachwertes ein Vermögenswert aktiviert, sodass das Vermögen des Geschädigten durch die Kompensation dem Werte nach erhalten bleibt.[774]

---

767 Vgl. MünchKomm-BGB/*Oetker*, § 249 Rn. 18; BGHZ 45, 212 (218).

768 BGH NJW 1958, 1058; BGH NJW 1980, 775 (776); BGH NJW 1987, 831 (834); BGH NJW-RR 2008, 786 (787); BAG NJW 1985, 2545 (2545); *Bardo* weist auf den wichtigen Umstand hin, dass es falsch wäre, den Zustand vor und nach dem Schadensereignis zu vergleichen, da auf diese Weise manche Schäden nicht erfasst würden wie bspw. der Schaden wegen Nichterfüllung beim Kaufvertrag, wenn der Käufer keine Aufwendungen hatte, *Bardo,* Die „abstrakte" Berechnung des Schadens-ersatzes, S. 80.

769 Die tatsächlichen Folgen des Schadensereignisses bestehen neben der Kompensation grundsätzlich fort, *Kolbinger*, aaO, S. 24, 28.

770 Siehe zu den Nachweisen oben Fn. 753.

771 NK-BGB/*Magnus*, § 251 Rn. 2; MünchKomm-BGB/*Oetker*, § 251 Rn. 14 m.w.N.

772 *Kolbinger*, aaO, S. 86.

773 *Ströfer*, aaO, S. 27.

774 *Ströfer*, aaO, S. 27.

2. Ermittlung des materiellen Schadens anhand der Vermögensbilanz

Nach der Differenzhypothese besteht ein Vermögensschaden jedenfalls im Falle eines Abflusses auf der Aktivseite oder im Falle einer Mehrung auf der Passivseite der Vermögensbilanz.[775] Mittlerweile bildet die Differenzhypothese allerdings nur noch den Ausgangspunkt der Schadensermittlung, da sie in ihrer ursprünglichen Form schon bald nicht mehr dem gesellschaftlichen Bewusstsein von der Werthaltigkeit einzelner (Vermögens-)Interessen genügte.[776] Demzufolge entwickelten die Zivilgerichte im Wege der Rechtsfortbildung[777] Ausnahmen von der Differenzhypothese und ergänzten den Vergleich der Vermögenslagen mit und ohne die Schädigung durch wirtschaftliche und normative Wertungen.[778] In verschiedenen Fällen wird infolge dieser Wertungen ein Vermögensschaden auch dann bejaht, wenn sich aus der Anwendung der Differenzhypothese keine unmittelbare Vermögensminderung ergibt.[779] Insbesondere im Zusammenhang mit dem „Massenphänomen"[780] des Kfz-Sachschadens entwickelten die Zivilgerichte während der letzten Dekaden eine

775 Vgl. auch das Diktum des 6. Zivilsenats, nach dem sich ein Vermögensschaden „als Minderung von Aktiv- oder Vermehrung von Passivposten in der Differenzbilanz des Geschädigten ausdrückt", BGH NJW 1987, 50 (51).

776 Der 6. Zivilsenat des BGH schränkte schon 1966 ein, dass wenn sich das Maß einer Beeinträchtigung eines Vermögensschadens nach objektiven Maßstäben geldlich bewerten lässt, die Berechtigung einer Ersatzforderung nicht stets davon abhängig ist, dass im Wege der Differenzhypothese eine ziffernmäßige Minderung des Vermögens zu ermitteln ist, BGHZ 45, 212 (218).

777 Palandt/*Grüneberg*, Vorb v § 249 Rn. 10. Zur Entwicklung des Schadensbegriffs in Literatur und Rechtsprechung siehe vertiefend *Magnus*, Schaden und Ersatz, S. 9 ff. und *Deutsch*, aaO, S. 550 ff.

778 Vgl. BGH NJW-RR 2008, 786 (787); so auch *Coester-Waltjen*, Jura 1996, 270 (270 f.) m.w.N. Kritisch zum Begriff des normativen Schadens *Keuk*, der diesen Begriff auf *Selb*, Schadensbegriff und Regressmethoden, S. 11, zurückführt, von dem aus er Eingang in das Vokabular des BGH gefunden habe, *Keuk*, Vermögensschaden und Interesse, S. 42 unter Verweis auf weitere Kritik bei *Mertens*, Der Begriff des Vermögensschadens im Bürgerlichen Recht, S. 87 ff.

779 Wegweisend der Große Zivilsenat im Jahr 1986 für den Nutzungsausfall, vgl. BGH NJW 1987, 50 (51 ff.); *Steffen* beschreibt den normativen Schaden anschaulich als gegeben, wenn beim Vergleich des Vermögens schädigungsbedingt und hypothetisch schädigungsfrei ein Schaden „mit dem Rechenstift nicht festgemacht werden kann" und ein solcher vom Richter als Schaden ausgegeben wird, *Steffen*, NJW 1995, 2057 (2057). Siehe zu den kontroversen Literaturansichten die Darstellung bei *Lange/Schiemann*, aaO, S. 29 ff.

780 *Schirmer*, FS für Baumann, 293 (296).

differenzierte Judikatur zum Anspruch auf Geldentschädigung nach § 251 BGB.[781] Bei der Beschädigung eines Kfz kann der Geschädigte neben dem Fahrzeugwert und den durch den Nutzungsausfall entstandenen Kosten auch den Ersatz der fiktiven Kosten des Nutzungsausfalls (a.), den merkantilen Minderwert (b.) und die Neupreisentschädigung (c.) als Geldentschädigung i.S.d. § 251 BGB[782] vom Schädiger ersetzt verlangen.[783] Diese Fallgruppen belegen, dass die Entschädigung des materiellen Schadens in Geld nicht notwendigerweise eine Vermögensminderung im Sinne einer Einbuße an vorhandenen Vermögenswerten des Geschädigten voraussetzt. Stattdessen sind auch der Verlust der Nutzungsmöglichkeit des Kfz und der Verlust des unfallfreien sowie des fabrikneuen Fahrzeugs vom Schädiger zu ersetzen, obwohl der Vergleich der Vermögenslagen des Geschädigten mit und ohne die Schädigung per se keinen Vermögensabfluss ermittelt.[784] Diese normativen Korrekturen ermöglichen einen umfassenden Schutz des Interesses des Geschädigten am Erhalt seiner Vermögenswerte, den die Zivilgerichte, allen voran der 6. Zivilsenat des BGH, als Ausdruck der Geldentschädigung nach § 251 BGB praktizieren.

a. Ersatz der fiktiven Kosten des Nutzungsausfalls

Die Unterbrechung der Nutzungsmöglichkeit des beschädigten Fahrzeugs stellt nach Ansicht des BGH auch dann einen ersatzfähigen Schaden dar, wenn der Geschädigte kein Ersatzfahrzeug anmietet,[785] da bereits der vorübergehende Fortfall der Benutzbarkeit per se einen Vermögensschaden darstelle.[786] Der 3. Zivilsenat

---

781 Vgl. *Huber*, FS für Eggert, 113 (113); *Schirmer*, FS für Baumann, 293 (296); für die umfassende Judikatur im Schadensrecht allgemein, vgl. auch *Huber*, DAR 2000, 20 (20).

782 Der 6. Zivilsenat des BGH ordnet die Neupreisentschädigung als Form der Naturalrestitution ein, siehe dazu sogleich unter Buchstabe c.

783 Umfassende Ausführungen zu den genannten Fallgruppen siehe bei Staudinger/*Schiemann*, BGB, § 251 Rn. 32 ff.

784 *Bardo*, aaO, S. 85.

785 So schon der 3. Zivilsenat des BGH im Jahr 1963, bei dem noch offen blieb, ob der Anspruch auf Nutzungsausfall nach § 249 S. 2 BGB a.F. oder nach § 251 BGB bestehe, vgl. BGHZ 40, 345 (348); der 6. Zivilsenat des BGH stellte 1966 sodann auf § 251 BGB ab, vgl. BGHZ 45, 212 (212) und bestätigend der Große Zivilsenat des BGH im Jahr 1986, vgl. BGH NJW 1987, 50 (51 ff.).

786 BGHZ 40, 345 (349). Der Schaden entstehe für den Eigentümer wirtschaftlich gesehen bereits in dem Augenblick, in dem das Kfz beschädigt wird und deswegen eine gewisse Zeit nicht benutzt werden kann. Auf einen Mindererlös beim Verkauf, eine Unmöglichkeit der Vermietung oder Aufwendung geldlicher Leistung zur Beschaffung eines Ersatz-Kfz kommt es hingegen nicht an, BGHZ 40, 345 (349).

hatte seine Annahme Anfang der sechziger Jahre mit der Auswirkung der vorübergehenden Unbenutzbarkeit auf den Preis des Kfz begründet, die nach der Lebenserfahrung bestehen könne.[787] Außerdem solle der Schädiger nicht dadurch begünstigt werden, dass der Geschädigte kein Ersatzfahrzeug anmietet.[788] Der 6. Zivilsenat schloss sich diesen Ausführungen wenige Jahre später an[789] und der Große Zivilsenat des BGH bestätigte die Ersatzfähigkeit der vorübergehenden Unbenutzbarkeit des Kfz 1986 als materiellen Schaden in seiner Grundsatzentscheidung über den Nutzungsausfall.[790]

Der Anerkennung des Ersatzes auch nur fiktiver Kosten des Nutzungsausfalls liegt die Bewertung zugrunde, dass der Gebrauchsverlust bereits per se Qualität als Vermögensschaden hat. Daraus folgt, dass neben dem Substanzwert auch die Funktionen des Kfz als vom Vermögenswert geschützt bewertet werden, sodass dem funktionalen Wert des Kfz vom BGH dieselbe Wertigkeit zugewiesen wird wie seinem Substanzwert.

b. Ersatz des merkantilen Minderwerts

Der Ersatz des merkantilen Minderwertes, den ein unfallbeschädigtes Kfz aufweist, soll dem Umstand Rechnung tragen, dass der Verkaufswert eines unfallbeschädigten Kfz auch nach vollständiger Reparatur und Instandsetzung gemindert ist, da sich der Verdacht verborgen gebliebener Schäden negativ auf den zu erzielenden Preis beim Verkauf eines Unfallfahrzeugs auswirkt.[791] Diese Minderung

787 „Wer einen Wagen kauft, den er erst nach einiger Zeit benutzen kann, etwa weil die Beschaffung notwendiger Ersatzteile mehrere Wochen in Anspruch nimmt, zahlt für einen derartigen Wagen in der Regel weniger als für einen Wagen, der sofort benutzbar ist. Außerdem entfällt für die Dauer der Unbenutzbarkeit die Möglichkeit, den Wagen zu vermieten, die sonst – nicht nur bei einem gewerbsmäßigen Autovermieter – gegeben ist.“, BGHZ 40, 345 (348).

788 BGHZ 40, 345 (351); BGHZ 45, 212 (216 f.).

789 BGHZ 45, 212 (215 ff.). Der 6. Zivilsenat nahm dabei einen Abzug für ersparte Aufwendungen vor, BGHZ 45, 212 (220 f.).

790 BGH NJW 1987, 50 (51). Der Große Zivilsenat erweiterte die Anerkennung des vorübergehenden Gebrauchsverlusts als ersatzfähigen Vermögensschaden „jedenfalls bei Sachen, auf deren ständige Verfügbarkeit die eigenwirtschaftliche Lebensführung des Eigentümers derart angewiesen ist, […], sofern der Eigentümer die Sache in der Zeit ihres Ausfalls entsprechend genutzt hätte.“, BGH NJW 1987, 50 (51); siehe zur Entwicklung der Rechtsprechung zum Ersatz der fiktiven Kosten des Nutzungsausfalls beim Kfz auch Staudinger/*Schiemann*, BGB, § 251 Rn. 73 ff.

791 Siehe jüngst BGH NJW 2005, 277 (279) m.w.N.

des Kfz-Verkaufswertes erkennt der 6. Zivilsenat des BGH seit dem Ende der fünfziger Jahre als ersatzfähigen Vermögensschaden nach § 251 BGB an,[792] unabhängig davon, ob der Geschädigte den merkantilen Minderwert seines Unfallfahrzeugs durch einen Verkauf tatsächlich realisiert.[793] Den Ersatz des merkantilen Minderwertes erkennt der BGH auch an, wenn der Geschädigte das Unfallfahrzeug weiterbenutzt.[794] Zur Begründung verwies der BGH wie beim Ersatz der fiktiven Kosten des Nutzungsausfalls darauf, dass der Schädiger durch die Entscheidung des Geschädigten, den materiellen Minderwert auf sich zu nehmen, nicht entlastet werden solle.[795]

An der bereits frühen Anerkennung des merkantilen Minderwertes durch den 6. Zivilsenat des BGH ist erkennbar, dass der BGH auch dem Substanzwert des Kfz eine hohe Wertigkeit zuspricht. Der Substanzwert hat nach dem Unfall einen Makel, dem der BGH unabhängig davon, ob sich dieser Makel im Vermögen des Geschädigten materiell realisiert, die Qualität als Vermögensschaden zuspricht.

c. Neupreisentschädigung statt Reparatur zzgl. merkantilem Minderwert

Der Geschädigte hat bei einem fabrikneuen Fahrzeug, d.h. einem Fahrzeug mit nicht mehr als 1.000 km Fahrleistung, die Möglichkeit, anstelle der Reparaturkosten zuzüglich des merkantilen Minderwerts den Neupreis geltend zu machen, auch wenn dieser über den Reparaturkosten liegt.[796] Während im Schrifttum die Neupreisentschädigung

---

792 BGHZ 27, 181 (182, 184 f.); BGHZ 35, 396 (397 f.); BGHZ 82, 338 (342 ff.); BGH NJW 2005, 277 (279).

793 So der 6. Zivilsenat des BGH schon Ende der fünfziger Jahre, vgl. BGHZ 27, 181 (186 f.); *zustimmend* auch das Schrifttum, siehe u.a. *Deutsch*, aaO, S. 520; Soergel/*Mertens*, BGB, § 249 Rn. 76; *Lange/Schiemann*, aaO, S. 264 ff.; Palandt/*Grüneberg*, § 251 Rn. 14; MünchKomm-BGB/*Oetker*, § 249 Rn. 53 m.w.N.

794 Ständige Rechtsprechung seit BGHZ 35, 396; vgl. jüngst auch BGH NJW 2005, 277; Ende der fünfziger Jahre hatte der 6. Zivilsenat des BGH den Ersatz des merkantilen Minderwertes noch dann verwehrt, wenn der Geschädigte das beschädigte Kfz noch bis zum Schrottwert weiterbenutzt, mit der Begründung, dass der merkantile Minderwert in einer Beziehung zum Wert des ganzen Kfz stehe und der Verdacht verborgener Mängel zudem durch die Bewährung des reparierten Kfz im Verkehr absinke, BGHZ 27, 181 (187).

795 Ständige Rechtsprechung seit BGHZ 35, 396; siehe auch *Steffen*, FS für Odersky, 723 (732); Staudinger/*Schiemann*, BGB, § 251 Rn. 34.

796 Jüngst BGH zfs 2010, 22 (24) sowie ständige Rechtsprechung seit BGH VersR 1976, 732 (733), allerdings noch ohne Antwort auf die Frage, bis zu welcher Fahrleistung der Schädiger die Neupreisentschädigung zu leisten hat; BGH VersR 1983, 658 (658); Staudinger/*Schiemann*, BGB, § 251 Rn. 38 f.

nach § 251 BGB abgewickelt wird,[797] ordnet der 6. Zivilsenat des BGH die Neupreisentschädigung als Form der Naturalrestitution nach § 249 BGB ein.[798] Dabei versagt der BGH dem Geschädigten eine fiktive Abrechnung auf Neuwagenbasis, sodass dieser tatsächlich ein neuwertiges Kraftfahrzeug erworben haben muss um sein Interesse an der Nutzung eines Neufahrzeugs zum Ausdruck zu bringen.[799]

Diese Fallgruppe zeigt, unabhängig von der Einordnung der Neupreisentschädigung als Form der Restitution durch den BGH oder als Form der Kompensation durch die Literatur, dass ein umfassender Interessenschutz des Geschädigten an der Erhaltung der Integrität seiner Rechtsgüter bzw. an der Erhaltung seines Vermögens praktiziert wird, indem dem Interesse des Geschädigten an der Nutzung eines unfallfreien Neufahrzeugs Rechnung getragen wird.

d. Fazit

Der Vergleich der Vermögenslage des Geschädigten infolge der Schädigung mit dem hypothetisch schadensfreien Zustand des Vermögens bildet den materiellen Schaden nicht notwendigerweise in seinem gesamten Umfang ab. Die aufgezeigten Fallgruppen verdeutlichen, dass im Bereich des Kfz ein umfassender Schutz des Wertinteresses des Geschädigten praktiziert wird und auch solche Einbußen einen materiellen Schaden darstellen, die keine unmittelbare Auswirkung auf die Vermögensbilanz des Geschädigten haben.[800] Die Bewertung erschöpft sich vor allem nicht in der Betrachtung der Sachsubstanz mit und ohne die Schädigung.[801]

797 MünchKomm-BGB/*Oetker*, § 251 Rn. 26 m.w.N.

798 Vgl. BGH VersR 1976, 732 (733); siehe auch MünchKomm-BGB/*Oetker*, § 251 Rn. 26.

799 Vgl. BGH zfs 2010, 22 (24 f.). Diese Voraussetzung bezeichnet *Oetker* als konsequent, insofern als der 6. Zivilsenat mit der Neupreisentschädigung den besonderen Belangen des Geschädigten und damit seinem Integritätsinteresse Rechnung trägt, vgl. MünchKomm-BGB/*Oetker*, § 251 Rn. 26.

800 Nach *Schiemann* geht es im Allgemeinen Schadensrecht gar nicht um das Ausrechnen von Schäden, sondern um politische Entscheidungen über die Verteilung von Geld, vgl. *Schiemann*, FS für Hagen, 27 (31) unter Verweis auf *Stoll*, Haftungsfolgen im Bürgerlichen Recht, S. 239.

801 Vgl. *Nixdorf*, NZV 1996, 89 (92). *Pecher* stellte 1971 fest, dass das Rechtsgefühl auf die zeitweilige Störung des Gebrauchs ebenso empfindlich reagiere wie auf die Vernichtung der Substanz, *Pecher*, AcP 171,. 44 (59 f.). Nach *Schiemann* garantiere der Ersatz des Nutzungsausfallschadens den laufenden, alltäglichen Lebensstandard oder die Lebensqualität; auch verschiedene individuelle Nachteile auf Seiten des Geschädigten seien vom Schädiger zu kompensieren, vgl. *Schiemann*, FS für Hagen, 27 (30, 32).

Stattdessen können auch die Möglichkeiten, die ein Vermögenswert für seinen Inhaber verkörpert, und die schädigungsbedingt vereitelt sind, Bestandteil des ersatzfähigen materiellen Schadens sein, ohne dass den vereitelten Möglichkeiten per se ein Vermögenswert im Sinne eines negativen Bilanzwertes zugeordnet werden kann. Der Große Zivilsenat stellte Mitte der sechziger Jahre in seiner Grundsatzentscheidung zum Nutzungsausfall klar, dass eine „auf den Ausgleich von Vermögensschäden ausgerichtete Differenzrechnung nicht außer Acht lassen kann, daß *Wesen und Bedeutung des Vermögens sich nicht in dessen Bestand – dem „Haben" – erschöpfen, sondern daß sie auch die im Vermögen verkörperten Möglichkeiten für den Vermögensträger umfassen, es zur Verwirklichung seiner Lebensziele zu nutzen* [...]."[802] und dass „diese funktionale Zuweisung im vermögenswerten Recht mitgeschützt"[803] ist. Seitdem ist höchstrichterlich anerkannt, dass Gegenstand des Ausgleichs auch der im Vermögenswert enthaltene Nutzungs- bzw. Gebrauchswert sein kann. Diese Bewertung des Vermögens und der in ihm verkörperten Möglichkeiten ist von entscheidender Bedeutung und darf beim Wertersatz des immateriellen Schadens nicht gänzlich unberücksichtigt bleiben. Angesichts des Gleichlaufs zwischen der Geldentschädigung beim materiellen Schaden gemäß § 251 BGB und der Geldentschädigung beim immateriellem Schaden gemäß § 253 Abs. 2 BGB muss sich die Bewertung auch auf die Kompensation immaterieller Schäden auswirken mit der Folge, dass Gegenstand des Ausgleichs nicht nur der immaterielle Wert an sich, sondern auch die im immateriellen Wert verkörperten Möglichkeiten sind.[804] Dies gilt umso mehr als die anerkannte Grundwertung, dass die körperliche Integrität höher zu bewerten ist als Sachgüter, Ausgangspunkt für die Kompensation des immateriellen Körper- und Gesundheitsschadens sein muss.[805] Werden Körper oder Gesundheit beschädigt, müssen demzufolge auch die Möglichkeiten, die dem Geschädigten durch die unbeschädigte Gesundheit vermittelt werden, Gegenstand der Kompensation sein. In den Worten des Großen Zivilsenats des BGH ist es „Aufgabe rechtlicher Bewertung, die Parameter der Bilanz für den Zweck des Schadensausgleichs mit festzulegen"[806], sodass es Aufgabe der Zivilgerichte ist, die gebotene Bewertung

802 BGH NJW 1987, 50 (51), Hervorhebung durch die Verfasserin.
803 BGH NJW 1987, 50 (51).
804 *Pecher* hatte bereits 1970 gefordert, dass die am Eigentumsdelikt entwickelte Verfeinerung des Interessenschutzes auch auf die Maßstäbe für die angemessene Entschädigung ideeller Nachteile einer Körperverletzung zurückwirken müsse, *Pecher*, AcP 171, 44 (59 f.).
805 Vgl. *Schiemann*, FS für Hagen, 27 (45).
806 BGH NJW 1987, 50 (51).

der Gesundheit und der in ihr verkörperten Möglichkeiten vorzunehmen. Im Bereich der Kfz-Unfallschäden haben sich Rechtsprechung und Literatur nicht darauf beschränkt, den unmittelbar anhand der Vermögensbilanz des Geschädigten feststellbaren Schaden für ersatzfähig zu erklären. Stattdessen haben die Gerichte mithilfe normativer Wertung auch solche Einbußen, denen sich nicht per se, materielle Qualität zusprechen ließ, zum ersatzfähigen materiellen Schaden erhoben. Dafür bedurfte es *objektiver Maßstäbe*, da der Geldersatz, „durch § 253 BGB auf Interesseneinbußen beschränkt sein soll, die an objektiven Maßstäben gemessen werden können.“[807], so der Große Zivilsenat des BGH 1986 nochmals ausdrücklich. Die Zivilgerichte entwickelten diese objektiven Maßstäbe für die Bemessung unterschiedlicher Kfz-Sachschäden eigenständig. Gleichermaßen sind die Gerichte angehalten, die erforderlichen objektiven Maßstäbe für die gebotene Bewertung der Gesundheit und der in ihr verkörperten Möglichkeiten zu entwickeln.

II. Kompensation des immateriellen Schadens gemäß § 253 Abs. 2 BGB

Die den Ausgangspunkt der Ermittlung des materiellen Schadens bildende Differenzhypothese stammt aus einer Zeit, in der das Dogma vom Vermögenswert der Obligation nachwirkte. Immaterielle Werte und Geld wurden als unvergleichbar angesehen. Angesichts dieser dogmatischen Überzeugung folgerichtig formulierte *Mommsen* seine Differenzhypothese ausschließlich für den Vermögensschaden.[808] Losgelöst von dieser Beschränkung auf den Vermögensschaden bleibt im Hinblick auf die Differenzhypothese der Vergleich der schädigungsbedingten Lage einerseits und der hypothetisch schadensfreien Lage andererseits. Denselben Vergleich stellt letztlich auch der Gesetzgeber an, wenn er dem Schädiger in § 249 Abs. 1 BGB auferlegt, *den Zustand herzustellen, der bestehen würde, wenn der zum Ersatz verpflichtende Umstand nicht eingetreten wäre.*[809] Die §§ 249 ff. BGB stellen nicht auf einen bestimmten Vermögenswert ab, sondern auf die Integrität des geschützten

807 Vgl. BGH NJW 1987, 50 (52). § 253 BGB a.F. entspricht dem heutigen § 253 Abs. 1 BGB. Deswegen müsse der Nutzungsausfallschaden auf bestimmte Güter beschränkt bleiben, da andernfalls eine Ausdehnung des Ersatzes auf Nichtvermögensschäden zu befürchten wäre.

808 Vgl. *Mommsen*, aaO, S. 3.

809 In diesem Sinne auch *Wagner*, nach dem nach § 249 Abs. 1 BGB gerade nicht das Vermögen zu vergleichen ist, da sowohl Vermögens- als auch Nichtvermögensschäden einbezogen werden, *Wagner*, Karlsruher Forum, 2006, S. 39.

Gutes selbst,[810] sodass § 249 BGB als vorrangige schadensrechtliche Regelung gleichermaßen für den materiellen und den immateriellen Schaden gilt.[811] Schon angesichts der gesetzgeberischen Aussage in § 249 Abs. 1 BGB ist demzufolge anzunehmen, dass die Differenzhypothese auch zur Ermittlung des immateriellen Schadens angewendet werden kann.[812] Eine davon losgelöste Frage stellt sich dahingehend, ob der im Wege des Vergleichs ermittelte immaterielle Schaden in Geld ersatzfähig ist. Die Einschränkung auf den Vermögensschaden, die *Mommsen* wegen der dogmatischen Überzeugung seiner Zeit vorgenommen hatte, kann der Anwendung der Differenzhypothese jedenfalls im Hinblick auf solche immateriellen Schäden nicht entgegengehalten werden, deren Ersatzfähigkeit in Geld ausdrücklich gesetzlich geregelt ist. Für den immateriellen Körper- und Gesundheitsschaden bedeutet dies, dass wenn der Vergleich der schädigungsbedingten gesundheitlichen Lage mit der hypothetisch schadensfreien Lage der Gesundheit eine negative Differenz ermittelt, die Existenz eines Schadens an der Gesundheit des Geschädigten feststeht. Die negative Differenz bildet zugleich den ersten Anhaltspunkt für die Ermittlung des Umfangs des zu kompensierenden Körper- und Gesundheitsschadens.[813] Die Differenzhypothese kann demzufolge den Ausgangspunkt der Schadensermittlung sowohl beim materiellen als auch beim immateriellen Schaden bilden.[814]

1. Ersatz des Wertinteresses

Ziel der Geldentschädigung beim Körper- und Gesundheitsschaden ist es wie bei der Geldentschädigung beim materiellen Schaden, den Verlust des Integritätsinteresses

810 *Schiemann*, FS für Hagen, 27 (37).

811 So übereinstimmend Rechtsprechung und Literatur, vgl. BVerfGE 34, 269 (269 f.); BGH NJW 1956, 629 (630); MünchKomm-BGB/*Oetker*, § 253 Rn. 6; Staudinger/*Schiemann*, BGB, § 253, Rn. 7; *Larenz*, FS für Nipperdey, 489 (489); *Lange/Schiemann*, aaO, S. 214, 425; *Deutsch*, aaO, S. 563 (Rn. 895); *Ströfer*, aaO, S. 26; *Armbrüster*, JuS 2007, S. 411 (411); Palandt/*Grüneberg*, § 253 Rn. 3 und Vorb v § 249 Rn. 9; *Lorenz*, Immaterieller Schaden, S. 79 f. und 121; *Wolter*, aaO, S. 82.

812 So auch *Wagner*, Gutachten A für den 66. Deutschen Juristentag, 2006, A 12 f. m.w.N.

813 Ähnlich auch *Schubert*, nach der „durch einen Vergleich der konkreten Lebensverhältnisse des Geschädigten mit der hypothetischen Lebensführung ohne das schädigende Ereignis zu ermitteln" ist, in welchem Umfang die negativen Folgen für die Selbstentfaltung des Geschädigten bestehen, die Bestandteil des immateriellen Schadens sind, *Schubert*, aaO, S. 550.

814 Anders *Schwintowski*, nach dem die Differenzhypothese beim immateriellen Körper- und Gesundheitsschaden versage, Schwintowski/Schah Sedi-*Schwintowski*, aaO, S. 55.

zu kompensieren. Dabei muss die Differenz zwischen gesundheitlichem „Haben und Nicht-Mehr-Haben“[815] den Ausgangspunkt der Schadensermittlung bilden. Angesichts der immateriellen Charakters des zu kompensierenden Schadens ist das zu befriedigende Wertinteresse des Geschädigten nicht wirtschaftlicher, sondern ideeller Natur, sodass der an Vermögenswerten orientierte Schadensersatzcharakter, den § 251 BGB als Ausfluss vom Grundsatz der Nichtersatzfähigkeit des Nichtvermögensschadens in Geld gemäß § 253 Abs. 1 BGB verkörpert, für § 253 Abs. 2 BGB zu modifizieren ist. Gegenstand des Wertinteresses ist die Entschädigung der irreversibel erlittenen immateriellen Einbußen in Geld. Dabei soll die Entschädigungssumme den Wert der erlittenen Einbußen repräsentieren.[816] Zur Bezifferung der Geldentschädigung kann das Gericht nicht auf den Marktwert als bestehende Wertskala zurückgreifen,[817] sondern muss eine eigene, den Besonderheiten des immateriellen Körper- und Gesundheitsschadens gerecht werdende Wertskala für die erlittenen immateriellen Einbußen entwickeln.[818]

2. Ermittlung des immateriellen Körper- und Gesundheitsschadens anhand der „Gesundheitsbilanz“

Der immaterielle Körper- und Gesundheitsschaden besteht in der negativen Differenz, die durch den Vergleich der gesundheitlichen Situation des Geschädigten mit und ohne Schädigung ermittelt wurde. Die Differenzhypothese muss im Falle des immateriellen Körper- und Gesundheitsschadens mithin anstelle der Vermögensbilanz die „Gesundheitsbilanz“ des Geschädigten ermitteln.[819] Dabei ist für die Bemessung eine objektivierte Betrachtung erforderlich. Das System der taggenauen Bemessung schlägt vor, die schädigungsbedingte gesundheitliche Situation des Geschädigten vom Zeitpunkt der Schädigung anhand der Stufen 1 bis 5 in Verbindung mit den einzelnen Tagen abzubilden. Dadurch schafft es Maßstäbe, die angesichts ihrer Objektivität jedenfalls zur Bemessung immaterieller Einbußen

815 *Jahr*, AcP 183, 725 (771); so auch *Kolbinger*, aaO, S. 86.

816 Vgl. *Schubert*, die auf den „Wert, den Geld als allgemeines Zahlungsmittel repräsentiert“, verweist, sodass die Zahlung in Geld „universeller Wertvertreter“ sei, Schubert, aaO, S. 572.

817 Vgl. allgemein zur Kompensation immaterieller Schäden, *Schubert*, aaO, S. 576.

818 Vgl. *Donaldson*, der insoweit von einem „Verkehrsersatzwert“ spricht, der gefunden werden müsse, *Donaldson*, AcP 166, 462 (472).

819 *Von Bar* spricht von der „Gefühlsbilanz“, *v. Bar*, Gemeineuropäisches Deliktsrecht, Bd. II, Rn. 145. Dieser Begriff wurde im Rahmen dieser Untersuchung aufgrund seiner subjektiven Prägung nicht aufgegriffen.

an sich tauglich sind.[820] Nunmehr gilt es zu überprüfen, ob die Stufen 1 bis 5 auf Stufe I des Systems die negative Differenz in der Gesundheitsbilanz des Geschädigten abbilden und Stufe I des Systems insofern methodisch geeignet ist, die nach § 253 Abs. 2 BGB an den Geschädigten zu zahlende Kompensation zu ermitteln. Gegenstand der Kompensation nach § 253 Abs. 2 BGB ist die objektive Lebensbeeinträchtigung des Geschädigten im Hinblick auf Heftigkeit und Dauer.

a. Ermittlung der Heftigkeit der Lebensbeeinträchtigung

Das System der taggenauen Bemessung knüpft an die intensivmedizinische Behandlung den Zustand schwerster gesundheitlicher Schädigung. Nach seinem Ansatz erfordern ausschließlich lebensbedrohliche gesundheitliche Störungen des Geschädigten eine intensivmedizinische Behandlung.[821] Dabei differenziert das System nicht nach der Art der Verletzung, sondern stellt ausschließlich auf die Tatsache ab, dass der Geschädigte intensivmedizinisch behandelt werden muss, die Verletzungsfolgen mithin so erheblich sind, dass eine intensivmedizinische Behandlung überhaupt indiziert ist und erfolgt.[822] Gleichermaßen verfährt das System mit den anschließenden Behandlungsstufen der Normalstation, Rehabilitation, häusliche ambulante Pflege und dem Dauerschaden. Es verwendet die jeweilige Stufe als Gradmesser für zwei Umstände. Die Behandlungsstufen 1 bis 4 sowie der Grad der Schädigung nach Stufe 5 repräsentieren nach dem System einerseits den Grad der gesundheitlichen Beeinträchtigung (aa.) und andererseits den Grad der Einschränkungen im täglichen Leben (bb.).

aa. Gradmesser für die gesundheitliche Beeinträchtigung

Intensivmedizin wird als die „Überwachung und Therapie von Patienten mit gefährdeten oder gestörten Vitalfunktionen[823] zur Wiederherstellung der Funktionen

820 Der Geldersatz ist nach dem Großen Zivilsenat des BGH auf solche Interesseneinbußen beschränkt, die an objektiven Maßstäben gemessen werden können, vgl. BGH NJW 1987, 50 (52).

821 Diese lebensbedrohliche gesundheitliche Störung kann aus unterschiedlichen Ursachen resultieren, bspw. einer schwierigen Operation, einer schweren Verletzung oder einer schweren Erkrankung, vgl. Schwintowski/Schah Sedi-*Schwintowski*, aaO, S. 46 ff. unter Verweis auf Das Krankenhaus, 1974, S. 475 ff.

822 Vgl. Schwintowski/Schah Sedi-*Schwintowski*, aaO, S. 48.

823 Bei den Vitalfunktionen handelt es sich um die „Körperfunktionen zur Sicherung der Lebensvorgänge des Organismus; i.e.S. Atmung und Herz-Kreislauf-Funktion; i.w.S.

lebenswichtiger Organsysteme unter besonderen räumlichen, personellen und apparativen Voraussetzungen mit einem Höchstmaß an Behandlungsintensität, häufig mit temporärem maschinellen Ersatz gestörter oder ausgefallener Organfunktionen[824] bei gleichzeitiger Behandlung der Ursachen"[825] beschrieben. Dieser Beschreibung lässt sich entnehmen, dass die gesundheitlichen Beeinträchtigungen eines Menschen objektiv erheblich und schwerwiegend sein müssen, damit eine intensivmedizinische Versorgung erfolgt. Mit anderen Worten wird nur der kritisch Kranke intensivmedizinisch versorgt. Da die intensivmedizinische Versorgung einen kritisch kranken Patienten voraussetzt, repräsentiert sie den Zustand schwerster gesundheitlicher Beeinträchtigung. Im Hinblick auf den Grad der gesundheitlichen Beeinträchtigung wäre zu überlegen, ob zusätzlich zwischen intensivmedizinischer *Behandlung* und intensivmedizinischer *Überwachung* unterschieden werden sollte. Das System führt die Definitionen der Richtlinien für die Organisation der Intensivmedizin in den Krankenhäusern des Vorstands der Deutschen Krankenhausgesellschaft vom 9. September 1974 an, die begrifflich differenzieren.[826] Intensivüberwachung sei danach „die Überwachung und Pflege von frisch Operierten nach schwierigen Eingriffen, Schwerverletzten und Schwerkranken bis zur Überwindung der kritischen Phase der Erkrankung."[827]. Bei der Intensivbehandlung handele es sich um „die Behandlung und Pflege von Schwerkranken, Schwerverletzten und Vergifteten, deren Vitalfunktionen (Atmung, Herz- und Kreislauffunktionen, Temperatur- und Stoffwechselregulationen, Bewusstseinslage) gefährdet oder gestört sind und durch besondere Maßnahmen aufrecht erhalten werden und/oder wiederhergestellt werden müssen."[828]. Daraus folgt, dass in beiden Fällen der gesundheitliche Zustand des Patienten äußerst kritisch ist, die intensivmedizinische Behandlung jedoch zusätzliche medizinische *Maßnahmen* zur Erhaltung des Lebens des Patienten erfordert. Diese Maßnahmen verursachen

---

auch die Hirnfunktion (Bewusstsein) und als sogenannte Vitalfunktion zweiter Ordnung u.a. Wärme-, Wasser-Elektrolyt- und Säure-Basen-Haushalt, Nierenfunktion", *Pschyrembel*, aaO, S. 2230.

824 Zum Beispiel Beatmung, Hämodialyse, Hämofiltration.

825 *Pschyrembel*, aaO, S. 1005.

826 Vgl. Schwintowski/Schah Sedi-*Schwintowski*, aaO, S. 46 f.

827 Richtlinien für die Organisation der Intensivmedizin in den Krankenhäusern des Vorstands der deutschen Krankenhausgesellschaft vom 09.09.1974, zitiert nach *Schwintowski/Schah Sedi*, aaO, S. 46.

828 Richtlinien für die Organisation der Intensivmedizin in den Krankenhäusern des Vorstands der deutschen Krankenhausgesellschaft vom 09.09.1974, zitiert nach *Schwintowski/Schah Sedi*, aaO, S. 46.

häufig weitere gesundheitliche Beeinträchtigungen wie am Beispiel der künstlichen Beatmung gezeigt werden soll. Da die Beatmung im Wege der Intubation, bei der mithilfe eines Tubus durch Mund oder Nase ein Atemweg hergestellt wird,[829] häufig Druckgeschwüre in der Luftröhre des Patienten verursacht und daher nur zur Beatmung über einen gewissen Zeitraum geeignet ist, erfolgt die Beatmung im Anschluss mittels eines operativen Zugangs zur Luftröhre.[830] Der Patient erleidet durch diese Maßnahme eine Narbe im Halsbereich und es besteht in der Folge die erhöhte Wahrscheinlichkeit einer Lungenentzündung.

Wenn der Geschädigte nicht mehr kritisch krank ist, d.h. von seinem gesundheitlichen Zustand keine Lebensgefahr mehr ausgeht, schließt sich die normalmedizinische Behandlung an.[831] Seine Gesundheit muss jedoch nach wie vor in einem Maß beeinträchtigt sein, das eine stationäre medizinische Versorgung erfordert. Dabei stellt das System zutreffend auch auf die gegenüber der intensivmedizinischen Behandlung geringere Intensität der Behandlung ab.[832]

Die Behandlung zum Zwecke der Rehabilitation bedeutet eine weitere Abnahme der gesundheitlichen Beeinträchtigung, insofern als der gesundheitliche Zustand keine akute medizinische Versorgung auf den Behandlungsstufen 1 oder 2 mehr erfordert, auch wenn der Geschädigte nach wie vor stationär medizinisch versorgt und betreut wird.[833] Das System knüpft an den Umstand, dass der gesundheitliche Zustand des Geschädigten bereits Maßnahmen zur Rehabilitation zulässt, zutreffend die Tatsache, dass die gesundheitliche Beeinträchtigung graduell gegenüber der normalmedizinischen Versorgung abgenommen hat.[834]

Die ambulante Pflege des Geschädigten setzt sodann voraus, dass sich der gesundheitliche Zustand des Geschädigten soweit stabilisiert hat, dass keine stationäre medizinische Versorgung mehr erforderlich ist. Die Notwendigkeit der ambulanten medizinischen Versorgung zeigt allerdings, dass weitere medizinische Maßnahmen, wenn auch geringeren Ausmaßes, für die Genesung des Geschädigten benötigt werden.[835] Die gesundheitliche Beeinträchtigung des Geschädigten hält demnach noch an.

---

829 *Pschyrembel*, aaO, S. 1013.

830 Sogenannte Tracheotomie, vgl. *Pschyrembel*, aaO, S. 2110.

831 Die Gefahr des gleichzeitigen Versagens eines oder mehrerer Vitalfunktionssysteme bestehe dann nicht mehr, Schwintowski/Schah Sedi-*Schwintowski*, aaO, S. 48.

832 Vgl. Schwintowski/Schah Sedi-*Schwintowski*, aaO, S. 48 f.

833 Vgl. Schwintowski/Schah Sedi-*Schwintowski*, aaO, S. 49 f.

834 Schwintowski/Schah Sedi-*Schwintowski*, aaO, S. 49 f.

835 Das System beschreibt den Geschädigten als „von seinem früheren Leben in gesunden Tagen noch weit entfernt“, Schwintowski/Schah Sedi-*Schwintowski*, aaO, S. 50 f.

Wenn beim Geschädigten nach dem Abschluss der stationären und/oder ambulanten medizinischen Behandlung gesundheitliche Beeinträchtigungen zurückbleiben, ermittelt das System diese anhand des Bewertungssystems nach der Anlage zu § 2 der VersMedV,[836] die einen Katalog von Schädigungsgraden von 0 % bis 100 % beinhaltet. Der GdS wird gemäß § 30 Abs. 1 S. 1 BVG angesichts der allgemeinen Auswirkungen der Funktionsbeeinträchtigungen, die durch die als Schädigungsfolge anerkannten körperlichen, geistigen oder seelischen Gesundheitsstörungen bedingt sind, in allen Lebensbereichen beurteilt.[837] Dabei sind die Grundsätze für die medizinische Bewertung von Schädigungsfolgen in der VersMedV geregelt.[838] Die Bewertung wird auf der Grundlage des aktuellen Stands der medizinischen Wissenschaft unter Anwendung der Grundsätze der evidenzbasierten Medizin erstellt und fortentwickelt.[839] Demzufolge ist dem System zuzustimmen, dass der GdS eine „seit vielen Jahren erprobte, medizinisch anerkannte und medizinisch ständig fortentwickelte Methode darstellt, mit der die Lebensbeeinträchtigung bei dauerhaften Gesundheitsstörungen gemessen wird.“[840]. Der GdS wird bereits gegenwärtig von manchen Gerichten als Gradmesser für die Heftigkeit des Dauerschadens verwendet,[841] ohne dass dabei eine systematische Erfassung erfolgen würde.[842]

---

836 Vgl. Schwintowski/Schah Sedi-*Schwintowski*, aaO, S. 51 ff.

837 Vgl. § 30 Abs. 1 S. 1 BVG. Der Begriff „Grad der Schädigungsfolgen“ (GdS) ist gesetzlich verankert in § 30 BVG und löste am 21.12.2007 den Begriff der „Minderung der Erwerbsfähigkeit“ (MdE) ab.

838 Die Versorgungsmedizinischen Grundsätze haben die Anhaltspunkte für die Ärztliche Gutachtentätigkeit im sozialen Entschädigungsrecht (AHP) abgelöst. Die AHP waren von der sozialgerichtlichen Rechtsprechung wegen fehlender Transparenz gerügt worden, vgl. BSG vom 18.09.2003 – B 9 SB 3/02 R.

839 Vgl. § 2 VersMedV. *Hupfer* sprach sich bereits 1977 für die Verwendung der MdE-Tabelle durch die Gerichte zur Bewertung des immateriellen Gesundheitsschadens aus, vgl. *Hupfer*, JZ 1977, 781 (783).

840 Schwintowski/Schah Sedi-*Schwintowski*, aaO, S. 53.

841 Siehe u.a. OLG München, Urt. v. 26.04.2013 – 10 U 4118/11 Rn. 22 ff., zitiert nach juris; OLG Frankfurt NZV 2011, 39 (40); OLG Stuttgart NJOZ 2010, 1374 (1375); KG zfs 2010, 552 (552); LG Münster NJW 2010, 86 (87); OLG Frankfurt NJW-RR 2009, 1684 (1684); LG Düsseldorf, Urt. v. 18.02.2009 – 2b O 213/06, Rn. 36, zitiert nach juris; OLG Brandenburg, Urt. v. 23.06.2011 – 12 U 263/08 Rn. 45, zitiert nach juris; OLG Köln VersR 1990, 434 (434). Das Kammergericht stellt für die Schwere der Beeinträchtigung durch eine HWS-Distorsion ausdrücklich auf den GdS ab, KG VersR 2007, 1708 (1708); OLG Saarbrücken, Urt. v. 30.05.2005 – 4 U 221/04, Rn. 56, zitiert nach juris.

842 Ähnlich *Schwintowski*, nach dem gegenwärtig nicht klar sei, welches Schmerzensgeld einem bestimmten GdS zuzuweisen sei, Schwintowski/Schah Sedi-*Schwintowski*, aaO, S. 53.

Die Behandlungsstufen 1 bis 4 repräsentieren die angesichts des Gesundheitszustandes des Geschädigten erforderliche Intensität der medizinischen Versorgung, sodass sie als objektiver Gradmesser für die Intensität der vorübergehenden gesundheitlichen Beeinträchtigungen des Geschädigten herangezogen werden können. Der Grad der Schädigung nach der Anlage zu § 2 der VersMedV repräsentiert die bestehenden physischen und psychischen Beeinträchtigungen, sodass der GdS als objektiver Gradmesser für die Intensität der dauerhaften gesundheitlichen Beeinträchtigungen des Geschädigten geeignet ist. Die Behandlungsstufen 1 bis 4 und der GdS nach Stufe 5 sind daher als objektive Gradmesser sowohl für die Intensität der vorübergehenden als auch für die Intensität der dauerhaften gesundheitlichen Beeinträchtigungen, die der Geschädigte infolge der Schädigung erlitten hat, geeignet.

bb. Gradmesser für die Einschränkungen im täglichen Leben

Nach der Idee des Systems spiegeln die Behandlungsstufen 1 bis 4 und der GdS nach Stufe 5 gleichermaßen die Einschränkungen des Geschädigten wider, die er im Hinblick auf sein tägliches Leben hinzunehmen hat. Die intensivmedizinische Behandlung verkörpere einen maximalen Grad an Fremdbestimmtheit.[843] Dies ist darauf zurückzuführen, dass für den Geschädigten an die Stelle seiner üblichen Lebensführung die strengen Abläufe der Intensivstation treten. Der Geschädigte muss während der intensivmedizinischen Behandlung den vorübergehenden Verlust desjenigen Lebens hinnehmen, das er im schädigungsfreien Zustand gelebt hätte. Während der normalmedizinischen Behandlung und der Rehabilitation bleibt die Fremdbestimmtheit bestehen,[844] da eine eigene Tagesgestaltung weitgehend

843 Schwintowski/Schah Sedi-*Schwintowski*, aaO, S. 48.

844 Vgl. Schwintowski/Schah Sedi-*Schwintowski*, aaO, S. 49. *Jaeger/Luckey* verweisen auf die treffende Beschreibung Ingrid Nolls: *„Man hat wenig Ruhe in diesem Krankenhaus, wo man selbst in der ersten Klasse wider Willen im Doppelzimmer liegt. Ich kann hier nichts Vernünftiges Lesen. Die permanenten Störungen durch das Pflegepersonal, das ständige Fiebermessen, Tablettenschlucken, mangels anderer sinnlicher Freuden das Warten auf schlechtes Essen, das mehr oder weniger unfreiwillige Belauschen fremder Besucher – das alles presst die Tage in ein strenges Korsett. Früh lösche ich das Licht...*“, zitiert nach *Jaeger/Luckey*, aaO, 2011, Rn. 1108. Ihr Einwand, dass die Art der Unterbringung, Verpflegung, Zwang oder Verzicht beim Fernsehen usw. unterschiedlich empfunden werden können, je nachdem ob es sich um ein Kind, einen Jugendlichen oder einen Erwachsenen handelt, *Jaeger/Luckey*, aaO, 2011, Rn. 1117, muss zurückgewiesen werden, da hierbei auf das subjektive Empfinden abgestellt wird.

ausgeschlossen ist, solange der Geschädigte stationär versorgt wird.[845] Erst durch die Rückkehr in seinen häuslichen Bereich erlange der Geschädigte einen gewissen Privatheitsgrad zurück.[846] Es verbleibt allerdings eine Fremdbestimmtheit, solange „das Leben des Geschädigten auf die Krankheit bzw. auf die Genesung fokussiert"[847] und dadurch eine Teilnahme am beruflichen und privaten Leben außerhalb des Hauses nicht möglich ist.[848] Während der dauerhaft verbleibenden Beeinträchtigungen bildet der Grad der Schädigung zwischen 0 % und 100 %, der für die „Beeinträchtigung der Teilhabe am Leben in der Gemeinschaft"[849] steht, den Grad der Einschränkungen im täglichen Leben des Geschädigten ab. Die Einschränkungen im täglichen Leben sind Bestandteil der zu kompensierenden negativen Gesundheitsbilanz.[850] Im hypothetisch schadensfreien Zustand hätte der Geschädigte gesunde Tage verlebt, „am Leben teilgenommen, konsumiert und genossen"[851]. Stattdessen wird er durch die Schädigung aus dem Leben gerissen und ist sämtlichen sich anschließenden Beeinträchtigungen vorübergehender oder dauerhafter Natur ausgesetzt.[852] Auch das System beschreibt diese negative Bilanz im täglichen Leben des Geschädigten im Sinne der Differenzbetrachtung, indem

---

845 Die Rehabilitationsklinik weise eine typische Krankenhausorganisation auf, sodass der Tag des Geschädigten einem „durchterminierten Zeitplan" unterworfen ist, Schwintowski/Schah Sedi-*Schwintowski*, aaO, S. 50.

846 Schwintowski/Schah Sedi-*Schwintowski*, aaO, S. 50 f.

847 Schwintowski/Schah Sedi-*Schwintowski*, aaO, S. 51.

848 *Schwintowski/Schah Sedi*, aaO, S. 51. So auch *Lang* allgemein für den Zustand des Unfallopfers, vgl. *Lang*, FS für G. Müller, 79 (79).

849 Vorbemerkung zur Anlage der VersMedV; siehe auch *Schwintowski/Schah Sedi*, aaO, S. 51.

850 Gegenwärtig wird der Umstand der stationären Behandlung teilweise in Rechtsprechung und Schrifttum berücksichtigt, vgl. OLG Brandenburg, Urt. v. 23.06.2011 – 12 U 263/08 Rn. 43, zitiert nach juris. Nach *Schwintowski* finden sich in fast allen Schmerzensgeldurteilen Hinweise auf die Dauer des Krankenhausaufenthaltes und auf etwaige Rehamaßnahmen, vgl. *Schwintowski/Schah Sedi*, aaO, S. 46. Im Schrifttum ist die Berücksichtigung der Anzahl und Dauer der stationären oder ambulanten Behandlung anerkannt, vgl. *Jaeger/Luckey*, aaO, 2012, Rn. 1110; so auch *Bloemertz* mit anschaulicher Beschreibung der vom Geschädigten zu ertragenden Umstände, vgl. *Bloemertz*, Wieviel kostet dein Schmerz? S. 33; *ders.*, Die Schmerzensgeldbegutachtung, 1983, S. 36 ff.; Geigel/*Pardey*, Der Haftpflichtprozess, 2011, S. 219 f.; NK-BGB/*Huber*, § 253 Rn. 90.

851 So die anschauliche Beschreibung *Pechers*, vgl. *Pecher*, AcP 171, 44 (59 f.).

852 Vgl. *Pecher*, nach dem der Kontrast zu dem Schicksal des Leidenden nicht mehr nur der Gesunde darstelle, sondern der am Leben teilnehmende, konsumierende und genießende Mitbürger, vgl. *Pecher*, AcP 171, 44 (59 f.).

es die „von Hilflosigkeit und Abhängigkeit geprägte Fremdbestimmung des Patienten“[853] als *„an die Stelle des Lebens zu gesunden Zeiten*“[854] tretend exemplarisch für die Zeit während der intensivmedizinischen Behandlung beschreibt.

Das Bewusstsein für diese Beeinträchtigungen als Bestandteil des zu kompensierenden immateriellen Körper- und Gesundheitsschadens ist gegenwärtig bereits vereinzelt vorhanden.[855]

Die Behandlungsstufen 1 bis 4 und der GdS nach Stufe 5 sind als objektive Gradmesser auch für die Ermittlung der Einschränkungen im täglichen Leben des Geschädigten geeignet. Das System der taggenauen Bemessung ermöglicht auf Stufe I die objektivierte und systematische Ermittlung der Heftigkeit der Lebensbeeinträchtigung, indem die Behandlungsstufen und der GdS nach der Anlage zu § 2 der VersMedV gleichermaßen den Grad der gesundheitlichen Beeinträchtigung und den Grad der Einschränkungen im täglichen Leben abbilden.

b. Ermittlung der Dauer der Lebensbeeinträchtigung

Das System der taggenauen Bemessung knüpft an jeden einzelnen Tag an, den der Geschädigte auf den Behandlungsstufen 1 bis 4 verbringt und zusätzlich nach Abschluss der Behandlung oder alternativ einen GdS aufweist. Als Gradmesser für die Dauer der Lebensbeeinträchtigung soll nach dem System der einzelne Tag dienen. Dadurch hält es nicht nur eine exakte, sondern auch praktikable Methode zur Ermittlung der gesamten individuellen Dauer der Lebensbeeinträchtigung anhand eines objektiven Maßstabs bereit. Das System orientiert sich auch insoweit an der Gesundheitsbilanz des Geschädigten, indem es exakt die schädigungsbedingt beeinträchtigten Tage im Leben des Geschädigten kompensiert. Diese taggenaue Ermittlung der Dauer der Lebensbeeinträchtigung würde erstmalig die zeitliche Komponente dauerhafter Beeinträchtigungen ihrem gesamten Ausmaß nach erfassen und es dadurch ermöglichen, eine Kompensation vorzunehmen.

---

853 Schwintowski/Schah Sedi-*Schwintowski*, aaO, S. 48.

854 Schwintowski/Schah Sedi-*Schwintowski*, aaO, S. 48, Hervorhebung durch die Verfasserin.

855 Siehe OLG Saarbrücken, das die Dauer der insgesamt drei Krankenhausaufenthalte in Tagen und die Unannehmlichkeiten des stationären Krankenhausaufenthaltes benennt, OLG Saarbrücken, Urt. v. 31.05.2005 – 4 U 221/04 Rn. 47 ff. und 58, zitiert nach juris; siehe auch *Huber*, der den Verzicht auf die Annehmlichkeiten des Lebens wie Alkohol, Nikotin, Sex und Tanz nennt, NK-BGB/Huber, § 253 Rn. 90.

c. Zwischenergebnis

Das System der taggenauen Bemessung des Schmerzensgeldes ermittelt die im Wege der Geldentschädigung auszugleichende Heftigkeit der Lebensbeeinträchtigung anhand der Behandlungsstufen und des GdS nach der Anlage zu § 2 der VersMedV sowie parallel dazu die Dauer der Lebensbeeinträchtigung anhand der Summe aller schädigungsbedingt beeinträchtigten Tage. Mithilfe dieser Methode lässt sich die gesamte negative Gesundheitsbilanz des Geschädigten lückenlos ermitteln und abbilden. Stufe I des Systems der taggenauen Bemessung ist demzufolge methodisch geeignet, den Umfang von Heftigkeit und Dauer der Lebensbeeinträchtigung zu ermitteln und somit den Gegenstand der gemäß § 253 Abs. 2 BGB an den Geschädigten zu zahlenden Kompensation wegen der erlittenen Lebensbeeinträchtigung abzubilden.

3. Modifizierung des Ausgleichsbetrags durch die Funktion der Genugtuung

Stufe II des Systems sieht die Möglichkeit vor, im Einzelfall den auf Stufe I ermittelten Ausgleichsbetrag um individuelle Zu- oder Abschläge zu modifizieren.[856] Dadurch ermöglicht das System, auch die Genugtuung, die den Anspruch auf Schmerzensgeld nach dem Großen Zivilsenat zum Anspruch „eigener Art“[857] macht, bei der Bemessung zu berücksichtigen. In der Literatur werden teilweise Bedenken gegen einen Abzug oder eine Erhöhung des Ausgleichsbetrags erhoben. Zur Begründung wird der Grundsatz der Totalreparation angeführt, gegen den ein Abzug vom Ausgleichsbetrag verstoßen würde.[858] Nach dem Grundsatz der Totalreparation muss der Schädiger auch bei leichter Fahrlässigkeit den gesamten Schaden ersetzen.[859] Ein Verstoß gegen den Grundsatz der Totalreparation würde seine Geltung auch für immaterielle Schäden voraussetzen, wovon die Gegner der

---

856 Schwintowski/Schah Sedi-*Schwintowski*, aaO, S. 67 f., 90 f.

857 BGHZ 18, 149 (149), Leitsatz 1.

858 Vgl. *Degenhart*, aaO, S. 160 f. Der Grundsatz der Totalreparation verlangt eine vollständige Wiederherstellung des schadensfreien Zustands, sodass der hypothetische schadensfreie Zustand ohne Abstriche herzustellen ist, Staudinger/*Schiemann*, BGB, § 249 Rn. 1.

859 Staudinger/*Schiemann*, BGB, § 249 Rn. 2; *Mugdan*, aaO, Motive, S. 17 f.; Palandt/*Grüneberg,* Vorb v § 249 Rn. 3 und § 249 Rn. 1; so auch *Armbrüster*, JuS 2007, S. 411 (411).

Genugtuungsfunktion ausgehen.[860] Angesichts des Untersuchungsziels der Arbeit kann der Frage, inwieweit die Genugtuungsfunktion dogmatisch noch trägt, nicht vertieft nachgegangen werden. Gegen ihre Anwendung werden heute gewichtige Gründe angeführt,[861] der Begründung des Entwurfs der Bundesregierung zum 2. SchadÄndG lässt sich jedoch entnehmen, dass der Gesetzgeber von der Geltung der Genugtuungsfunktion jedenfalls noch zum Zeitpunkt der Fassung des § 253 Abs. 2 BGB ausging.[862] Festzuhalten ist, dass der Große Zivilsenat 1955 von einer wechselseitig zulässigen Berücksichtigung des Verschuldensgrads ausging,[863] sodass das System auf Stufe II auch insoweit die methodischen Vorgaben des Großen Zivilsenats umsetzt.

4. Zusammenfassung

Das System der taggenauen Bemessung des Schmerzensgeldes ermittelt auf Stufe I den Gegenstand der Kompensation des immateriellen Körper- und Gesundheitsschadens. Dabei bildet die negative Gesundheitsbilanz des Geschädigten im Sinne der Differenzhypothese den Ausgangspunkt der Schadensermittlung. Die Bemessung von Heftigkeit und Dauer der Lebensbeeinträchtigung auf Stufe I des Systems fügt sich harmonisch in die schadensrechtliche Dogmatik der §§ 249 ff. BGB ein, sodass Stufe I des Systems methodisch de lege lata anwendbar ist.

---

860 Infolge der Verschiebung des § 847 BGB a.F. in die §§ 249 ff. BGB habe der Grundsatz der Totalreparation einen erhöhten Geltungsanspruch, der einen Ausschluss sowohl der Verringerung als auch der Erhöhung des Schmerzensgeldes bewirke, *Degenhart*, aaO, S. 161 f.; *A. Diederichsen*, VersR 2005, 434 (434); *v. Mayenburg*, VersR 2002, S. 278 (283); *Huber*, DAR 2000, S. 20 (28); andere Ansicht *Witschen*, aaO, S. 30, nach dem das Schmerzensgeld nach § 253 Abs. 2 BGB diesen Grundsatz durchbricht; *Kern*, AcP 191, 247 (249); *Jaeger*, FS für Lorenz, 377 (380).

861 Siehe u.a. *Bötticher*, Referat, C 7 (C 16 ff.) und Diskussionsbeitrag, C 114 (C 114 f.); *Lieberwirth*, aaO, 1965, S. 19; *Lorenz*, aaO, S. 102 ff., 120, 133; *Honsell*, VersR 1974, 205; *Schwerdtner*, JuS 1978, 289 (297); *Niemeyer*, NJW 1976, 1792 (1792); *Hupfer*, NJW 1976, 1792 (1792 f.) m.w.N.; *Klimke*, VersR 1981, 390 (391); *Bullinger*, FS für v. Caemmerer, 297 (301); *Nehlsen-v. Stryk*, JZ 1987, 119 (119 ff.); *A. Diederichsen*, VersR 2005, 433; siehe auch jüngst bei *Degenhart*, vgl. *Degenhart*, aaO, zusammenfassend ab S. 173 ff. und *Neuner*, JuS 2013, 577 (584).

862 Vgl. BT-Drs. 14/7752, S. 14.

863 Die Genugtuungsfunktion könne den Ausgleichsbetrag im Einzelfall modifizieren, indem leichte Fahrlässigkeit des Schädigers zu seinen Gunsten und grobe Fahrlässigkeit sowie Vorsatz zulasten des Schädigers berücksichtigt werden kann, so explizit der Große Zivilsenat, vgl. BGHZ 18, 149 (158); zutreffend *Degenhart*, aaO, S. 162.

C. Fazit

Beim Schmerzengeld handelt es sich um einen Anspruch auf Schadensersatz, der auf Kompensation der immateriellen körperlichen und gesundheitlichen Beeinträchtigungen des Geschädigten gerichtet ist. Angesichts des Wortlauts und der systematischen Stellung des § 253 Abs. 2 BGB besteht ein Gleichlauf zwischen der Kompensation des immateriellen Schadens nach § 253 Abs. 2 BGB und der Kompensation des materiellen Schadens nach § 251 BGB. Die irreversibel erlittenen immateriellen körperlichen und gesundheitlichen Beeinträchtigungen bilden dabei den Gegenstand der Kompensation und umfassen auch den irreversibel erlittenen Verlust an Möglichkeiten, die dem Geschädigten eine intakte Gesundheit vermittelt hätte. Für die Ermittlung des auszugleichenden Schadens kann im Ausgangspunkt die Differenzhypothese herangezogen werden, anhand derer losgelöst von einem Vermögensschaden die schädigungsbedingte mit der hypothetisch schädigungsfreien Lage verglichen werden kann, sodass sich auf diese Weise die negative Gesundheitsbilanz des Geschädigten ermitteln lässt. Die negative Gesundheitsbilanz bildet sodann den Ausgangspunkt für die Bemessung des immateriellen Körper- und Gesundheitsschadens. Stufe I des Systems der taggenauen Bemessung verkörpert einen Bemessungsansatz, der geeignet ist, die negative Gesundheitsbilanz zu ermitteln, indem er an die objektive Lebensbeeinträchtigung des Geschädigten vom Zeitpunkt der Schädigung bis zum Erreichen der Genesung bzw. während der dauerhaft verbleibenden Lebensbeeinträchtigung anknüpft. Stufe I des Systems stellt vier verschiedene Behandlungsstufen und den Schädigungsgrad nach der Anlage zu § 2 der VersMedV als Gradmesser sowohl für die gesundheitliche Beeinträchtigung als auch die Einschränkungen im täglichen Leben zur Verfügung und hält dadurch objektive Maßstäbe für die Ermittlung der Heftigkeit der Lebensbeeinträchtigung bereit. Gleichzeitig ermittelt sie die Komponente der Dauer der Lebensbeeinträchtigung anhand eines objektiven Maßstabs, indem sie an die einzelnen Tage der Lebensbeeinträchtigung anknüpft. Stufe I beinhaltet demnach eine Methode, die geeignet ist, die zur Kompensation des immateriellen Körper- und Gesundheitsschadens nach § 253 Abs. 2 BGB erforderliche Geldentschädigung im Einklang mit den schadensrechtlichen Regelungen der §§ 249 ff. BGB zu ermitteln. Stufe I des Systems kann methodisch demzufolge de lege lata angewendet werden.

§ 9 Überblick über die Bemessungsmethoden ausgesuchter europäischer Rechtsordnungen

Das System der taggenauen Bemessung des Schmerzensgeldes bietet nicht nur einen Bemessungsansatz, der die verfassungsrechtlichen Mängel der gegenwärtigen Bemessungspraxis beseitigen kann, sondern ist auf Stufe I methodisch bereits de lege lata anwendbar. Im folgenden Abschnitt soll das System der taggenauen Bemessung als neues System zur Ermittlung der Entschädigung des immateriellen Körper- und Gesundheitsschadens vor dem Hintergrund eines rechtsvergleichenden Überblicks erneut überprüft werden. Der Überblick über die Bemessungsmethoden ausgewählter europäischer Rechtsordnungen soll darstellen, wie die Bemessungssysteme dieser Rechtsordnungen dem Umstand der Inkommensurabilität des immateriellen Köper- und Gesundheitsschadens[864] praktisch begegnen.[865] Dabei beschränkt sich die Darstellung auf die *Methode* der Ermittlung des Entschädigungsbetrages der jeweiligen Rechtsordnung. Die methodischen Bemessungscharakteristika sollen einen Vergleich mit den methodischen Kernelementen des Systems der taggenauen Bemessung ermöglichen, der in die Bewertung der methodischen Kernelemente des Systems einbezogen werden soll. Der Umstand, dass die nachfolgend dargestellten Rechtsordnungen unterschiedliche Schadensposten als Nichtvermögensschaden ersetzen sowie unterschiedliche Parameter bei der Bemessung berücksichtigen,[866] steht der Darstellung der einzelnen Bemessungsmethoden nicht entgegen, da sie keine Auseinandersetzung mit dem Entschädigungsniveau der jeweiligen Rechtsordnung beabsichtigt.[867] Die Ausführungen erheben insgesamt keinen Anspruch auf

864 Die Bezeichnung immaterieller Körper- und Gesundheitsschaden wurde an dieser Stelle bewusst gewählt, da sich die Terminologie der verschiedenen Rechtsordnungen unterscheidet und der Begriff des Schmerzensgeldes nicht in allen Rechtsordnungen den gleichen Schaden umschreibt. Gegenstand der Rechtsvergleichung ist das Sachproblem der Bemessung des immateriellen Körper- und Gesundheitsschadens, vgl. hierzu *Zweigert/Kötz,* Einführung in die Rechtsvergleichung, S. 33.

865 Siehe zur Untersuchung der Problemlösung verschiedener Rechtsordnungen als Bestandteil der rechtsvergleichenden Wissenschaft *Zweigert/Kötz*, aaO, S. 5.

866 Vgl. *v. Bar*, FS für Deutsch, 27 (28).

867 Für eine übersichtsartige Darstellung des Entschädigungsniveaus in der Europäischen Union Ende der neunziger Jahre siehe *v. Bar*, FS für Deutsch, 27 (27 ff.).

Vollständigkeit, sondern untersuchen die dargestellten Rechtsordnungen punktuell im Hinblick auf die wesentlichen Elemente ihrer Bemessungsmethode.[868]

Die europäischen Rechtsordnungen lassen sich im Hinblick auf die Bemessung des immateriellen Körper- und Gesundheitsschadens in zwei große Gruppen einteilen. Die Rechtsordnungen der einen großen Gruppe verwenden Prozentsätze oder Punkte in Kombination mit richterlichen oder gesetzlichen Tabellen (Tabellenländer). Anders als in der deutschen Bemessungspraxis haben in den romanischen Rechtsordnungen Spaniens, Frankreichs und Italiens der Gesetzgeber oder die Zivilgerichte Tabellen entwickelt, die den Gerichten bei der Bemessung des immateriellen Körper- und Gesundheitsschadens zur Verfügung stehen. Auch im nordeuropäischen Rechtsraum hat der Gesetzgeber Tabellen geschaffen mit Entschädigungsbeträgen in Schweden[869] und einem Bewertungssystem für den Grad des Körperschadens in Dänemark[870]. Die Bemessungspraxis in den Rechtsordnungen der anderen großen Gruppe ist durch die Orientierung an Vergleichsentscheidungen geprägt. Neben der deutschen sind für diese Bemessungsmethode die österreichische und schweizerische Bemessungspraxis repräsentativ.[871] Maßgebend für die Höhe der Entschädigung sind sowohl nach der Rechtsprechung des österreichischen Obersten Gerichtshofes[872] als auch des schweizerischen Bundesgerichts[873] die Umstände des Einzelfalls. Dabei befürworten sowohl der österreichische Oberste Gerichtshof[874]

868 Einzelne Schadenspositionen des immateriellen Körper- oder Gesundheitsschadens bleiben bei der Darstellung daher gegebenenfalls unberücksichtigt.

869 Abrufbar unter http://www.trafikskadenamnden.se/Ersattningstabeller/, zuletzt abgerufen am 12.07.2013; siehe auch *Witte*, Landesbericht Schweden, S. 67 f.

870 "The National Board of Industrial Injuries"; siehe den Überblick über das dänische System bei *Rosenkjær/Rørbæk/Gleerup*, An Introduction to Danish Law, S. 88 ff.

871 Das common law des englischen Rechts kompensiert ebenfalls anhand eines Vergleichs mit anderen Entscheidungen, vgl. *Schubert*, aaO, S. 301.

872 OGH, Beschl. v. 15.03.2012 – 6Ob12/12a; OGH, Urt. v. 18.02.2009 – 2Ob105/09v, zitiert nach http://www.ris.bka.gv.at, zuletzt abgerufen am 12.07.2013; siehe auch Schwimann-ABGB/*Harrer*, § 1325 Rn. 72. Gesetzliche Grundlage für den Anspruch auf ein „angemessenes Schmerzengeld" wegen einer Körperverletzung ist in Österreich § 1325 ABGB.

873 BG, Urt. v. 31.07.2001 – BGE 127 IV 215 (219), zitiert nach http://www.bger.ch/index/juridiction/, zuletzt abgerufen am 12.07.2013. Gesetzliche Grundlage für den Anspruch auf Zahlung einer „angemessenen Geldsumme als Genugtuung" wegen einer Körperverletzung in der Schweiz ist Art. 47 OR.

874 Vgl. OGH, Urt. v. 11.05.1978 – 7 Ob 25/78; Urt. v. 08.11.1983 – 2 Ob 200/83; Urt. v. 18.04.2002 – 2 Ob 237/01v; Urt. v. 18.12.2009 – 2 Ob 105/09v; Urt. v. 18.04.2002 – 2 Ob 237/01v, alle zitiert nach http://www.ris.bka.gv.at, zuletzt abgerufen am

als auch das schweizerische Bundesgericht[875] ähnlich der Rechtsprechung des BGH die Heranziehung anderer Schmerzensgeldentscheidungen. Bemerkenswert ist, dass sowohl in Österreich als auch in der Schweiz Tendenzen zu einer Systematisierung der Bemessung des immateriellen Körper- und Gesundheitsschadens erkennbar sind. Trotz der ablehnenden Rechtsprechung[876] des Obersten Gerichtshofes hat sich in der österreichischen außergerichtlichen Bemessungspraxis und unterinstanzlichen Gerichtspraxis die Bemessung zumindest des vorübergehenden Körper- und Gesundheitsschadens nach Schmerztagen etabliert.[877] In der Schweiz diskutiert man eine Orientierung an den Richtlinien des Sozialversicherungsrechts nach Anhang 3 zur Verordnung über die Unfallversicherung[878]. Das schweizerische Bundesgericht befürwortet die Heranziehung dieser Richtlinien als Anhaltspunkt.[879] Für die rechtsvergleichende Darstellung wurden angesichts der Schwächen einer an

---

12.07.2013. Ähnlich wie in Deutschland existieren in Österreich Sammlungen von Schmerzensgeldentscheidungen, vgl. *Danzl/Gutiérrez-Lobos*, Das Schmerzensgeld, 2013, erscheint seit dem Jahr 1960, damals noch *Jarosch/Müller/Piegler/Danzl,* Das Schmerzensgeld, 1960; siehe auch *Hörzinger/Ungeringer/Zitta*, Schmerzensgeld und Verunstaltungs-entschädigung, mit Entscheidungen der Jahre 1980 bis 1985.

875 BG, Urt. v. 31.07.2001 – BGE 127 IV 215 (219), zitiert nach http://www.bger.ch/index/juridiction/, zuletzt abgerufen am 12.07.2013.

876 OGH, Beschl. v. 15.03.2012 – 6 Ob 12/12a; OGH, Urt. v. 18.02.2009 – 2 Ob 105/09v, alle zitiert nach http://www.ris.bka.gv.at, zuletzt abgerufen am 12.07.2013. *Gegen* die Bemessung nach Schmerztagen wenden sich auch verschiedene Literaturstimmen, vgl. *Kossak*, der die Fallsammlungen als besten Anhaltspunkt für Rechtsanwälte und Richter erachtet, vgl. *Kossak*, ZVR 2001, S. 227 (228) und Rummel/*Reischauer*, ABGB, § 1325 Rn. 43.

877 Vgl. LG Linz, ZVR 2001/20, S. 55 (56); OLG Wien, Beschl. v. 25.06.2010 – 12 R 93/10z, zitiert nach http://www.ris.bka.gv.at, zuletzt abgerufen am 12.07.2013. *Befürwortend* auch Schwimann-ABGB/*Harrer*, § 1325 Rn. 72; *Danzl*, DAR 2004, S. 181 (181), *ders.*, ZVR 2001/20, S. 56 (57); siehe zur Bemessung nach Tagessätzen auch *Huber*, Fragen der Schadensberechnung, S. 270, 318 (Fn. 71); *Karner/Koziol*, Non-Pecuniary Loss, S. 1 (13); *Schilcher/Kleewein*, Landesbericht Österreich, S. 47; *Lemor*, SVR 2006, 325 (326).

878 Verordnung über die Unfallversicherung vom 20.12.1982; abrufbar über http://www.admin.ch/opc/de/classified-compilation/19820361/index.html, zuletzt abgerufen am 12.07.2013.

879 BG, Urt. v. 19.01.2006 – BGE 132 II 117 (120 f.) unter Verweis auf BG, Urt. v. 21.10.1997 – 4 C.123/1996, zitiert nach http://www.bger.ch/index/juridiction/, zuletzt abgerufen am 12.07.2013.

Vergleichsentscheidungen orientierten Bemessung ausschließlich Rechtsordnungen aus der Gruppe der Tabellenländer ausgewählt, da diese eine vom Vergleich mit anderen Entscheidungen freie Bemessungsmethode aufweisen. Die Darstellung soll sich auf die Bemessungsmethoden Frankreichs, Spaniens und Italiens beschränken.

A. Frankreich

In Frankreich regeln die Art. 1382 ff. Code civil den Schadensersatz für Schäden, die nicht durch motorisierte Verkehrsteilnehmer entstanden sind. Art. 1382 Code civil beschränkt sich als deliktsrechtliche Generalklausel auf die Verpflichtung des Schädigers, den schuldhaft verursachten Schaden zu ersetzen,[880] Art. 1383 Code civil beinhaltet eine identische Regelung für Fahrlässigkeitstaten.[881] Für alle durch Kraftfahrzeuge verursachte Personenschäden gilt die „Loi Badinter“[882] vom 5. Juli 1985,[883] nach der der Schädiger verschuldensunabhängig haftet. Das französische Recht unterscheidet grundsätzlich zwischen der materiellen[884] und der immateriellen[885] Komponente des Personenschadens.[886]

---

880 „Tout fait quelconque de l’homme, qui cause à autrui un dommage, oblige celui par la faute duquel il est arrivé, à le réparer.“, Article 1382 Code civil. Nach dem insoweit eindeutigen Wortlaut der Vorschrift bezieht sich Art. 1382 Code civil nur auf Vorsatzdelikte, vgl. auch *Wagner*, Grundstrukturen des Europäischen Deliktsrechts, S. 189 (200).

881 „Chacun est responsable du dommage qu’il a causé non seulement par son fait, mais encore par sa négligence ou par son imprudence.“, Article 1383 Code civil. Siehe auch *Wagner*, aaO, S. 189 (200); *Gotthardt*, Landesbericht Frankreich, S. 16.

882 Gesetz über die Haftung für Unfälle im Straßenverkehr, Nr. 85–677 vom 05.07.1985, benannt nach Robert Badinter, dem damaligen Justizminister Frankreichs.

883 Siehe auch *Weber*, DAR 2009, 561 (561); *Backu/Wendenburg*, DAR 2006, 541 (542); *Backu*, DAR 2001, 587 (587).

884 Als materieller Körperschaden werden die Heilbehandlungskosten, die vermehrten Bedürfnisse und der Verdienstausfall ersetzt, vgl. *Backu/Wendenburg*, aaO, 541 (546 f.); *Weber*, DAR 2009, 561 (563).

885 Vgl. *Schubert*, aaO, S. 342 m.w.N.; *Ady*, aaO, S. 31; *Backu/Wendenburg*, aaO, 541 (546).

886 Kritisch *Weber*, nach dem bei der Schadensposition *incapacité* nicht zwischen der Erwerbsminderung als materiellem Schaden und dem immateriellen Schaden, der durch die Funktionseinschränkung ebenfalls verursacht wird, unterschieden wird, vgl. *Weber*, DAR 2009, S. 561 (562).

I. Die Bemessungsmethode im Überblick

Das französische Recht differenziert zwischen einer Vielzahl von immateriellen Schadenspositionen wie dem Schmerzensgeld (*le préjudice de souffrance*), dem ästhetischen Schaden (*le préjudice esthétique*) und dem Lebensgenussschaden (*le préjudice d'agrément*).[887] Außerdem wird Ersatz für den dauerhaften oder vorübergehenden Verlust einer körperlichen Funktion, die *incapacité*, gewährt.[888] Das französische Recht unterscheidet bei der Bemessung zwischen vorübergehenden und dauerhaften Beeinträchtigungen.[889] Sofern „das Opfer eine bleibende Einschränkung der physischen, psychosomatischen oder geistigen Fähigkeit im konsolidierten Zustand"[890] erleidet, wird diese dauerhafte Beeinträchtigung separat festgesetzt und kompensiert. Die Konsolidierung ist zu dem Zeitpunkt erreicht, in dem keine Verbesserung des Gesundheitszustandes des Geschädigten mehr eintritt.[891] Die Beeinträchtigungen bis zum Erreichen der Konsolidierung werden als vorübergehende Beeinträchtigungen, dem Geschädigten nach der Konsolidierung verbleibende Beeinträchtigen als dauerhafte Beeinträchtigungen kompensiert. Dabei erfolgt die Bemessung des Schmerzensgeldes und des ästhetischen Schadens für beide zeitlichen Abschnitte methodisch identisch. Sowohl das Schmerzensgeld als auch der ästhetische Schaden werden vom medizinischen Sachverständigen in eine Skala von 1 bis 7 eingeordnet. Die *incapacité* wird hingegen anhand einer Tabelle mit einem Prozentsatz bewertet.

1. Vorübergehende Beeinträchtigung (préjudice temporaire)

Die physischen und psychischen Schmerzen, die der Geschädigte während der Zeit bis zum Erreichen der Konsolidierung erleidet, sollen als *préjudice de*

887 *Weber*, DAR 2009, S. 561 (562); *Backu/Wendenburg*, aaO, S. 541 (547); *Lemor*, SVR 2008, 206; *Wagner*, JZ 2004, 319 (323); *Backu*, DAR 2001, 587 (588); *Schramm*, aaO, S. 53; *Ady*, aaO, S. 31 m.w.N.

888 Die Gerichte sprechen gegenwärtig einen Gesamtbetrag zu, in dem die einzelnen Schadenspositionen zusammengefasst sind, *Schubert*, aaO, S. 326. Nach dem Vorentwurf zur Reform des Code civil soll der Richter in Zukunft verpflichtet sein, für jede Schadensposition einen separaten Betrag auszuweisen, *Schubert*, aaO, S. 343.

889 *Weber*, DAR 2009, 561 (562); *Wagner*, JZ 2004, 319 (323).

890 Zitiert nach *Backu/Wendenburg*, aaO, S. 541 (547) m.w.N.

891 Vgl. *Schubert*, aaO, S. 342 m.w.N.; *Weber*, DAR 2009, S. 561 (562).

souffrance[892] kompensiert werden.[893] Daneben soll der vorübergehende ästhetische Schaden ersetzt werden. Die Bemessung dieser vorübergehenden Beeinträchtigungen erfolgt anhand einer Tabelle, die eine Skala von 1 für sehr leichte Beeinträchtigungen bis 7 für sehr schwere Beeinträchtigungen vorsieht und dabei jeweils einen unteren, mittleren und oberen Wert ausweist.[894] Der medizinische Sachverständige nimmt die Einordnung der Beeinträchtigung in die Skala vor. Die französische Cour de cassation hat bereits mehrfach festgestellt, dass es sich bei den Tabellenwerten nicht um rechtsverbindliche Tarife, sondern nur um eine Hilfe zur Bemessung handelt.[895] Daneben kann der Geschädigte eine Entschädigung wegen des vorübergehenden Verlustes einer körperlichen Funktion verlangen.[896]

2. Dauerhafte Beeinträchtigung (préjudice permanent)

Als dauerhafte Beeinträchtigungen des Geschädigten erkennt das französische System den bleibenden ästhetischen Schaden[897] und den Lebensgenussschaden[898] an. Diese dauerhaften Beeinträchtigungen bemisst das französische System ebenfalls anhand einer Tabelle auf einer Skala von 1 für sehr leichte Beeinträchtigungen bis 7 für sehr schwere Beeinträchtigungen.[899] Daneben kommt eine Entschädigung wegen des dauerhaften Verlusts einer körperlichen Funktion (*incapacité permanente*)[900] in Betracht. Schmerzen, die auch nach der Konsolidierung verbleiben, werden

892 Auch „pretium doloris" oder „souffrances endurées" genannt.

893 *Backu/Wendenburg*, aaO; *Wagner*, JZ 2004, 319 (323); *Backu*, DAR 2001, 587 (589); *Sprung*, VW 1992, 636 (639). Berücksichtigt werden Intensität und Dauer der physischen und psychischen Schmerzen, *Galand-Carval*, Non-Pecuniary Loss, S. 87 (89) und *Schubert*, aaO, S. 343 m.w.N.

894 Vgl. *Weber*, DAR 2009, 561 (562, 564); *Schubert*, aaO, S. 344; *Backu/Wendenburg*, aaO, S. 541 (549).

895 *Schubert*, aaO, S. 344. Die Heranziehung der Tabelle wird vor dem Hintergrund der Notwendigkeit einer Orientierungshilfe insgesamt befürwortet, vgl. *Galand-Carval*, aaO, S. 87 (101).

896 *Schubert*, aaO, S. 342; *Weber*, DAR 2001, 562, 564).

897 Bspw. bleibende Narben, vgl. *Schubert*, aaO, S. 344.

898 *Schubert*, aaO, S. 344 f. Da über die *incapacité permanente* bereits die täglichen Beeinträchtigungen im alltäglichen Leben ausgeglichen werden sollen, erfasst der *préjudice d'agrément* wegen der dauerhaften Beeinträchtigung nur noch den Verlust von sportlicher Betätigung oder anderer Freizeitaktivitäten, *Schubert*, aaO, S. 345 m.w.N.; so auch *Weber*, DAR 2009, S. 561 (564).

899 *Schubert*, aaO, S. 344 f.; *Weber*, DAR 2009, 561 (564).

900 *Schramm*, aaO, S. 53 f.; siehe auch *Ady*, aaO, S. 72.

nicht als separate Schadensposition, sondern als Bestandteil der dauerhaften *incapacité* kompensiert.[901] Den Entschädigungsbetrag wegen des dauerhaften Verlusts einer Funktion ermittelt das System auf der Grundlage des Invaliditätsgrades des Geschädigten und seinem individuellen Alter. Die Ermittlung erfolgt in zwei separaten Schritten. Der Invaliditätsgrad des Geschädigten wird anhand des „barème fonctionnel indicatif des incapacités"[902] (im Folgenden „barème") bestimmt.[903] Dieser beinhaltet eine von der Cour de cassation und dem Justizministerium offiziell anerkannte[904] tabellarische Auflistung physischer und psychischer Einschränkungen, denen ein spezifischer Protzentsatz oder Prozentsatzbereich von 0 % bis 100 % zugewiesen ist.[905] Dieser Prozentsatz wird sodann mit einem tabellarisch festgelegten Punktwert multipliziert (sogenannter *calcul au point*), der sich nach dem individuellen Alter des Geschädigten und dem Invaliditätsgrad bestimmt[906] und jährlicher Anpassung unterliegt.[907] Je höher der Invaliditätsgrad, desto höher der Tabellenpunkt, je älter der Geschädigte, desto niedriger der Tabellenpunkt.[908] Der verhältnismäßig höchste Tabellenpunkt ergibt sich demnach bei einer sehr schweren dauerhaften Beeinträchtigung, die ein noch junger Geschädigter erlitten hat.[909]

II. Bemessungscharakteristika

Die französische Bemessung des immateriellen Körper- und Gesundheitsschadens ist durch eine ausgeprägte Differenzierung gekennzeichnet. Sie unterscheidet zwischen einer Vielzahl von immateriellen Schadenspositionen, bei denen jeweils zusätzlich zwischen ihrer vorübergehenden und dauerhaften Komponente unterschieden wird. Im Hinblick auf die Methode ihrer Ermittlung wirkt sich diese Unterscheidung zwischen vorübergehender und dauerhafter Beeinträchtigung nicht aus. Hingegen sind Unterschiede zwischen der Ermittlungsmethode der *incapacité*

---

901 *Schubert*, aaO, S. 343 f. m.w.N.; *Weber*, DAR 2001, 561 (564).

902 Abrufbar unter http://www.juriscompanion.com/IMG/pdf/BaremeFonctionnel_CodeAssurances.pdf, zuletzt abgerufen am 12.07.2013.

903 *Backu/Wendenburg*, aaO, S. 541 (547); *Galand-Carval*, aaO, S. 87 (90).

904 *Galand-Carval*, aaO, S. 87 (90).

905 *Weber*, aaO, 561 (564); *Backu/Wendenburg*, aaO, S. 547; *Galand-Carval*, aaO, S. 87 (90).

906 *Wagner*, JZ 2004, 319 (323).

907 *Galand-Carval*, aaO, S. 87 (101).

908 *Galand-Carval*, aaO; *Wagner*, JZ, 2004, 319 (323); *Backu*, DAR 2001, 587 (589).

909 Vgl. *Wagner*, JZ 2004, 319 (323).

und der übrigen Schadenpositionen zu verzeichnen. Für die Ermittlung der dauerhaften *incapacité* nimmt das französische System eine vollständige Objektivierung vor. Für die Bewertung ihrer Heftigkeit greift das französische System auf einen gesetzlich verankerten Bewertungsmaßstab, den *barème*, zurück. Die individuelle Dauer des dauerhaften Verlusts der körperlichen Funktion berücksichtigt das französische System anhand der Einbeziehung des individuellen Alters des Geschädigten beim *calcul au point*. Die dauerhafte *incapacité* soll nicht nur den Verlust der körperlichen Funktion an sich, sondern auch die bleibenden Schmerzen[910] und solche Beeinträchtigungen, die fortan im täglichen Leben des Geschädigten infolge des Funktionsverlustes bestehen,[911] umfassen. Demzufolge stellt sie *die* wesentliche dauerhafte Schadensposition des französischen Systems dar.[912] Signifikanter Vorteil des französischen Systems ist, dass die Bemessung der dauerhaften *incapacité* anhand objektiver Kriterien erfolgt und ihrer Bewertung durch den Rückgriff auf von Medizinern festgelegte Invaliditätsgrade medizinischer Sachverstand zugrunde gelegt wird. Dabei stellt das französische System durch die systematische Berücksichtigung des Alters des Geschädigten sicher, dass auch die auch individuelle Dauer seiner Beeinträchtigung Eingang in die Bemessung findet. Die französischen Bemessungscharakteristika bestehen demzufolge in der objektivierten Bemessung der dauerhaften *incapacité*, der separaten Bemessung von vorübergehenden und dauerhaften Beeinträchtigungen und der Heranziehung einer siebenstufigen Skala für die Bewertung der Schadenspositionen Schmerzensgeld, ästhetischer Schaden und Lebensgenussschaden.

B. Spanien

In Spanien regelt eine deliktsrechtliche Generalklausel im Código Civil den Anspruch auf Schadensersatz. Gemäß Art. 1902 Código Civil ist derjenige, der durch ein Tun oder Unterlassen den Schaden eines anderen schuldhaft oder fahrlässig verursacht, zum Ersatz des Schadens verpflichtet.[913] Aus Verkehrsunfällen mit

---

910 Vgl. *Schubert*, aaO, S. 343; *Weber*, DAR 2001, 561 (564).

911 Vgl. *Schubert*, aaO, S. 345; *Weber*, DAR 2001, 561 (564).

912 Daneben bleibt als nennenswerte weitere Schadensposition der dauerhaften Beeinträchtigung nur der dauerhafte ästhetische Schaden.

913 "El que por acción u omisión causa daño a otro, interviniendo culpa o negligencia, está obligado a reparar el daño causado.", Artículo 1902 Código Civil. Die 1902 ff. Código Civil regeln die allgemeine deliktsrechtliche Verschuldenshaftung, vgl. CAPITULO II - De las obligaciones que nacen de culpa o negligencia (Art. 1902–1910). Unter dem

Kraftfahrzeugen resultierende Schadensersatzansprüche können Geschädigte zudem auf die Gefährdungshaftung nach dem Gesetz Nr. 30/95 stützen.[914] Da die Zivilgerichte bis zum Anfang der neunziger Jahre Gesamtbeträge als Schadensersatz festgesetzt hatten und zwischen materiellem und immateriellem Schaden häufig nicht unterschieden, ließ sich nicht erkennen, welcher Entschädigungsbetrag auf die einzelnen Schadensposten entfiel. Tabellen existierten zu dieser Zeit noch nicht. Die Unvorhersehbarkeit der Schadensersatzzusprüche war ebenso wie die großen Abweichungen auch bei ähnlichen Fällen Gegenstand der Kritik.[915] Am 5. März 1991 verfügte das spanische Wirtschafts- und Finanzministerium sodann ein Regelwerk mit einem System für die Bemessung von Körperschäden verursacht durch Kraftfahrzeuge.[916] Dieses Bemessungssystem war zunächst nicht rechtsverbindlich, sondern wurde als Empfehlung an Gerichte, Versicherungen und Klägervertreter verstanden.

I. Die Bemessungsmethode im Überblick

Seit dem Jahr 2004 existieren in Spanien gesetzliche Tabellen für die Regulierung von Personenschäden aus Verkehrsunfällen, niedergelegt in Annex I des königlichen Dekrets „Real Decreto Legislativo 8/2004 vom 29. Oktober 2004“[917]

Schaden wird in Schrifttum und Rechtsprechung gleichermaßen Vermögens- und Nichtvermögensschaden verstanden, vgl. *Martín-Casals/Ribot/Solé*, Non-Pecuniary Loss, S. 192 (195).

914 Gesetz Nr. 30/95 vom 08.01.1995 über die Haftpflicht und Versicherung von Kfz, veröffentlicht am 09.11.1995; siehe auch *Martín-Casals*, Liber Amicorum Pierre Widmer, S. 235 (237); Feyock/Jacobsen/Lemor-*Lemor*, Kraftfahrtversicherung, 2009, XXXI. Rn. 1.

915 *Martín-Casals*, aaO, S. 235 (235 f.).

916 „Sistema para la valoración de daños personales derivados de accidentes de circulación“, vgl. *Martín-Casals*, aaO, S. 235 (236), nach dem die Working Group „Spanish Section of the International Association for Insurance Law“ bereits zuvor ein Tarifierungssystem für Schäden infolge Tötung und Verletzung der Person entwickelt hatte, welches den Gerichten Anhaltspunkte bei der Bemessung bieten und zu mehr Uniformität bei den Entschädigungsbeträgen führen sollte; siehe auch *Sprung*, VW 1992, 636 (636); *ders.*, VW 1992, 49 ff. ausführlich zu dem zu Beginn der neunziger Jahre neuen spanischen Bemessungssystem.

917 “Real Decreto Legislativo 8/2004, de 29 de octubre, por el que se aprueba el texto refundido de la Ley sobre responsabilidad civil y seguro en la circulación de vehículos a motor.”, abrufbar unter http://www.boe.es/boe/dias/2004/11/05/pdfs/A36662-36695.pdf, zuletzt geändert am 30.01.2013, abrufbar unter http://www.boe.es/buscar/pdf/2004/BOE-A-2004-18911-consolidado.pdf, zuletzt abgerufen am 12.07.2013.

(im Folgenden „Real Decreto“). Die Entschädigungsbeträge werden von den Gerichten anhand dieser Tabellen landesweit einheitlich ermittelt.[918] Annex I der Real Decreto beinhaltet insgesamt sechs Tabellen und weist sowohl den dauerhaften als auch den vorübergehenden Beeinträchtigungen Grundbeträge zu.[919] Neben den Grundbeträgen enthalten die Tabellen für dauerhafte und vorübergehende Beeinträchtigungen Korrekturfaktoren, anhand derer der jeweilige Grundbetrag erhöht werden kann. Die ausgewiesenen Beträge werden jährlich an den Verbraucherpreisindex angepasst.[920]

Die Entschädigungsbeträge wegen der vorübergehenden Beeinträchtigungen werden anhand der Tabelle V festgesetzt, die Grundbeträge beinhaltet.[921] Dabei bewertet das System solche Beeinträchtigungen, die voraussichtlich kurz- oder mittelfristig geheilt werden können, als vorübergehend.[922] Die Grundbeträge wegen dauerhafter Beeinträchtigungen werden anhand der Tabellen VI[923] und III[924] ermittelt. Dabei wird dem dauerhaften immateriellen Körper- und Gesundheitsschaden zunächst ein Verletzungspunkt von mindestens 1 bis maximal 100 nach Tabelle VI zugeordnet, der im nächsten Schritt der Berechnung des Entschädigungsbetrages anhand der Tabelle III dient. Tabelle IV beinhaltet Korrekturfaktoren für den Grundbetrag wegen der dauerhaften Beeinträchtigung.[925]

---

918 Vgl. auch *Backu*, DAR 2001, 587 (591).

919 Die Tabellen I und II regeln Entschädigungsbeträge wegen der Tötung Angehöriger, die Tabellen III, IV und V enthalten Entschädigungsbeträge wegen Körperschädigungen, Tabelle VI enthält ein Punktsystem zur Bewertung der Körperschäden.

920 Die jährlich aktualisierten Tabellen sind abrufbar unter http://www.boe.es/legislacion, zuletzt abgerufen am 12.07.2013. Siehe auch *Backu/Naumann*, VersR 2006, 760 (766) und *Lemor*, SVR 2008, 53 (54). Während der Entschädigungsbetrag bei einem Verletzungspunkt in der Gruppe der Geschädigten bis zwanzig Jahre im Jahr 2006 noch 715,90 Euro betrug, beläuft er sich im Jahr 2012 auf 849,85 Euro.

921 Tabla V: Indemnizaciones por incapacidad temporal (compatibles con otras indemnizaciones).

922 Vgl. Ziffer 3 der „Reglas de carácter general“, die der tabellarischen Auflistung in Tabelle VI der Real Decreto voranstehen.

923 Tabla VI: Clasificaciones y valoración de secuelas.

924 Tabla III: Indemnizaciones básicas por lesiones permanentes (incluidos daños morales).

925 Tabla IV: Factores de corrección para las indemnizaciones básicas por lesiones permanentes.

1. Vorübergehende Beeinträchtigung (incapacidad temporal)

Die wegen der vorübergehenden Beeinträchtigungen zu zahlende Entschädigung ermittelt das spanische System anhand von Tagen. Tabelle V differenziert nach drei Arten von Tagen: Tage des Krankenhausaufenthalts, Tage der Arbeitsunfähigkeit (ohne Krankenhausaufenthalt) und Tage der Arbeitsfähigkeit (ohne Krankenhausaufenthalt). Jedem Tagesmodus ordnet Buchstabe A) der Tabelle V einen Tagessatz als Grundbetrag zu.[926] Den höchsten Tagessatz gewährt die Tabelle wegen eines Tages im Krankenhaus. Die Tagessätze wegen der vorübergehenden Beeinträchtigungen werden dem Geschädigten bis zum Zeitpunkt der Heilung zugesprochen, die dann als erreicht gilt, wenn sich die Verletzung stabilisiert hat.[927] Buchstabe B) der Tabelle V weist Korrekturfaktoren zur Erhöhung des Grundbetrages aus. Diese Korrekturfaktoren bezwecken den Ausgleich des materiellen Verdienstausfallschadens des Geschädigten,[928] sodass sie nicht der Kompensation des immateriellen Körper- und Gesundheitsschadens dienen und daher nicht Bestandteil des Bemessungssystems für diese Schäden sind.

2. Dauerhafte Beeinträchtigung (lesiones permanentes)

Nach dem spanischen Bemessungssystem sind physische und ästhetische Beeinträchtigungen separat zu bestimmen. Dabei werden beide gleichermaßen anhand der Tabellen VI und III ermittelt.[929] Der Entschädigungsbetrag wegen der dauerhaften Beeinträchtigungen ergibt sich aus dem Zusammenwirken des Verletzungspunktes und des individuellen Alters des Geschädigten.[930] Die Ermittlung erfolgt

---

926 "Indemnización básica", vgl. Tabelle V.

927 Vgl. Ziffer 3 der „Reglas de carácter general", die der tabellarischen Auflistung in Tabelle VI der Real Decreto voranstehen.

928 Dadurch sollen die wirtschaftlichen Schäden beim Geschädigten ausgeglichen werden, vgl. den Wortlaut der Tabelle unter Buchstabe B) "Perjuicios económicos". Die Korrekturfaktoren knüpfen an das jährliche Nettoeinkommen des Geschädigten an (ingresos netos anuales de la víctima por trabajo personal). Das spanische Verfassungsgericht erklärte durch Urteil vom 29.06.2000 die gesetzlichen Beschränkungen in Buchstabe B) der Tabelle V dann für nicht gerechtfertigt und verfassungswidrig, wenn den Schädiger alleiniges Verschulden treffe, vgl. *Martín-Casals*, aaO, S. 235 (247, 248 f.).

929 Vgl. Ziffer 3 der „Reglas de utilización", die sich der tabellarischen Auflistung in Tabelle VI der Real Decreto anschließen; siehe auch *Backu/Naumann*, VersR 2006, 760 (768).

930 Siehe auch *Martín-Casals*, aaO, S. 235 (242).

in zwei Schritten. Der Verletzungspunkt wird anhand der Tabelle VI ermittelt. Diese beinhaltet insgesamt neun Kapitel, die Verletzungen nach den Körperbereichen und Beeinträchtigungsarten ordnen und auflisten.[931] Die dauerhafte gesundheitliche Beeinträchtigung des Geschädigten wird einmal mit einem Punktwert von 1 bis 100 bewertet, auch wenn ihre Symptomatologie in verschiedenen Abschnitten beschrieben ist.[932] An den Punktwert aus Tabelle VI knüpft sodann Tabelle III an, die bestimmten Punktwertbereichen Beträge zuordnet. Dabei differenziert Tabelle III nach fünf Altersgruppen,[933] die unterschiedlich hohe Beträge ausweisen. In Abhängigkeit vom Alter des Geschädigten und individuellem Punktwert lässt sich der Betrag aus Tabelle III ermitteln. Der höchste Betrag ergibt sich dabei für den Geschädigten, der in die Altersgruppe der bis Zwanzigjährigen fällt und dessen dauerhaften gesundheitlichen Beeinträchtigungen 100 Verletzungspunkte zugewiesen wurden. Der niedrigste Tabellenbetrag ergibt sich für den Geschädigten, der älter als fünfundsechzig Jahre ist, und dessen dauerhafte gesundheitliche Beeinträchtigungen mit 1 Verletzungspunkt nach Tabelle VI bewertet wurden. Die Beträge in Tabelle III erhöhen sich mit steigendem Verletzungspunkt linear und verringern sich mit steigendem Alter des Geschädigten linear und steigen und fallen nicht proportional.[934] Der Betrag aus Tabelle III ist mit dem Verletzungspunkt zu multiplizieren. Das Ergebnis vermittelt den Grundbetrag wegen der dauerhaften Beeinträchtigungen des Geschädigten. Dieser Grundbetrag kann anhand der in Tabelle IV enthaltenen Korrekturbeträge erhöht werden, die teilweise als prozentuale Aufschläge auf den Grundbetrag und teilweise als absolute Eurobeträge ausgewiesen sind.[935] Von den insgesamt sieben Gruppen von Korrekturfaktoren in Tabelle IV handelt es sich ausschließlich beim Korrekturfaktor der Gruppe „moralische Schäden“[936] um einen Korrekturfaktor, der dem Ausgleich einer immateriellen Schadensposition dient. Wenn eine dauerhafte Beeinträchtigung 75 Verletzungspunkte ausmacht oder mehrere dauerhafte Beeinträchtigungen in ihrer

931 Vgl. Tabelle VI.

932 Vgl. Ziffer 2 der „Reglas de carácter general“, die der tabellarischen Auflistung in Tabelle VI der Real Decreto voranstehen.

933 Bis 20 Jahre, 21 bis 40 Jahre, 41 bis 55 Jahre, 56 bis 65 Jahre und älter als 65 Jahre, vgl. Tabelle III.

934 Der niedrigste Entschädigungsbetrag nach Tabelle III beträgt ein knappes Sechstel des höchsten Entschädigungsbetrages nach Tabelle III.

935 „Aumento (en procentaje o en euros)“, vgl. Tabelle IV.

936 “Daños morales complementarios”.

Gesamtheit 90 Verletzungspunkte erreichen, kann das Gericht den Grundbetrag erhöhen, um den besonders schweren Verletzungen des Geschädigten Rechnung zu tragen.[937]

Exkurs

Tabelle IV beinhaltet zusätzlich zum Korrekturfaktor für den immateriellen Schadensersatz sechs Korrekturfaktoren, die zwar gleichermaßen den Grundbetrag wegen des immateriellen Schadens erhöhen können, dabei aber dem Ausgleich materieller Schadenspositionen dienen. Durch diese Korrekturfaktoren erhöht das spanische System den wegen des immateriellen Schadens zu zahlenden Grundbetrag um einen auf einem materiellen Schadensposten fußenden Betrag und mischt dadurch immateriellen und materiellen Personenschaden.[938] In diesem Punkt begegnet das spanische Bemessungssystem der meisten Kritik.[939] Eine Erhöhung des Grundbetrages kommt bei wirtschaftlichen Schäden in Betracht,[940] die mit einem Zuschlag von 10 % bis maximal 75 % berücksichtigt werden können. Als weiteren Korrekturfaktor sieht Tabelle IV absolute Zuschläge wegen der Arbeitsunfähigkeit des Geschädigten vor, je nach teilweiser, vollständiger oder absoluter Arbeitsunfähigkeit (d.h. der Geschädigte kann keine Art von Tätigkeit mehr ausüben).[941] Für den Fall der schwerwiegenden Invalidität, d.h. wenn der Geschädigte Hilfe und Betreuung bei den täglichen Dingen des Lebens benötigt,[942] ist ebenfalls ein absoluter

937 Vorgesehen ist eine absolute Erhöhung um maximal 95.575,94 Euro. Nach *Martín-Casals* erhalte der Richter an dieser Stelle einen großen Spielraum, insofern als die Tabelle nur diese Obergrenze vorsieht, *Martín-Casals*, aaO, S. 235 (242).

938 Siehe auch *Backu*, nach dem eine Besonderheit im spanischen Recht darin besteht, materielle Personenschäden weitgehend durch Korrekturfaktoren auf der Grundlage der Tabellen auszugleichen, vgl. *Backu*, DAR 2001, 587 (591). Diese materiellen Schadenspositionen werden im deutschen Recht u.a. über die vermehrten Bedürfnisse des Geschädigten und den Verdienstausfallschaden kompensiert.

939 Siehe auch *Lemor*, SVR 2008, 53 (53). Die mangelnde Differenzierung zwischen materiellem und immateriellem Schaden stellt einen der wesentlichen Kritikpunkte am spanischen Bemessungssystem dar, vgl. *Martín-Casals*, aaO, S. 235 (245).

940 "Perjuicios económicos".

941 „Lesiones permanentes que constituan una incapacidad para la ocupación o actividad habitual de la víctima".

942 "Personas afectadas con secuelas permanentes que requieren la ayuda de otras personas para realizar las actividades más esenciales de la vida diaria, como vestirse, desplazarse, comer o análogas"; vgl. auch *Martín-Casals*, aaO, S. 235 (243).

Betrag als Korrekturfaktor vorgesehen.[943] Weiterhin sind Korrekturfaktoren in Form von absoluten Zuschlägen für die notwendige Anpassung des Wohnraumes und den „Familienschaden" ausgewiesen, die abgelten sollen, dass die Möglichkeit des familiären Zusammenlebens für den pflegebedürftigen Geschädigten erheblich beeinträchtigt ist,[944] und für den schädigungsbedingt erforderlichen Umbau des Kfz des Geschädigten.[945] Auch kommt als Korrekturfaktor ein Zuschlag für eine Schwangere in Betracht, die infolge der Schädigung ihr ungeborenes Kind verliert.[946]

II. Bemessungscharakteristika

Das spanische Bemessungssystem ist durch eine ausgeprägte Methodik gekennzeichnet. Der immaterielle Körper- und Gesundheitsschaden wird im Hinblick auf Heftigkeit und Dauer insgesamt objektiviert. Dabei wählt das spanische Bemessungssystem jeweils unterschiedliche Kriterien für die Ermittlung von Heftigkeit und Dauer der vorübergehenden Beeinträchtigung einerseits und der dauerhaften Beeinträchtigung andererseits. Die individuelle Heftigkeit der dauerhaften Beeinträchtigung wird anhand des objektiven Verletzungspunktes, die individuelle Heftigkeit der vorübergehenden Beeinträchtigung anhand der objektiven Umstände Krankenhausaufenthalt, Arbeitsfähig- bzw. Arbeitsunfähigkeit ermittelt. Die Ermittlung der individuellen Dauer der dauerhaften Beeinträchtigung knüpft das spanische System an das Alter des Geschädigten, die Ermittlung der individuellen Dauer der vorübergehenden Beeinträchtigung nimmt das System anhand der einzelnen Tage vor. Das spanische System ist einfach, transparent und dadurch leicht überprüfbar. Die differenzierende Ermittlung von vorübergehender und dauerhafter Beeinträchtigung stellt die Berücksichtigung beider zeitlichen Komponenten körperlicher und gesundheitlicher Beeinträchtigung sicher. Charakteristisch ist auch, dass das spanische System für die Ermittlung der vorübergehenden Beeinträchtigung, bei der das Alter des Geschädigten nicht als Anknüpfungspunkt für die Dauer der Beeinträchtigung zur Verfügung steht, an die einzelnen beeinträchtigten Tage anknüpft. Dadurch wählt das spanische System auch für die vorübergehenden Beeinträchtigungen ein objektives Kriterium, das die exakte Ermittlung

943 „Grandes inválidos".

944 "Destinados a familiares próximos al incapacitado en atención a la sustancial alteración de la vida y convivencia derivada de los cuidados y atención continuada".

945 „Adecuación del vehículo proprio".

946 "Embarazada con pérdida de feto a consecuencia del accidente".

einerseits und Berücksichtigung der individuellen Dauer der Beeinträchtigungen andererseits sicherstellt. Die spanischen Bemessungscharakteristika bestehen insgesamt in der Objektivierung des immateriellen Körper- und Gesundheitsschadens und der Differenzierung zwischen vorübergehenden und dauerhaften Beeinträchtigungen.[947] Diese objektivierende und zugleich differenzierende Vorgehensweise bei der Bemessung verhilft der spanischen Bemessungspraxis zu einer transparenten Bemessungsmethode, die gleichzeitig eine Berücksichtigung der individuellen Heftigkeit und Dauer der vom Geschädigten erlittenen Beeinträchtigungen auf praktikable Weise ermöglicht.[948]

C. Italien

In Italien regelt Art. 2043 Codice civile[949] als zentrale deliktsrechtliche Generalklausel den Schadensersatz. Nach Art. 2043 Codice civile hat der Geschädigte Anspruch auf Schadensersatz wegen jedes rechtswidrig zugefügten Schadens, der durch eine vorsätzliche oder fahrlässige Handlung verursacht wurde.[950] Dabei ist der Ersatz immaterieller Schäden gemäß Art. 2059 Codice civile auf die gesetzlich vorgesehenen Fälle beschränkt.[951] Eine gesetzliche Regelung, die den Ersatz des immateriellen Körper- und Gesundheitsschadens anordnet, beinhaltet der Codice civile allerdings nicht.[952] Heute[953] erkennt das italienische Recht als

---

947 Bzgl. der Objektivierung des immateriellen Gesundheitsschadens siehe auch *Lemor*, SVR 2008, 53 (53).

948 Durch die jährliche Anpassung der Entschädigungsbeträge an die Kaufkraft erfolgt zudem eine regelmäßige Aktualisierung des Entschädigungsniveaus.

949 Codice civile, Regio decreto 16 marzo 1942, n. 262.

950 “Qualunque fatto doloso o colposo che cagiona ad altri un danno ingiusto, obbliga colui che ha commesso il fatto a risarcire il danno.”, Articolo 2043 Codice civile.

951 “Il danno non patrimoniale deve essere risarcito solo nei casi determinati dalla legge.” Diese Vorschrift entspricht § 253 Abs. 1 BGB. Einen wichtigen gesetzlich geregelten Fall beinhaltet Art. 185 Abs. 2 Codice Penale, nach dem Schuldige einer Straftat, die zu einem Vermögens- oder Nichtvermögensschaden geführt hat, und die Personen, die zivilrechtlich für ihn haften, zum Ersatz verpflichtet sind, vgl. *Kindler*, Einführung in das italienische Recht, S. 297.

952 Vgl. auch *Gozzi*, Ersatz des Nichtvermögensschadens in Deutschland und Italien, S. 28.

953 Ursprünglich wurde nach Art. 2059 Codice civile nur der Gefühlsschaden als ersatzfähig angesehen, die gesundheitliche Beeinträchtigung als solche blieb außen vor. Angesichts des Verfassungsrangs der gesundheitlichen Unversehrtheit (Art. 32 Cost.)

ersatzfähige immaterielle Körper- und Gesundheitsschäden den biologischen Schaden (*danno biologico*) und den Gefühlsschaden (*danno morale*) an.[954] Als *danno biologico* sollen sämtliche physischen und/oder psychischen Beeinträchtigungen des Geschädigten, die medizinisch feststellbar sind,[955] ersetzt werden. Demnach bewertet das italienische Recht die Verletzung der Gesundheit selbst als auszugleichenden Schaden.[956] Zusätzlich können als *danno morale* alle emotionalen und seelischen Beeinträchtigungen, mithin die Schmerzen des Geschädigten, geltend gemacht werden.[957] Der Ersatz des *danno biologico* folgt in Italien vorrangig nach dem Privatversicherungsgesetzbuch[958] (im Folgenden „VersGB"), das den Ersatz für Schäden aus Verkehrsunfällen regelt. Nur wenn das VersGB keine besondere Regelung für den Ersatz des biologischen Schadens vorsieht,[959] folgt seine Bemessung nach Art. 2043 Codice civile.

---

wurden verschiedene Wege entwickelt, um die Ersatzfähigkeit auch der gesundheitlichen Beeinträchtigung selbst anerkennen zu können. Ihre Ersatzfähigkeit wird heute auf Art. 2059 Codice civile oder alternativ auf Art. 2043 Codice civile i.V.m. Art. 32 Cost. gestützt, vgl. *Gozzi*, aaO, S. 28 ff. m.w.N.; siehe auch *Scarabello*, DAR 2001, 581 (581); *Busnelli/Comandé*, Non-Pecuniary Loss, S. 135 (138); *Kindler*, aaO, S. 298 und *Bender*, aaO, S. 103, 121 ff. und 169 ff. m.w.N.

954 Vgl. *Gozzi*, aaO, S. 28 ff.; siehe auch *v. Bar*, FS für Deutsch, 27 (34); nach *Pichler* bestand bis Mitte der achtziger Jahre ausschließlich ein Anspruch auf Ersatz des *danno morale*, vgl. *Pichler*, DAR 2006, 549 (552f.). Dabei übersieht er, dass der italienische Verfassungsgerichtshof den *danno biologico* bereits 1979 anerkannt hatte, damals als immateriellen Schaden im Sinne des Art. 2059 Codice civile.

955 Vgl. *Miribung/Gallmetzer*, NZV 2012, 206 (207); *Gozzi*, VersRAI 2007, S. 2 (8); *Eccher/Schurr*, Handbuch Italienisches Zivilrecht, S. 379; *Scarabello*, DAR 2001, 581 (582, 584).

956 Vgl. *Gozzi*, Ersatz des Nichtvermögensschadens in Deutschland und Italien, S. 30 m.w.N.; siehe auch *Ady*, aaO, S. 73.

957 *Miribung/Gallmetzer*, NZV 2012, 206 (207) unter Verweis auf ein Urteil des Kassationsgerichtshofes vom 12.09.2011, Nr. 18641; siehe auch *Eccher/Schurr*, aaO, S. 379.

958 Codice delle assicurazioni private, Decreto Legislativo 7 settembre 2005, n. 209, in Kraft getreten am 01.01.2006, durch das die versicherungsrechtlichen Regeln für den Bereich der Verkehrsunfälle gebündelt werden; siehe auch *Pichler*, DAR 2006, 549 (551); siehe auch die Definition des *danno biologico* in Art. 138 Abs. 2 Buchst. a) des Codice delle assicurazioni private, die nunmehr auch „negative Folgen hinsichtlich der täglichen Tätigkeiten und der „dynamisch-relationellen" Aspekte des Lebens des Geschädigten" beinhaltet, *Gozzi*, VersRAI 2007, 2 (10) mit kritischer Anmerkung.

959 Vgl. *Miribung/Gallmetzer*, NZV 2012, 206 (207).

I. Die Bemessungsmethode im Überblick

Das VersGB differenziert in Art. 138 f. nach geringfügigen biologischen Schäden, bei denen die Invalidität des Geschädigten maximal 9 % beträgt,[960] und nicht geringfügigen biologischen Schäden, bei denen die Invalidität des Geschädigten mehr als 9 % beträgt.[961] In beiden Fällen wird zwischen vorübergehendem und dauerhaftem biologischen Schaden unterschieden. Der geringfügige biologische Schaden wird nach einer einheitlichen als Ministerialdekret erlassenen Tabelle auf Grundlage des Art. 139 VersGB bemessen.[962] Der nicht geringfügige biologische Schaden soll nach Art. 138 VersGB in Zukunft ebenfalls anhand einer landesweit einheitlichen Tabelle bemessen werden.[963] Immaterielle Schäden, auf die das VersGB keine Anwendung findet, werden gegenwärtig nach regionalen gerichtlichen Tabellen bemessen.

1. Vorübergehende Beeinträchtigung (danno biologico temporaneo)

Gesetzliche Grundlage für die Bemessung des *geringfügigen danno biologico* nach dem VersGB ist Art. 139 Abs. 1 Buchstabe b), nach dem der Geschädigte für jeden Tag der vorübergehenden Beeinträchtigung einen Entschädigungsbetrag erhalten soll.[964] Die Entschädigungsbeträge sind in einer gesetzlichen Tabelle festgelegt,[965] die jährlich an den Verbraucherpreisindex anzupassen ist.[966] Dabei wird von einer maximalen Beeinträchtigung ausgegangen und der Entschädigungsbetrag bei geringerer Beeinträchtigung entsprechend niedriger angesetzt.[967] Das Gericht kann zudem gemäß Art. 139 Abs. 3 VersGB im Einzelfall besondere Umstände auf Seiten des Geschädigten mit einem Zuschlag um maximal 20 % erhöhend berücksichtigen.

---

960 "Danno biologico per lesioni di lieve entità".

961 "Danno biologico per lesioni di non lieve entità".

962 Vor Einführung dieser Tabelle war Grundlage der Bemessung die Tabelle nach dem Gesetz Nr. 57/2001 vom 05.03.2001, vgl. "Disposizioni in materia di apertura e regolazione dei mercati", Legge 5 marzo 2001, n. 57 und Änderungsgesetz Nr. 273/2002 vom 12.12.2002.

963 Vgl. Art. 138 f. VersGB; siehe auch *Miribung/Gallmetzer*, NZV 2012, 206 (209).

964 Der vorübergehende biologische Schaden umfasst die Beeinträchtigungen vom Zeitpunkt der Schädigung bis zur klinischen Genesung, *Backu*, DAR 2003, S. 337 (346); *Scarabello*, DAR 2001, 581 (584).

965 Vgl. das Ministerialdekret vom 17.06.2011, n. 53806, zitiert nach *Miribung/Gallmetzer*, NZV 2012, 206 (208).

966 Vgl. Art. 139 Abs. 5 VersGB.

967 *Miribung/Gallmetzer*, NZV 2012, 206 (208).

Die Bemessung des *nicht geringfügigen danno biologico* mit mehr als 9% Invalidität soll gemäß Art. 138 Abs. 1 VersGB ebenfalls anhand einer landesweit einheitlichen Tabelle erfolgen, die jährlich an den Verbraucherpreisindex anzupassen ist.[968] Besondere Umstände auf Seiten des Geschädigten soll das Gericht gemäß Art. 138 Abs. 3 VersGB mit einem Zuschlag um maximal 30 % erhöhend berücksichtigen können. Da gegenwärtig noch keine Tabelle vorliegt, orientieren die Gerichte ihre Bemessung derzeit an der Tabelle des Landgerichts Mailand.[969]

Die Bemessung des *vorübergehenden danno biologico* nach dem Codice civile erfolgt anhand richterlicher Tabellen,[970] die Rahmenbeträge für die tägliche Entschädigung wegen des vorübergehenden Schadens vorsehen.[971] Das Gericht setzt den täglichen Entschädigungsbetrag sodann vorrangig nach dem Grad der Invalidität des Geschädigten fest. Individuelle Umstände können im Einzelfall zu einer Erhöhung führen.

2. Dauerhafte Beeinträchtigung (danno biologico permanente)

Für die Bemessung des *geringfügigen danno biologico* nach dem VersGB wurde auf der Grundlage von Art. 139 Abs. 1 Buchstabe a) VersGB eine Tabelle erlassen, die Entschädigungsbeträge beinhaltet. Die Tabelle knüpft die Ermittlung der Entschädigung an den Invaliditätsgrad und das Alter des Geschädigten und vermittelt für jeden Invaliditätsgrad von 1 bis 9 einen linear mit dem Alter des Geschädigten steigenden Entschädigungsbetrag. Für Kinder im Alter von 0 bis 10 Jahren sind identische Beträge für jeden Invaliditätsgrad von 1 bis 9 ausgewiesen, jedem Alter von 11 bis einschließlich 90 Jahren ist sodann ein individueller Betrag zugeordnet.[972] Die Beträge der Tabelle sind jährlich an den Verbraucherpreisindex anzupassen.[973] Die Bemessung des *nicht geringfügigen danno biologico* mit mehr als 9 % Invalidität soll ebenfalls anhand der nach Art. 138 Abs. 1 VersGB zu

968 Vgl. Art. 138 Abs. 4 VersGB.

969 *Miribung/Gallmetzer*, NZV 2012, 206 (209). Die Tabelle des Landgerichts Mailand für das Jahr 2011 ist abrufbar unter www.ordineavvocatimilano.it/upload/file/allegati_articoli/TABELLE_DANNO_BIOL_2011.pdf, zuletzt abgerufen am 12.07.2013.

970 Vgl. die Tabellen der Landgerichte Mailand, Venedig und Rom; siehe auch *Eccher/Schurr*, aaO, S. 380; *Reiß*, RIW 2005, 353 (358).

971 Vgl. exemplarisch die Tabelle des Landgerichts Mailand für das Jahr 2011.

972 „Tabella del danno biologico di lieve entità"; abrufbar unter www.altalex.com/index.php?idnot=57963, zuletzt abgerufen am 12.07.2013; siehe auch *Miribung/Gallmetzer*, NZV 2012, 206 (208).

973 Vgl. Art. 139 Abs. 5 VersGB; siehe auch *Miribung/Gallmetzer*, NZV 2012, 206 (208).

erlassenden landesweit einheitlichen Tabelle erfolgen, sodass die Gerichte gegenwärtig noch auf Tabelle des Landgerichts Mailand zurückgreifen.[974]

Die Bemessung des *dauerhaften danno biologico* nach dem Codice civile erfolgt wie die Bemessung des *vorübergehenden danno biologico* anhand der landgerichtlich erarbeiteten Tabellen.[975] Der Entschädigungsbetrag knüpft an den Invaliditätspunkt und das Alter des Geschädigten. Mit steigendem Invaliditätspunkt erhöht sich der Entschädigungsbetrag, während er mit zunehmendem Alter des Geschädigten sinkt.[976] Die Tabellen weisen für jedes Alter von 1 bis 100 Jahre und jeden Invaliditätsgrad von 1 bis 100 einen separaten Entschädigungsbetrag aus.[977]

3. Der Gefühlsschaden (danno morale)

Der Gefühlsschaden soll den Geschädigten wegen aller emotionalen und seelischen Beeinträchtigungen entschädigen.[978] Das Gericht muss den Gefühlsschaden gemäß Art. 2056 i.V.m. Art. 1226 Codice civile nach Billigkeit bestimmen. Nachdem sich in der Gerichtspraxis eine Orientierung am *danno biologico* mit Zu- oder Abschlägen je nach Einzelfall etabliert hatte,[979] legte der Kassationsgerichtshof im Jahr 2011 fest, dass für die Bemessung des Gefühlsschadens die Tabelle des Mailänder Landgerichts zu verwenden ist.[980]

II. Bemessungscharakteristika

Die italienische Bemessung des immateriellen Körper- und Gesundheitsschadens ist wie das spanische System durch eine ausgeprägte Methodik gekennzeichnet. Sowohl nach dem VersGB als auch nach dem Codice civile erfolgt eine Differenzierung zwischen vorübergehender und dauerhafter Beeinträchtigung.[981] Diese Differenzierung wird sodann auch für die Bemessung fruchtbar gemacht, indem für die Ermittlung der zeitlichen Komponente der vorübergehenden Beeinträchtigung an alle einzelnen Tage und für die Ermittlung der zeitlichen Komponente

974 *Miribung/Gallmetzer*, NZV 2012, 206 (209).
975 Siehe auch *Eccher/Schurr*, aaO, S. 378; *Scarabello*, DAR 2001, 581 (583).
976 Vgl. exemplarisch die Tabelle des Landgerichts Mailand für das Jahr 2011.
977 Vgl. exemplarisch die Tabelle des Landgerichts Mailand für das Jahr 2011.
978 *Eccher/Schurr*, aaO, S. 379; *Reiß*, RIW 2005, S. 353 (359).
979 *Reiß*, RIW 2005, S. 353 (359) m.w.N.
980 *Miribung/Gallmetzer*, NZV 2012, 206 (207) m.w.N.
981 Siehe auch *Reiß*, RIW 2005, S. 353 (358).

der bleibenden Beeinträchtigung an das Alter des Geschädigten angeknüpft wird. Das italienische System ermittelt demzufolge die Dauer der Beeinträchtigung insgesamt anhand objektiver Kriterien. Für die Ermittlung der Heftigkeit der Beeinträchtigungen knüpft das italienische System ebenfalls an objektive Kriterien, indem der Invaliditätsgrad des Geschädigten zugrunde gelegt wird. Dabei ermöglichen die Regelungen des VersGB dem Gericht auch, solche Umstände, die auf Seiten des Geschädigten im Einzelfall berücksichtigungswürdig erscheinen, im Rahmen von Zuschlägen in die Bemessung einfließen zu lassen. Während die Bemessung der Beeinträchtigungen mit bis zu 9 % Invalidität nach dem VersGB bereits gegenwärtig landesweit einheitlich erfolgt, sollen in Zukunft auch die Beeinträchtigungen ab 10 % Invalidität landesweit einheitlich bemessen werden. Die gesetzliche Grundlage dafür hat der italienische Gesetzgeber im VersGB geschaffen. Daran wird deutlich, dass die Notwendigkeit einer im Hinblick auf Methode und Höhe der Entschädigung landesweit identischen Bemessung[982] nicht nur erkannt, sondern ihre Umsetzung auch durch eine entsprechende gesetzliche Maßnahme sichergestellt wurde. Die jüngste Rechtsprechung des Kassationsgerichtshofes zur Bemessung des Gefühlsschadens unterstreicht diese Entwicklung.

D. Zusammenfassung der wesentlichen Bemessungscharakteristika

Die Bemessungssysteme Frankreichs, Spaniens und Italiens weisen zwei wesentliche gemeinsame Bemessungscharakteristika auf. Das erste wesentliche Charakteristikum ist die teilweise oder vollständige Objektivierung des immateriellen Körper- und Gesundheitsschadens. Beim zweiten wesentlichen Charakteristikum handelt es sich um die Differenzierung zwischen der zeitlichen Komponente und der Komponente der Heftigkeit und in diesem Rahmen zusätzlich zwischen Beeinträchtigungen vorübergehender und dauerhafter Natur. Die zeitliche Komponente der dauerhaften Beeinträchtigung wird von allen drei Rechtsordnungen vollständig objektiviert. Zur Ermittlung der Zeit der dauerhaften Beeinträchtigung knüpfen sie jeweils an das Alter des Geschädigten an, sodass die individuelle Dauer in die Bemessung einfließt. Die Gerichte Spaniens und Italiens objektivieren darüber

982 Die Unterschiede bei den Entschädigungen infolge der regional unterschiedlichen Tabellen war in der Vergangenheit Gegenstand der Kritik, vgl. *Busnelli/Comandé*, aaO, S. 146; *Backu*, DAR 2003, 337 (346); *Scarabello*, DAR 2001, 581 (583 ff.) mit Beispielen; *Reiß*, RIW 2005, 353 (359).

hinaus die zeitliche Komponente während der vorübergehenden Beeinträchtigung,[983] indem sie an die einzelnen Tage der Beeinträchtigung anknüpfen. Auch die Komponente der Heftigkeit des Körper- und Gesundheitsschadens wird – außer in Frankreich für die vorübergehenden Beeinträchtigungen – vollständig objektiviert. Diese Objektivierung erfolgt für die Heftigkeit der dauerhaften Beeinträchtigung, indem der Beeinträchtigung des Geschädigten ein Invaliditätsgrad zugeordnet wird. Dabei wird in Spanien auf ein gesetzlich verankertes Bewertungssystem zurückgegriffen. Die Heftigkeit der vorübergehenden Beeinträchtigung in Italien erfolgt anhand desselben Systems, Spanien greift hierfür nicht auf den Grad der vorübergehenden Invalidität zurück, sondern zieht die ebenfalls objektiven Kriterien des Krankenhausaufenthaltes heran. Insgesamt setzen die Rechtsordnungen Frankreichs, Spaniens und Italiens den Betrag wegen der vorübergehenden und der dauerhaften immateriellen Beeinträchtigung der Gesundheit aus einem Zusammenspiel von individueller Dauer und individueller Heftigkeit der gesundheitlichen Beeinträchtigung zusammen. Dadurch entsteht für den Rechtsverkehr ein angesichts der hohen Transparenz und der Systematik seiner Ermittlung nachvollziehbarer Entschädigungsbetrag. Die Verwendung der einzelnen Tage der Beeinträchtigung sowie des Alters des Geschädigten als Anknüpfungspunkt für die Ermittlung der Dauer der individuellen vorübergehenden bzw. der individuellen dauerhaften Beeinträchtigung zeigt exemplarisch, wie sich mithilfe einfacher und naheliegender Kriterien sichere objektive Maßstäbe für die Ermittlung der individuellen Dauer der gesundheitlichen Beeinträchtigung fruchtbar machen lassen. Gleiches gilt für die Kriterien, die als Maßstäbe für die Ermittlung der individuellen Heftigkeit der gesundheitlichen Beeinträchtigung verwendet werden. Der Blick in die Bemessungssysteme Frankreichs, Spaniens und Italiens zeigt insoweit die Praktikabilität der Objektivierung des immateriellen Körper- und Gesundheitsschadens einerseits sowie der Differenzierung zwischen Dauer und Heftigkeit der Beeinträchtigung zum Zweck der Bemessung anderseits.

Zusätzlich zur Objektivierung haben in Frankreich, Spanien und Italien der Gesetzgeber oder Gerichte verschiedene Tabellen bereitgestellt, die Entschädigungsbeträge beinhalten, um eine gleiche Entschädigung bei vergleichbaren immateriellen Körperschäden sicherzustellen. Dabei verdeutlichen die Kritik an den regional unterschiedlichen richterlichen Tabellen in Italien und die Schaffung gesetzlicher Grundlagen für landesweit einheitlich geltende Tabellen, dass Bemessungsgleichheit und Rechtssicherheit die Anwendung eines landesweit einheitlichen Systems und landesweit einheitlicher Beträge erfordern. Die gesetzliche und dadurch

983 In Italien zumindest bei einer Festsetzung nach dem VersGB.

landesweit einheitliche Festlegung der Entschädigungsbeträge wird für das spanische System unter diesen Gesichtspunkten befürwortet.[984] Alle drei Rechtsordnungen differenzieren zudem zwischen vorübergehenden und dauerhaften Beeinträchtigungen. Dadurch weisen sie einen weiteren mit dem System der taggenauen Bemessung gemeinsamen Methodenansatz auf, der jeweils sicherstellt, dass die Schädigungsfolgen unmittelbaren Eingang in den Bemessungsvorgang finden, indem sie separat ermittelt und sodann separat berücksichtigt werden anstatt in einer pauschalen Gesamtabwägung zu verschwinden.

Insgesamt lässt sich festhalten, dass insbesondere die Bemessungssysteme Spaniens und Italiens der Inkommensurabilität des immateriellen Körper- und Gesundheitsschadens mit einer differenzierten, aber einfach strukturierten Methodik begegnen, durch die ein transparentes Entschädigungssystem entsteht. Die jüngsten Bestrebungen in den Nachbarrechtsordnungen Österreichs und der Schweiz unterstreichen das Bedürfnis nach einer Systematisierung der Bemessung, die auf einer Objektivierung beruht.[985] Anlage 3 der schweizerischen UVV beinhaltet Invaliditätsgrade in Prozenten von minimal 5 % bis maximal 100 %, die einzelnen gesundheitlichen Beeinträchtigungen tabellarisch zugeordnet sind. Die in Österreich von den unterinstanzlichen Gerichten präferierte Bemessung nach Schmerztagen stellt zwar auf die subjektiv empfundenen Schmerzen des Geschädigten ab, stellt dabei aber durch die Anknüpfung an die einzelnen Tage zumindest ein objektives Kriterium für die Ermittlung der individuellen Dauer der gesundheitlichen Beeinträchtigung zur Verfügung.

E. Wege zum einheitlichen Europa?

Die Bemessung des immateriellen Gesundheits- und Körperschadens erfolgt trotz der infolge ausgeprägter Mobilität steigenden Verkehrsunfallzahlen mit Auslandsbezug bis heute nach den verschiedenen nationalen Systemen.[986] Bei einem Unfall im Ausland kann der Unfallgeschädigte seine Ansprüche am Heimatort

984 Vgl. *Marin-Casals*, nach dem die gesetzliche Tarifierung für immaterielle Schäden äußerst hilfreich sein kann im Hinblick auf Gleichheit, vgl. *Martín-Casals*, aaO, S. 235 (250).

985 *Schubert* weist auf die Wechselwirkungen zwischen der österreichischen und der schweizerischen Rechtsordnung sowie dem deutschen Recht hin, *Schubert*, aaO, S. 287.

986 So schon *v. Bar* Ende der neunziger Jahre, vgl. *v. Bar*, FS für Deutsch, 27 (43).

einklagen,[987] und zwar gemäß Art. 4 Abs. 1 der Rom-II-Verordnung[988] unter Anwendung des Verkehrs- und Schadensersatzrecht des Staates des Schadeneintritts.[989] Dieser Umstand führt dazu, dass sich die unterschiedlichen Bemessungssysteme der Mitgliedsstaaten immer dann bemerkbar machen, wenn der Anspruch in einem anderen Staat geltend gemacht wird als der Schaden entstanden ist. Eine einheitliche europäische Methode zur Bemessung des immateriellen Körper- und Gesundheitsschadens könnte diesbezüglich zu einer erheblichen Vereinfachung des Rechtsverkehrs führen.[990] Bestrebungen zur Vereinheitlichung des Ersatzes immaterieller Gesundheitsschäden sind verschiedentlich erkennbar. Im Jahr 2000 wurde im Rahmen der ersten Europäischen Verkehrsrechtstage (Trier I) eine Empfehlung an die Europäische Kommission, das Europäische Parlament und den Europäischen Rat zur Schaffung einer Standardisierung gerichtlich medizinischer Bewertungen nicht vermögensrechtlicher Schäden zum Zweck der Vereinheitlichung der Entschädigung für immaterielle Schäden diskutiert.[991] Der Begründung dieser Empfehlung lässt sich entnehmen, dass als Möglichkeit einer europaweit einheitlichen Bemessung eine medizinische Tabelle angesehen wurde als Grundlage der Bewertung der physischen und/oder psychischen Beeinträchtigungen.[992] Die physischen und/oder psychischen Beeinträchtigungen

---

987 Vgl. EuGH vom 13.02.2007 im Verfahren FBTO Schadenverzekering./.Oderbreit, C-463/06 = EuGH NZV 2008, 133 sowie die 5. KH-Richtlinie, Richtlinie 2005/14/EG des Europäischen Parlaments und des Rates vom 11.05.2002 zur Änderung der Richtlinien 72/166 EWG und 90/232 EWG des Rates sowie der Richtlinie 2000/26 EG des Europäischen Parlaments und des Rates.

988 Verordnung (EG) Nr. 864/2007 des europäischen Parlaments und des Rates vom 11.07.2007 über das auf außervertragliche Schuldverhältnisse anzuwendende Recht („Rom II"); ABl. EG 2007 Nr. L 199 v. 31.07.2007, S. 40 ff.

989 Vor dem Inkrafttreten der Rom-II-Verordnung am 11.01.2009 folgte das „lex loci" für Deutschland aus Art. 40 EGBGB, da es das Haager Straßenverkehrsabkommen nicht ratifiziert hatte. Für die unterzeichnenden Staaten folgte das „lex loci" unmittelbar aus diesem Abkommen, vgl. *Lemke-Geis/Müller*, SVR 2009, S. 241 (242 f.).

990 Vgl. *Zweigert/Kötz*, aaO, S. 24; befürwortend *Magnus/Fedtke*, Non-Pecuniary Loss, S. 109 (120); *Busnelli/Comandé*, aaO, S. 149; *Fahnebrock*, DAR 2001, 547 (548) und *Galand-Carval*, aaO, S. 87 (102), nach der zunächst eine Identifizierung der einzelnen Schadensposten des immateriellen Schadens vorgenommen werden müsse, sodann für jeden einzelnen Posten eine einheitliche Bewertungsmethode zu entwickeln wäre und zuletzt eine Bemessungsart festgesetzt werden könnte wie bspw. *calcul au point*.

991 Vgl. *Fahnebrock*, DAR 2001, 547 (547).

992 Vgl. Ziffer 4 der Begründung zur Empfehlung, zitiert nach *Fahnebrock*, DAR 2001, 547 (547).

sollten anhand dieser Tabelle objektiv bewertet werden.[993] Für die Zuordnung eines Entschädigungsbetrages sah die Empfehlung eine auf einem Punktsystem basierende Entschädigungstabelle vor, die dem Ergebnis der Bewertung der physischen und/oder psychischen Beeinträchtigungen einen Entschädigungsbetrag zuordnet.[994] Im Jahr 2003 legte die Europäische Kommission sodann einen Vorschlag für die Empfehlung des Europäischen Rates zu einer europäischen indikativen Tabelle zur Bewertung der Beeinträchtigung der physischen und psychischen Integrität (im Folgenden „Europäische Tabelle") vor und bezog sich in Ziffer 10. der Begründung auf das Konzept von Trier I. In der Begründung erläutert die Europäische Tabelle zunächst den Nichtvermögensschaden als „[…] *Beeinträchtigung der üblichen Tätigkeiten des täglichen Lebens, die jeder vom Aufstehen bis zum Schlafengehen unabhängig von einer Berufsausübung verrichtet. Sie führen zu einer Beeinträchtigung der allgemeinen Lebensqualität*"[995]. Die Europäische Tabelle geht davon aus, dass diese den Nichtvermögensschaden repräsentierenden Beeinträchtigungen „den Menschen im Rahmen von Handlungen betreffen, die im Wesentlichen bei jedem Menschen gleich sind" [996], sodass „gleiche Gesundheitsschäden faktisch gleiche Auswirkungen auf das tägliche Leben haben"[997].

Stufe I des Systems der taggenauen Bemessung beinhaltet demzufolge methodische Ansätze, die auch auf europäischer Ebene bereits Gegenstand der Diskussion sind. Dadurch wird einmal mehr deutlich, dass Ausgangspunkt der Ermittlung des immateriellen Körper- und Gesundheitsschadens die Bestimmung der objektiven körperlichen und seelischen Beeinträchtigung sein muss. Die Bewertung dieser Beeinträchtigungen anhand von Prozentpunkten oder Invaliditätspunkten ließe sich europaweit einheitlich umsetzen mit der Folge einer bereits partiellen Harmonisierung.[998] Auch die Bewertung der vorübergehenden Beeinträchtigungen anhand der Behandlungsstufen sowie die Erfassung der Dauer der Beeinträchtigungen anhand der einzelnen Tage ließen sich

993 Vgl. Ziffer 3 der Begründung zur Empfehlung, zitiert nach *Fahnebrock*, DAR 2001, 547 (547).

994 Vgl. Ziffer 5 der Begründung zur Empfehlung; zitiert nach *Fahnebrock*, DAR 2001, 547 (547).

995 Ziffer 2 der Begründung der Europäischen Tabelle zur Bewertung der Beeinträchtigung der physischen und psychischen Integrität, Hervorhebung durch die Verfasserin.

996 Vgl. Ziffer 3 der Begründung der Europäischen Tabelle zur Bewertung der Beeinträchtigung der physischen und psychischen Integrität.

997 Vgl. Ziffer 3, aaO.

998 Siehe auch *Busnelli/Comandé*, aaO, S. 149.

europaweit einheitlich anwenden, sodass in Kombination dieser Kriterien eine Methode zur Ermittlung von Schwere und Dauer des immateriellen Körper- und Gesundheitsschadens zur Verfügung stünde. Bei der Zuordnung eines Entschädigungsbetrages zu diesem Bewertungsergebnis wäre sodann zu beachten, dass die wirtschaftlichen Verhältnisse der europäischen Mitgliedstaaten divergieren. Das System der taggenauen Bemessung knüpft zur Ermittlung des täglichen Entschädigungsbetrages an das durchschnittliche Bruttoeinkommen an und beinhaltet damit ein variables Kriterium, sodass eine nominelle Vereinheitlichung der Schmerzensgelder auf diesem Weg vermieden würde.[999] Stattdessen ermöglicht das System die Festsetzung der Entschädigungsbeträge im Verhältnis zur wirtschaftlichen Stärke des jeweiligen Mitgliedstaates.[1000] Stufe I des Systems wäre somit geeignet, europaweit den methodischen Ausgangspunkt für die Ermittlung des Entschädigungsbetrages wegen des immateriellen Körper- und Gesundheitsschadens zu bilden.[1001]

F. Fortschritt durch das System der taggenauen Bemessung

Das System der taggenauen Bemessung kombiniert durch die Differenzierung zwischen Heftigkeit und Dauer der gesundheitlichen Beeinträchtigung und die objektivierte Bemessung beider Parameter zwei methodische Ansätze, die nicht nur in den Rechtsordnungen Spaniens, Italiens und Frankreichs bereits überwiegend praktiziert werden, sondern im Hinblick auf den Ansatz zur Objektivierung der gesundheitlichen Beeinträchtigung auch auf europarechtlicher Ebene konkret diskutiert wird. Im Gegensatz zu den überblicksartig dargestellten Bemessungssystemen weist das System den methodischen Vorteil auf, dass es die gesamte

---

999 Im Hinblick auf eine Vereinheitlichung des Schmerzensgeldniveaus werden richtigerweise Bedenken geäußert, vgl. *Galand-Carval*, aaO, S. 87 (102); *Busnelli/ Comandé*, aaO, S. 149.

1000 Vgl. auch *Huber*, nach dem die Kaufkraft am Wohnort des Geschädigten die Höhe des Schmerzensgeldes bestimmen müsse, vgl. *Huber*, SVR 2008, 78 (78). Nominell gleich hohe Schmerzensgelder seien hingegen nicht erforderlich, vgl. *Huber*, NZV 2006, 169 (170).

1001 Der Ausgleich gilt in den Rechtsordnungen Europas als die wesentliche Funktion des Schadensrechts. Gleiches gilt für das Gemeinschaftsrecht, daneben werden auch Abschreckungs-, Feststellungs- und Sanktionsfunktion sowie seine Straffunktion teilweise erwähnt, vgl. *Oskierski*, Schadensersatz in Europa, S. 383 ff., These 20.

Dauer der gesundheitlichen Beeinträchtigung anhand desselben objektiven Maßstabs ermittelt, indem es sowohl während der vorübergehenden als auch während der dauerhaften Beeinträchtigung des Geschädigten an den einzelnen beeinträchtigten Tag anknüpft und dadurch ein Kriterium zur Verfügung stellt, das eine nicht nur exakte, sondern auch praktikable Ermittlung der gesamten individuellen Dauer der körperlichen und gesundheitlichen Beeinträchtigung ermöglicht.

§ 10 Zusammenfassung der wesentlichen Untersuchungsergebnisse

Die Methode der Bemessung bildet neben der Frage der zu berücksichtigenden Umstände das Kernelement der Schmerzensgeldbemessung. Die gegenwärtige Bemessungspraxis der Gerichte wird beherrscht durch eine gleichzeitige und undifferenzierte Festsetzung aller Bemessungsumstände in einem einzigen Bemessungsschritt, für die der 6. Zivilsenat des BGH bereits 1960 die Weichen gestellt hatte. Gleichermaßen herrschend ist der Rückgriff der Zivilgerichte auf sogenannte Vergleichsentscheidungen, die den gängigen Schmerzensgeldtabellen entnommen werden. Ziel der vorliegenden Arbeit war es, einen Beitrag zur Verbesserung der Bemessung des Schmerzensgeldes zu leisten. Dafür sollten im ersten Teil der Arbeit die Bemessungsdogmen der gegenwärtigen Bemessungspraxis aufgelöst und im zweiten Teil das jüngst vorgestellte System der taggenauen Bemessung als neues System zur Umsetzung der Ausgleichsfunktion bei der Bemessung des Schmerzensgeldes etabliert werden. Nach der Analyse der gegenwärtigen Bemessungspraxis sowie der methodischen Kernelemente des Systems der taggenauen Bemessung lassen sich nunmehr folgende Untersuchungsergebnisse festhalten:

I. Der Große Zivilsenat gab 1955 eine Ermittlung des Schmerzensgeldes in mindestens zwei separaten Schritten vor und stellte gleichzeitig ein Rangverhältnis der Bemessungsumstände auf, wonach Heftigkeit und Dauer der Lebensbeeinträchtigung im ersten Schritt der Bemessung separat zu ermitteln sind, während die anderen im Einzelfall bemessungsrelevanten Umstände erst im zweiten Schritt der Bemessung Berücksichtigung finden. Die gegenwärtige Bemessungspraxis realisiert diese methodischen Vorgaben nicht, sondern ist von den Dogmen des *einheitlichen Schmerzensgeldes* und der *vergleichbaren Fälle* geprägt. Dadurch verhindert sie den verfassungsrechtlich gebotenen effektiven Schutz der körperlichen Unversehrtheit, da sie keine Berücksichtigung von Heftigkeit und Dauer der Lebensbeeinträchtigung nach Maß ermöglicht. Die Bemessungspraxis der Zivilgerichte verstößt zugleich gegen das verfassungsrechtlich verbürgte Recht auf gleiche Rechtsanwendung, da die Zivilgerichte gegenwärtig keinen geeigneten objektiven Maßstab bei der Bemessung verwenden. Die Vergleichsentscheidungen scheiden angesichts der Struktur des Schmerzensgeldurteils als geeigneter objektiver Maßstab aus. Eine exemplarische Untersuchung der annäherungsweise ermittelten täglichen Schmerzensgelder verschiedener Fallgruppen hat zudem ergeben, dass in den untersuchten Fällen weder Heftigkeit noch Dauer der Lebensbeeinträchtigung signifikanten Einfluss auf die Höhe der zuerkannten Schmerzensgelder hatten.[1002]

II. Das System der taggenauen Bemessung schlägt eine differenzierte Bemessung des Schmerzensgeldes auf drei verschiedenen Stufen vor. Während Stufe I ausschließlich der Bemessung von Heftigkeit und Dauer der Lebensbeeinträchtigung dient, soll auf Stufe II die Berücksichtigung aller außerhalb des Schadens liegenden Umstände erfolgen. Stufe III ermöglicht darüber hinaus eine Erhöhung des Schmerzensgeldes durch die Einbeziehung präventiver Zwecke. Zur Ermittlung des Ausgleichsbetrags auf Stufe I objektiviert das System die Lebensbeeinträchtigung im Hinblick auf Heftigkeit und Dauer. Die Heftigkeit der vorübergehenden Lebensbeeinträchtigung objektiviert das System, indem es die vier Behandlungsstufen Intensivstation, Normalstation, Rehabilitation und häusliche ambulante Pflege als Indikatoren heranzieht. Zur Objektivierung der Heftigkeit der dauerhaften Lebensbeeinträchtigung verwendet es den Grad der Schädigung nach der Anlage zu § 2 der VersMedV. Die Dauer der Lebensbeeinträchtigung ermittelt das System anhand der Summe der Tage, die der Geschädigte auf einer der Behandlungsstufen verbringt und zusätzlich oder alternativ einen Schädigungsgrad nach der Anlage zu § 2 der VersMedV aufweist. Durch die Anknüpfung an die vier Behandlungsstufen, den GdS und die schädigungsbedingt beeinträchtigten Tage stellt das System die verfassungsrechtlich gebotenen objektiven Maßstäbe zur Ermittlung der individuellen Heftigkeit und der individuellen Dauer der Lebensbeeinträchtigung zur Verfügung, die gleichzeitig eine Berücksichtigung beider Parameter nach Maß bei der Festsetzung des Schmerzensgeldes eröffnen, sodass auch ein effektiver Schutz der körperlichen Unversehrtheit auf Rechtsanwendungsebene ermöglicht wird. Gleichzeitig realisiert das System durch die Differenzierung zwischen den Parametern der Lebensbeeinträchtigung und den übrigen Umständen auf den Stufen I und II das vom Großen Zivilsenat vorgebebene Rangverhältnis der Bemessungsumstände.

III. Das Schmerzensgeld zielt auf die monetäre Kompensation der irreversibel erlittenen körperlichen und gesundheitlichen Beeinträchtigungen des Geschädigten und befindet sich im Hinblick auf den Ausgleich der Lebensbeeinträchtigung im Gleichlauf zur Kompensation des materiellen Schadens gemäß § 251 BGB. Den Ausgangspunkt für die Schadensermittlung bildet die negative Gesundheitsbilanz des Geschädigten. Die Behandlungsstufen und der Grad der Schädigung bilden als Gradmesser sowohl für die gesundheitliche Beeinträchtigung als auch die Einschränkungen im täglichen Leben die gesamte negative Gesundheitsbilanz

---

1002 Siehe für eine detaillierte Zusammenfassung der Untersuchungsergebnisse des ersten Teils der Untersuchung das Zwischenergebnis in § 6 ab Seite 129.

des Geschädigten im Hinblick auf die individuelle Heftigkeit der erlittenen Lebensbeeinträchtigung ab. Parallel dazu bilden die einzelnen Tage der vorübergehenden und dauerhaften Beeinträchtigungen die gesamte negative Gesundheitsbilanz im Hinblick auf die individuelle Dauer der erlittenen Lebensbeeinträchtigung ab. Stufe I des Systems der taggenauen Bemessung ist zur Ermittlung der zur Kompensation des immateriellen Körper- und Gesundheitsschadens erforderlichen Geldentschädigung geeignet und methodisch de lege lata anwendbar.

IV. Die Rechtsordnungen Frankreichs, Spaniens und Italiens begegnen der Inkommensurabilität des immateriellen Körper- und Gesundheitsschadens jeweils mit einer differenzierten Bemessung auf Grundlage einer teilweisen oder vollständigen Objektivierung der körperlichen und gesundheitlichen Beeinträchtigung und weisen dadurch nicht nur methodische Übereinstimmungen mit dem System der taggenauen Bemessung auf, sondern zeigen die Praktikabilität dieser methodischen Charakteristika bei der Bemessung auf.

V. Das System der taggenauen Bemessung ist methodisch zu einer wegweisenden Rationalisierung sowohl der gerichtlichen als auch der außergerichtlichen Bemessung von Schmerzensgeldansprüchen wegen der Verletzung des Körpers oder der Gesundheit geeignet. Dem Einwand, dass im Falle der Anwendung eines Bemessungskonzepts den Umständen des Einzelfalls nicht oder nicht genügend Rechnung getragen bzw. die richterliche Freiheit eingeschränkt werde, ist zu entgegen, dass das System auf Stufe II der Bemessung die Berücksichtigung sämtlicher Umstände des Einzelfalls ermöglicht. Insgesamt verkörpert das System eine Bemessungsmethode, die eine differenzierte und objektivierte Bemessung mit dem zur individuellen Korrektur erforderlichen richterlichen Spielraum kombiniert. Die separate Ermittlung von Heftigkeit und Dauer der Lebensbeeinträchtigung auf Stufe I des Systems hat zudem den praktischen Vorteil, dass jedenfalls Stufe I zur Ermittlung des Ausgleichsbetrags anwendbar ist – unabhängig von der Befürwortung der Genugtuungsfunktion oder präventiver Zwecke für das Schmerzensgeld. Dadurch bleibt die Anwendung des Systems unabhängig davon, welche Zwecke dem Schmerzensgeld neben dem Ausgleich dauerhaft zuerkannt werden.

VI. Der Wert der menschlichen Gesundheit, dem der Gesetzgeber zuletzt insbesondere durch die erhebliche Ausweitung der Haftung für den immateriellen Körper- und Gesundheitsschaden im Rahmen der Schadensersatzreform im Jahr 2002 Rechnung getragen hat, verlangt auch im Rahmen der Bemessung eine konsequente Beachtung. Dafür bietet das System der taggenauen Bemessung eine Bemessungsmethode, die nicht nur de lege lata anwendbar ist, sondern auch die bestehenden Mängel der gegenwärtigen Bemessungspraxis im verfassungsrechtlich gebotenen Maße beseitigen kann.

Literaturverzeichnis

Aarnio, Aulis: Wegen Recht und Billigkeit, Vorträge und Aufsätze aus 10 Jahren, Berlin 1988, *zitiert: Aarnio*, Wegen Recht und Billigkeit.

Ady, Johannes: Ersatzansprüche wegen immaterieller Einbußen, Dissertation, Tübingen 2004, *zitiert: Ady*, Ersatzansprüche wegen immaterieller Einbußen.

Armbrüster, Christian: Grundfälle zum Schadensrecht, JuS 2007, S. 411–418.

Auer, Christian; Krumbholz, Helmut: Das HWS-Trauma: Kausalzusammenhang aus biomechanischer und juristischer Sicht, NZV 2007, S. 273–279.

Backu, Holger: Schadensersatz nach Kfz-Unfällen in Italien, DAR 2003, S. 337–347.

–: Schmerzensgeld bei Verkehrsunfällen in Frankreich, Spanien und Portugal, DAR 2001, S. 587–593.

Backu, Holger; Wendenburg, Veit: Schadenersatz bei Verkehrsunfällen in Frankreich, DAR 2006, S. 541–549.

Backu, Holger; Naumann, Christian: Schadensersatz nach Verkehrsunfällen in Spanien, VersR 2006, S. 760–770.

Bar, Christian von: Schmerzensgeld in Europa, in: Festschrift für Erwin Deutsch, Köln 1999, S. 27–43, *zitiert: v. Bar*, FS für Deutsch.

–: Gemeineuropäisches Deliktsrecht, Band I, München 1996, und Band II, München 1999, *zitiert: v. Bar*, Gemeineuropäisches Deliktsrecht.

Bardo, Ulrike: Die „abstrakte" Berechnung des Schadensersatzes wegen Nichterfüllung beim Kaufvertrag, 1989, *zitiert: Bardo*, Die „abstrakte" Berechnung des Schadensersatzes.

Bartelt, Johann Christian: Beschränkung des Schadensersatzumfangs durch das Übermaßverbot?, Dissertation, Freiburg 2004, *zitiert: Bartelt*, Beschränkung des Schadensersatzes durch das Übermaßverbot?.

Baumgärtel, Gottfried: Anmerkung zum Urteil des OLG Stuttgart vom 13.10.1959 – 6 U 37/59, JZ 1961, S. 55–56.

Beaucamp, Guy: Verständlichkeit und Bestimmtheit – zwei Welten?, Rechtstheorie, Berlin 2011, Band 42, Nr. 1, S. 21–62, *zitiert: Beaucamp*, Rechtstheorie.

Beier, Hubert: Die neuen Rechtsgrundsätze der Schmerzensgeld-Bemessung, MDR 1954, S. 591–594.

Bender, Gregor: Personenschaden und Schadensbegriff, Rechtsvergleichende Untersuchung zur neueren Entwicklung des Personenschadensrechts in Italien, Baden-Baden 1993, *zitiert: Bender*, Personenschaden und Schadensbegriff.

Berger, Manfred: Tendenzen bei der Bemessung des Schmerzensgeldes, VersR 1977, S. 877–881.

Beuthien, Volker: Persönlichkeitsschutz durch Persönlichkeitsgüterrechte: Erlösherausgabe statt nur billige Entschädigung in Geld, München 1999, *zitiert: Beuthien*, Persönlichkeitsschutz.

Blechschmid, Hansgeorg: Der unbezifferte Klageantrag bei Schadensersatz- und Schmerzensgeldansprüchen, Dissertation, 1964, *zitiert: Blechschmid*, Der unbezifferte Klageantrag.

Bloemertz, Carl Bruno: Die Schmerzensgeldbegutachtung, Leitfaden für Ärzte, Juristen und Versicherungsfachleute, 4. Auflage, Berlin 1983, *zitiert: Bloemertz*, Die Schmerzensgeldbegutachtung.

–: Wieviel kostet dein Schmerz? Was der Verletzte über das Schmerzensgeld wissen muss, Berlin 1971, *zitiert: Bloemertz*, Wieviel kostet dein Schmerz?.

Boettinger, Karl: Anmerkung zum Urteil des 6. Zivilsenats des BGH vom 11.02.1953 – VI ZR 58/52, VersR 1953, S. 197–198.

Böckenförde, Werner, Der Allgemeine Gleichheitssatz und die Aufgabe des Richters, Ein Beitrag zur Frage der Justiziabilität von Art. 3 Abs. 1 des Bonner Grundgesetzes, Berlin 1957, *zitiert: Böckenförde*, Der Allgemeine Gleichheitsgrundsatz und die Aufgabe des Richters.

Böhme, Kurt; Biela, Anno: Kraftverkehrs-Haftpflicht-Schäden, Handbuch für die Praxis, 24. Auflage, Heidelberg 2009, *zitiert: Böhme/Biela*, Kraftverkehrshaftpflichtschäden.

Böhmer, Emil: Billige Entschädigung in Geld nach § 847 BGB, VersR 1954, S. 105.

Bötticher, Eduard: Zur Ausrichtung der Sanktion nach dem Schutzzweck der verletzten Privatrechtsnorm, Archiv für die civilistische Praxis 158 (1959/60), S. 385–409, *zitiert: Bötticher*, AcP 158.

–: Referat: Verhandlungen des 45. DJT, Band II, Sitzungsberichte, S. C7–C29, München und Berlin 1965, *zitiert:* Bötticher, Referat.

–: Diskussionsbeitrag: Verhandlungen des 45. DJT, Band II, Sitzungsberichte, S. C114–C116, München und Berlin 1965, *zitiert:* Bötticher, Diskussionsbeitrag.

–: Die Einschränkung des Ersatzes des immateriellen Schadens und der Genugtuungsanspruch wegen Persönlichkeitsminderung, MDR 1963, S. 353–360.

Bullinger, Martin: Verfassungsrechtliche Aspekte der Haftung, in: Festschrift für Ernst von Caemmerer, Tübingen 1978, S. 297–312, *zitiert: Bullinger*, FS für v. Caemmerer.

Burmann, Michael; Heß, Rainer: Das „Kreuz“ mit der (Hals-)Wirbelsäule, Gedanken zu den BGH-Urteilen vom 3.6.2008 (VI ZR 235/07) und 8.7.2008 (VI ZR 274/07), NZV 2008, S. 481–485.

Busnelli, Francesco Donato; Comandé, Giovanni: Non-Pecuniary Loss Under Italian Law, in William V. Horton Rogers, Damages for Non-Pecuniary Loss in a Comparative Perspective, Tort and Insurance Law Vol. 2, S. 135–154, Wien 2001; *zitiert: Busnelli/Comandé,* Non-Pecuniary Loss.

Bydlinski, Franz: Die „Umrechnung" immaterieller Schäden in Geld, in: *Koziol, Helmut; Jaap, Spier,* Liber Amicorum Pierre Widmer, Tort and Insurance Law Vol. 10, S. 27–47, Wien 2003, *zitiert: Bydlinski,* Liber Amicorum Pierre Widmer.

–: Juristische Methodenlehre und Rechtsbegriff, Wien 1982, *zitiert: Bydlinski,* Juristische Methodenlehre und Rechtsbegriff.

Canaris, Claus-Wilhelm: Grundrechte und Privatrecht – eine Zwischenbilanz –, Stark erweiterte Fassung des Vortrags gehalten vor der Juristischen Gesellschaft zu Berlin am 10. Juni 1998, Berlin/New York 1999, *zitiert: Canaris,* Grundrechte und Privatrecht.

–: Grundrechte und Privatrecht, Archiv für die civilistische Praxis 184 (1984), S. 201–246, *zitiert: Canaris,* AcP 184.

Carl, [Vorname unbekannt]: Anmerkung zum Urteil des OLG Hamburg vom 17.10.1940 – 4 U 143/40, DR 1941, S. 385–386.

Coester-Waltjen, Dagmar: Die Naturalrestitution im Deliktsrecht, Jura 1996, S. 270–272.

Danzl, Karl-Heinz: Anmerkung LG Linz, Urt. v. 27.07.2000, 11 R 255/00 x, ZVR 2001/20, S. 56–57.

–: Die Bemessung des Schmerzen(s)geldes in Österreich, DAR 2004, S. 181–183.

Danzl, Karl-Heinz; Gutiérrez-Lobos, Karin; Müller, Otto: Das Schmerzengeld in medizinischer und juristischer Sicht, 9. Auflage, Wien 2008, *zitiert: Danzl/Gutiérrez/Müller,* Das Schmerzensgeld.

Das Bürgerliche Gesetzbuch mit besonderer Berücksichtigung der Rechtsprechung des Reichsgerichts und des Bundesgerichtshofes, Kommentar herausgegeben von Reichsgerichtsräten und Bundesrichtern, 11. Auflage, II. Band, 2. Teil, §§ 705–853, Berlin, 1960, *zitiert:* BGB-RGRK/*Verfasser.*

Dauner-Lieb, Barbara; Langen, Werner (Herausgeber): BGB Schuldrecht, Band 2/1: §§ 241–610, 2. Auflage, 2012, *zitiert:* NK-BGB/*Verfasser.*

–: BGB Familienrecht, Band 4: §§ 1297–1921, 2. Auflage, 2010, *zitiert:* NK-BGB/*Verfasser.*

Degenhart, Thomas: Die Genugtuungsfunktion des Schmerzensgeldes in § 253 Abs. 2 BGB, Dissertation, Würzburg 2011, *zitiert: Degenhart,* Die Genugtuungsfunktion.

Deutsch, Erwin: Allgemeines Haftungsrecht, 2. Auflage, 1995, *zitiert: Deutsch,* Allgemeines Haftungsrecht.

–: Anmerkung zum Urteil des BGH vom 13.10.1992 – VI ZR 201/91, BGHZ 120, 1, NJW 1993, S. 784.

Dickertmann, Werner: Preisverzeichnis für Schmerzensgeld? NJW 1954, S. 1757–1758.

Diederichsen, Angela: Neues Schadensersatzrecht: Fragen der Bemessung des Schmerzensgeldes und seiner prozessualen Durchsetzung, VersR 2005, S. 433–442.

–: Die Rechtsprechung des BGH zum Haftpflichtrecht, DAR 2005, S. 301–313.

Diederichsen, Uwe: Das Bundesverfassungsgericht als oberstes Zivilgericht – ein Lehrstück der juristischen Methodenlehre, Archiv für die civilistische Praxis 198 (1998), S. 171–260, *zitiert: U. Diederichsen*, AcP 198.

Diehl, Heinz: Anmerkung zum Beschluss des KG vom 03.05.2010 – 12 U 119/09, zfs 2010, S. 553.

Dolzer, Rudolf; Kahl, Wolfgang; Waldhoff, Christian; Graßhof, Karin: Bonner Kommentar zum Grundgesetz, Heidelberg 2013, *zitiert:* BK-GG/*Bearbeiter*.

Donaldson, David: Zum Problem der sicheren Bemessung des Schmerzensgeldes, Archiv für die civilistische Praxis 166 (1966), S. 462–480, *zitiert: Donaldson*, AcP 166.

Dressler, Wolf-Dieter: Neugewichtung bei den Schadensersatzleistungen für Personen- und Sachschäden? DAR 1996, S. 81–85.

Dürig, Günter: Grundrechte und Zivilrechtsprechung, in: Vom Bonner Grundgesetz zur gesamtdeutschen Verfassung, Festschrift zum 75. Geburtstag von Hans Nawiasky, München 1956, S. 157–190, *zitiert:* Dürig, FS für Nawiasky.

Ebel, Friedrich: Zur Höchstpersönlichkeit des Schmerzensgeldanspruchs, VersR 1978, S. 204–210.

Eccher, Bernhard; Schurr, Francesco (Herausgeber): Handbuch Italienisches Zivilrecht, Wien 2009, *zitiert: Eccher/Schurr*, Handbuch Italienisches Zivilrecht.

Eggstein, Martin: Ist der Straßenverkehr in seiner heutigen Form verfassungswidrig? „Verstößt das bestehende Recht des Straßenverkehrs gegen den Lebens- und Gesundheitsschutz des Grundgesetzes?“, VBlBW 1995, S. 161–172.

Ehinger, Uta; Griesche, Gerhard; Rasch, Ingeborg: Handbuch Unterhaltsrecht, 6. Auflage, Berlin 2010, *zitiert: Ehinger/Griesche/Rasch*, Handbuch Unterhaltsrecht.

Ehrenzweig, Albert: Anmerkung zum Urteil des 3. Zivilsenats vom 29.09.1952 – III ZR 340/51, VersR 1953, S. 80–81.

Engisch, Karl: Einführung in das juristische Denken, 8. Auflage, 1983, *zitiert: Engisch*, Einführung in das juristische Denken.

–: Auf der Suche nach der Gerechtigkeit, Hauptthemen der Rechtsphilosophie, 1971, *zitiert: Engisch*, Auf der Suche nach der Gerechtigkeit.

Fahnebrock, Dieter: Die Standardisierung gerichtlich medizinischer Bewertungen nicht vermögenswirtschaftlicher Schäden, DAR 2001, S. 547–549.

Feyock, Hans; Jacobsen, Peter; Lemor, Ulf: Kraftfahrtversicherung, Kommentar, 3. Auflage, München 2009, *zitiert:* Feyock/Jacobsen/Lemor-*Bearbeiter*, Kraftfahrtversicherung, 2009.

Fikentscher, Wolfgang: Methoden des Rechts in vergleichender Darstellung, Band IV, Dogmatischer Teil, 1977, *zitiert: Fikentscher*, Methoden des Rechts.

Foerste, Ulrich: Schmerzensgeldbemessung bei brutalen Verbrechen, NJW 1999, S. 2951–2952.

Füchsel, Konrad: Nochmals: Schmerzensgeld VersR 1970, S. 16–21.

Galand-Carval, Suzanne: Non-Pecuniary Loss Under French Law, in William V. Horton Rogers, Damages for Non-Pecuniary Loss in a Comparative Perspective, Tort and Insurance Law Vol. 2, S. 87–108, Wien 2001, *zitiert: Galand-Carval*, Non-Pecuniary Loss.

Geier, Susanne: Neugewichtung bei den Schadensersatzleistungen für Personen- und Sachschäden?, VersR 1996, S. 1457–1461.

Geigel, Reinhart: Der Haftpflichtprozess mit Einschluss des materiellen Haftpflichtrechts, 1. Auflage, München 1935, *zitiert: Geigel*, Der Haftpflichtprozess, 1935.

–: Der Haftpflichtprozess mit Einschluss des materiellen Haftpflichtrechts, 7. Auflage, München 1954, *zitiert: Geigel*, Der Haftpflichtprozess, 1954.

–: Der Haftpflichtprozess mit Einschluss des materiellen Haftpflichtrechts, 21. Auflage, München 1993, *zitiert:* Geigel/*Bearbeiter*, Der Haftpflichtprozess, 1993.

–: Der Haftpflichtprozess mit Einschluss des materiellen Haftpflichtrechts, 25. Auflage, München 2008, *zitiert:* Geigel/*Bearbeiter*, Der Haftpflichtprozess, 2008.

–: Der Haftpflichtprozess mit Einschluss des materiellen Haftpflichtrechts, 26. Auflage, München 2011, *zitiert:* Geigel/*Bearbeiter*, Der Haftpflichtprozess, 2011.

–: Anmerkung zum Urteil des BGH vom 29.09.1952 – III ZR 340/51, NJW 1953, S. 99.

–: Die Höhe des Schmerzensgeldes, NJW 1954, S. 706–708.

Geiß, Karlmann: Konfliktbewältigung in Verkehrssachen durch die Justiz, DAR 1998, S. 416–424.

Gelhaar, Wolfgang: Zur Bemessung des Schmerzensgeldes, NJW 1953, S. 1281–1283.

–: Der Anspruch des Unfallverletzten auf Schmerzensgeld, DAR 1954, S. 1–8.

–: Der Beschluss des Großen Senats für Zivilsachen über die Bemessung des Schmerzensgeldes, DAR 1955, S. 261–268.

–: Die Bemessung des Schmerzensgeldes, BB 1966, 1317–1320.

Germann, Oscar Adolf: Präjudizien als Rechtsquelle, Eine Studie zu den Methoden der Rechtsfindung, 1960, *zitiert: Germann*, Präjudizien als Rechtsquelle.

Giesen, Dieter: Anmerkung zum Urteil des 6. Zivilsenats v. 13.10.1992 – VI ZR 201/91, JZ 1993, S. 519–521.

Glück, Christian Friedrich: Ausführliche Erläuterung der Pandecten nach Hellfeld, Ein Kommentar, Zehnter Teil, Erste Abtheilung, Erlangen 1808, *zitiert: Glück*, Pandecten.

Göbel, Judith: Geldentschädigung und Schmerzensgeld, Konvergenz oder Divergenz?, Dissertation, Düsseldorf 2003, *zitiert: Göbel*, Geldentschädigung und Schmerzensgeld.

Göppinger, Horst: Das Ermessen des Richters, Juristen-Jahrbuch, 9. Band, 1968/1969, S. 86–125, *zitiert: Göppinger*, JJB 9.

Göthel, Stephan: Zu den Funktionen des Schmerzensgeldes im 19. Jahrhunderts, Archiv für die civilistische Praxis 205 (2005), S. 36–66, *zitiert: Göthel*, AcP 205.

Gotthardt, Peter: Landesbericht Frankreich, in v. Bar, Christian: Deliktsrecht in Europa, Landesberichte, München 1994, S. 1–77, *zitiert: Gotthardt*, Landesbericht Frankreich.

Gottschalk, Eckart: „Hat das Sechste Strafrechtsreformgesetz Auswirkungen auf das Schmerzensgeldniveau?“, NJW 1999, S. 3764–3765.

Gottwald, Peter: Schadenszurechnung und Schadensschätzung, Zum Ermessen des Richters im Schadensrecht und im Schadensersatzprozeß, München 1979, *zitiert: Gottwald*, Schadenszurechnung und Schadensschätzung.

Gozzi, Caterina: Das neue Verfahren für den Schadensersatz – Definition und Ersatzkriterien für den danno biologico infolge von Verkehrs- und Wasserverkehrsunfällen nach dem neuen italienischen Codice delle Assicurazioni, VersR 2007, Beilage Auslandsinformation, S. 2–10, *zitiert: Gozzi*, VersRAI 2007.

–: Der Anspruch iure proprio auf Ersatz des Nichtvermögensschadens wegen der Tötung eines nahen Angehörigen in Deutschland und Italien, Göttingen 2006, *zitiert: Gozzi*, Ersatz des Nichtvermögensschadens in Deutschland und Italien.

Greger, Gabriele: CD-ROM Schmerzensgeld. Kissing, Recht und Praxis 1995., NZV 1996, S. 62–63.

Greger, Reinhard: Zum aktuellen Stand der Mietwagen-Rechtsprechung, NZV 1996, 430–432.

Günther, Horst: Schmerzensgeld, Grundlagen und Systematik für die Erfassung der Lebensbeeinträchtigung als Voraussetzung einer reproduzierbaren Bemessung der Entschädigung, Stuttgart 1964, *zitiert: Günther*, Schmerzensgeld.

Hacks, Susanne; Ring, Amelie; Böhm, Peter: Schmerzensgeld Beträge, 1. Auflage, Bonn 1957, *zitiert: Hacks/Ring/Böhm*, Schmerzensgeld Beträge, 1957, *zitiert: Hacks/Ring/Böhm*, Schmerzensgeld Beträge, 1957.

Hacks, Susanne: Schmerzensgeld Beträge, 5. Auflage, München 1968, *zitiert: Hacks,* Schmerzensgeld Beträge, 1968, *zitiert: Hacks*, Schmerzensgeld Beträge, 1968.

Hacks, Susanne; Ring, Amelie; Böhm, Peter: Schmerzensgeld Beträge, 26. Auflage, Bonn 2008, *zitiert: Hacks/Ring/Böhm*, Schmerzensgeld Beträge, 2008.

–: Schmerzensgeld Beträge, 27. Auflage, Bonn 2009, *zitiert:* Hacks/Ring/Böhm, Schmerzensgeld Beträge, 2009.

–: Schmerzensgeld Beträge, 29. Auflage, Bonn 2010, *zitiert: Hacks/Ring/Böhm*, Schmerzensgeld Beträge, 2010.

Hacks, Susanne; Wellner, Wolfgang; Häcker, Frank: Schmerzensgeld Beträge, 31. Auflage, Bonn 2012, *zitiert: Hacks/Wellner/Häcker*, Schmerzensgeld Beträge, 2012.

Hartung, Hansrudolf: Haftpflichtversicherung und Schmerzensgeld, NJW 1957, S. 125–127.

Henke, Horst-Eberhard: Die Schmerzensgeldtabelle, München 1969, *zitiert*: *Henke*, Schmerzensgeldtabelle.

Hermes, Georg: Das Grundrecht auf Schutz von Leben und Gesundheit, Schutzpflicht und Schutzanspruch aus Art. 2 Abs. 2 Satz 1 GG, Dissertation, Heidelberg 1987, *zitiert: Hermes*, Das Grundrecht auf Schutz von Leben und Gesundheit.

Himmelreich, Klaus; Halm, Wolfgang; Staab, Ulrich: Handbuch der Kfz-Schadensregulierung, 2. Auflage, Köln 2012, *zitiert*: Himmelreich/Halm/Staab-*Bearbeiter*, Handbuch der Kfz-Schadensregulierung.

Hoffmann, Birgit: Das Verhältnis von Gesetz und Recht, Eine verfassungsrechtliche und verfassungstheoretische Untersuchung zu Art. 20 Abs. 3 GG, Dissertation, Berlin 2003, *zitiert: Hoffmann,* Das Verhältnis von Gesetz und Recht.

Hofstetter, Rolf: Zur Geschichte des Schmerzensgeldes, Dissertation, Stuttgart 1961, *zitiert: Hofstetter*, Zur Geschichte des Schmerzensgeldes.

Honsell, Heinrich: Die Funktion des Schmerzensgeldes, VersR 1974, S. 205–207.

Hörzinger, Iris; Ungeringer, Werner; Zitta, Rudolf: Schmerzensgeld und Verunstaltungsentschädigung, Salzburg 1986, *zitiert: Hörzinger/Ungeringer/Zitta,* Schmerzensgeld und Verunstaltungsentschädigung.

Hoyningen-Huene, Gerrick von: Die Billigkeit im Arbeitsrecht, München 1978, *zitiert: Hoyningen-Huene*, Die Billigkeit im Arbeitsrecht.

Huber, Christian: Fragen der Schadensberechnung, Habilitation, Wien 1993, *zitiert: Huber*, Fragen der Schadensberechnung.

–: Schmerzensgeld ohne Schmerzen bei nur kurzzeitigem Überleben der Verletzung im Koma – eine sachlich gerechtfertigte Transferierung von Vermögenswerten an die Erben?, NZV 1998, S. 345–354.
–: Höhe des Schmerzensgeldes und ausländischer Wohnsitz des Verletzten, NZV 2006, S. 169–175.
–: Bericht über den VI. Verkehrsrechtstag in Trier – 12. bis 14. Oktober 2005, SVR 2006, S. 78–79.
–: Die Abrechnung auf Neuwagenbasis, der Gipfel des Integritätsinteresses – neuer Stellenwert eines Moribundus im Rahmen eines Mehrstufenmodells?, in: Festschrift für Christoph Eggert zum 65. Geburtstag, Köln 2008, S. 113–151, *zitiert: Huber*, FS für Eggert.
–: Gedanken zum 2. Schadensrechtsänderungsgesetz, DAR 2000, S. 20–31.
Hueck, Götz: Gleichbehandlung und Billigkeitskontrolle, Gedächtnisschrift für Rolf Dietz, S. 242–267, *zitiert: Hueck*, Gedächtnisschrift für Dietz.
–: Der Grundsatz der gleichmäßigen Behandlung im Privatrecht, 1958.
Hupfer, Heinz: Schmerzensgeld bei Verkehrsunfallopfern, JZ 1977, S. 781–785.
–: Anmerkung zum Urteil des BGH vom 16.12.1975 (VI ZR 175/74) – NJW 1976, S. 1792–1793.
Jaeger, Lothar; Luckey, Jan: Schmerzensgeld, 1. Auflage, Köln 2003, *zitiert: Jaeger/Luckey*, Schmerzensgeld, 2003.
–: Schmerzensgeld, 6. Auflage, 2011, *zitiert: Jaeger/Luckey*, Schmerzensgeld, 2011.
–: Anmerkung zum Urteil des Kammergerichts vom 20.01.2005 – 20 U 401/01, VersR 2006, S. 1368–1369.
–: Schmerzensgeld – Die Genugtuungsfunktion hat ausgedient, in: Kontinuität und Wandel des Versicherungsrechts, Festschrift für Egon Lorenz zum 70. Geburtstag, Karlsruhe 2004, S. 377–389, *zitiert: Jaeger*, FS für Lorenz.
–: Schmerzensgeld bei Verletzung des Rechts auf sexuelle Selbstbestimmung gemäß § 253 Abs. 2 BGB n.F., VersR 2003, S. 1372–1376.
Jansen, Nils: Konturen eines europäischen Schadensrechts, JZ 2005, S. 160–173.
Jarosch, Klaus; Müller, Otto F.; Piegler, Josef; Danzl, Karl-Heinz: Das Schmerzengeld in medizinischer und juristischer Sicht, 1. Auflage, Wien 1960, *zitiert: Jarosch/Müller/Piegler/Danzl*, Das Schmerzensgeld, 1960.
–: Das Schmerzengeld in medizinischer und juristischer Sicht, 6. Auflage, Wien 1994, *zitiert: Jarosch/Müller/Piegler/Danzl*, Das Schmerzensgeld, 1994.
Karner, Ernst; Koziol, Helmut: Non-Pecuniary Loss under Austrian Law, in William V. Horton Rogers, Damages for Non-Pecuniary Loss in a Comparative Perspective, Tort an Insurance Law Vol 2, S. 1–27, Wien 2001, *zitiert: Karner/Koziol*, Non-Pecuniary Loss.

Kern, Bernd-Rüdiger: Die Genugtuungsfunktion des Schmerzensgeldes – ein pönales Element im Schadensrecht?, Archiv für die civilistische Praxis 191 (1991), S. 247–272, *zitiert: Kern,* AcP 191.

–: Schmerzensgeld bei totalem Ausfall aller geistigen Fähigkeiten und Sinnesempfindungen?, in: Festschrift für Wolfgang Gitter zum 65. Geburtstag am 30. Mai 1995, Wiesbaden 1995, S. 447–459, *zitiert: Kern,* FS für Gitter.

–: Zwischen Romanistik und Germanistik, Carl Georg von Waechter (1797–1880), Berlin 2000, *zitiert: Kern,* Zwischen Romanistik und Germanistik.

Keuk, Brigitte: Vermögensschaden und Interesse, Bonn 1972, *zitiert: Kern,* Vermögensschaden und Interesse.

Kiessling, Walter: Das Problem der sicheren Bemessung des Schmerzensgeldes, Dissertation, Freiburg 1960, *zitiert: Kiessling,* Das Problem der sicheren Bemessung des Schmerzensgeldes.

Kindler, Peter: Einführung in das italienische Recht, Verfassungsrecht, Privatrecht und internationales Privatrecht, 2. Auflage, München 2008, *zitiert: Kindler,* Einführung in das italienische Recht.

Kissel, Otto Rudolf; Mayer, Herbert: Gerichtsverfassungsgesetz, Kommentar, 7. Auflage, München 2013, *zitiert: Kissel/Mayer,* GVG.

Klein, Eckart: Grundrechtliche Schutzpflicht des Staates, NJW 1989, S. 1633–1640.

Klimke, Manfred: Anmerkung zum Urteil des LG München II vom 28.5.1980 – 4 O 3770/79, VersR 1981, S. 390–391.

Klinkhammer, Frank: Die Düsseldorfer Tabelle nach der Unterhaltsrechtsreform (Stand: 1.1.2008), FamRZ 2008, S. 193–200.

Knöpfel, Gottfried: Billigkeit und Schmerzensgeld, Archiv für die civilistische Praxis 155 (1956), S. 135–159, *zitiert: Knöpfel,* AcP 155.

Kolbinger, Martin: Restitution und Kompensation bei Sachschäden, Schriften zum Bürgerlichen Recht, Band 320, Dissertation, Berlin 2005, *zitiert: Kolbinger,* Restitution und Kompensation.

Kossak, Wolfgang: „Schmerzensgeld nach Tagessätzen“ (Eine weitere Besprechung der Entscheidung ZVR 2001/20), ZVR 2001, S. 227–229.

Köndgen, Johannes: Haftpflichtfunktionen und Immaterialschaden am Beispiel von Schmerzensgeld bei Gefährdungshaftung, Berlin 1976, *zitiert: Köndgen,* Haftpflichtfunktionen.

Kötz, Hein; Wagner, Gerhard: Deliktsrecht, 11. Auflage, München 2010, *zitiert: Kötz/Wagner,* Deliktsrecht.

–: Zur Reform der Schmerzensgeldhaftung, in: Festschrift für Ernst von Caemmerer, Tübingen 1978, S. 389–409, *zitiert: Kötz,* FS für v. Caemmerer.

Krause, Peter: Die Rechtsprechung des Bundesverfassungsgerichts zum Privatrecht – Teil 1, JZ 1984, S. 656–663.

Kriele, Martin: Kriterien der Gerechtigkeit, Zum Problem des rechtsphilosophischen und politischen Relativismus, 1963, *zitiert:* Kriele, Kriterien der Gerechtigkeit.

Krüger-Nieland, Gerda: Referat: Verhandlungen des 45. DJT, Band II, Sitzungsberichte, S. C 31–C 48, München und Berlin 1965, *zitiert: Krüger-Nieland*, Referat.

Küppersbusch, Gerhard: Ersatzansprüche bei Personenschäden, 10. Auflage, München, 2010, *zitiert: Küppersbusch*, Ersatzansprüche bei Personenschäden.

Lang, Herbert: Das Reha-Management – ein zentrales Thema bei schweren Personenschäden, in: Neminem laedere: Aspekte des Haftungsrechts, Festschrift für Gerda Müller zum 65. Geburtstag am 26. Juni 2009, Köln 2009, S. 79–94, *zitiert: Lang,* FS für G. Müller.

Lange, Hermann; Schiemann, Gottfried: Handbuch des Schuldrechts, Band 1, Schadensersatz, 3. Auflage, 2003, *zitiert: Lange/Schiemann*, Schadensersatz.

Larenz, Karl: Präventionsprinzip und Ausgleichsprinzip im Schadensersatzrecht, NJW 1959, S. 865–866.

–: Der Vermögensbegriff im Schadensersatzrecht, in: Festschrift für Hans Carl Nipperdey zum 70. Geburtstag, München 1965, S. 489–507, *zitiert: Larenz*, FS für Nipperdey.

–: Über die Bindungswirkung von Präjudizien, in: Festschrift für Hans Schima zum 75. Geburtstag, Wien 1969, S. 247–264, *zitiert: Larenz*, FS für Schima.

–: Methodenlehre der Rechtswissenschaft, 6. Auflage, München 1991, *zitiert: Larenz*, Methodenlehre.

Lehmann, Heinrich: Anmerkung zum Urteil des BGH vom 29.09.1952, JZ 1953, S. 41.

Lemcke, Hermann: Schmerzensgeld für Zukunftsschäden und zeitliche Begrenzung, r+s 2000, S. 309–310.

Lemor, Ulf: Haftungsrecht und Schadensregulierung in Österreich, SVR 2006, S. 325–327.

–: Haftungsrecht und Schadensregulierung in Frankreich, SVR 2008, S. 206–210.

–: Haftung und Schadenregulierung in Spanien, SVR 2008, S. 53–56.

Lepa, Manfred: Die Wandlungen des Schmerzensgeldanspruchs und ihre Folgen, in: Neminem laedere: Aspekte des Haftungsrechts, Festschrift für Gerda Müller zum 65. Geburtstag am 26. Juni 2009, Köln 2009, S. 113–127, *zitiert: Lepa*, FS für G. Müller.

Lieberwirth, Ralf: Das Schmerzensgeld, Systematische Darstellung und Entscheidungssammlung, 1. Auflage, 1960, *zitiert: Lieberwirth*, Das Schmerzensgeld, 1960.

–: Das Schmerzensgeld, Systematische Darstellung und Entscheidungssammlung, 3. Auflage, 1965, *zitiert: Lieberwirth*, Das Schmerzensgeld, 1965.

Lipschitz, Karl-Georg: Tabelle über Unterhaltssätze nach Bürgerlichem Recht, MDR 1962, S. 709–710.

Looschelders, Dirk: Verfassungsrechtliche Grenzen der deliktischen Haftung Minderjähriger – Grundsatz der Totalreparation und Übermaßverbot, VersR 1999, S. 141–151.

Looschelders, Dirk; Roth, Wolfgang: Juristische Methodik im Prozess der Rechtsanwendung, Mannheim 1996, *zitiert: Looschelders*, Juristische Methodik.

Lorenz, Egon: Immaterieller Schaden und „billige Entschädigung in Geld", Schriften zum Bürgerlichen Recht, Band 65, Berlin 1981, *zitiert: Lorenz*, Immaterieller Schaden.

–: Schmerzensgeld für die durch eine unerlaubte Handlung wahrnehmungs- und empfindungsunfähig gewordenen Verletzten?, in: Festschrift für Günther Wiese zum 70. Geburtstag, Neuwied 1998, S. 261–277, *zitiert: Lorenz*, FS für Wiese.

Luckey, Jan: Schmerzensgeld für HWS-Verletzungen, Dauerbrenner im Verkehrsunfallrecht, SVR 2010, S. 174–176.

Magnus, Ulrich: Schaden und Ersatz, Eine rechtsvergleichende Untersuchung zur Ersatzfähigkeit von Einbußen, Tübingen 1987, *zitiert: Magnus*, Schaden und Ersatz.

Magnus, Ulrich; Fedtke, Jörg: Non-Pecuniary Loss Under German Law, in William V. Horton Rogers, Damages for Non-Pecuniary Loss in a Comparative Perspective, Tort and Insurance Law Vol. 2, S. 109 – 128, Wien 2001.

Mangoldt, Hermann von; Klein, Friedrich; Starck, Christian (Hrsg.): Kommentar zum Grundgesetz, Band 1: Präambel, Artikel 1 bis 19, 6. Auflage, 2010, *zitiert:* v. Mangoldt/Klein/Stark-*Verfasser*, GG.

Martín-Casals, Miquel; Ribot, Jordi; Solé, Josep: Non-Pecuniary Loss Under Spanish Law, in William V. Horton Rogers, Damages for Non-Pecuniary Loss in a Comparative Perspective, Tort and Insurance Law Vol. 2, S. 192–243, Wien 2001, *zitiert: Martín-Casals/Ribot/Solé*, Non-Pecuniary Loss.

Martín-Casals: An Outline of the Spanish Legal Tariffication Scheme for Personal Injury Resulting from Traffic Accidents, in H. Koziol, J. Spier, Liber Amicorum Pierre Widmer, Tort an Insurance Law Vol. 10, S. 235–251, Wien 2003, *zitiert: Martín-Casals*, Liber Amicorum Pierre Widmer.

Maunz, Theodor; Dürig, Günter: Grundgesetz Kommentar, Band I, Texte, Art. 1–5, München 2013, *zitiert:* Maunz/Dürig-*Verfasser*, GG, Band I.

–: Grundgesetz Kommentar, Band III, Art. 16–22, München 2012, *zitiert:* Maunz/Dürig-*Verfasser*, GG, Band III.

–: Grundgesetz Kommentar, Band VI, Art. 86–106b, München 2012, *zitiert:* Maunz/Dürig-*Verfasser*, GG, Band VI.
Mayenburg, David von: Die Bemessung des Inkommensurablen, Berlin 2012, *zitiert: v. Mayenburg*, Die Bemessung des Inkommensurablen.
–: Nur Bagatellen? – Einige Bemerkungen zur Einführung von Schmerzensgeld bei Gefährdungshaftung im Regierungsentwurf eines Zweiten Gesetzes zur Änderung schadensrechtlicher Vorschriften, VersR 2002, S. 278–287.
Mertens, Hans-Joachim: Der Begriff des Vermögensschadens im Bürgerlichen Recht, Mainz 1967, *zitiert: Mertens*, Der Begriff des Vermögensschadens im Bürgerlichen Recht.
Meyer, Jürgen (Herausgeber): Charta der Grundrechte der Europäischen Union, 3. Auflage, Baden-Baden 2011, *zitiert:* Meyer/*Verfasser*, Charta der Grundrechte der Europäischen Union.
Meyer, Wolfgang: Schmerzensgeld, Ein Beitrag zur verkehrsrechtlichen Praxis, JW 1938, S. 3209–3211.
Michael, Lothar: Der allgemeine Gleichheitssatz als Methodennorm komparativer Systeme, Dissertation, 1997, *zitiert: Michael*, Der allgemeine Gleichheitssatz.
Miribung, Georg; Gallmetzer, Evelyn: Der Ersatz immaterieller Schäden nach Verkehrsunfällen in Italien, NZV 2012, S. 206–209.
Möhring, Philipp: Der Bundesgerichtshof, NJW 1950, S. 885–887.
Mommsen, Friedrich: Beiträge zum Obligationenrecht, Zweite Abteilung: Zur Lehre von dem Interesse, Braunschweig 1855, *zitiert: Mommsen*, Zur Lehre von dem Interesse.
Mugdan, Benno: Die gesamten Materialien zum Bürgerlichen Gesetzbuch für das Deutsche Reich, II. Band, Recht der Schuldverhältnisse, Berlin 1899.
Musielak, Hans-Joachim: Zur gerichtlichen Praxis bei der Bemessung des Schmerzensgeldes – Ergebnisse einer Befragung von Richtern –, VersR 1982, 613–618.
Müller, Gerda: Zum Ausgleich des immateriellen Schadens nach § 847 BGB, VersR 1993, S. 909–916.
–: Spätschäden im Haftpflichtrecht, VersR 1998, S. 129–140.
–: Alles oder nichts – Schadensersatz und Schadensbegrenzung in der neueren Rechtsprechung des BGH –, VersR 2005, S. 1461–1474.
Müller, Peter: Punitive Damages und deutsches Schadensersatzrecht, Dissertation, Augsburg 2000, *zitiert: P. Müller*, Punitive Damages und deutsches Schadensersatzrecht.
Müller-Terpitz, Ralf: Recht auf Leben und körperliche Unversehrtheit, in: Handbuch des Staatsrechts, Hg.: Josef Isensee/Paul Kirchhof, Band VII, 3. Auflage, Heidelberg 2009, § 147, S. 3–77, *zitiert: Müller-Terpitz*, Handbuch des Staatsrechts.

Münch, Ingo von; Kunig, Philip: Grundgesetz-Kommentar, Band 1 (Präambel bis Art. 19), 6. Auflage, München 2012, *zitiert:* v. Münch/Kunig-*Verfasser*, GG.

Münchener Kommentar zum Bürgerlichen Gesetzbuch: Band 2, Schuldrecht Allgemeiner Teil, §§ 241–432, 6. Auflage 2012, *zitiert:* MünchKomm-BGB/*Bearbeiter*.

Münchener Kommentar zur Zivilprozessordnung: Band 1, §§ 1–354, 4. Auflage, München 2013, *zitiert:* MünchKomm-ZPO/*Bearbeiter*.

Nehlsen-v. Stryk: Schmerzensgeld ohne Genugtuung, JZ 1987, S. 119–127.

Neuner, Jörg: Das Schmerzensgeld, JuS 2013, S. 577–586.

Niemeyer, Jürgen: Anmerkung zum Urteil des BGH vom 16.12.1975 (VI ZR 175/74) – NJW 1976, S. 1792–1792.

–: Genugtuung des Verletzten durch Buße, Eine Untersuchung der Bußvorschriften im Alternativ-Entwurf, Dissertation, Tübingen 1972, *zitiert: Niemeyer*, Genugtuung des Verletzten durch Buße.

Oberbach, Hans L.: Ist eine Haftpflichtversicherung bei der Bemessung des Schmerzensgeldes zu berücksichtigen?, VersR 1950, S. 57–59.

Ossenbühl, Fritz: Die Interpretation der Grundrechte in der Rechtsprechung des Bundesverfassungsgerichts, NJW 1976, S. 2100–2107.

Oswald, Ralf; Tietz, Ralf: Mietwagenrechtsprechung – Kritik aus der Praxis, NJW 2006, S. 1483–1484.

Palandt: Bürgerliches Gesetzbuch mit Nebengesetzen, 71. Auflage, 2012, *zitiert:* Palandt/*Bearbeiter*.

Papier, Hans-Jürgen; Möller, Johannes: Das Bestimmtheitsgebot und seine Durchsetzung, Archiv des öffentlichen Rechts 122 (1997), S. 177–211, *zitiert: Papier/Möller*, AöR 122.

Pardey, Frank: Berechnung von Personenschäden, 4. Auflage, 2010, *zitiert: Pardey*, Berechnung von Personenschäden.

Pecher, Hans Peter: Der Anspruch auf Genugtuung als Vermögenswert, Archiv für die civilistische Praxis 171 (1971), S. 44–81, *zitiert: Pecher*, AcP 171.

Perini, Flavio A.E: Richterliches Ermessen bei der Schadensberechnung unter besonderer Berücksichtigung von Art. 42 Abs. 2 OR, Band 48, Zürich 1994, *zitiert: Perini*, Richterliches Ermessen.

Peterßen, Werner: Das „Schmerzensgeld" ein Entschädigungsanspruch, JW 1936, S. 2965–2968.

–: Bedeutung der Vermögenslage des Schädigers bei Festsetzung des Schmerzensgeldes, DAR 1936, S. 133–135.

Pichler, Michael: Schadenersatz bei Unfällen mit Personenschaden in Italien, mit speziellem Bezug auf Verkehrsunfälle, DAR 2006, S. 549–556.

Pohle, Rudolf: Anmerkung zu BGHZ 18, 149, MDR 1956, S. 24.

Pschyrembel, Willibald: Klinisches Wörterbuch, 2012, 263. Auflage, Berlin 2011, *zitiert: Pschyrembel,* Klinisches Wörterbuch.
Quaisser, Friederike: Der „Marktpreisspiegel Mietwagen Deutschland 2008" des Fraunhofer Instituts Arbeitswirtschaft und Organisation – ein neuer Aspekt im ‚Mietwagenkrieg' – Zugleich eine Anmerkung zu den Urteilen OLG München vom 25. 7. 2008, Az. 10 U 2539/08 und OLG Köln vom 10. 10. 2008, Az. 6 U 115/08, NZV 2009, S. 121–124.
Rein, Walter: Die Schmerzensgeldfrage bei Arbeitsunfällen, BB 1968, S.44–47.
Reiß, Jürgen: Schadensersatz für Sach- und Personenschäden bei Verkehrsunfällen nach italienischem und deutschem Recht, RIW 2005, S. 353–362.
Remé, Thomas M.: Die Aufgabe des Schmerzensgeldes im Persönlichkeitsschutz, Rechtsvergleichende Beiträge zum Schadensrecht, in: Arbeiten zur Rechtsvergleichung, Nr. 14, Hans Dölle (Hrsg.), Berlin 1962, *zitiert: Remé,* Die Aufgaben des Schmerzensgeldes im Persönlichkeitsschutz.
Richter, F. Roland A.: Zur Schätzung „erforderlicher" Mietwagenkosten im Rahmen des § 287 ZPO, VersR 2007, S. 620–622.
Rosenkjær, Ulla; Rørbæk, Leif; Gleerup, Anne Lind: An Introduction to Danish Law, 2. Auflage, Allingaabro 2008, *zitiert: Rosenkjær/Rørbæk/Gleerup,* An Introduction to Danish Law.
Rosenthal, Heinrich; Kamnitzer, Bernhard; Bohnenberg, Heinrich: Bürgerliches Gesetzbuch, Erläutert unter besonderer Berücksichtigung der Rechtsverhältnisse des täglichen Lebens, Köln 1965, *zitiert: Rosenthal,* BGB.
Rummel, Peter: Kommentar zum Allgemeinen bürgerlichen Gesetzbuch, 2. Band, §§ 1175 bis 1502 ABGB; Nebengesetze, 1. Teil, §§ 1175 bis 1292 ABGB, 3. Auflage, Wien 2002, *zitiert:* Rummel/*Bearbeiter,* BGB.
Sachs, Michael: Die Maßstäbe des allgemeinen Gleichheitssatzes – Willkürverbot und sogenannte neue Formel, JuS 1997, S. 124–130.
Scarabello, Patrizia: Ersatz immaterieller Personenschäden in Italien, DAR 2001, S. 581–586.
Schäfer, Carsten: Strafe und Prävention im Bürgerlichen Recht, Archiv für die civilistische Praxis 202 (2002), S. 397–434, *zitiert: Schäfer,* AcP 202.
Schäfer, Hans-Bernd; Ott, Claus: Lehrbuch der ökonomischen Analyse des Zivilrechts, 5. Auflage, Berlin 2012, *zitiert: Schäfer/Ott,* Lehrbuch der ökonomischen Analyse.
Scheffen, Erika: Aktuelle Fragen zur Höhe des Schmerzensgeldes, Zustimmende und kritische Analyse einiger Urteile, NZV 1994, S. 417–420.
–: Tendenzen bei der Bemessung des Schmerzensgeldes für Verletzungen aus Verkehrsunfällen, ärztlichen Kunstfehlern und Produzentenhaftung, ZRP 1999, S. 189–193.

Scheld, Rudolf: Diskussionsbeitrag: Verhandlungen des 45. DJT, Band II, Sitzungsberichte, S. C 90–C 92, München und Berlin 1965, *zitiert: Scheld,* Diskussionsbeitrag.

Schiemann, Gottfried: Rechtspolitik und Rechtsdogmatik im gegenwärtigen deutschen Sachschadensrecht, in: Festschrift für Horst Hagen, Köln 1999, S. 27–47, *zitiert: Schiemann,* FS für Hagen.

Schilcher, Bernd; Kleewein, Wolfgang: Landesbericht Österreich, in von Bar, Christian: Deliktsrecht in Europa, Landesberichte, München 1994, S. 1–198.

Schirmer, Helmut: § 249 BGB – Magna Charta des Schadensersatzrechts, in: Festschrift für Prof. Dr. Horst Baumann, Karlsruhe 1999, S. 293–323, *zitiert: Schirmer,* FS für Baumann.

Schlobach, Klaus: Das Präventionsprinzip im Recht des Schadensersatzes, Dissertation, 2003, *zitiert: Schlobach,* Das Präventionsprinzip.

Schneider, Egon: Subjektivität – das Dilemma der Schmerzensgeldrechtsprechung, MDR 1974, S. 973–975.

Scholz, Harald: Die Düsseldorfer Tabelle, in: Festschrift 100 Jahre Oberlandesgericht Düsseldorf, Berlin 2006, *zitiert: Scholz,* FS 100 Jahre OLG Düsseldorf.

Schopenhauer, Arthur: Aphorismen zur Lebensweisheit, Textkritische Ausgabe von Eduard Grisebach, Stuttgart 1949, *zitiert: Schopenhauer,* Aphorismen zur Lebensweisheit.

Schramm, Annina: Haftung für Tötung, eine vergleichende Untersuchung des englischen, französischen und deutschen Rechts zur Fortentwicklung des deutschen Haftungsrechts in Tötungsfällen, Tübingen 2010, *zitiert: Schramm,* Haftung für Tötung.

Schroot, Alfred: Schmerzensgeld, BB 1955, S. 144–149.

Schubert, Claudia: Die Wiedergutmachung immaterieller Schäden im Privatrecht, Habilitation, Tübingen 2013, *zitiert: Schubert,* Die Wiedergutmachung immaterieller Schäden im Privatrecht.

Schunack, Johannes: Schmerzensgeld, Entscheidungen und Veröffentlichungen 1952–1957, VersR 1958, S. I–XIX.

Schwerdtner, Peter: „Der zivilrechtliche Persönlichkeitsschutz", JuS 1978, S. 289–299.

Schwimann, Michael, ABGB Praxiskommentar, 3. Auflage, Band 6, §§ 1293–1502 ABGB, Wien 2006, *zitiert:* Schwimann-ABGB/*Bearbeiter*.

Schwintowski, Hans-Peter: Der Anspruch auf taggenaue Bemessung des Schmerzensgeldes, VuR 2011, S. 117–119.

Schwintowski, Hans-Peter; Schah Sedi, Cordula; Schah Sedi, Michel: Handbuch Schmerzensgeld, Köln 2013, *zitiert:* Schwintowski/Schah Sedi-*Verfasser*, Handbuch Schmerzensgeld.

Selb, Walter: Schadensbegriff und Regreßmethoden, Eine Studie zur Wandlung der Denkformen des Regresses bei Schuldnermehrheit mit der Veränderung des Schadensbegriffs, Heidelberg 1963, *zitiert: Selb*, Schadensbegriff und Regreßmethoden.

Seitz, Carl Joseph: Untersuchungen über die heutige Schmerzensgeldklage nebst allgemeinen Erörterungen über die Methode des einheimischen Zivilrechts, Erlangen 1860, *zitiert: Seitz*, Untersuchungen über die heutige Schmerzensgeldklage.

Seydel, Helmut: Zwischenbilanz der Schmerzensgelddebatte, NJW 1954, S. 1017–1020

Slizyk, Andreas: Beck'sche Schmerzensgeld-Tabelle, Von Kopf bis Fuß, 1. Auflage, München 1993, *zitiert:* Slizyk, Schmerzensgeldtabelle, 1993.

–: Beck'sche Schmerzensgeld-Tabelle, Von Kopf bis Fuß, 4. Auflage, München 2001, *zitiert:* Slizyk, Schmerzensgeldtabelle, 2001.

–: Beck'sche Schmerzensgeld-Tabelle, Von Kopf bis Fuß, IMMDAT, 7. Auflage, München 2011, *zitiert:* Slizyk, Schmerzensgeldtabelle, IMMDAT.

Soergel, Hs. Th.: Bürgerliches Gesetzbuch mit Einführungsgesetz und Nebengesetzen, Band 2, Schuldrecht I (§§ 241–432), 12. Auflage, Stuttgart 1990, *zitiert:* Soergel/*Bearbeiter*, BGB.

Sprenger, Klaus: Aktuelle Fragen zum Schmerzensgeld, DAR 1977, S. 42–44.

Sprung, Norbert: Europa-Vergleich: Bewertung von Personenschäden, VW 1992, S. 636–641.

Staudinger, J. von: Kommentar zum Bürgerlichen Gesetzbuch mit Einführungsgesetz und Nebengesetzen, Buch 2, Recht der Schuldverhältnisse, §§ 249–254 (Schadensersatzrecht), Berlin 2005, zitiert: Staudinger/*Bearbeiter*, BGB.

Stein/Jonas, Kommentar zur Zivilprozessordnung, Band 4, §§ 253–327, 22. Auflage, Tübingen 2008, *zitiert:* Stein/Jonas-*Bearbeiter*, ZPO.

Steffen, Erich: Der normative Verkehrsunfallschaden, NJW 1995, S. 2057–2063.

–: Die Aushilfeaufgaben des Schmerzensgeldes, in: Festschrift für Walter Odersky zum 65. Geburtstag am 17. Juli 1996, Berlin 1996, S. 723–736, *zitiert: Steffen*, FS für Odersky.

–: Das Schmerzensgeld im Wandel eines Jahrhunderts, DAR 2003, S. 201–206.

Stern, Klaus: Das Staatsrecht der Bundesrepublik Deutschland, Band III/1, Allgemeine Lehren der Grundrechte, 1988, *zitiert: Stern*, StaatsR III.

Stiefel, E.C.: Schmerzensgeld und Haftpflichtversicherung in der USA-Rechtsprechung, VersR 1956, S. 20–21.

Stoll, Hans: Empfiehlt sich eine Neureglung der Verpflichtung zum Schadensersatz für immaterielle Schäden? Verhandlungen des 45. DJT, Band I, Gutachten, Teil 1, München und Berlin 1964, S. 1 ff, *zitiert: Stoll*, Gutachten.

–: Diskussionsbeitrag: Verhandlungen des 45. DJT, Band II, Sitzungsberichte, S. C 116 – C 119, München und Berlin 1965, *zitiert: Stoll*, Diskussionsbeitrag.

–: Haftungsfolgen im bürgerlichen Recht, Eine Darstellung auf rechtsvergleichender Grundlage, Heidelberg 1993, *zitiert:* Stoll, Haftungsfolgen im bürgerlichen Recht.

Ströfer, Joachim: Schadensersatz und Kommerzialisierung, Dissertation, Bonn 1982, *zitiert: Ströfer*, Schadensersatz und Kommerzialisierung.

Teplitzky, Otto: Die unzureichende Schmerzensgeldbemessung – Ein bedrückendes Problem und seine mutmaßlichen Gründe, NJW 1966, S. 388–390.

Unterreitmeier, Johannes: Der öffentlich-rechtliche Schmerzensgeldanspruch als Ausprägung eines allgemeinen, verfassungsrechtlichen Wiedergutmachungsanspruchs, Eine Renaissance der scholastischen Restitutionslehre, München 2007, *zitiert: Unterreitmeier*, Der öffentlich-rechtliche Schmerzensgeldanspruch.

Waechter, Carl Georg von: Die Busse bei Beleidigungen und Körperverletzungen nach dem heutigen gemeinen Recht, Leipzig 1874, *zitiert: v. Waechter*, Die Busse bei Beleidigungen und Körperverletzungen.

Wagner, Gerhard: Grundstrukturen des Europäischen Deliktsrechts, in Zimmermann, Reinhard: Grundstrukturen des Europäischen Deliktsrecht, Hamburg 2002, S. 189–340, *zitiert: Wagner*, Grundstrukturen des Europäischen Deliktsrechts.

–: Ersatz immaterieller Schäden: Bestandsaufnahem und europäische Perspektiven, JZ 2004, S. 319–331.

–: Karlsruher Forum 2006: Schadensersatz – Zwecke, Inhalte, Grenzen, S. 5–138, *zitiert: Wagner*, Karlsruher Forum, 2006.

–: Neue Perspektiven im Schadensersatzersatzrecht – Kommerzialisierung, Strafschadensersatz, Kollektivschaden, Gutachten A für den 66. Deutschen Juristentag, in: Verhandlungen des sechsundsechzigsten Deutschen Juristentages, Stuttgart 2006, Band I, Gutachten, Teil A, München 2006, *zitiert: Wagner*, Gutachten A für den 66. Deutschen Juristentag, 2006.

Walter: Bestimmt die Vermögenslage des Schädigers die Höhe des Schmerzensgeldes?, JW 1936, S. 2773–2773.

Walter, Ute: Geschichte des Anspruchs auf Schmerzensgeld bis zum Inkrafttreten des bürgerlichen Gesetzbuches, München 2004.

Weber, Karl-Heinz: Frankreich – Neueste Entwicklungen der Bemessung und Durchsetzung von Ansprüchen aus erlittenen Körperschäden nach Verkehrsunfällen, DAR 2009, S. 561–566.

Weigelt, [Vorname unbekannt]: Streiflichter, DAR 1953, S. 13–15.

Weitnauer, Hermann: Diskussionsbeitrag, Referat: Verhandlungen des 45. DJT, Band II, Sitzungsberichte, S. C94–C98, München und Berlin 1965, *zitiert: Weitnauer*, Diskussionsbeitrag.

Wesel, Uwe: Geschichte des Rechts, Von den Frühformen bis zur Gegenwart, 3. Auflage, Berlin 2006, *zitiert: Wesel*, Geschichte des Rechts.

Wieczorek, Bernhard; Schütze, Rolf: Zivilprozeßordnung und Nebengesetze, Großkommentar, Vierter Band §§ 253–299a, 4. Auflage, Berlin 2013, *zitiert:* Wieczorek/Schütze-*Bearbeiter*, ZPO.

Wildanger, Heribert: Familienrecht bei dem Oberlandesgericht, in: Festschrift 75 Jahre Oberlandesgericht Düsseldorf, Köln 1981, S. 233–241, *zitiert: Wildanger*, FS 75 Jahre OLG Düsseldorf.

Windscheid, Bernhard: Lehrbuch des Pandektenrechts, 4. Auflage, Band II, Düsseldorf 1875, *zitiert: Windscheid*, Lehrbuch des Pandektenrechts, Band II, 1875.

–: Lehrbuch des Pandektenrechts, 5. Auflage, Band II, Düsseldorf 1879, *zitiert: Windscheid*, Lehrbuch des Pandektenrechts, Band II, 1879.

Witschen, Stefan: Schadensverteilung im allgemeinen Haftungsrecht und im Schadensvorsorgerecht, Dissertation, Köln 2010, *zitiert: Witschen*, Schadensverteilung im allgemeinen Haftungsrecht.

Witte, Henning: Landesbericht Schweden, in von Bar, Christian: Deliktsrecht in Europa, Landesberichte, München 1994, S. 1–117, *zitiert: Witte*, Landesbericht Schweden.

Wolter, Udo: Das Prinzip der Naturalrestitution in § 249 BGB, Herkunft, historische Entwicklung und Bedeutung, Berlin 1985, *zitiert: Wolter*, Das Prinzip der Naturalrestitution.

Wussow, Werner: Unfallhaftpflichtrecht, 14. Auflage, 1996, *zitiert:* Wussow/*Bearbeiter*, Unfallhaftpflichtrecht.

Ziegler, Hans-Berndt; Cayukli, Özhan: Unterschiedlich hohe Schmerzensgelder bei Männern und Frauen, zfs 2013, S. 424–428.

Ziegler, Hans-Berndt; Ehl, Matthias: Bein ab – arm dran, Eine Lanze für höhere Schmerzensgelder in Deutschland, JR 2009, S. 1–6.

Zippelius, Reinhold: Einführung in die juristische Methodenlehre, München 1971, *zitiert: Zippelius*, Einführung in die juristische Methodenlehre.

Zweigert, Konrad; Kötz, Hein: Einführung in die Rechtsvergleichung, 3. Auflage, Tübingen 1996, *zitiert: Zweigert*, Rechtsvergleichung.

Verzeichnis der angeführten Entscheidungen

Entscheidungen des Europäischen Gerichtshofes für Menschenrechte

Beschluss/Urteil	Entscheidungsdatum:	Aktenzeichen:	Fundstelle:
Urteil	09.07.2009	11364/03	EuGRZ 2009, 566
Urteil	20.05.1999	25390/94	NVwZ 2000, 421

Entscheidungen des Bundesverfassungsgerichts

Beschluss/ Urteil	Entscheidungsdatum:	Aktenzeichen:	Fundstelle:
Beschluss	29.07.2009	1 BvR 1606/08	NVwZ 2009, 1494
Urteil	27.02.2008	1 BvR 370/07, 1 BvR 595/07	BVerfGE 120, 274
Beschluss	27.12.2005	1 BvR 1359/05	NJW 2006, 1580
Urteil	27.07.2005	1 BvR 668/04	BVerfGE 113, 348
Urteil	26.07.2005	1 BvR 80/95	NJW 2005, 2376
Urteil	26.07.2005	1 BvR 782/94, 1 BvR 957/96	NJW 2005, 2363
Beschluss	19.04.2005	1 BvR 1644/00	BVerfGE 112, 332
Beschluss	17.07.2003	2 BvL 1/99, 2 BvL 4/99, 2 BvL 6/99, 2 BvL 16/99, 2 BvL 18/99, 2 BvL 1/01	BVerfGE 108, 186
Beschluss	09.04.2003	1 BvL 1/01, 1 BvR 1749/01	BVerfGE 108, 52
Urteil	03.04.2001	1 BvR 1629/94	BVerfGE 103, 242
Beschluss	22.11.2000	1 BvR 2307/94, 1 BvR 1120/95, 1 BvR 1408/95, 1 BvR 2460/95, 1 BvR 2471/95	BVerfGE 102, 254
Beschluss	08.03.2000	1 BvR 1127/96	NJW 2000, 2187
Beschluss	12.11.1997	1 BvR 479/92, 1 BvR 307/94	BVerfGE 96, 375

Beschluss/ Urteil	**Entscheidungsdatum:**	**Aktenzeichen:**	**Fundstelle:**
Beschluss	10.06.1997	2 BvR 1516/96	BVerfGE 96, 68
Beschluss	06.05.1997	1 BvR 409/90	BVerfGE 96, 56
Beschluss	31.01.1996	2 BvL 39/93, 2 BvL 40/93	BVerfGE 93, 386
Beschluss	09.08.1995	1 BvR 2263/94	BVerfGE 93, 213
Urteil	17.11.1992	1 BvL 8/87	BVerfGE 87, 234
Beschluss	03.06.1992	2 BvR 1041/88, 2 BvR 78/89	BVerfGE 86, 288
Beschluss	11.06.1991	1 BvR 239/90	BVerfGE 84, 192
Urteil	24.04.1991	1 BvR 1341/90	BVerfGE 84, 133
Beschluss	07.02.1990	1 BvR 26/84	BVerfGE 81, 242
Beschluss	30.11.1988	1 BvR 1301/84	BVerfGE 79, 174
Beschluss	31.05.1988	1 BvR 520/83	BVerfGE 78, 214
Beschluss	18.05.1988	2 BvR 579/84	BVerfGE 78, 205
Beschluss	29.10.1987	2 BvR 624/1080, 2029/83	BVerfGE 77, 170
Beschluss	03.07.1985	1 BvR 1428/82	BVerfGE 70, 230
Urteil	19.10.1982	1 BvL 34/80, 1 BvL 55/80	BVerfGE 61, 126
Beschluss	13.01.1982	1 BvR 848, 1047/77	BVerfGE 59, 231
Beschluss	24.11.1981	2 BvL 4/80	BVerfGE 59, 104
Beschluss	22.10.1981	1 BvR 1369/79	BVerfGE 58, 369
Beschluss	14.01.1981	1 BvR 612/72	BVerfGE 56, 54
Beschluss	08.01.1981	2 BvL 3/77, 2 BvL 9/77	BVerfGE 56, 1
Beschluss	07.10.1980	1 BvL 50/79, 1 BvL 89/79, 1 BvR 240/79	BVerfGE 55, 72
Beschluss	20.12.1979	1 BvR 385/77	BVerfGE 53, 30
Beschluss	12.06.1979	1 BvL 19/76	BVerfGE 52, 1
Urteil	01.03.1979	1 BvR 532/77, 1 BvR 533/77, 1 BvR 419/78, 1 BvL 21/78	BVerfGE 50, 290
Beschluss	19.12.1978	1 BvR 335/76, 1 BvR 442/76, 1 BvR 811/76	BVerfGE 50, 57
Beschluss	08.08.1978	2 BvL 8/77	BVerfGE 49, 89
Beschluss	19.04.1978	2 BvL 2/75	BVerfGE 48, 210
Urteil	16.10.1977	1 BvQ 5/77	BVerfGE 46, 160

Beschluss/ Urteil	Entscheidungsdatum:	Aktenzeichen:	Fundstelle:
Beschluss	22.06.1977	1 BvR 799/76	BVerfGE 45, 400
Beschluss	24.03.1976	2 BvR 804/75	BVerfGE 42, 64
Urteil	25.02.1975	1 BvF 1/74, 1 BvF 2/74, 1 BvF 3/74, 1 BvF 4/74, 1 BvF 5/74, 1 BvF 6/74	BVerfGE 39, 1
Beschluss	14.02.1973	1 BvR 112/65	BVerfGE 34, 269
Beschluss	08.02.1972	1 BvR 170/71	BVerfGE 32, 311
Beschluss	07.07.1971	1 BvR 775/66	BVerfGE 31, 255
Beschluss	12.01.1967	1 BvR 169/63	BVerfGE 21, 73
Beschluss	07.04.1964	1 BvL 12/63	BVerfGE 17, 306
Urteil	07.08.1962	1 BvL 16/60	BVerfGE 14, 263
Beschluss	25.07.1962	2 BvL 4/62	BVerfGE 14, 245
Beschluss	10.10.1961	2 BvL 1/59	BVerfGE 13, 153
Beschluss	22.06.2960	2 BvR 152/60	BVerfGE 11, 234
Beschluss	12.11.1958	2 BvL 4/56, 2 BvL 26/56, 2 BvL 40/56, 2 BvL 1/57, 2 BvL 7/57	BVerfGE 8, 274
Urteil	15.01.1958	1 BvR 400/51	BVerfGE 7, 198
Urteil	16.01.1957	1 BvR 253/66	BVerfGE 6, 32

Entscheidungen des Reichsgerichts

Beschluss/ Urteil	Entscheidungsdatum:	Aktenzeichen:	Fundstelle:
Urteil	19.01.1944	V ZR 51/43	DR 1944, 290
Urteil	04.02.1941	VI 118/40	DR 1941, 1298
Urteil	07.05.1938	VI 1/38	RGZ 157, 348
Urteil	26.08.1937	VI ZR 55/37	JW 1937, 3172
Urteil	11.07.1935	VI ZR 90/35	JW 1935, 2950
Urteil	07.04.1932	VI ZR 496/31	RGZ 136, 60
Urteil	06.04.1932	IX 306/31	RGZ 140, 392
Urteil	27.03.1906	III ZR 578/05	RGZ 63, 104
Urteil	17.11.1882	III 321/82	RGZ 8, 117

Entscheidungen des Bundesgerichtshofes

Beschluss/ Urteil	Entscheidungsdatum:	Aktenzeichen:	Fundstelle:
Urteil	01.06.2010	VI ZR 316/09	NJW 2010, 2722
Urteil	23.07.2009	12 U 29/09	NJW-RR 2010, 538
Urteil	09.06.2009	VI ZR 110/08	zfs 2010, 22
Urteil	17.01.2008	IX ZR 172/06	NJW-RR 2008, 786
Urteil	27.06.2006	VI ZR 143/05	BGHZ 168, 161
Urteil	14.02.2006	VI ZR 126/05	NJW 2006, 1506
Urteil	14.02.2006	VI ZR 32/05	NJW 2006, 1508
Urteil	14.02.2006	VI ZR 322/04	VersR 2006, 1090
Urteil	25.10.2005	VI ZR 9/05	NJW 2006, 360
Urteil	23.11.2004	VI ZR 357/03	NJW 2005, 277
Urteil	07.05.2004	VI ZR 77/03	NJW 2004, 2526
Urteil	20.01.2004	VI ZR 70/03	NJW 2004, 1243
Urteil	20.03.2001	VI ZR 325/99	NJW 2001, 3414
Urteil	13.10.1999	XII ZR 16/98	FamRZ 2000, 358
Urteil	07.05.1996	VI ZR 138/95	BGHZ 132, 373
Urteil	30.04.1996	VI ZR 55/95	VersR 1996, 990
Urteil	12.12.1995	VI ZR 223/94	NJW 1996, 985
Urteil	05.12.1995	VI ZR 332/94	NJW 1996, 984
Urteil	29.11.1994	VI ZR 93/94	BGHZ 128, 117
Urteil	13.10.1992	VI ZR 201/91	BGHZ 120, 1
Urteil	04.06.1992	IX ZR 149/91	NJW 1992, 3096
Urteil	12.03.1991	VI ZR 173/90	NZV 1991, 305
Urteil	09.10.1990	VI ZR 291/89	NJW 1991, 1412
Urteil	24.05.1988	VI ZR 159/87	VersR 1988, 943
Urteil	10.12.1986	VIII ZR 349/85	NJW 1987, 831
Beschluss	09.07.1986	GSZ 1/86	NJW 1987, 50
Beschluss	01.10.1985	VI ZR 195/84	VersR 1986, 59
Urteil	02.07.1985	VI ZR 68/84	VersR 1985, 965
Urteil	04.12.1984	VI ZR 225/82	NJW 1985, 793
Urteil	10.07.1984	VI ZR 262/82	BGHZ 92, 85
Urteil	11.01.1984	IVb ZR 10/82	FamRZ 1984, 374
Urteil	29.03.1983	VI ZR 157/81	VersR 1983, 658
Urteil	15.12.1982	VIII ZR 315/80	BGHZ 86, 128

Beschluss/ Urteil	Entscheidungsdatum:	Aktenzeichen:	Fundstelle:
Urteil	22.06.1982	VI ZR 247/80	VersR 1982, 880
Urteil	20.01.1982	IV b ZR 651/80	FamRZ 1982, 365
Urteil	08.12.1981	VI ZR 153/80	BGHZ 82, 338
Urteil	27.05.1981	IV b ZR 577/80	BGHZ 80, 384
Urteil	30.11.1979	V ZR 214/77	NJW 1980, 775
Urteil	08.06.1976	VI ZR 216/74	VersR 1976, 967
Urteil	23.03.1976	VI ZR 41/74	BGHZ 66, 239
Urteil	04.03.1976	VI ZR 14/75	VersR 1976, 732
Urteil	16.12.1975	VI ZR 175/74	NJW 1976, 1147
Urteil	03.12.1974	VI ZR 1/74	BGHZ 63, 295
Urteil	31.10.1974	III ZR 45/72	BGHZ 63, 196
Urteil	03.07.1973	VI ZR 60/72	VersR 1973, 1067
Urteil	21.04.1970	VI ZR 13/69	VersR 1970, 624
Urteil	17.03.1970	VI ZR 108/68	NJW 1970, 1120
Urteil	10.03.1970	VI ZR 145/68	VersR 1970, 443
Urteil	19.12.1969	VI ZR 111/68	VersR 1970, 281
Urteil	18.11.1969	VI ZR 81/68	VersR 1970, 134
Urteil	20.03.1968	I ZR 44/66	BGHZ 50, 133
Urteil	02.12.1966	VI ZR 88/66	VersR 1967, 256
Urteil	15.04.1966	VI ZR 271/64	BGHZ 45, 212
Urteil	13.02.1964	III ZR 124/63	VersR 1964, 842
Urteil	30.09.1963	III ZR 137/62	BGHZ 40, 345
Urteil	03.10.1961	VI ZR 238/60	BGHZ 35, 396
Urteil	19.09.1961	VI ZR 259/60	BGHZ 35, 363
Urteil	20.01.1961	VI ZR 91/60	VersR 1961, 460
Urteil	06.12.1960	VI ZR 73/60	VersR 1961, 164
Urteil	13.03.1959	VI ZR 72/58	VersR 1959, 458
Urteil	29.04.1958	VI ZR 82/57	BGHZ 27, 181
Urteil	08.01.1957	VI ZR 226/55	VersR 1957, 218
Urteil	13.02.1956	III ZR 175/54	NJW 1956, 629
Beschluss	06.07.1955	GSZ 1/55	BGHZ 18, 149
Urteil	10.04.1954	VI ZR 61/53	NJW 1954, 1034
Urteil	27.01.1954	VI ZR 309/52	VersR 1954, 222
Urteil	28.10.1953	II ZR 78/53	BGHZ 11, 16

Beschluss/ Urteil	Entscheidungsdatum:	Aktenzeichen:	Fundstelle:
Urteil	08.07.1953	VI ZR 36/53	NJW 1953, 1626
Urteil	11.02.1953	VI ZR 58/52	VersR 1953, 196
Urteil	29.09.1952	III ZR 340/51	BGHZ 7, 223
Urteil	26.05.1952	III ZR 73/51	VersR 1952, 288

Entscheidungen des Bundesarbeitsgerichts

Beschluss/ Urteil	Entscheidungsdatum:	Aktenzeichen:	Fundstelle:
Urteil	05.03.1985	1 AZR 468/83	NJW 1985, 2545

Entscheidungen der Oberlandesgerichte

Spruchkörper:	Beschl./ Urt.	Entscheidungsdatum:	Aktenzeichen:	Fundstelle:
OLG München	Urteil	26.04.2013	10 U 4118/11	Juris
OLG München	Urteil	22.03.2013	10 U 3619/10	Juris
Kammergericht	Urteil	16.02.2012	20 U 157/10	Juris
OLG Brandenburg	Urteil	21.07.2011	12 U 19/11	BeckRS 2011, 20920
OLG Brandenburg	Urteil	23.06.2011	12 U 263/08	Juris
OLG Saarbrücken	Urteil	07.06.2011	4 U 451/10	Juris
OLG Karlsruhe	Beschluss	26.05.2011	7 W 8/11	MDR 2011, 979
OLG München	Urteil	24.09.2010	10 U 2671/10	Juris
OLG München	Urteil	13.08.2010	10 U 3928/09	BeckRS 2010, 20532
Kammergericht	Beschluss	12.07.2010	12 U 193/09	Juris
Kammergericht	Beschluss	03.05.2010	12 U 119/09	zfs 2010, 552
OLG Frankfurt/M.	Beschluss	09.04.2010	13 U 128/09	NZV 2011, 39
OLG Stuttgart	Urteil	21.10.2009	3 U 86/09	NJOZ 2010, 1374
OLG Frankfurt/M.	Urteil	19.08.2009	7 U 23/08	NJW-RR 2009, 1684
Kammergericht	Beschluss	09.10.2008	12 U 173/08	BeckRS 2009, 09515

Spruchkörper:	Beschl./ Urt.	Entscheidungsdatum:	Aktenzeichen:	Fundstelle:
OLG Saarbrücken	Urteil	27.11.2007	4 U 276/07	NJW 2008, 1166
Kammergericht	Urteil	03.09.2007	22 U 196/06	VersR 2007, 1708
OLG Oldenburg	Beschluss	04.01.2007	15 W 51/06	NJW-RR 2007, 602
OLG Oldenburg	Urteil	02.08.2006	5 U 16/06	NJW-RR 2007, 1468
OLG Frankfurt/M.	Urteil	29.08.2005	12 U 190/04	BeckRS 2005, 31606
OLG Celle	Urteil	14.07.2005	14 U 17/05	VersR 2006, 1085
OLG Saarbrücken	Urteil	30.05.2005	4 U 221/04	Juris
OLG Schleswig	Urteil	17.02.2005	7 U 168/03	Juris
Kammergericht	Urteil	29.07.2004	8 U 54/04	Juris
Kammergericht	Urteil	20.01.2005	20 U 401/01	VersR 2006, 1366
OLG Karlsruhe	Urteil	07.04.2004	7 U 219/02	Juris
OLG Koblenz	Urteil	18.03.2004	5 U 1134/03	NJW-RR 2004, 1025
Kammergericht	Urteil	15.03.2004	12 U 333/02	NZV 2004, 473
OLG Koblenz	Urteil	26.01.2004	12 U 1439/02	NZV 2005, 413
OLG Celle	Beschluss	23.01.2004	14 W 51/03	VersR 2005, 91
OLG Düsseldorf	Urteil	30.04.2003	15 U 158/02	Juris
Kammergericht	Urteil	02.09.2002	12 U 1969/00	NJW-RR 2003, 24
OLG Köln	Urteil	23.01.2002	5 U 85/01	VersR 2003, 860
OLG Celle	Urteil	15.02.2001	14 U 66/00	Juris
OLG Celle	Urteil	01.02.2001	9 W 21/01	OLGR 2001, 162
OLG Nürnberg	Urteil	21.11.2000	1 U 2923/00	VersR 2002, 499
OLG Düsseldorf	Urteil	05.05.2000	22 U 148/99	NJW-RR 2001, 890
OLG Karlsruhe	Urteil	10.03.2000	10 U 271/99	VersR 2001, 1175
OLG Stuttgart	Urteil	27.07.1999	14 U 3/99	VersR 2000, 1545
OLG München	Urteil	13.01.1999	7 U 4576/98	VersR 2000, 900
OLG Zweibrücken	Urteil	17.12.1998	4 U 66/98	VersR 2000, 608
OLG Schleswig	Urteil	12.11.1998	5 U 123/97	VersR 1999, 193
OLG Hamm	Urteil	01.10.1998	6 U 92/98	r+s 1999, 371
OLG Düsseldorf	Urteil	04.12.1997	18 U 95/97	VersR 1998, 1021
OLG Düsseldorf	Urteil	18.07.1997	22 U 5/97	NJW-RR 1998, 98
OLG Nürnberg	Urteil	30.04.1997	6 U 3535/96	VersR 1997, 1108

Spruchkörper:	Beschl./ Urt.	Entscheidungsdatum:	Aktenzeichen:	Fundstelle:
OLG München	Urteil	05.11.1993	10 U 2701/93	Juris
OLG München	Urteil	14.04.1992	5 U 7176/91	VersR 1993, 987
OLG Düsseldorf	Urteil	10.02.1992	1 U 218/90	NJW-RR 1993, 156
OLG Schleswig	Urteil	03.01.1991	7 U 233/88	Juris
OLG Karlsruhe	Urteil	14.03.1990	1 U 227/89	VersR 1992, 370
OLG Köln	Urteil	06.12.1989	13 U 120/89	VersR 1990, 434
OLG Saarbrücken	Urteil	16.05.1986	3 U 103/84	VersR 1987, 774
OLG Celle	Urteil	06.12.1984	5 U 83/84	Juris
OLG Nürnberg	Urteil	13.07.1984	1 U 983/84	VersR 1986, 173
OLG Oldenburg	Urteil	29.07.1982	1 U 248/81	VersR 1983, 1064
OLG Köln	Urteil	21.09.1977	13 U 28/77	DAR 1978, 105
OLG Köln	Urteil	06.04.1977	2 U 135/76	DAR 1977, 301
OLG Düsseldorf	Urteil	06.03.1975	12 U 153/74	VersR 1975, 1052
OLG Saarbrücken	Urteil	17.12.1974	7 U 83/73	NJW 1975, 1467
OLG Düsseldorf	Urteil	30.05.1974	12 U 121/72	VersR 1975, 1152
OLG Köln	Urteil	09.03.1967	7 U 131/66	NJW 1967, 1968
OLG München	Urteil	28.03.1963	1 U 739/61	VersR 1963, 1208
OLG Hamburg	Urteil	25.02.1958	7 U 27/57	VersR 1958, 419
OLG Hamm	Beschluss	26.06.1956	9 UH 32/56	VersR 1956, 720
OLG Nürnberg	Urteil	07.07.1955	2 U 107/55	VersR 1955, 557
OLG Celle	Urteil	29.06.1955	9 U 58/54	VersR 1955, 621
OLG Oldenburg	Urteil	18.05.1955	2 U 178/54	VersR 1955, 528
OLG Oldenburg	Urteil	01.03.1955	4 U 65/54	DAR 1955, 110
OLG Hamm	Urteil	12.11.1954	9 U 255/54	VersR 1955, 86
OLG Frankfurt	Urteil	07.09.1954	1 U 10/54	DAR 1956, 188
OLG Frankfurt	Urteil	08.12.1953	4 U 128/53	VersR 1954, 134
OLG Hamm	Beschluss	04.11.1953	3 W 216/53	VersR 1954, 54
OLG Freiburg	Urteil	30.06.1953	2 U 115/52	VersR 1953, 322
OLG Nürnberg	Urteil	26.06.1953	3 U 196/52	VersR 1954, 132
OLG Tübingen	Beschluss	18.06.1953	II W 128/53	VersR 1953, 293
OLG Tübingen	Beschluss	12.06.1953	II W 117/53	VersR 1953, 279
OLG Tübingen	Urteil	30.04.1953	II U 32/53	VersR 1953, 238
OLG Tübingen	Urteil	06.11.1952	U 205/52	VersR 1952, 420

Entscheidungen der Landgerichte

Spruchkörper:	Beschl./ Urt.	Entscheidungsdatum:	Aktenzeichen:	Fundstelle:
LG Hamburg	Urteil	26.07.2011	302 O 192/08	Juris
LG Münster	Urteil	17.04.2009	16 O 532/07	NJW 2010, 86
LG Düsseldorf	Urteil	18.02.2009	2b O 213/06	Juris
LG Dortmund	Urteil	06.02.2009	21 O 473/03	Juris
LG Koblenz	Urteil	21.01.2008	5 O 521/05	Juris
LG Regensburg	Urteil	23.07.2007	4 O 2167/06	VersR 2007, 1709
LG Dortmund	Urteil	15.10.2004	3 O 292/03	NJW-RR 2005, 678
LG Bückeburg	Urteil	23.01.2004	2 O 53/03	BeckRS 2004, 31162945
LG Bonn	Urteil	01.08.2002	6 S 408/00	DAR 2003, 72
LG Neu-brandenburg	Urteil	22.06.2001	5 O 280/99	BeckRS 2001, 31163064
LG Meiningen	Urteil	13.06.2001	3 O 1467/00	zfs 2002, 18
LG München	Urteil	29.03.2001	19 O 8647/00	NJW-RR 2001, 1246
LG Düsseldorf	Urteil	19.03.1965	13 S 280/64	MDR 1965, 745
LG Augsburg	Urteil	18.06.1953	3 O 110/51	DAR 1953, 196
LG Köln	Urteil	09.06.1953	10 O 171/52	VersR 1953, 326
LG Mannheim	Urteil	04.02.1953	3 O 7/52	VersR 1953, 216

Entscheidungen des Verwaltungsgerichts

Spruchkörper:	Beschl./ Urt.	Entscheidungsdatum:	Aktenzeichen:	Fundstelle:
VG Berlin	Urteil	15.09.1981	VG 9 A 93/80	VersR 1982, 1158

HAFTUNGS- UND VERSICHERUNGSRECHT

Rechtliche Probleme der vertraglichen und außervertraglichen Haftung sowie des Versicherungsrechts

Herausgegeben von Prof. Dr. Dr. h.c. mult. Erwin Deutsch,
Prof. Dr. Hans-Peter Schwintowski und Prof. Dr. Jochen Taupitz

Band 1 Jochen Taupitz: Zivilrechtliche Haftung bei Kreditkartenmißbrauch. 1995.

Band 2 Sabine Scheiper: Der Versicherungsmakler. Aufgabe und Vergütungssystem im Wandel. 1996.

Band 3 Thomas Kritter: Der Ausschluß des Arztes von der Rechnungserstattung in der privaten Krankenversicherung. 2000.

Band 4 Torsten Kretschmer: Die zeitliche Abgrenzung des Versicherungsschutzes in der Allgemeinen Haftpflichtversicherung. Unter besonderer Berücksichtigung des AGB-Gesetzes und internationaler Deckungskonzepte. 2002.

Band 5 Seok-Chan Yoon: Die Gefährdungshaftung für moderne Techniken. Zugleich eine Stellungnahme zum neuen Schadensersatzrecht. 2002.

Band 6 Wolfram Irmer: Sekundärrechtsschutz und Schadensersatz im Vergaberecht. Die Notwendigkeit der Neuordnung des Primär- und Sekundärrechtsschutzes im Vergaberecht. 2004.

Band 7 Tabea Quiring: Die Dritthaftung von Sachverständigen. Nach der Schuldrechtsreform und der Neuregelung des § 839 a BGB. 2006.

Band 8 Jana Kossak: Rechtsfolgen eines Verstoßes gegen das Benachteiligungsverbot im Allgemeinen Zivilrechtsverkehr. Eine Untersuchung des § 21 AGG unter besonderer Berücksichtigung des europäischen Sanktionensystems. 2009.

Band 9 Susann Rochlitz: Arbeitszeitkonten in der (Alters-)Vorsorge. Rechtliche Perspektiven nach der Flexi II-Reform. 2011.

Band 10 Mirja Sauerland: Die Harmonisierung des kollektiven Verbraucherrechtsschutzes in der EU. Eine Analyse bezüglich der Kompetenz der Europäischen Union zur Schaffung von einheitlichen auf Leistung gerichteten Kollektivklagemechanismen. 2012.

Band 11 Jan Mittelstädt: Der Kapitalisierungsanspruch des Verletzten gemäß § 843 Abs. 3 BGB. Eine rechtsdogmatische Untersuchung zur materiellen und prozessualen Durchsetzung des Kapitalisierungsanspruches. 2014.

Band 12 Mareike Keller: Ein Konzept zur Umsetzung der Ausgleichsfunktion bei der Bemessung des Schmerzensgeldes. 2014.

www.peterlang.com